U0110460

古代歷史文化 研究輯刊

十一編

王明蓀 主編

第 15 冊

畢沅及其幕府史學成就研究

李金華 著

國家圖書館出版品預行編目資料

畢沅及其幕府史學成就研究／李金華 著 — 初版 — 新北市：
花木蘭文化出版社，2014〔民103〕
序 6+ 目 6+294 面；19×26 公分
（古代歷史文化研究輯刊 十一編：第 15 冊）
SBN：978-986-322-576-8（精裝）
1.（清）畢沅　2.學術思想　3.史學
618　　　　　　　　　　　　　　　103000948

ISBN-978-986-322-576-8

古代歷史文化研究輯刊
十一編　第十五冊　　　　　　　ISBN：978-986-322-576-8

畢沅及其幕府史學成就研究

作　　者　李金華
主　　編　王明蓀
總 編 輯　杜潔祥
副總編輯　楊嘉樂
編　　輯　許郁翎
出　　版　花木蘭文化出版社
社　　長　高小娟
聯絡地址　235 新北市中和區中安街七二號十三樓
　　　　　電話：02-2923-1455／傳眞：02-2923-1452
網　　址　http://www.huamulan.tw 信箱 hml 810518@gmail.com
印　　刷　普羅文化出版廣告事業
初　　版　2014 年 3 月
定　　價　十一編 24 冊（精裝）新台幣 46,000 元
版權所有・請勿翻印

畢沅及其幕府史學成就研究

李金華　著

作者簡介

李金華，女，漢族，出生於 1971 年 4 月，天津市人，史學博士，研究方向爲史學理論及史學史，現就職於天津商務職業學院。曾發表《畢沅幕府修史在乾隆時期史學發展中的地位》、《〈續資治通鑒〉編纂新考》、《畢沅主編〈西安府志〉述略》、《畢沅主編〈續資治通鑒〉的史學成就》、《〈史籍考〉編纂過程新考》等學術論文。

提　　要

　　畢沅是清代乾隆時期的學者型官僚，其治學範圍非常廣泛。爲官時期延攬人才，廣開幕府，進行學術研究，成果也非常豐富，在許多學術領域具有承前啓後的作用。畢沅組織幕府所編《續資治通鑒》，在史料的收集，內容、義例的編排以及所體現的史學思想等方面都超越明清以來諸家續《資治通鑒》。其幕府的另一部史學巨著《史籍考》，是一部大型的史學專科目錄著作。纂修雖中經幾番周折，存稿最終付之一炬，但《史籍考》的整個撰修歷程，在清代學術史和史學史上佔有重要的地位。畢沅作爲地方大員，組織幕府聯合官府編寫《西安府志》、《湖北通志》等優秀方志，推動地方志的發展。其所纂《關中金石記》、《中州金石記》，開清代分地金石著作之先，而畢沅與阮元合作編纂的《山左金石志》，不僅推動山左金石研究的熱潮，並且加速了阮元幕府的形成。此外，畢沅幕府在經學、小學、諸子學、詩歌等方面皆成就矚目。本書以畢沅及其幕府史學成就作爲主要研究對象，在廣泛搜羅材料的基礎上，對畢沅及其幕府史學研究的主要成果進行了全面、深入的剖析。畢沅及其幕府史學成就研究對於我們全面認識清代乾隆時期的史學結構、史學特點及史學發展具有重要意義。對於畢沅及其幕府在中國史學史上的地位不容忽視。

李金華著
《畢沅及其幕府史學成就研究》序

喬治忠

　　李金華君的博士學位論文《畢沅及其幕府的史學成就》，即將出版面世，這是她一心向學、努力治史的結晶，可嘉可賀！遵作者之約，謹撰弁言附於卷首，以爲往事回憶，亦爲學術寄語。

　　李君 2007 年考入南開大學歷史學院攻讀史學史專業博士學位，繫於我的名下。作爲在職攻讀學位、且已在教師崗位工作多年，年齡自然長於其他同學，加之原先所學專業與史學史學科距離較遠，更同時承有繁重的工作與家庭負擔，完成學業的困難可想而知。當初我曾估量李君需要較長的延期，方能畢業。然而入學伊始，李君就表現出超常的好學求知精神，可以說是讀書不斷，提問不斷，探索不斷，即閱讀專業論著後，總要產生許多問題，用電子郵件或別的方式向我「求教」，然後加以自己的思考，再來溝通。於是學業水平顯著進步，在史學史專業上很快入門。

　　那年我還在主講南開大學歷史學院的必修課「中國史學史」，認識到清代乾嘉時期興旺的史學發展狀況中，存在著官方史學與私家史學互動、互補又相互排抑的矛盾，地方政府纂修方志，應是官方史學的延伸，其中提供了官、私史學互動、互補的平臺，而幕府的修史活動，則爲私家史學的擴展，其中部分地模仿了官方史學的組織合作方式。清代「盛世」史學，有著這樣的一種結構。如此講授，明顯增強了學理深度，很得學生好評。同時，我也感覺到需要對幕府的修史和其他文化活動深入研究，畢沅的幕府，是首先應當注意的典型範例。這種研究，要將幕府置於整個社會的文化結構內考察，而不

是已有的那種就事論事方法。正好李君徵求博士學位論文的選題，就建議她試作畢沅幕府修書活動的研究，李君慨然應允，從此讀書圍繞這個主題，兩年間孜孜不倦，搜討資料錙銖不捨，認真審慎，提問中不怕顯出幼稚，思索問題魂牽夢繞，終於能夠有所發現，進而取得學術創獲。所撰博士學位論文，雖經歷了特殊嚴格的隨機抽查，仍順利通過答辯與審定，於2010年獲得歷史學博士學位。

今《畢沅及其幕府史學成就研究》一書，就是在博士論文基礎上，經過修訂和補充而成，展卷閱之，其值得注意的學術價值，至少表現於以下幾點：

一、本書最全面地研討了畢沅的學術文化活動，不僅重點評析了畢沅及其幕府纂修的兩部主要著述《續資治通鑑》和《史籍考》，而且對畢沅主持和參與纂修的大量方志、所整理編輯的地方文化書籍，進行細緻的梳理和分析，諸如《關中勝迹圖志》、《西安府志》、《關中金石記》、《山左金石誌》等等，都包含著畢沅的心血和貢獻，本書的揭示，對於深化研究畢沅這樣即為官僚，又熱衷於學術的歷史人物，具有重要的新啟示，值得總結和借鑒。為了清晰和全面地認識畢沅其人、其學，本書連畢沅進行的古籍整理、考訂工作以及詩歌作品，都作出評介，信息量、知識量大為增加，這是一個明顯的優點。

二、本書對畢沅幕府有十分到位的評析，指出其性質屬於「文化幕府」，幕主與幕客之間不是雇傭關係，而是依仗主、客之間相互敬慕、學者之間惺惺相惜的紐帶聯結。作者對畢沅幕府中的多名學者一一有所評述，描寫了幕主、幕客之間相互交往、詩詞唱和的日常，認為畢沅有學識、有文才、有情誼，對待幕客十分優厚，是其幕府長期存在、編纂書籍甚多的基本原因。這些觀點清晰明確，客觀真實，與我的看法一致，觸及了研討清代文化幕府問題的關鍵點，值得學界關注與討論。

三、本書立足於實事求是地考證和思辨，取得不少史實上的新發現，可以糾正歷來的訛誤說法與偏見。例如：常常看到一些著述中提到畢沅《續資治通鑑》一書全是幕客纂修，畢沅作為大官僚乃坐享其成而已。但本書作者細緻考察，發現《續資治通鑑》內許多史事考異，是畢沅親自所作，不僅是選擇編撰課題、確立編撰體例等方面的決策人，而且實際進行具體問題的研究考證，為名副其實的著作者。以往學界根據章學誠的說法，認為在《續資治通鑑》編纂中，邵晉涵的貢獻很大。而經李君本書考訂，指出邵氏之功，遠遜於錢大昕，錢大昕受友人畢沅之託，審定《續資治通鑑》全書，認真盡

責，寫有許多考異以訂正史事。畢沅逝世，便儘快將書稿交付畢氏家屬，毫不聲張自己的貢獻，超然其外，品格高潔。連帶的問題就是顯示了章學誠所言多有偏頗，錢大昕爲人明識大體、具備謙虛審愼的品格。在清代著名學者中，不少人的某些行爲頗得物議，而錢大昕則公認爲純然君子。這裡揭出史實，不是爲古人爭名位，而透視該時學界活生生的人物影像，很有對學者的示範教育作用。

關於《史籍考》的編纂起因和整個過程，史學界早有許多考述，李君縝密搜討，發現最早提出此類書籍編纂，乃是學者李調元，李調元偶然向章學誠提起，章學誠轉告好友周震榮。而周震榮對此極爲重視，專門寫信給李調元，提出比較系統的編纂設想，此信件被李君發現，全文引錄於本書。但李調元對編纂《史籍考》事不再提起，章學誠也隨即淡忘，均如霎那雲煙而消散。惟周震榮將此視爲「不朽盛業」，遂有後來慫恿畢沅編纂並且推薦章學誠前往主持之事。這似乎戲劇性的情節，顯示的是清代史學和目錄學高度發展，編纂《史籍考》一類大型總結性書籍，已成爲一種學術需求且具備了基本條件。本書做出的考實性發現，還有很多，這裡恕不一一列舉。史實的考訂，所揭出的歷史眞相固然有大有小，但展示的都是學者實事求是、紮實嚴謹的治學風格，值得表彰和提倡。

作爲李君的第一部學術著作，不可避免地還有一些缺點，諸如某些議論有待深化，個別注釋尚不規範或仍存訛誤，文字校勘仍應進一步精細等等，這裡不加毛舉。而最應當指出的缺點，是未能充分彰明幕府修史在清朝「盛世」史學發展結構中的地位。這裡不嫌文字繁縟，謹引錄我在《中國史學史》一書中的論述，姑且爲李君本書論點的增補：

> 清朝的乾隆時期，總體上經濟比較繁榮，政局相對穩定，國家綜合實力超越以往，實際管理的疆域相當廣闊，加之文化事業的隆盛，可以按古代舊有的標準算作一個「盛世」。……在乾隆時期史學的大清理、大總結中，官方史學、私家史學各揚其長，互補互動，也相互排抑，形成各有側重的特色。對此不能各自單作個案的研討，而應當予以總體發展結構的分析，以便更深入地認識其中種種史學現象的地位和意義。
>
> 乾隆「盛世」史學的發展結構，可以按照不同主體將之歸結爲三個組成部分，第一是佔據著主導地位的官方史學，其擴散開來的

分支是各地官府的纂修方志活動，第二是別開生面的私家史學，第三是在官、私之間凸現出來的幕府修史。……清代乾隆「盛世」史學的發展結構，呈現了官方與私家的不平衡狀態，這催生了另一修史主體的萌動——官員幕府的修史，其典型範例就是畢沅幕府的修史活動。……

幕府修史方式汲取了官方修史活動的某些長處，如多人參與、分工合作，既避免勢單力薄，又可以討論參酌，彌補私家個體修書的弱點。但實際屬於私家修史的範圍，與依靠政權力量組成官僚化模式的史館、動用公帑作爲經費的官方修史有著根本區別。因此，幕府修史可以打破官方纂修大型、系統史書的壟斷地位，爲私家史學爭得接續前代名著的一席之地。特別是《史籍考》的編纂，向官方總結史學遺産的主導地位發起挑戰。……

私家修史傳統已然經歷了兩千年來的積澱，但乾隆時期，卻顯現出在全面總結傳統史學與纂修大型史書方面的弱勢，幕府修史乃是應運而生的一種彌補。幕府的修史活動雖然可能經營成爲多人合作的優勢局面，但其組織上是十分鬆散的，這與官方修史相比，仍有很大差距。幕主的人格、學問、氣度的感召力與提供的經濟待遇，對幕府修書事業的成敗固然影響很大，而官場的浮沉、政局的動蕩卻更加關鍵。幕府修史也遠沒有成長爲穩定、普遍的組織方式，在清代僅僅是零星出現，只有個別官員具備這樣的學識、志願、勇氣和條件。畢沅之稍後，有謝啓昆的幕府進行修史活動，《西魏書》是其主要成果。隨之有阮元的文化幕府，但修史已經不占重要地位，更多的是從事於經學文獻的整理。因此，在整個清代社會中，幕府修史的力量還是很薄弱的。

乾嘉時期，清代「盛世」史學的修史活動，本質上仍然是官方與私家兩個主體，但官方早就發散、擴展出地方官府修纂方志的活動，私家至此也形成幕府修史這一補充方式，成爲官方與私家史學互相競爭、互相聯繫的又一方式。這些修史機制的總和，就是當時史學發展的社會結構。（中國人民大學出版社 2011 年版第 297～302 頁）

在本書中，李君有時也涉及官方史學與私家修史的相互關係，談到幕府修史

在其中的作用，但語句寥寥，且夾雜於其他主題的敘述之內，終屬晦暗不彰。倘若在我上述論斷基礎上展開考察，豈不可使本書的學術品位「更上一層樓」？未能如此，也許作者考慮到這是導師的創見，不能因襲更不能掠美。若爾，乃爲多慮，其實大可不必。學術發展，前後之間有因有革，師生間更是教學相長，李君此書，多處可能存在著我的指導意見，我關於清朝「盛世」史學發展結構的認識愈加明晰，也得益於李君對畢沅幕府的具體研討。近年在學術界的輿論之中，強調著作權問題，雖屬必要，但也出現了另一種傾向，弄得人們對協同合作心懷戒懼，鼓動極端自私情緒，甚至導發對以前合作項目中久已認可的名次、作用等等翻案爭議，平添混亂，傷害治學氣氛。有鑒於此，很需要具體地細化學術道德與法制的準則，糾正偏向。

　　筆者從事歷史學的教學和研究，培養了多名史學專業學者，有的已經頗有業績。追思若干年以來指導研究生共同探研歷史學的情景，反思經驗及教訓，頗生感慨。藉此序言收尾，特調寄《念奴嬌》一闋，抒發自我，勉勵同遊，或亦可爲治史青年學子之勸：

　　　　念奴嬌　　偕諸生治史

　　　　人間往事，轉輪中，留得藍衣函冊。
　　　　展卷燃燈均伴我，梳理千年因革。
　　　　落筆成文，精思析解，史實終明白。
　　　　群言商討，何曾今古懸隔！
　　　　***　　　　***　　　　***
　　　　當下且做人師，偕行新進，上下同求索。
　　　　漫道恒河沙數渺，看取眞金純鉑。
　　　　歲月綿綿，從遊才俊，創獲多豐碩。
　　　　平生宏願，再開爲學川澤。

　　　　　　　　　　　　——2014 年元旦日，於南開大學上思齋。

目

次

第一章　緒　論

　　梁啓超曾把清代學術劃分為清初啓蒙期、乾嘉全盛期、道咸蛻變期、清末衰落期四個階段〔註1〕。乾嘉全盛期不只在學術研究上興盛，也是清代史學走向全盛的時期，湧現出許多如趙翼、王鳴盛、錢大昕等史學大家。在濃厚的學術環境下，許多朝廷命臣於官事之餘，專心向學，畢沅即為清代乾隆時期著名官僚學者。

一、研究宗旨及意義

　　畢沅（1730～1797），字纕衡，一字秋帆，號弇山，江蘇太倉州鎮洋縣人。因晚年於靈巖山建御書閣「以奉賜書」〔註2〕，故自號靈巖山人。作為乾隆時期的封疆大吏，「性好著書，雖官至極品，鉛槧未嘗去手」〔註3〕。作為乾嘉學者，在經學、史學、小學、金石學、地理學、諸子學等諸多領域皆有精深造詣，並且精鑒藏，「凡魏晉以來法書名畫、秘文秘簡，暨金石之文，抉剔蒐羅，吳下儲藏家群推第一」〔註4〕。「清代學術之盛，踔越千古。凡群經之疏證，諸子之校勘，史籍之考訂，莫不上追漢唐，矯宋明理路之虛。或以畢生之力專治一書，或專治一書而旁通全籍。」〔註5〕畢沅作為治學廣泛、纂著精

〔註1〕梁啓超著，夏曉虹點校：《清代學術概論》一。中國人民大學出版社，2004年版，第131～136頁。

〔註2〕王昶：《兵部尚書都察院右都御史湖廣總督贈太子太保畢公沅神道碑》，《春融堂集》卷五十二，嘉慶十二年塾南書舍刊本。

〔註3〕錢大昕：《太子太保兵部尚書湖廣總督世襲二等輕車都尉畢公墓誌銘》，《潛研堂文集》卷四十二。上海古籍出版社，1989年排印本。

〔註4〕史善長：《弇山畢公年譜》卷末史善長識語，嘉慶四年經訓堂刻本。

〔註5〕王重民：《清代文集篇目分類所引序》，王重民，楊殿珣等編《清代文集篇目分類索引》。北平圖書館，1935年版。

博的學者，留給後人的印迹是永難泯滅的：「謂經義當宗漢儒，故有《傳經表》之作。謂文字當宗許氏，故有《經典文字辨正書》及《音同義異辨》。謂編年之史，莫善於涑水，續之者有薛、王、徐三家，徐雖優於薛、王，而所見書籍猶未備，且不無詳南略北之病。乃博稽群書，考證正史，手自裁定，始宋訖元，爲《續資治通鑒》220卷，別爲考異，附於本條之下，凡四易稿乃成。謂史學當究流別，故有《史籍考》之作。謂史學必通地理，故於《山海經》、《晉書‧地理志》皆有校注，又有《關中勝蹟圖記》、《西安府志》之作。謂金石可證經史，宦迹所經，搜羅尤博，有關中、中州、山左金石記。詩文下筆立成，不拘一格，要自運性靈不違大雅之旨，有《靈巖山人詩集》四十卷，《文集》八卷。」〔註6〕此對畢沅一生的學術成就給以大致的梳理。乾隆四十六年（1781）至四十九年（1784），畢沅主持輯刻的《經訓堂叢書》，其一生所著若《傳經表》（附《通經表》）、《夏小正考注》、《釋名疏證》、《說文解字舊音》、《經典文字辯證書》、《音同義異辨》、《道德經考異》、《墨子注》、《老子道德經考異》、《呂氏春秋新校正》、《晏子春秋》、《山海經新校正》、《三輔黃圖》、《晉書地道志》、《晉太康三年地志》、《晉書地理志新補正》、《長安志新校正》、《關中金石記》、《中州金石記》、《樂遊聯唱集》等二十餘種著述，皆收入其中。除《樂遊聯唱集》爲畢沅與幕賓唱和之作外，凡涉及小學、經學、地理、金石、諸子諸學。

畢沅一生之成就，一方面與曾受教於惠棟、沈德潛、張敘諸儒，結交王鳴盛、王昶、錢大昕、戴震等時賢有關，另一方面，則得力於幕府中人，如吳泰來、嚴長明、錢坫、莊炘、洪亮吉、孫星衍、黃景仁、徐堅等人之襄助。此諸人中，或長於詩文，或嗜好金石，或熟於地理掌故，或精研音韻文字，無不懷一技之長，而學有根柢。清代經過順治、康熙、雍正朝近百年的發展，至乾隆初期，社會基本穩定，大部分學者不同程度地投入於官方與私家的學術活動，開始了對傳統史學的大清理和大總結。清朝官方史學發展到乾隆年間，已經形成修史館局組織嚴密，收籠人才眾多，皇帝親自參與、督導，規模和題材迅速膨脹與擴大的局面，並且形成了較系統的歷史觀念和史學思想，全面處於超越私家史學的地位。至《四庫全書》的編纂展開之後，官方成爲傳統文化與傳統史學的大清理、大總結的主力，帶動了史學的整體發展。

〔註6〕 錢大昕：《太子太保兵部尚書湖廣總督世襲二等輕車都尉畢公墓誌銘》，《潛研堂文集》卷四十二。

乾隆時期官方史學活動所取得的成就，幾乎囊括這一階段史學著述的各種類別。在清高宗親自督導下多方開闢纂修項目，擠壓了私家的修史空間，私家無論從人力、物力、資料、名分上都不能和官方相抗衡。因此乾嘉時期大批史家承襲清初以來逐步強化的「實學」思潮而紛紛從事歷史考據，鮮有通史專著。個別歷史考據雖顯得零碎，但總和一起，則構成對史學遺產從微觀角度的大清理、大總結。在這樣的形勢下，畢沅能夠「積三十餘年之力」，在四庫開館之際，主持幕府編撰史學巨著《續資治通鑑》，因其率先看到珍本秘籍及從《永樂大典》輯出的亡本佚書，所編《續鑑》在資料的豐富性和考證的詳實方面超越以往，在學術史上的地位不容忽視。畢沅的另一部史學目錄專著《史籍考》也是以《四庫全書總目》作爲最初也是最主要的史料來源。方志纂修本是官方活動，不應由幕府承擔，但主持的官僚可以任用自己的幕賓，以公濟私。幕府修志乃是借官方的修史項目開創私家的修史事業，畢沅藉此招攬了一些人才。這些幕府中人通過編修方志，積累了治學的經驗，增長了文化學識。畢沅幕府對於經學、小學、諸子學、地理學等許多古籍的整理，都是與四庫館臣同時，或是在《四庫全書》成書之後。研究畢沅及其幕府的史學成就，可以洞察在清代官方史學與私家史學的結構之下作爲史學主體的幕府修史的時代意義，從而對清代乾隆時期的史學進行全方位的觀瞻。並且，通過對畢沅及其幕府修史的研究，對於洞悉乾嘉時期幕府修史的利弊得失提供實證性範例。

迄今爲止，學術界對畢沅及其幕府的史學成就尚缺少系統而深入的研究，對畢沅幕府史學的時代意義研究較爲薄弱，對畢沅的史學思想和治史理念也還需要更多深入具體的實證性研究來闡釋與說明。而關於畢沅及其幕府史學研究有著較爲豐富的資料可供查閱利用。畢沅及其幕府所修典籍大部分都能看到，畢沅本人的文集——《靈巖山人文集》雖因未被刊刻而散佚，但其重要的師友，幕賓的文集、年譜皆流傳於世，從這些史料中可鉤稽畢沅一生的史學活動、治史理念和史學建樹。本書的寫作力圖結合當時學術背景探析畢沅幕府修史的具體過程、時代意義。以畢沅幕府史學研究爲例，力圖爲在清代官方史學與私家史學結構下作爲主體的幕府史學的研究提供一項實證性成果。

二、研究狀況回顧

有關畢沅的生平，在《清史稿》、《清史列傳》、《碑傳集》、《清代軼聞》、《清代名人軼事》、《清代七百名人傳》、《滿漢名臣傳》、《清代學者像傳》、《國朝先正事略》等典籍中都有概括的介紹。畢沅幕中賓客史善長所編《弇山畢公年譜》對畢沅一生的經歷，包括畢沅的早期治學，爲官時期的政治業績和陞遷進行詳細記述。對於畢沅及其幕府的學術成就，梁啓超《清代學術概論》、《中國近三百年學術史》等論著中偶有涉及。楊翼驤《中國史學史講義》〔註7〕、柴德庚《史籍舉要》〔註8〕對畢沅《續資治通鑒》中所體現的史學思想給以評價。尚小明《學人遊幕與清代學術》〔註9〕，對畢沅幕府中的學者及其幕府的學術成就論述較爲全面。喬治忠《中國史學史》〔註10〕、陳祖武《乾嘉學派研究》〔註11〕，對畢沅及其幕府的史學成就給以高度的重視和評價。尤其是陳祖武先生的《乾嘉學派研究》專門闢出一節詳細闡述畢沅的成學過程，其主持輯刻的《經訓堂叢書》及其學術意義，畢沅的重要史學著作《續資治通鑒》和《史籍考》編纂成書的大體經過，使讀者對畢沅及其幕府的史學成就以及畢沅的治史理念有了更進一步的瞭解。

搜集有關研究畢沅及幕府史學的專門論文，最早關注畢沅及其史著的是王繼光，其《〈續資治通鑒〉刊刻本辨正》〔註12〕一文鈎稽出《續資治通鑒》（簡稱《續鑒》）刊刻成書的具體過程。文章通過對章學誠《邵與桐別傳》、《爲畢制軍與錢辛楣宮詹論續鑒書》，王昶《與畢制府論續鑒書》及《續鑒》卷首的馮集梧《序》等材料中有關《續鑒》刊刻情況的記述進行對比分析，又通過分析《續鑒》中考異情況，進而推理得出，《續鑒》刊刻本非賓客初定本，而是畢沅、錢大昕諸人商定後的最後定本。考證詳實，推理嚴謹，其學術價值影響至今，其後學界對《續鑒》成書和刊刻情況的論述都是在此觀點之上的升發。如王繼《〈續資治通鑒〉撰修刊刻考略》〔註13〕，林存陽《畢沅對經史諸學的扶持與倡導》中有關《續資治通鑒》編纂刊刻情況的論述，皆是此

〔註7〕 楊翼驤：《中國史學史講義》，天津古籍出版社，2006年版。
〔註8〕 柴德庚：《史籍舉要》，北京出版社，2002年版。
〔註9〕 尚小明：《學人遊幕與清代學術》，社會科學文獻出版社，1999年版。
〔註10〕 喬治忠：《中國史學史》，中國人民出版社，2011年版。
〔註11〕 陳祖武、朱彤窗：《乾嘉學派研究》，河北人民出版社，2005年版。
〔註12〕 王繼光：《〈續資治通鑒〉刊刻本辨正》，《蘭州大學學報》，1981年第2期。
〔註13〕 王繼：《〈續資治通鑒〉撰修刊刻考略》，《史學史研究》，1982年第2期。

觀點的延伸。隨後，王繼光又發表《〈續鑒〉三劄》〔註 14〕，這是他在董理《續鑒》成書問題過程的新得，通過分析《續鑒》考異內容，闡述《續鑒》編纂、刊刻過程中錢大昕對《續鑒》元史部分校注的貢獻，邵晉涵對於《續鑒》宋史部分的出力，並肯定了馮集梧對《續鑒》的刊刻成書所做出的巨大貢獻。由於畢沅作為《續鑒》的重要策劃人、組織者、參與者，論文中亦多次述及，對畢沅在纂修《續鑒》過程中的作用，給予了相當高的評價。1983 年，王繼光還發表《畢秋帆述評》〔註 15〕一文，對畢沅展開了全面研究，介紹了畢沅的身世、仕途興衰及個人修養；介紹了畢沅的幕府養士情況。最後較為全面地闡述了畢沅幕府在史學上的建樹。而羅澍偉先生的《畢沅》〔註 16〕一文，對畢沅的學術成就給以全面的闡述。文章僅有四五千字，但許多觀點很獨特，如在闡述畢沅幕府金石學成就時，除了對畢沅幕府的金石著作進行分析，同時提到畢沅在任陝西巡撫期間對陝西碑傳石刻的搜集保護，體現畢沅學以致用的治史理念；又如在談及畢沅編纂《續鑒》的學術背景時，提到當時乾隆《御批歷代通鑒輯覽》已然頒行，並認為其對《續鑒》的編寫義例及畢沅的史學思想有很大的影響，觀點精闢。

　　自此，學界拉開了畢沅幕府史學研究的帷幕。整理關於畢沅及其幕府學術成就的研究狀況，按論著、論文所涉及的內容大致可分為以下方面：

（一）關於《續資治通鑒》

　　學界對於畢沅的關注，即從《續鑒》伊始，但就目力所及，關於專門闡釋《續鑒》的文章並不多。除前面提到的幾篇外，王貴忱的《錢大昕致畢沅書劄》〔註 17〕一文，向學界提供一份寶貴的史料——錢大昕收到畢沅分俸贈款後的答謝函。文章雖然只是考訂此信函的寫作時間，並簡單介紹錢大昕與畢沅之間的學識往來與篤厚深交，但為我們研究錢大昕為《續鑒》考訂所做的貢獻提供了一份寶貴的資料。林存陽《畢沅〈續資治通鑒〉考辨》〔註 18〕一文，文章從《續鑒》的編纂過程，《續鑒》的卷數、版本之歧異及辨析，《續

〔註 14〕王繼光：《〈續鑒〉三劄》，《西北民族學院學報》，1986 年第 4 期。
〔註 15〕王繼光：《畢秋帆述評》，蘭州大學學報，1983 年第 2 期。
〔註 16〕羅澍偉：《畢沅》，陳清泉等編《中國史學家評傳》，中州古籍出版社，1985 年版。
〔註 17〕王貴忱：《錢大昕致畢沅書劄》，《廣州師範學報》，1999 年第 2 期。
〔註 18〕林存陽：《畢沅〈續資治通鑒〉考辨》，《北京聯合大學學報》，2009 年 8 月第 3 期。

鑒》之價值等方面進行了詳細的闡述，一則盡可能澄清歧異產生的致因，再則藉此彰顯畢沅主持經營是書之艱辛及價值，以期對史學在乾嘉之際的走向與成就有進一步的認識。此外，郝潤華的《〈續鑒〉訛誤考校舉例》〔註19〕、王瑞來的《〈續資治通鑒〉證誤》〔註20〕、劉正平《〈續鑒〉西夏史事點校疑誤舉隅》〔註21〕皆考證《續鑒》在記載史事時間、地點、內容方面的舛誤。

（二）關於《史籍考》

畢沅委託幕賓章學誠主持編纂的《史籍考》，是一部大型的史學專科目錄著作。由於最終未能刊刻成書，故對其進行研究有一定的難度，學界很少有觸及。姚名達《中國目錄學史》〔註22〕將章學誠於畢沅幕府所擬的《論修史籍考要略》，於謝啓昆幕府所擬的《史考釋例》及《史籍考目錄》進行全文轉錄；對於《史籍考》中所體現的章學誠的目錄學和校讎學觀點給以充分肯定，對於章學誠闡述的《史籍考》的編纂宗旨以及編纂原則甚是贊許，認爲「曠識宏圖，氣包千古，殊足欽佩」，其「擴展史部而通之」的觀點，「尤爲修正《七略》、《七錄》以來最大錯誤之必要措施」〔註23〕；對於畢沅歿後，後人編纂《史籍考》的情況進行了考證。袁行雲《許瀚年譜》〔註24〕道光二十六年丙午年條，記述潘錫恩主持編纂《史籍考》一事，並於此條目下以小號字的形式考析了《史籍考》的編纂過程。付金柱《章學誠與〈史籍考〉》〔註25〕從《史籍考》的規模和編纂體例兩方面較詳細地闡述了其歷史地位及學術價值。林存陽《〈史籍考〉編纂始末辨析》〔註26〕在前人研究的基礎上對《史籍考》的編纂過程進行詳細考證。在此基礎上，喬治忠又進一步進行了系統、深入的考析，其《〈史籍考〉編纂問題的幾點考析》〔註27〕主要論點有三，一是詳細闡述了編纂《史籍考》的首倡者乃是章學誠的好友周震榮；二是對於《史籍考》編纂進程緩慢的原因進行了詳析；三是揭露了章學誠「及宮保下

〔註19〕郝潤華：《〈續鑒〉訛誤考校舉例》，《古籍整理研究學刊》，2001年第4期。

〔註20〕王瑞來：《〈續資治通鑒〉證誤》，《安徽史學》，1990年3月。

〔註21〕劉正平：《〈續鑒〉西夏史事點校疑誤舉隅》，《寧夏社會科學》，2002年3月。

〔註22〕姚名達：《中國目錄學史》，《專科目錄》，《歷史目錄》，商務印書館，1957年版，第301～317頁。

〔註23〕姚名達：《中國目錄學史》，《專科目錄》，《歷史目錄》。

〔註24〕袁行云：《許瀚年譜》，齊魯書社，1983年版。

〔註25〕付金柱《章學誠與〈史籍考〉》，《圖書館雜誌》，2003年第11期。

〔註26〕林存陽：《〈史籍考〉編纂始末辨析》，《故宮博物院院刊》，2006年第1期。

〔註27〕喬治忠：《〈史籍考〉編纂問題的幾點考析》，《史學史研究》，2009年第2期。

世，遺緒未竟，實爲藝林關典，因就其家訪得殘餘」及謝啓昆「臟底粗成五百餘件，修飾討論，尤有待焉」兩個「謊言」，剖析可謂鞭闢透理，從而澄清了《史籍考》編纂過程中出現的種種問題，具有很高的學術價值。

（三）地理、方志學上的成就

高景明、袁玉生《畢沅與陝西文物》〔註 28〕全面記述畢沅幕府於陝西期間所編著的十幾種方志，統計並羅列出畢沅爲官陝西期間得到畢沅關心、詢問以及提筆爲序的方志。文中對畢沅保護陝西文物如修整西安碑林，修葺華嶽廟，疏濬東湖，整修景觀等所採取的措施和所取得的成就進行了全面的論述。曹鳳博《畢沅及其對陝西文物的保護》〔註 29〕概括論述《關中勝蹟圖志》、《關中金石記》的創作過程、內容特點以及學術價值，論述了畢沅實地勘察走訪與考證典籍相結合的治學方法。郭文娟《畢沅及其幕僚對陝西的文化貢獻》〔註 30〕以人物列傳的形式介紹畢沅幕府中重要的成員。文中介紹了由幕賓所主持纂修的七部方志，及對於《晉書・地理志》的補正和輯佚《晉書地道記》、《晉太康三年地記》。黃忠懷《畢沅研究整理史地典籍的成果與方法》〔註 31〕對畢沅幕府的治學方法進行條分縷析的論述，見解精闢，論述頗有深入。何清谷《〈三輔黃圖〉的成書及其版本》〔註 32〕不是專篇研究畢沅及幕府的文章，但在介紹《三輔黃圖》的九種版本中，對畢沅《三輔黃圖新校正》總體狀況給以詳細記述。喬治忠《章學誠的史學創見與修志實踐的關係》〔註 33〕主要論述章學誠修志活動對其史學理論形成的影響，但文章提及章學誠於畢沅湖北幕中所修《湖北通志》，在以《湖北通志》爲例闡述章學誠的史學創見與修志實踐關係過程中，分析《湖北通志》編纂體例上的特點，及其在乾嘉方志學中的獨特意義。陳蔚松《章學誠與〈湖北通志〉》〔註 34〕對《湖北通志》從內容到編纂義例上進行詳細

〔註28〕高景明、袁玉生：《畢沅與陝西文物》，《文博》，1992 年第 1 期。
〔註29〕曹鳳權：《畢沅及其對陝西文物的保護》，《文博》，1989 年第 1 期。
〔註30〕郭文娟：《畢沅及其幕僚對陝西的文化貢獻》，，《西安文理學院學報》，2005
　　　年第 2 期。
〔註31〕黃忠懷：《畢沅研究整理史地典籍的成果與方法》，，《中國史地論叢》，2003
　　　年第 3 期。
〔註32〕何清谷：《〈三輔黃圖〉的成書及其版本》，《文博》，1990 年第 2 期。
〔註33〕喬治忠：《章學誠的史學創見與修志實踐的關係》，喬治忠著《中國官方史學
　　　和私家史學》。北京圖書館出版社，2008 年版。
〔註34〕陳蔚松：《章學誠與〈湖北通志〉》，《江漢論壇》，1981 年第 4 期。

剖析，梁啓超稱章修《湖北通志》爲「史界獨有千古之作品，不獨方志之聖而已」〔註35〕，卻未獲刊行。文章通過考析《湖北通志‧檢存稿》之人物傳，揭示了其中的歷史和政治原因。

（四）經學、小學、諸子學、文學之成就

截至目前，學界研究畢沅及其幕府在經學、小學成就的論文較少，從 20 世紀 90 年代，才開始有人對畢沅《釋名疏證》、《說文解字舊音》進行研究。李傳書《清人對〈釋名〉的整理與研究》〔註36〕介紹了有清一朝研究《釋名》的三個學術梯隊及清人對《釋名》整理與研究的方法——校勘文字、考證古物、闡明體例、辨明音讀。文章認爲，畢沅《釋名疏證》及其《補遺》與《續釋名》位於三個梯隊中之首位，並對畢沅《釋名疏證》的治學方法和學術意義以例證的形式給予介紹。趙德明《〈釋名疏證〉正誤一則》〔註37〕、魏宇文《談畢沅〈釋名疏證〉中的今本俗字》〔註38〕對畢沅《釋名疏證》的內容進行具體詳細考據辨誤，這完全是從文字學和音韻學的角度研究《釋名疏證》。舒志武《〈說文解字舊音〉的性質》〔註39〕一文，就《說文解字舊音》所收字，從聲、韻、調及收字情況等方面與徐鍇注釋《說文解字》及上古音讀三方對比，並加以分析，從而得出《說文解字舊音》中所收字其音切在時間上有先有後，地域上兼有南北。其中與《切韻》系韻書不一致的音切，是研究《說文》音切及中古音的好材料。

關於畢沅諸子學成就，當前學界還沒有專門的闡述。許多文章在總體分析某部諸子著述研究狀況的過程中，對畢沅幕府諸子學研究上的成就稍有提及。龐慧《〈呂氏春秋〉的傳習與研究概覽》〔註40〕認爲，學人對《呂氏春秋》的傳習與研究，可以大致乾隆五十四年（1678）畢沅校正本《呂氏春秋》的刊行以爲界，分爲前後兩個階段，之前爲傳習期，之後是《呂氏春秋》研究全面展開的時期，文章充分肯定了畢沅幕府校注《呂氏春秋》的劃時代意義。

〔註35〕 梁啓超：《中國近三百年學術史》，《清代學者整理舊學之總成績》（三），《方志學》。山西古籍出版社，2001 年版，第 294 頁。

〔註36〕 李傳書：《清人對〈釋名〉的整理與研究》，《長沙電力學院學報》，1998 年第 2 期。

〔註37〕 趙德明：《〈釋名疏證〉正誤一則》，《文獻》，1998 年第 1 期。

〔註38〕 魏宇文：《談畢沅〈釋名疏證〉中的今本俗字》，《中國語文》，2007 年第 1 期。

〔註39〕 舒志武：《〈說文解字舊音〉的性質》，《語言研究》，1997 年第 2 期。

〔註40〕 龐慧：《〈呂氏春秋〉的傳習與研究概覽》，《廊坊師範學院學報》，2006 年第 1 期。

趙振鐸《〈晏子春秋音義〉韻讀訂正》〔註41〕從音韻學角度將孫星衍《晏子春秋音義》各篇中韻讀上的錯誤考證出來。

畢沅幼時在母教下專功詩歌，15 歲即能作詩，曾得到當時名師大儒沈敬亭、顧抱桐、沈德潛指點，喜歡結交詩友，其幕賓大都具有風雅嗜好。畢沅幕府文學成就主要是終其一生結集《靈巖山人詩集》40 卷，《靈巖山人文集》8 卷（因未刊刻而佚失），以及畢沅與幕賓暢遊雅聚所作《樂遊聯唱集》2 卷等。當前學界研究畢沅幕府文學成就的著述不多，僅倪慧穎《畢沅幕府與文學》〔註42〕一書，對於畢沅幕府詩歌創作活動、詩歌特點、幕府成員的文化心態等進行詳細剖析。

（五）總體評價畢沅幕府的學術成就

20 世紀 80 年代，繼王繼光先生《畢秋帆述評》、羅澍偉先生《畢沅》對於畢沅的學術成就進行全面研究之後，進入 90 年代，學界對於畢沅幕府學術成就的全面研究進入沉寂。新世紀初，孫運君《評畢沅的史學貢獻》〔註43〕重新敲響了對於畢沅幕府整體學術研究的鐘聲。文章對畢沅在金石學、地理學、方志及史書編寫上的成就進行了全面概述，還闡述畢沅以金石證經史、以實際勘察證經史的治史方法和理念。林存陽《畢沅對經史諸學的扶持與倡導》〔註44〕系統闡述畢沅《經訓堂叢書》在經學、小學、金石學、地理學、諸子學等方面的學術成就，及其在文獻輯佚、校注、補充、編纂等方面的學術意義。旭光《〈經訓堂叢書〉刻主畢沅》〔註45〕重點闡述《經訓堂叢書》的現今版本及藏本，從版本學的角度對《經訓堂叢書》的版本狀況進行詳細介紹。郭友亮《畢沅史學成就述略》〔註46〕論述畢沅幕府在編修史書，整理和修纂史地文獻及金石考據等方面所取得的成就，文章對於畢沅「史學必通地理」的治史理念給以肯定。

迄今，韓先豔的碩士論文《生前幕府三千士，死後名山萬卷書》〔註47〕

〔註41〕趙振鐸：《〈晏子春秋音義〉的韻讀訂正》，《古漢語研究》，1990 年第 3 期。
〔註42〕倪慧穎《畢沅幕府與文學》，江蘇人民出版社，2009 年版。
〔註43〕孫運君：《評畢沅的史學貢獻》，《遼寧大學學報》，2002 年第 5 期。
〔註44〕林存陽：《畢沅對經史諸學的扶持與倡導》，《清史論叢》，2006 年號（中國廣播電視出版社 2006 年 1 月）。
〔註45〕旭光：《〈經訓堂叢書〉刻主畢沅》，《新聞出版交流》，1994 年第 3 期。
〔註46〕郭友亮：《畢沅史學成就述略》，《商丘師範學院學報》，2008 年第 5 期。
〔註47〕韓先豔：《生前幕府三千士，死後名山萬卷書》，蘭州大學歷史學院碩士論文，2007 年 5 月。

是對畢沅幕府的學術成就論述最爲全面、系統的文章，文章以尚小明《學人遊幕與清代學術》中對於畢沅的幕府及其學術成就的論述內容和結構爲藍本，對於畢沅爲官各時期幕府中重要幕賓進行詳細介紹，對於畢沅幕府的學術成就按照《四庫全書總目》的分類方式，分爲經學類、史部類、諸子類，每一類目之下又按《總目》分類標準細分子目，並以此作爲論文的結構形式。

三、結構和主要內容

本書以畢沅及其幕府的史學成就作爲主要研究對象，通過深入探討畢沅及其幕府的史學著述和史學活動，闡釋其治學理念、治史方法及史學價值、時代意義，旁及畢沅幕府在經學、小學、諸子學、音韻學等方面的學術成就。擬分六部分進行論述，結構如下：

一是介紹畢沅的生平及其幕府情況。畢沅生活的乾隆時代，是清代的鼎盛時期，社會穩定、經濟繁榮，人們熱衷於學術研究，生活在這樣的社會背景下的畢沅一生勤奮向學，致力於學術，自少至老，手不釋卷。並且禮賢下士，延攬幕府，形成博學多聞、通達明識的學術風格。雖官至極品，唯以立言於後世自期。而這些品格，和他的生活背景不無關係。本章擬分爲兩節。第一節以時間爲序，敘述畢沅的生平。畢沅是傳統文化色彩濃厚的學者，他官僚、學者一身二任，鄉學和家學對其成長有著重要的影響。畢沅在史學上的成就，除其自身的努力，還得益於他的幕府。本章在第二節闡述畢沅幕府的特點，幕府修史的時代意義和局限性。幕府修史方式彌補私家個體修書人力、物力、資源上的不足，是對乾嘉時期私家修史弱勢形勢的補充。但是，幕府在組織上是十分鬆散的，幕主缺乏官方修史機構那樣的權威，難以控馭和協調，直接影響大型書史的纂修進度和成敗。而畢沅在與幕府成員在詩酒唱和、和睦相處的過程中，在史學上的貢獻尤爲突出。

二是關於史書的編纂情況。通過分析畢沅幕府所修《續資治通鑑》、《史籍考》等大型史書內容和形式，考察史著的創作背景、史料來源、撰述過程，探尋史著蘊含的史學觀點、思想傾向及時代意義。畢沅幕府所修這兩部史著，與官修的幾十種史書相比〔註 48〕，數量微不足道，其歷時之久，參與學人之

〔註48〕 據喬治忠、楊永康《清代乾嘉時期的官方史學與私家史學》，乾隆朝官方修書達 120 多種，其中史書超過 60 種，占全部修書數量的二分之一，總卷書達 6000

多，最後一成一敗，在乾隆年間史學組成結構中具有不可忽視的地位。

　　三是關於方志的編修和整理。畢沅一生仕宦通達，為地方治理的需要，所到之處，糾其幕府成員與官府合作編纂了大量方志，其中以《西安府志》和《湖北通志》的規模最大。此外，畢沅還主持了《長安志》的校訂，《三輔黃圖》的校注和輯佚工作。並且，畢沅在進行學術活動的過程中，對地方的治理和文化古蹟的保護做出很大貢獻。

　　四是關於金石著作的編纂。「金石學在清代又彪然成一科學也」〔註49〕。畢沅為官陝西時期，將「秦漢瓦頭及磚之有字者搜羅殆盡」〔註50〕，本部分對畢沅為官陝西、河南、湖北、山東各時期所編寫的金石著作進行詳細考析，探討其治學方法，史學意義及經世致用的學術理念。

　　五是關於地理典籍的編著和整理，主要體現於乾隆四十一年（1776）編定成書的《關中勝蹟圖志》，書成後被乾隆批准收入《四庫全書》中。畢沅還用了五年的時間完成《山海經》的校注工作，成《山海經新校正》。書中廣徵經傳、子史百家、傳注、類書，並加以實地見聞，「是平生得意之作」〔註51〕。畢沅幕府在晉代地理研究上也成績不匪，體現在對《晉書·地理志》的補充校正，並輯佚晉王隱《晉書地道志》及《晉太康三年地志》。

　　六是關於畢沅幕府的其它學術成就。乘當時乾嘉考據之風，畢沅在經學、小學、諸子學等方面都有獨特的造詣，做出了突出的貢獻，畢沅《經訓堂叢書》中收集其在經學、小學、諸子學方面的全部著作。畢沅善詩，是乾嘉文壇的代表詩人之一，一生創作了大量詩歌，《靈巖山人詩集》收錄其各時期的詩歌。很多詩歌除具有一定的文學價值外，還具有極高的史料價值。

　　結語部分對畢沅在清代幕府史學中的地位給以評價。畢沅在史學上成績卓著，學界曾有人將這些成就完全歸功於其幕中有識之士。其實，畢沅作為幕府的組織者和支持者，其幕府所成每一部著作都蘊含畢沅的觀點、思想、支持。作為幕主，畢沅並非是侵佔他人史學成果的盜賊，相反，畢沅為乾隆時期幕府史學的繁榮做出了極大的貢獻。

餘卷，其中卷帙在 100 卷以上者 20 種左右。這尚不包括《御覽經史講義》、《春秋直解》等包含歷史內容的書籍、訂正、改纂之書、以及各衙門大量的《則例》。《史學月刊》，2007 年 8 月。
〔註49〕梁啟超著，夏曉虹點校：《清代學術概論》十六，第 182 頁。
〔註50〕畢沅：《關中金石記》卷首，盧文弨《序》，清光緒十三年經訓堂刻本。
〔註51〕羅澍偉：《畢沅》，陳清泉等主編《中國史學家評傳》。

　　鑒於畢沅及其幕府史學活動之豐富，在清代史學中的重要地位，本書在文章末尾附《畢沅幕府學術年表》，對畢沅一生及其幕府存在期間的學術活動給以較爲全面的梳理，以便對畢沅及其幕府的史學成就乃至學術成就進行更爲全面的把握，爲今後的學術研究提供助力。

第二章　畢沅生平及其幕府

　　畢沅在其詩作《四十歲生朝自述三首》中曾描述自己的籍貫：「吾家老宗系，本是新安分。一遷玉峯麓，再遷婁江潯」〔註1〕。畢沅先祖「世居河南偃師」，後遷至「歙之簧墩」〔註2〕，此為新安畢氏始祖。至明崇禎年間，畢沅的高祖因避地亂由安徽休寧遷至江蘇崑山之蓁葭浜，曾祖再徙江蘇太倉州，「後析置鎮洋縣，遂占籍焉」〔註3〕。畢沅生於雍正八年（1730），卒於嘉慶二年（1797），享年 68 歲，一生活動大體與乾隆朝相始終。乾嘉時代社會穩定、經濟繁榮，人們熱衷於學術研究。畢沅生活在這樣的社會背景下，一生致力於學術，不但是乾嘉時期的封疆大吏，同時也是學界焦點人物，被譽為「乾嘉學術護法」〔註4〕。自撫陝時期即禮賢下士，延攬幕府，「生前幕府三千士，死後名山萬卷書」〔註5〕是對其博學多聞、通達明識的學術品格最恰當的總結。而畢沅的這些品格，和他的生活背景、求學經歷不無關係。

〔註1〕畢沅：《四十生朝自述三首》之一，《靈巖山人詩集》卷二十四，嘉慶四年經訓堂刻本。

〔註2〕沈敬亭：「畢右和小傳」，《敬亭文稿》續集卷八，沈敬亭《敬亭詩草八卷文稿九卷補遺一卷》，北京出版社，2000 年版。

〔註3〕錢大昕：《太子太保兵部尚書湖廣總督世襲二等輕車都尉畢公墓誌銘》，《潛研堂文集》卷四十二。

〔註4〕梁啓超著，夏曉紅點校：《清代學術概論》二，第 135 頁。

〔註5〕徐慶榮：《哭畢尚書》，《玉山閣詩選》卷六。中華書局，1984 年版。

第一節　畢沅的生平

一、早年生涯——以古學相策勵

（一）家學淵源

近讀 2010 年 10 月 13 日《太倉日報》登載的一份畢沅家譜〔註6〕，記載從畢沅上推五世，遷至太倉的始祖算起，其先輩皆官高學尖。其實，畢家開尚學之風應從畢沅的祖父起，畢禮「少能讀書，念家貧，晝夜呫囁，不足以養親，乃棄舉子業」〔註7〕。畢沅 40 歲時回憶起祖父，還以祖父為榮，「大父嗜經籍，晚歲貢成均，中復業計然，辛苦儕齊民，經營五十載，家計幸苟完。」〔註8〕畢沅父鏞，自少體弱多病，久謝舉業，在乾隆十三年（1748）畢沅 19 歲時就因病去世。他在世時，見沅資質異人，因對畢沅母張太夫人曰：「異日亢吾宗者，必此子也。吾多病，不能自課，君嫻文事，宜嚴督之。」〔註9〕畢沅自小全靠母親培育成人。

畢沅之母張太夫人，名藻，字於湘，青浦人。張藻之母顧太恭人，與武林閨秀林以寧、顧姒齊名，時號「西泠十子」之一。張藻幼承母訓，「親聞經史大義及古今忠孝廉節事」〔註10〕，也是當時頗有名氣的才女，其「詩傳家學，少與兄風孫唱和」〔註11〕，「以詩為聞人」〔註12〕，著有《培遠堂集》4卷。「其詩為女貞、為婦順、為母孝而和，皆可於此見之。」〔註13〕畢沅「上承母教，因以能詩」〔註14〕。畢沅 6 歲，即由其母教授《毛詩》、《離騷》，「才一過，輒能復誦」〔註15〕，10 歲時張太夫人「為講聲韻之學。閱一二年，稍稍解悟，繼以《東坡集》示之，日夕復誦，遂銳志學詩」〔註16〕。後來，畢沅「泛覽秦漢唐宋諸大家」〔註17〕，在殘書中得明「六如居士」唐寅畫譜一

〔註6〕　吳聿明：《一份宣統榜單昭示畢沅家譜》，2010 年 10 月 13 日《太倉日報》。
〔註7〕　沈敬亭：《畢右和小傳》，《敬亭文稿》續集卷八。
〔註8〕　畢沅：《四十生朝自述三首》之一，《靈巖山人詩集》卷二十四。
〔註9〕　史善長：《弇山畢公年譜》，雍正十三年乙卯 6 歲條，嘉慶四年經訓堂刻本。
〔註10〕　史善長：《弇山畢公年譜》，雍正八年庚戌 1 歲條。
〔註11〕　王祖畬等：《鎮洋縣志》卷十，《列女》，民國 8 年影印本。
〔註12〕　王昶：《張太夫人培遠堂詩序》，《春融堂集》卷四十，嘉慶十二年塾南書舍刊本。
〔註13〕　王昶：《張太夫人培遠堂詩序》，《春融堂集》卷四十。
〔註14〕　王昶：《張太夫人培遠堂詩序》，《春融堂集》卷四十。
〔註15〕　史善長：《弇山畢公年譜》，雍正十三年乙卯 6 歲條。
〔註16〕　史善長：《弇山畢公年譜》，乾隆四年己未 10 歲條。
〔註17〕　史善長：《弇山畢公年譜》，乾隆九年甲子 15 歲條。

冊，於是對繪畫產生興趣，「課經稍暇，搦筆撫仿，學爲山水」〔註18〕。行年十五，「先太夫人教之學詩，云：『詩之爲道，體接風騷，義通經史，非冥心孤詣，憔悴專壹數十年，不能工也。』敬遵慈訓，因舍畫而專攻詩。」〔註19〕此年，同里的張如爲繪《慈闈授詩圖》，畢沅自題四絕於後，「用志家學所自，敬感慈訓於勿諼也」〔註20〕。後來，畢沅中狀元當官，離開京城到陝西巡撫任，張藻還以母親特有的情懷，作五十四句《訓子詩》，其中曰：

> 讀書裕經綸，學古法政治。
>
> 功業與文章，斯道非有二。
>
> 汝宦久秦中，渟膚封圻寄。
>
> 仰沐聖主慈，寵命九重賁。
>
> 日夕爲汝祈，冰淵慎惕勵。
>
> ……〔註21〕

其詩「尤切於民生國事，及迎養官舍則以勤儉仁厚之意風示關陝，故至今頌中丞之政輒歸美於太夫人。」〔註22〕張藻病故後，乾隆皇帝特賜御書「經訓克家」四字褒揚。畢沅乃「建樓靈巖別業以奉宸章」〔註23〕，爲了銘記母親和皇上的恩賜，特將室名稱作「經訓堂」，將集畢生學術成就的傳世之作名爲《經訓堂叢書》。畢沅曾經作《敬題先太夫人手抄唐詩選後》表達對母親的培育之恩：

> 冬青淚瀧向南枝，畫荻恩深報荅遲。
>
> 盧館一鐙秋雨夕，難忘縮髻授詩時。〔註24〕

（二）鄉里求學

畢沅生長的鎮洋縣，即今之太倉。太倉自古爲文化之鄉，明清時期，更是文人輩出。王世貞興文、吳偉業興詩、張溥興社、陸世儀興學，還有「四王」（王時敏、王鑑、王翬、王原祁）〔註25〕興畫，使太倉文化得到全面發展，

〔註18〕畢沅：《再題一首並序》，《靈巖山人詩集》卷三十九。

〔註19〕畢沅：《再題一首並序》，《靈巖山人詩集》卷三十九。

〔註20〕見畢沅《靈巖山人詩集》卷一，《自題慈闈授詩圖有序》。

〔註21〕史善長：《弇山畢公年譜》，乾隆三十九年甲午45歲條。

〔註22〕王昶：《張太夫人培遠堂詩序》，《春融堂集》卷四十。

〔註23〕王祖畬等：《鎮洋縣志》卷十，《列女》，民國8年影印本。

〔註24〕畢沅：《靈巖山人詩集》卷三十一。

〔註25〕四王（王時敏、王鑑、王翬、王原祁）與吳歷、惲壽平六人在清初並稱爲畫
　　　壇「六大家」，其中，四王的擅長、崇尚、畫風相近，形成「四王」畫派，佔
　　　據了清初畫壇的正統地位。

民間讀書成風。太倉豐厚的文化底蘊培育了一批又一批士子。據《太倉歷代進士名錄》〔註26〕統計，從宋初至清末，太倉所出文進士共 268 個，在這經濟發達、人文薈萃之鄉，畢沅自少年即得到很好的人文環境的薰陶。畢沅 15 歲所作《雜詩》自稱：

> 一事未知，乃吾儒恥。
>
> 事事盡知，誰測物理。
>
> 靜偃林泉，博涉書史。
>
> 一耒一竿，伊呂差擬。
>
> 不逢明時，耕釣老死。〔註27〕

此可見其早年為學之趨向與抱負。

　　早在乾隆六年（1741），畢沅 12 歲時既「出就外傳」〔註28〕，就學於嘉定毛商巖先生，為制義之學，作為「婁東十子」之一的毛商巖，精於經典，講授深究古義。畢沅在毛氏教誨下，「根柢經術，淵雅深醇，一洗時下側媚之習」〔註29〕。並且，凡是鄉里以文著稱者，畢沅都要虛心求教，如被畢沅尊稱為「一代龍門真理學」的沈敬亭，畢沅經常手捧自己創作的詩文，求其指點，沈君「易稿研朱著意刪」〔註30〕；再如「吟壇簪盍無同輩」的顧抱桐〔註31〕，畢沅以詩請教，親得先生的指點，里中尊宿讀其詩，都大為驚歎，譽之為「後來傑起」〔註32〕。這樣，到 15 歲時，畢沅已泛覽唐宋諸大家，窮其正變，其詩「取徑眉山，上溯韓杜，出入玉谿、樊川之間」，在文壇中已有「獨樹一幟」〔註33〕的傾向，畢沅《靈巖山人詩集》中所收《硯山怡雲集》的創作即始於此年。並且，當時，沈敬亭先生「學純老去作經師」〔註34〕，顧抱桐先生「解字真源衍脫文」〔註35〕，二老在指導畢沅詩作的同時，對畢沅在經學和小學上的學識想必也產生一定的影響。乾隆十年（1745），畢沅 16

〔註26〕此為太倉縣檔案館的內部資料。

〔註27〕畢沅：《靈巖山人詩集》卷一。

〔註28〕史善長：《弇山畢公年譜》，乾隆六年辛酉 12 歲條。

〔註29〕史善長：《弇山畢公年譜》，乾隆六年辛酉 12 歲條。

〔註30〕以上引自畢沅《謁光祿卿沈敬亭起元先生於學易堂敬呈四律》，《靈巖山人詩集》卷三。

〔註31〕畢沅：《贈顧行人抱桐陳堉》，《靈巖山人詩集》卷一。

〔註32〕史善長：《弇山畢公年譜》，乾隆六年辛酉 12 歲條。

〔註33〕史善長：《弇山畢公年譜》，乾隆九年辛酉 15 歲條。

〔註34〕畢沅：《謁光祿卿沈敬亭起元先生於學易堂敬呈四律》，《靈巖山人詩集》卷三。

〔註35〕畢沅：《贈顧行人抱桐陳堉先生》，《靈巖山人詩集》卷一。

歲時，楊繩武編修更是對畢沅器重有加，每索其近作，親爲評騭，獎借不容口。畢沅因作詩相答，以誌其知遇之感：

> 綠衣隅侍最情親，光霽襟期似飲醇。
>
> 門第東林鉤黨裔，文章南國總持身。
>
> 汗青垂老書初就，頭白憐才意更眞。
>
> 海內靈光遺一老，仁皇親策第三人。〔註36〕

乾隆十三年（1748），畢沅 19 歲時，父親畢鏞謝世，畢沅哀痛不已，以至於「擗踴號慟不能起」，畢沅的母親擔心兒子「過哀毀」，不能繼續學業，「命理舊業」〔註37〕。在痛定思痛後，畢沅爲進一步完善自己的學業，決心繼續延訪高師。吳縣惠棟「自幼篤志向學，家多藏書，日夜講誦，於經、史、諸子、稗官野乘，及七經蒐緯之學，靡不肄業及之」〔註38〕，「自經、史、諸子、百家、雜說、釋道二藏，靡不津逮」，有「博通經史、學有淵源」之稱〔註39〕。於是畢沅「叩門請謁，問奇析疑」，而惠棟則「娓娓不倦，由是經學日邃」〔註40〕。惠棟所撰《易漢學》、《禘說》、《明堂大道記》，後被畢沅收入其所刻《經訓堂叢書》中，可見惠棟對畢沅治學取向的影響。

在《訪惠徵君定宇棟先生賦贈三首》中，畢沅回憶當時拜師求學的情形云：

> 老屋寒氈六十年，白頭燈火舊因緣。
>
> 徵書束帛邱園賁，校本遺經弓冶傳。
>
> 漢學世誰宗五鹿，清門人自仰三鱣。
>
> 䣒溪即是山陰道，雪夜催開訪戴船（時薦舉經學）。
>
> 翦燭圍爐奉屢約，精研秘籍總膏腴。
>
> 清言直瀉瓶中水，妙義如探海底珠。
>
> 一綫保殘存絕學，三才貫串識通儒。
>
> 元亭問難窺奇字，猶愧多聞近末膚。

〔註36〕畢沅：《楊編修文叔繩武先生索觀近制親爲評點獎借倍至即座賦呈》，《靈巖山人詩集》卷一。

〔註37〕史善長：《弇山畢公年譜》，乾隆十三年戊辰 19 歲條。

〔註38〕徐世昌等編纂《清儒學案》第二冊，《研谿學案·惠先生棟》。中華書局，2008年版。

〔註39〕李元度：《經學·惠先生棟》，《國朝先正事略》卷三十四。嶽麓書社，1991年版。

〔註40〕史善長：《弇山畢公年譜》，乾隆十三年戊辰 19 歲條。

曼倩窮愁苦忍飢，買文錢待給晨炊。

著書娛老眞清福，稽古求榮亦笑資。

家守青箱綿祖澤，花開紅豆茁孫枝。

古歡要結千秋賞，對酒掀髯酹瓦卮。〔註41〕

乾隆十五年（1750），畢沅 21 歲，又從著名學者、詩人沈德潛問學，以進一步拓寬視野。是時，沈德潛「以風雅總持東南，海內翕然宗之」，其詩得到乾隆皇帝的賞識。畢沅與之經常一起遊賞香雪海，所作《探梅歌》及《梅花七律》十首，沈氏贊許「於暗香疏影外，別開面目，能爲此花寫眞」〔註42〕。在沈氏的教導下，畢沅學業又有很大的進步，連沈氏每讀其詩賦新作，也讚歎其詩「有獨來獨往之概，南朱（朱彝尊——引者注）北王（王世禎——引者注）不能不讓後賢獨步」〔註43〕，對其愛重可見一斑。「是以學業日漸精進，時人目爲『國士』」〔註44〕。畢沅師從沈氏兩年，及去京師時，作詩表達對沈氏的深情厚誼：「師門臨去復夷猶，此後重來更幾秋」〔註45〕，依依不捨之情溢於言表。畢沅在先賢的教導之下，學業大進。

當時，王昶、王鳴盛、吳泰來、錢大昕、趙文哲、曹仁虎、黃文蓮等吳中七子，經常聚集，詩酒唱和，一時傳爲盛事〔註46〕，畢沅亦經常和這些人酬唱宴遊，因而學識大進。畢沅曾作《吳企晉泰來邀李丈客山果、王鳳喈鳴盛、錢曉徵大昕、趙損之文哲、王蘭泉昶、曹來殷仁虎集聽雨篷小飲即席有作》，描述當時情景：

寂寂園林夜，開尊石閣西。

風池搖月碎，露竹帶禽低。

獨罰輸棋酒，重分詠史題。

豪情殊未已，無奈五更雞。〔註47〕

〔註41〕 畢沅：《訪惠徵君定宇棟先生賦贈三首》，《靈巖山人詩集》卷三。

〔註42〕 畢沅：《後梅花十首並序》，《靈巖山人詩集》卷二十三。

〔註43〕 史善長：《弇山畢公年譜》，乾隆十五年庚午21歲條。

〔註44〕 錢大昕：《太子太保兵部尚書湖廣總督世襲二等輕車都尉畢公墓誌銘》，《潛研堂文集》卷四十二。

〔註45〕 畢沅：《將抵都門寄呈歸愚先生》，《靈巖山人詩集》卷十。

〔註46〕 見江藩《王蘭泉先生》，《國朝漢學師承記》卷四，民國26年上海商務印書館排印叢書集成初編本。

〔註47〕 畢沅：《吳企晉泰來邀李丈客山果王鳳喈鳴盛錢曉徵大昕趙損之文哲王蘭泉昶曹來殷仁虎集聽雨篷小飲即席有作》，《靈巖山人詩集》卷一。

與吳中學士的接觸中，畢沅的詩才有了更大的提升，他同王右亭、何畹芳、毛羅照等人組織了自己的詩社，有《同王右亭鈞、何畹芳蘭訪毛羅照上戻因同遊隆福寺》〔註48〕等詩。畢沅往京師求學時，曾作《留別同社諸子》告別詩社：

> 落落孤蹤等繫匏，吟壇幾輩泰頭膠。
>
> 馬思逐電矜奇骨，龍自隨雲訂古交。
>
> 春逝花應添慘淡，詩成誰與共推敲。
>
> 離亭風笛聽鳴咽，卻笑光陰客裏抛。〔註49〕

畢沅到達京師，仍念念不忘吳門諸社友，《春盡日寄吳門同社友》〔註50〕一詩即表現遠在京城的游子畢沅對家鄉同伴的思念。鄉里求學，畢沅在經學、小學、作詩、作文等方面皆打下堅厚的基礎。

（三）往遊京師

乾隆十六年（1751），畢沅22歲。此時，其於硯山書堂的學業基本結束。張太夫人以「朱子謂鄉村坐壞人」〔註51〕擔心畢沅玩物喪志，乃命其往遊京師並省舅氏寶田先生，以擴見聞。寶田先生者，張太夫人之兄張鳳孫先生也。張鳳孫也是當時小有名氣的學者，擅長詩文，有《寶田詩鈔》傳世，他和直隸總督方觀承、少司空裘曰修等人均有交往，曾客二公之幕下〔註52〕。畢沅於乾隆十七年（1752）二月就道，夏抵京師。初到京師，館於時任兵科給事中的族祖咸齋公畢誼的槐蔭書堂，「時臺閣中，尚多康熙雍正年間諸老，前輩每結消寒雅集，拈韻徵歌，必爲投轄之飲，先生令余執壺旁坐，客稱既醉，主曰未央，觥酬交錯，長夜不倦，文采風流，宛然在口」〔註53〕。這種宴飲唱和之會，使畢沅一方面得以結識很多朝中元老，另一方面有機會展示自己的才華，開拓了視野，提高了境界。

畢沅在此階段著有《三山攬勝》、《白門訪古》、《渡江燕臺》等詩集，其所作《病馬行》，深得直隸總督方觀承、少司空裘曰修讚賞，稱讚他「有國士之目」。畢沅後來所作《雨夜夢裘文達公感賦》，以表達對裘氏的知遇之恩：

〔註48〕畢沅：《靈巖山人詩集》卷二。

〔註49〕畢沅：《靈巖山人詩集》卷五。

〔註50〕畢沅：《靈巖山人詩集》卷七。

〔註51〕史善長：《弇山畢公年譜》，乾隆十六年辛未22歲條。

〔註52〕畢沅：《孫泰溶傳》，李桓《國朝耆獻類徵初編》卷四三八，《孫泰溶》。江蘇廣陵古籍刻印社，1990年版。

〔註53〕畢沅：《敬題家叔祖兵可給事中咸齋公遺照六首》，《靈巖山人詩集》卷三十七。

> 素車白馬氣如虹，邂逅生前一笑同。
>
> 執手忍揮知己淚，論心猶見古人風。
>
> 青衫認我仍爲客，蒼鬢憐公已作翁。
>
> 涼雨又喧殘夢覺，容暉還照壁鐙紅。〔註54〕

其年九月，畢沅訪張鳳孫於保陽。張鳳孫把畢沅推薦給「時婁東張助教鳳岡先生敘」。時張敘「以經術名於海內」，主講蓮池書院，其與張鳳孫爲族舅弟，於是「留公肄業，切劘最深」〔註55〕。在《呈院長張鳳岡敘先生》詩中，畢沅道及從學張氏的深切體會：

> 鶴骨孤支碩果身，光風噓拂杖頭春。
>
> 從遊爲篤師門誼，授粲還因母黨親。
>
> 上座傳燈須此日，名山付鉢定何人？
>
> 漢儒自有專家學，願向遺經一問津。〔註56〕

按吳下名士，毛商巖、顧抱亭、沈德潛、惠棟、張敘等人皆爲首推，而畢沅有幸得兼眾先生之教導，故能「引伸觸類，於漢唐諸儒之說，疏證精覈，其學大成」〔註57〕。此一從學經歷，爲畢沅此後注目漢學打下了根基，也使他養成「從少至老，無一日廢書」，「少嗜著述，至老不輟」〔註58〕的學風。

二、宦海沉浮——鞠躬盡瘁，死而後已

乾隆十八年（1753）八月，畢沅應順天鄉試，中式舉人〔註59〕。次年會試報罷。乾隆二十年（1755）歲暮，由於家叔咸齋公畢誼因病乞歸，畢沅得以有補授內閣中書的機會，入直軍機處，此爲畢沅仕途的伊始。在軍機處，畢沅直於樞庭，辦事有法，「目攝手披，才思敏給」，久管機地，得到識鑒宏遠的大學士傅恒、汪由敦等賞識，皆「以公輔期之」〔註60〕。

〔註54〕畢沅：《雨夜夢裘文達公感賦》，《靈巖山人詩集》卷二十七。
〔註55〕史善長：《弇山畢公年譜》，乾隆十七年壬申23歲條。
〔註56〕畢沅：《呈院長張鳳岡敘先生》，《靈巖山人詩集》卷七。
〔註57〕史善長：《弇山畢公年譜》，乾隆十七年壬申23歲條。
〔註58〕王昶：《兵部尚書都察院右都御史湖廣總督贈太子太保畢公神道碑》，《春融堂集》卷五十二。
〔註59〕畢沅《靈巖山人詩集》卷七有《聞癸酉登科錄有感》表現當時中舉喜悅的心情：「瓊樓悄憶記遊仙，小謫人間夢又圓。丹桂露溥叨一第，白楊雨冷隔三年。羽儀鴻漸占初吉，燈火雞鳴感舊緣。遙喜萱堂眉暫展，簷前靈鵲好音傳。」並以此詩告慰先祖父。
〔註60〕史善長：《弇山畢公年譜》，乾隆十七年壬申23歲條。

　　乾隆二十五年（1760）三月，畢沅以內閣中書參加會試，中式第二名進士，五月殿試廷對，高宗對其經學、屯田二篇嘉獎再三，遂拔置一甲一名〔註61〕。畢沅對此次考試甚為得意，其曾寫《臚傳紀恩四首》追述此事，其三曰：

> 主知特達謝圭璋，柳染宮袍數異常。
> 溫飽毋求行易勉，科名不愧道爭光。
> 書生敢擅通經譽，邊務虛叨對策詳。
> 聖代崇儒兼奮武，漫云報國僅文章。〔註62〕

不久，始定新進士前十名於讀卷日引見，而畢沅儀官秀偉，進止有度，乾隆甚喜，授翰林院編修，充日講起居注官。從此，他的仕途進入了一個新的階段。

　　乾隆二十六年（1761）散館後，畢沅任職翰林院。時畢沅深受掌院劉統勳的器重，其以畢沅「才望夙著」，故「凡院中文章制誥，悉委公手定」〔註63〕。由於畢沅表現出色，此後連年陞遷：乾隆三十年（1765）二月升授詹事府右春坊右中允；乾隆三十一年（1766）三月升授為翰林院侍講，教習庶吉士兼充《大清一統志》、方略館纂修官；乾隆三十二年（1767）五月遷右春坊右庶子，掌坊事，仍兼侍講。是年十月，乾隆皇帝以畢沅「才大可用，非詞臣能盡其所蘊」〔註64〕，特旨補授甘肅鞏秦階道〔註65〕，即

〔註61〕畢沅得中一甲第一名，其中還有一個小的插曲。洪亮吉《更生齋集文甲集》卷四《書畢宮保遺事》記道：「乾隆庚辰公會試，未揭曉前一日，公與同年諸君重光、童君鳳三皆以中書值軍機。諸當西苑夜直，日未晏，忽語公曰：『今夕須湘衡代直。』公問故，則曰：『余輩尚善書，倘獲雋，可望前列，須回寓偃息，並候榜發耳。湘衡書法中下，即中式，詎有一甲望耶？』湘衡者，公字也。語竟，二人者徑出不顧，公不得已為代直。日脯，忽陝甘總督黃廷桂奏摺發下，則言新疆屯田事宜。公無事，熟讀之。時新疆甫開，上方欲興屯田，及殿試發策試新貢士即及之。公經學、屯田二策條對獨詳覈，遂由擬進第四人改第一，諸君次之，童君名第十一。」

〔註62〕畢沅：《臚傳紀恩四首》，《靈巖山人詩集》卷十四。

〔註63〕史善長：《弇山畢公年譜》，乾隆二十八年癸未34歲條。

〔註64〕史善長：《弇山畢公年譜》，乾隆三十二年丁亥38歲條。關於畢沅的外放受官原因，很多資料皆認為是因畢沅參加的一次春耕之禮。2010年8月14日《太倉日報》的《婁東文史》有《乾隆朝狀元學人畢沅》一文，其云畢沅三十七歲時，遇上乾隆帝舉行一年一度的耕種籍田儀式。典禮結束後，乾隆帝回到御座稍事休息，忽然天空中傳來清脆悅耳的布穀鳥叫聲。乾隆帝若有所思，自言自語道：「布穀戴勝一種鳥呢還是兩種鳥？」畢沅上奏道：「陛下，布穀

鞏昌府（府治今甘肅隴西）、秦州（州治今甘肅天水）、階州（州治今甘肅武都）一府二州的長官，此一任命，正好圓了畢沅長久以來從軍用世的心願〔註66〕。自此以後，畢沅開始了一生奔波勞碌的仕宦生涯。

在辭別家人後，畢沅於乾隆三十三年（1768）四月抵甘肅，總督吳達善知其才略，因奏留綜理新疆經費局務，遂駐蘭州。九月，兼署理按察事務。乾隆三十五年（1770）六月，奉旨調補安肅道。秋八月，隨總督明山出關堪查核實屯田，無漏網者。乾隆三十六年（1771）正月，補授陝西按察使，時乾隆皇帝出巡山東，畢沅趨赴行在朝見，奏告甘肅大旱，乾隆帝詔賑濟，免積欠田賦 400 萬。五月署理陝西布政使事，十月奉旨補授布政使。乾隆三十八年（1773）十一月，畢沅補授陝西巡撫，其在奏謝中表達了自己激動的心情：「伏思撫臣職筦兵民，秦地重當隴蜀，肩茲巨任係要區，萬非臣夢想所敢期之，豈臣才力所能副？惟有盡心民事，勵志官方，永矢葵藿之誠，向榮化日，益策駑駘之鈍，奮力康衢，冀裨臣職於秋毫，仰報聖恩於萬一所有。」〔註67〕自此以後，除因丁母憂，去職將近一年，及因失察甘肅冒賑事奉旨降爲三品頂戴，仍辦理陝西巡撫印務而不准支給養廉銀一年多外，一直任陝西巡撫，且署理西安將軍、陝甘總督印務，直到乾隆五十年（1785）因調補河南巡撫而離開陝西。

乾隆五十年（1785）二月，畢沅調任河南巡撫，治理河南水患旱災。乾隆五十三年（1788），升授爲湖廣總督。乾隆五十九年（1789），畢沅開始爲

就是戴勝。」並講清其出典。乾隆帝頷首稱讚，於是詢問起畢沅科第，當得知是昔年自己欽定的狀元時，心裏更是高興，又問畢沅是否善詩，畢沅自信地答道：「這可是翰林的職責。」乾隆帝於是以「戴勝降於桑」爲題，讓畢沅當場賦詩一首，畢沅才思敏捷，提筆立成，乾隆帝龍顏大悅，讚賞有加，從此便有了重用畢沅之意。若此年畢沅三十七歲，當爲乾隆三十一年。而史善長《弇山畢公年譜》記此事在乾隆三十二年條。徐耿華《學者督撫畢沅》一文亦附會此說。查閱畢沅《靈巖山人詩集》，畢沅所作《觀耕臺侍班應制恭和耕籍日祭先農壇禮成有述原韻》即記述此事，但此詩收在畢沅乾隆三十年詩作中，但考《乾隆帝起居注》，此年春天，乾隆帝攜母南巡，並未行春耕之禮。故畢沅參加的此次春耕時間暫以史善長《弇山畢公年譜》爲準。

〔註65〕畢沅《靈巖山人詩集》卷二十三，《哭先室汪夫人詩二十二首有序》小注曰：「丁亥十月外轉隴西。」又卷二十四《四十生朝自述三首》曰：「丁亥補外初，鳥私念明發。」

〔註66〕史善長《弇山畢公年譜》，乾隆二十二年己卯 30 歲條中記：「公少年風姿英爽，值西北用兵，公屢欲從軍，不果。」由此可見畢沅從軍征戰的志向。

〔註67〕畢沅：《靈巖山館文鈔》，上海圖書館古籍部抄本。

鎮壓當地叛亂而奔波。是年，陝西安康、四川大寧發生叛亂，因傳言是湖北人輾轉牽引所致，畢沅被貶爲山東巡撫。乾隆六十年（1790）二月，再授湖廣總督。嘉慶二年（1792）六月，畢沅因奔波勞累，心力衰竭，手足麻木不仁，嘉慶帝賜「活絡丸」藥。嘉慶二年（1792）七月，畢沅於湖北辰州行館病卒。直到生命的最後一刻，畢沅仍駐守軍營，綜覽南北軍事。正如他以詩述懷所說：「丈夫若遂封侯願，老死沙場也無妨」〔註68〕。嘉慶聞奏畢沅死訊，詔贈畢沅太子太保。但因他在湖廣總督任內失察傳教之咎，未予謚號。嘉慶四年（1794），乾隆皇帝去世，嘉慶舊事重提，下令褫奪世職。畢沅在湖廣任內的未完銀兩萬兩，作爲「失察邪教之款」，不予恩免，「著落家屬如數賠交」〔註69〕。畢沅歿後被抄，洪亮吉歸之於「公軍旅非所長，又易爲屬吏欺蔽，卒以是被累」〔註70〕。畢沅仕宦，功名不終，死後沒有謚號，被抄家，革世職，但其在學術上的愛才下士，在學問上博學通識，卻是流芳百世的。畢沅晚年的詩句「生前樹勳業，身後噐文章」〔註71〕是其學術人生眞實、生動的寫照。

第二節　畢沅的幕府

身爲朝廷大臣的畢沅，不但精通學術，並且廣交旨趣相投的朋友，王昶、王鳴盛、阮元等，畢沅都以師友待之，求教磋商。像錢大昕，曾與畢沅在翰林院共事，二人常「論文道古，數共晨夕」，後雖分離，但畢沅「每有撰述，必先寄示」〔註72〕，以徵詢錢氏意見。畢沅《關中金石記》、《續資治通鑑》等許多著述中皆有錢大昕詳細的考據。王昶曾和畢沅共事於軍機處，不但是畢沅的同事，而且與畢沅有學術往來，畢沅《續資治通鑑》就曾得到王昶中肯的建議〔註73〕。畢沅巡撫山東，曾和阮元共同研討金石碑刻學問，合作編纂《山左金石志》。而終畢沅一生，交遊最廣的是其幕中的賓客。

〔註68〕畢沅：《寄趙二損之舍人昔嶺軍營三首》，《靈巖山人詩集》卷二十八。
〔註69〕見《清實錄》卷四十六，嘉慶己丑條。
〔註70〕洪亮吉：《書畢公保遺事》，《更生齋文甲集》卷四。清光緒四年授經堂重刊本。
〔註71〕畢沅：《紀夢詩並序》，《靈巖山人詩集》卷四十。
〔註72〕錢大昕：《太子太保兵部尚書湖廣總督世襲二等輕車都尉畢公墓誌銘》，《潛研堂文集》卷四十二。
〔註73〕王昶與畢沅進行學術交流情況見《春融堂集》卷三十四，《與畢秋帆制軍論續通鑒書》。

一、畢沅幕府產生的時代背景

「幕府」指活躍於中國歷史上各個時期的地方官員私人聘用參謀人員的用人制度。大約肇端於春秋戰國時期，經過漢代、魏晉、隋唐得到充分的發展。由於唐末藩鎮割據的教訓，自宋以後的君王爲防止地方大員擁兵自立，限制地方政府的權力，幕府辟召雖不乏其例，至明代則辟幕之例不復多見。清初，中央集權高度發達，但由於平定叛亂、穩定社會秩序和恢復、發展經濟對人才的客觀需求，幕府卻在這一時期再度復興，從中央的六部九卿乃至地方各州縣，政府官員和軍事將領無不聘有幕僚協助處理事務。乾隆時期，士人遊幕成爲普遍的社會現象。許多官僚廣招賢才，形成以「人才幕府」爲特徵的學術團體。究其原因，主要有以下幾點：

（一）乾隆時期文化事業的高度發展

清代經過順治、康熙、雍正朝近百年的發展，至乾隆時期，總體上經濟比較繁榮，政局相對穩定，國家綜合實力超越以往，人口達到有史以來最高水平，國家在農業、手工業、商業、造紙業、印刷業等方面興旺發達，實際管理的疆域相當廣闊，可以按古代舊有的標準算作一個「盛世」。在文化事業上，清初學者在對理學總結和批判的過程中，掀起一股以考證經史爲方法，以經世致用爲宗旨，以挽救社會危機爲目的的學術思潮。而且，隨著清廷統治的穩固，從康熙到乾隆中期以文字冤獄形式而進行的學術鉗制，使這種樸實考證經史的方法成爲學術的主導。再者，從古代至乾隆時期積累了豐富的文化遺產，故乾隆時期中國文化的發展進入一個大清理、大總結的階段，這些皆爲考據學的空前發展提供了條件。其治學原則主要以經學濟理學之窮，通過對經文本義的考索來探求聖人之本義，也就是走回歸儒家原典的道路，以挽救理學的空疏；其治學根本方法，在於「實事求是」、「無徵不信」；其研究範圍，「以經學爲中心，而衍及小學、音韻、史學、天算、典章制度、金石、校勘、輯逸，等等」；其學風，崇尚樸實、「以古爲尚」〔註74〕。其學術特點就是「厭倦主觀的冥想而傾向於客觀的考察」，「排斥理論，提倡實踐」〔註75〕，概括爲注重訓詁文字，考訂名物制度，務實求眞，不尚空談。其具體的工作主要是對文獻的整理與考訂。眾多學者注目於對舊學的整理和評判，做出了極大成績，梁啓超在《中國

〔註74〕梁啓超著，夏曉紅點校：《清代學術概論》二，第135頁。
〔註75〕梁啓超：《中國近三百年學術史》，第1頁。

近三百年學術史》中用了四章的篇幅論述清代學者在文獻整理方面的成就，其中絕大部分爲乾嘉學者所爲，內容涉及經學、諸子、史學、方志學、地理學、曆算學以及其它一些學科，乾嘉學者對之進行了大規模的訓詁、注疏、校勘、輯佚、辨僞、考訂，成就卓著，蔚爲大觀。

（二）官方統治者對於文化事業的倡導和重視

一是乾隆時期，統治階級採取「右文」政策。在乾隆朝的六十年間，清廷大舉興辦官方的修書事業，所成之書種類繁多，內容豐富，超過了康熙時期。目前，學界已據《國朝宮史》、《國朝宮史續編》等書記載進行初步統計，康熙朝官修書有七十餘種；而乾隆朝官方修書達一百二十多種，總卷數達六千餘卷，其中卷帙在一百卷以上者二十種左右〔註76〕。官方發起浩大的修書活動，使眾多士人參與其中。章學誠曾分析這種興盛局面曰：「今天子右文稽古，三通四庫諸館依次而開，詞臣多由編纂超遷，而寒士挾策依人，亦以精於校讐，輒得優館，甚且資以進身」〔註77〕。」梁啓超亦曰：「清高宗席祖父之業，承平殷阜，以右文之主自命；開四庫館，修《一統志》，纂《續三通》、《皇朝三通》，修《會典》，修《通禮》，日不暇給，其事皆有待於學者。」於是，「內外大僚乘虛宏獎者甚眾」〔註78〕。

二是清廷自入關以來，爲了籠絡漢族縉紳和士人，官方積極興辦教育，書院講學之風復興，學術風氣濃厚。畢沅爲官陝西期間就曾對陝西關中書院進行改革，以「維持風教、激揚士類爲己任」〔註79〕，大力興教。經過畢沅對於關中書院的整治，「不數載，關中鄉會中式應館選者大半，皆書院之士，一時稱盛事。顧中丞之意，則惟願諸生講求經述、道達事理，出可以仔肩鉅任，處可以祐啓後人」〔註80〕。畢沅還上書乾隆採取措施鼓勵士子向學：「以新疆之鎮西府迪化州，宜禾、昌吉二縣俱經建學，設有附學生，應與內地各屬一體考試。如有足稱選拔之才者，酌量拔取一二名，以昭鼓勵」〔註81〕。並且，爲使新疆考生避免路途之苦，奏請「嗣後凡嘉峪關以外鎮西、迪化等

〔註76〕見喬治忠、楊永康：《清代乾嘉時期的官方史學與私家史學》。
〔註77〕章學誠：《答沈楓墀論學》，《章氏遺書》卷九。民國 11 年吳興劉氏嘉業堂刊本。
〔註78〕梁啓超：《清代學術概論》十八，第 188 頁。
〔註79〕史善長：《弇山畢公年譜》，乾隆四十年乙未 46 歲條。
〔註80〕舒其紳修、嚴長明纂：《西安府志》卷十九，《學校志》。乾隆四十四年刻本。
〔註81〕史善長：《弇山畢公年譜》，乾隆四十一年丙申 47 歲條。

屬，不論鄉會試，均照雲貴之例，每名給驛馬一匹」。〔註82〕這些舉措多得到朝廷的認可並得到落實。這樣，科舉考試的取士數量不斷擴大，社會中學習風氣濃郁，文人學者的數量大大增加。這些學者，進士及第則入仕為官，榜上無名則從事學術研究。即便是入仕為官的學者也有很多仍不放棄學術上的追求。至乾隆時期，大部分學者不同程度地投入於官方與私家的學術活動。由於地方大員經濟條件的優越，學術資料的豐富，許多學者紛紛投在這些官僚門下，在為官僚幕府著書立說的同時，也便於從事自己的學術研究。

　　三是在乾隆時期高度的皇權專制、朝廷具備超強政治控馭力的背景下，許多官僚，都不敢貿然組成一個政治性的幕府。因此，此時期，一批官僚學者一身二任，不僅以著作宏富流傳後世，而且往往以禮賢下士知名當代，許多督撫大員如朱筠、畢沅、阮元之流，都藉開幕府，邀聘學者從事編修方志、纂輯著作或校訂古書等工作，形成在官方和私家之外的又一種學術結構。乾嘉時期的許多著名學者如洪亮吉、孫星衍、邵晉涵、章學誠、王昶、黃景仁等，都曾是幕府中人。幕主不僅給學者提供相互切磋、交流乃至爭論的平臺，促進了各自的學術研究，而且幕主組織他們協作，編纂整理出眾多大型經史著作，對中國古代文化大規模的整理和研究做出貢獻。

二、畢沅的幕府

　　乾隆三十六年（1771），畢沅被任命為陝西按察使，開始了在陝西長達14年的官宦生涯。此年即開始羅致人材，乾隆三十七年（1772），其幕府已形成〔註83〕，乾隆四十六年（1781），洪亮吉抵西安入畢沅幕，「時幕中為長沙吳舍人泰來，江寧嚴侍讀長明、嘉定錢州判坫及孫君（星衍）與先生凡五人。」〔註84〕規模還不甚大。至乾隆四十七年（1782）著《樂遊聯唱集》，幕府中人吳泰來、嚴長明、洪亮吉、孫星衍、錢坫、張復純、吳紹昱等和之，稱一時之盛〔註85〕。此後，畢沅幕府的規模愈來愈大，在其任職陝西、河南、湖北

〔註82〕史善長：《弇山畢公年譜》，乾隆四十二年丁酉 47 歲條。
〔註83〕據史善長《弇山畢公年譜》，乾隆三十七年壬辰 43 歲條：「秋九月，回布政司任，公以蘇東坡先生曾任鳳翔通判，故於十二月十九日生辰設祀。招賓客賦詩，始於是年。……自此，歲以為常，凡知名之士來幕中者皆續詠焉。」說明此時畢幕已然形成。
〔註84〕呂培：《洪北江先生年譜》，乾隆四十六年辛丑 36 歲條。《萬有文庫》本《洪北江詩文集》卷首。
〔註85〕據史善長編《弇山畢公年譜》，乾隆四十七年壬寅 53 歲條稱： 公著《樂遊聯

期間，始終賓客如流，座無虛席。

在乾隆朝這一特殊的歷史時期，畢沅幕府具有幾項突出的特點：

（一）幕府的組成，不是依賴幕主對幕賓的雇傭性關係

畢沅一生愛好交遊，其與學者詩酒唱和中所形成的友情關係，以及對學者慷慨的周濟與饋贈，才是其幕府組成的紐帶。幕賓固然幫助幕主編校書史，但這大多出於知遇情義，如同賓朋，出力多少並不與收益對應。

畢沅於政務、軍書旁午之餘，常和幕賓詩酒宴會，聯句吟詠，相攜訪古，共賞碑拓，可謂極一時之盛會。畢沅在陝西時期的幕府最為繁榮，其與文人墨客吟詩作賦，詩酒留連。據史善長編《弇山畢公年譜》乾隆三十七年壬辰43歲條稱：「公以蘇東坡先生曾任鳳翔道通判，故於十二月十九日生辰設祀，招賓客賦詩始於是年。公先成七古一篇，和者十有四人。自此歲以為常，凡知名之士來幕中者，皆續詠焉。」又據乾隆四十八年癸卯54歲條稱：「公以去冬（乾隆四十七年——引者注）關中年豐人樂，因與吳舍人泰來，及幕中文士為消寒之會。自壬寅十一月十七日始，每九日一集，至癸卯二月二日止，分題拈韻，成《官閣圍爐詩》二卷。」〔註86〕畢沅《上元燈詞》描寫其陝西時期幕府詩酒唱和的場面：

> 十年持節住秦關，夢斷蓬瀛供奉班。
>
> 記得披香頻侍宴，紅雲萬朵駕鰲山。

又云：

> 瓊樓簾卷月初升，雲過珠樓萬景澄。
>
> 玉貌錦衣諸弟子，當筵齊舞太平鐙。〔註87〕

毛慶善、季錫疇所撰《黃仲則先生年譜》亦曰：「時幕府之士甚眾，其尤著者為長洲吳舍人泰來、江寧嚴侍讀長明、嘉定錢州判坫及稚存、淵如。先生至，極詩文讌會之樂。」〔註88〕幕賓孫星衍對幕居生活描寫極為生動，「千金招賢東閣開，千金買花池館裁」、「不斷霓裳按曲聲，無邊銀蠟徹霄明」等詩句，

唱集》，時在幕府者，長洲吳舍人泰來、江寧嚴侍讀長明、陽湖洪孝廉今翰林院編修亮吉、孫文學今山東克沂曹道星衍、嘉定錢明經今乾州州判坫，皆吳、會知名士。門人伏羌令楊芳燦序之。

〔註86〕史善長：《弇山畢公年譜》，乾隆四十八年癸卯54歲條。

〔註87〕畢沅：《上元燈詞》，《靈巖山人詩集》卷三十一。

〔註88〕毛慶善、季錫疇：《黃仲則先生年譜》，乾隆四十六年辛丑33歲條。清咸豐八年武進黃氏刻本。

就很可以想見當日的盛況。以致孫在《別長安詩》中，還沉浸在「醉罷長安又萬年，蘭陵美酒入春宴」，「等閒人望若神仙」，「日日危談動四筵」〔註89〕的人間仙境而流連忘返。

即使畢沅撫豫期間，雖說正值水災河患，但閒暇之時，幕府中依舊有宴遊唱和之會。當時畢沅所在的府邸是西漢梁孝王的兔園遺址，在這裡他經常和文人雅士詩酒唱和，修築嵩陽吟館作為宴客之所，結有《蘇文忠公壽宴詩》1卷和《蘇文忠公生日設祭詩》1卷。幕賓錢泳這樣描述：

> 築高陽吟館以爲宴客之所。先生（指畢沅——引者注）於古人
> 中最服蘇文忠，每到十二月十九日輒爲文忠作生日會，懸明人陳洪
> 經所畫文忠小象於堂上，命伶人吹玉蕭鐵笛，自製迎神送神之曲，
> 率領幕中諸名士及屬吏門生，衣冠趨拜。爲文忠公壽拜罷，張宴設
> 樂即席賦詩者至數百家，當時稱爲盛事。〔註90〕

在眾多文獻、筆記中記述著畢沅接濟許多文人、學者如黃景仁、程晉芳、汪中等人的軼事美談。畢沅賞識黃景仁的詩才，高價聘請之。後來，黃景仁在赴西安的途中抱病身亡，畢沅、王昶諸人「厚賻之，皆畀亮吉挾之歸，以奉君之親，以撫君之孤……畢公又將梓君之詩以行。」〔註91〕程晉芳以經學、小學見長，尤善藏書，畢沅對他十分敬重，「畢秋帆尙書待士優異，程魚門舍人晉芳亦嘗入幕，勸以宜多讀書，程謂行篋無書，畢立呼閽人至，諭曰：『程老爺若買書，當爲給值。』程自是得博觀群籍。」〔註92〕尤其是對本來貧寒的書法家、篆刻家鄧石如，饋贈極其厚重，鄧石如居幕中三年後告別歸鄉，所贈銀兩足以購田建園（即今位於安慶的鐵硯山房），一舉成爲富戶〔註93〕。著名考據學家孫星衍爲幕府中的奇才，但「恃才傲物，目無餘子，淺學者動遭譏詈，同輩不能堪，欲群毆而攻之」〔註94〕，「署中疾之若仇。嚴侍讀長明

〔註89〕孫星衍：《別長安詩》，《芳茂山人詩集》卷二，《孫淵如詩文集》。商務印書館編，《四部叢刊》本。

〔註90〕錢泳輯：《蘇東坡生日會》，《雜記》上，《履園叢話》卷二十三。中華書局，1979年版。

〔註91〕洪亮吉：《黃君行狀》，李桓《國朝耆獻類徵初編》卷四百三十八，《文藝》十六，《黃仲則》。

〔註92〕徐珂：《畢秋帆待程漁門》，《清稗類鈔選》第三冊，《幕僚類》，中華書局，1984年版。

〔註93〕參閱祥斌、宏偉：《不可忘卻的鐵硯山房》，載《安慶晚報》2008年12月3日。

〔註94〕葉衍蘭、葉恭綽：《清代學者像傳》（第一集）。民國19年上海商務印書館，影印番禺葉氏手寫本。

等輒為公揭逐之，末言：如有留孫某者，眾即捲堂大散。」〔註95〕為了平息孫與幕中同僚的矛盾衝突，畢沅「因別構一室處孫，館穀倍豐於前，諸人益不平，亦無如何也」〔註96〕。

洪亮吉嘗述當時幕中情形云：

> 公乎稱好士，一世冀盼睞。……偶道一士奇，名已入夾袋。嚴冬十丈雪，深夜理茶焙。愛此說士甘，足若蹲兩敦。吾鄉數蒙莊炘，屈節近作倅。錢生坫亦經彥，急欲及鋒淬。賓筵有時開，燦若列採繢。殊源復千派，到海一一滙。孫郎才偏奇，近苦性隔礙。人為推甲子，星或入計字。非公鑒其實，世視若棄穢。新年陳華燈，列坐視瑰礧。行牽歌袖急，幾至酒德悖。維公善調劑，諧語息眾懟。前時別公去，感激欲傾肺。公無慮其狂，狂實恃公愛。鄙人最無能，才足守水碓。童年承母訓，勤學掌亦焠。今來秦楚大，詎可列墻郎。公也待士均，一一勤勞徠。軒寮皆周行，闕物即頒賚。為開軒楹束，點入山半黛。感今得知己，生世可不悔。雖然受恩深，益不揣冒昧。
>
> 一言願陳公，好醜匪一概。公雖仁覆物，曲木勿姑貸。〔註97〕

洪氏詩句道出畢沅善識賢士，其幕中人才濟濟。並且洪氏所言「愛士尤篤，聞有藝長，必馳幣聘請，惟恐其不來，來則厚賚給之」〔註98〕，這裡所說的「來則厚賚給之」，顯然與參與修書的工作數量無關。畢沅從崇尚學術文化的意念闡發而厚待學者，使之獲得很大的社會聲望，袁枚《隨園詩話》回憶到：「戊戌九月，余寓吳中，有嘉禾少年吳文溥來訪，袖中出詩稿見示，云：『將就陝西畢撫軍之聘。』匆匆別去。予讀其詩，深喜吾浙後起有人，而歎畢公之能憐才也。」〔註99〕此後吳文溥受到畢沅重用，曾在畢沅陝西和武昌幕府充掌書記。故《清史稿·畢沅傳》評價畢沅「以文學起，愛才下士，職事修舉」〔註100〕，此為畢沅幕府興旺不衰的根本原因。

〔註95〕洪亮吉：《書畢宮保遺事》，《更生齋文甲集》卷四。
〔註96〕洪亮吉：《書畢宮保遺事》，《更生齋文甲集》卷四。
〔註97〕洪亮吉：《將賦南歸呈畢侍郎六十韻》，《卷施閣詩》卷五。《四部備要》，集部，清別集。
〔註98〕洪亮吉：《書畢宮保遺事》，《更生齋文甲集》卷四。
〔註99〕袁枚：《少年吳文溥》，《隨園詩話》卷五。湖北辭書出版社，2007年版。
〔註100〕趙爾巽等：《清史稿·列傳》，《畢沅列傳》。《清史稿》卷二百五十七。中華書局，1977年標點排印本。

（二）具備學者動態流動中的較大規模

畢沅任職陝西、河南、湖北各時期，幕賓雖然有來有去，但長期保持可觀的人員數量。據記載，畢沅自任職陝西地方大員時開設幕府，前後存在時間長達 20 多年，著名學者受到禮遇和資助者就有 50 多位〔註 101〕，「士之負笈擔簦走其門者如鶩，片長薄技罔弗甄錄，海內慕爲登龍」〔註 102〕。畢沅在陝西、河南等地做官時，甚至出現了「江左人才半歸幕府」〔註 103〕的盛況。即便是畢沅擢升湖廣總督期間，雖然軍務繁忙，但「談讌之雅，不減關中」。〔註 104〕無論在規模上，還是在影響上，畢沅幕府在清中期以前都是首屈一指的。當時著名學者諸如精於歷史文獻與宋史研究的邵晉涵，經史博通的孫星衍、凌廷堪，史地學家洪亮吉，文字學家段玉裁，狂狷學人汪中，詩人吳泰來、莊炘、方正澍、黃景仁、楊芳燦，金石學家錢坫，書畫家黃易，書畫學家錢泳，書法和篆刻家鄧石如，文史學者嚴長明，文史理論家章學誠等等，皆曾入畢沅幕府。現據尚小明《學人遊幕與清代學術》及《清代士人遊幕表》〔註 105〕中對於畢沅幕賓考證情況，將其主要幕賓情況及幕中成就按入幕先後作以簡要介紹：

嚴長明（1731～1787），字多友，號道甫，江蘇江寧人。自幼奇慧，幼從方苞授業。曾客兩淮鹽運使盧見曾幕府。乾隆二十七年（1762），高宗南巡，賜舉人，嚴長明以獻賦召試，授內閣中書，入直軍機處。在軍機處七年，爲詩文運思周密，多智術，工於奏牘，大學士劉統勳最奇其才，後充方略館纂修。嚴長明聰強絕人，博通古今。乾隆三十六年（1772），畢沅招其「至官齋爲文字交，因得遊太華終南之勝，詩文益奇縱，所得金石刻益富。在秦中十載，撰次《西安府志》八十卷，《漢中府志》四十卷，皆詳贍有法」〔註 106〕，並協助編纂《關中金石記》、《中州金石記》，參加《續資治通鑒》的考訂。乾隆五十二年（1787），嚴長明去世。著有《歸求草堂詩文集》、《知白齋金石類簽》、《西清備對》等。縱覽《靈巖山人詩集》，所收畢沅與幕中賓客的交遊之

〔註 101〕尚小明：《學人遊幕與清代學術》，社會科學文獻出版社，1999 年版。
〔註 102〕史善長：《弇山畢公年譜》卷末，史善長《識語》。
〔註 103〕符葆森錄《懷舊集》，李桓《國朝耆獻類徵初編》卷一百八十五，《疆臣》十七，《畢沅》。
〔註 104〕呂培等：《洪北江先生年譜》，乾隆五十三年條。
〔註 105〕尚小明：《清代士人遊幕表》，中華書局，2005 年版。
〔註 106〕錢大昕：《內閣侍讀嚴長明傳》，《潛研堂文集》卷三十七。

作中內容涉及嚴長明的屬最多，其中《訪嚴多友》、《喜嚴侍郎多友至》、《與多友玩月原韻》等大量詩作無不表現畢沅對嚴長明的珍愛。

　　錢坫（1744～1806），字獻之，號十蘭，江蘇嘉定人。錢塘弟，錢大昕族侄。經學家，尤精於小學，工小楷，擅篆書。嘗遊京師，朱筠延爲上客。乾隆三十九年（1774），他已在畢沅幕府〔註107〕，不知何時離去。乾隆四十五年（1780）冬，復至畢沅幕中，與方正澍、孫星衍、嚴長明等校訂古書《山海經》。搜羅金石，參與編纂《關中金石記》、《中州金石記》。討論訓詁輿地之學〔註108〕，主纂《朝邑縣志》、《韓城縣志》。乾隆四十七年，畢沅著《樂遊聯唱集》，錢坫與幕主畢沅及幕中吳泰來、嚴長明、洪亮吉、孫星衍等相唱和，稱一時之盛。其於畢沅幕中所著《釋地補注》四篇，得到孫星衍的欣賞並爲之作序。〔註109〕《清儒學案》稱其「在畢制府沅陝幕最久」〔註110〕。

　　孫星衍（1753～1818），字淵如、伯淵，號季逑、薇隱，江蘇陽湖（今武進）人。治學範圍很廣，對經史、文字、音韻、諸子百家、金石、碑刻等均有涉及，工篆隸，精校勘，擅詩文。袁枚嘗稱曰：「天下人才多，奇才少，淵如天下奇才也！」〔註111〕主要著作有《尚書今古文注疏》、《周易集解》、《晏子春秋音義》等。乾隆四十五年（1780），「錢少詹士大昕主鍾山書院與君講學」，識同輩的洪亮吉、楊芳燦以及盧文弨、錢大昕、袁枚等老一輩學者，學問日精。時值畢沅丁憂起復，孫氏經錢大昕舉薦，與錢坫同入陝西巡撫畢沅幕府。〔註112〕此後，孫氏跟隨畢沅長達八年之久，基本歷經陝西和河南幕府全程。畢沅幕中的著述活動，孫星衍參與最多。畢沅撰《關中勝蹟圖志》、《山海經新校正》，校正《晏子春秋》及校勘惠棟諸書，皆屬孫星衍手定。獨撰《禮泉縣志》14卷、《直隸邠州縣志》25卷，《三水縣志》12卷，與洪亮吉合撰《澄城縣志》20卷。畢沅刊其所著《倉頡篇》於節署，並爲之序〔註113〕，可見對

〔註107〕 楊芳燦、余一鼇：《楊蓉裳先生年譜》，乾隆三十九年甲午三十一歲條。光緒五年刻本。又李元度《國朝先正事略》卷三十四記錢坫入畢沅幕的時間：「乾隆甲午副貢，客關中畢中丞所，與方子雲、洪稚存、孫淵如討論訓故、輿地之學。」
〔註108〕 葉衍蘭：《錢坫》，《清代學者像傳》第1集。
〔註109〕 孫星衍：《釋地補注序》，《孫淵如外集》卷二。民國21年北平圖書館刊本。
〔註110〕 徐世昌等編《潛研學案下》，《清儒學案》卷四十八。中華書局，2008年版。
〔註111〕 袁枚：《奇才淵如》，《隨園詩話》卷三。
〔註112〕 見阮元《山東糧道孫君星衍傳》，《揅經室文集》卷三。中華書局，1993年版。
〔註113〕 孫星衍：《倉頡篇》卷首畢沅《序》。上海古籍出版社，1996年版。

其學術的賞重。乾隆五十二年（1787），孫星衍進士及第，離開畢沅幕府。但仍參與畢付中著書、校書活動。〔註114〕

洪亮吉（1746～1809），字君直，一字稚存，號北江、更生，江蘇陽湖人。少孤貧，力學，孝事寡母。乾隆三十五年（1770）、三十六年（1771）兩應鄉試，皆榜發不售。於是，洪亮吉於乾隆三十六年十一月「以館穀不足養親，買舟至安徽太平府」〔註115〕，謁學使朱筠。時朱筠尚未抵任，太守沈業富留入府署。未幾，洪亮吉致書朱筠，朱筠讀罷賞其文採，即專使相延入幕。時黃景仁亦在朱筠幕中，洪亮吉一時與之齊名，時號「洪黃」。並與汪中、邵晉涵、王念孫、章學誠、吳蘭庭等過往甚密。乾隆四十六年（1781），孫星衍自關中來信，言畢沅對其欽慕之意，遂離京抵達西安，至乾隆五十四年（1785）應禮部試之前，均在畢沅幕。洪亮吉深於史，亦留意聲韻故訓，有《春秋左傳說》、《六書轉注錄》、《漢魏音》等治經籍之作及詩文集多種，「而尤精地理沿革所在」〔註116〕。《乾隆府廳州縣志》、《補三國疆域志》、《東晉疆域志》、《十六國疆域志》等，均爲其代表作。在畢幕先後幾近十年，與孫星衍等爲畢沅校勘古籍，參與編纂方志數種，「地理自《山海經》至宋敏求《長安志》，凡若干種，先生以亮吉麤知湛濁，梢別廣輪，成志地之書，輒預校讎之役」〔註117〕，洪亮吉爲畢沅所修方志包括：在陝西時獨修《長武縣志》12 卷、《淳化縣志》18 卷，與孫星衍合纂《澄城縣志》20 卷；在河南時獨修《乾隆重修固始縣志》26 卷、《登封縣志》32 卷、《乾隆新修懷慶府志》32 卷（附《圖經》1 卷）。洪亮吉還爲畢沅代撰《通經表》、《傳經表》二書。乾隆五十四年（1787），洪亮吉中進士，離開畢沅幕。

嚴觀（？～？），字述齋，一字子進，江蘇江寧人，太學生。嚴長明之子，能紹其家學，深造自得，「父乞歸後，築歸求草堂，藏書二萬卷，觀丹黃幾滿」〔註118〕。嘗以《唐書》、《通典》補《元和志》傳本闕佚。好金石刻，廢寢忘

〔註114〕據《章氏遺書》卷九《報孫淵如書》，乾隆五十三年，章學誠致書孫星衍，商談《史籍考》編纂事。畢沅《靈巖山人詩集》中成於乾隆五十四年的卷三十八，亦由孫氏校訂。

〔註115〕呂安等：《洪北江先生年譜》，乾隆三十六年條。

〔註116〕江藩：《洪亮吉》，《國朝漢學師承記》卷四。

〔註117〕據畢沅所輯《晉太康三年地志》卷尾，洪亮吉《晉太康三年地志王隱晉書地道志後敘》。

〔註118〕趙爾巽等：《清史稿・列傳》，《嚴觀列傳》。《清史稿》卷二百七十二。

食以求之。尤以金陵桑梓地，舊刻之湮沒者既不可考，乃訪其見在者拓而藏之，始漢迄元，依時代為次，錄其全文，附以考證，合一府七縣，凡若干種，撰成《江寧金石記》8卷。又有《江寧金石待訪目》2卷。尚小明《清代士人遊幕表》言其於乾隆五十五（1790）始入畢沅湖北幕〔註119〕，其實早在乾隆四十一年畢沅於陝西組織幕賓主持編纂《西安府志》時，其已以校訂的身份在幕中協助編纂，表明已在幕中。乾隆五十五年（1790），畢沅調任湖廣總督，「始畢督部鎮楚，方檄訪各路金石拓本」，嚴觀遂「按考湖北金石，自隋至元凡若干種，為之題詠」〔註120〕，於嘉慶二年（1797），成《湖北金石詩》1卷。

方正澍（1743～？），字子雲，安徽歙縣人，國子生，寓居金陵。以詩著名當時，其「學詩於何士客，閉門索句，與袁枚激揚風雅，爭長詩壇。於時詞客罕有頡頏。」〔註121〕。乾隆五十年（1785），方正澍至開封入畢沅幕府〔註122〕，作有《河南新樂府》六章，記畢沅在河南的政績。畢沅很推重他的詩才，所著《吳會英才集》，以方詩列卷首，謂其「忘情仕進，樂志衡門，今之賈閬仙、羅昭諫也。工於體物，一聯一語，唐人得之，皆可名世」〔註123〕，著有《伴香閣詩》。方正澍幾乎歷經畢沅河南、湖北幕府全程，直到乾隆五十八年前後才離開畢幕。

邵晉涵（1743～1796），字與桐，一字二雲，浙江餘姚人。以《禹貢》三江其南江從餘姚入海，遂自號南江。性質貞亮，涉獵百家不懈，經經緯史。於經深《三傳》及《爾雅》，著有《爾雅正義》、《孟子述義》、《穀梁正義》、《韓詩內傳考》等。乾隆三十六年（1771）舉於鄉，典試者為錢大昕，對其文章欣賞有加，謂非老宿不辦。〔註124〕同年會試第一，中進士，與周永年、孔繼涵、錢灃等同科及第。按慣例，邵晉涵當在詞館之選，結果卻一人獨自罷歸。於是年冬，與章學誠、洪亮吉、黃景仁等同客安徽學使朱筠幕。乾隆三十七年（1772）六月，在洪亮吉歸里不久亦歸。在朱筠幕中，邵晉涵除與章學誠論史，契合隱微，又校勘《宋史》，《爾雅正義》也於此時「略得梗概」

〔註119〕尚小明：《清代士人遊幕表》，第306頁。
〔註120〕嚴觀：《湖北金石詩》卷首，孫星衍《序》。
〔註121〕國史館：《方正澍列傳》。《清史列傳》卷七十二。中華書局，1987年標點排印本。
〔註122〕方正澍：《弇山中丞因河南旱災奏留遭糧並奉特恩加販喜而有賦》，《子云詩集》卷五。乾隆間刻本。
〔註123〕畢沅輯：《吳會英才集》卷二，清道光間刻本。
〔註124〕李元度：《邵二雲先生事略》，《國朝先正事略》卷三十五。

〔註125〕。乾隆三十八年（1773），四庫館開，受大學士劉統勳薦，充四庫館纂修官〔註126〕，主史部，史部提要多出自邵氏之手。並且從《永樂大典》中將已佚的薛居正《舊五代史》輯出，復翻閱眾籍，補其缺疏，編次成書，列入正史，「於是士大夫始重經史之學，言經學推戴君，言史學推先生，海內翕翕然趨實學矣。」〔註127〕邵晉涵於乾隆四十八年（1783）因父病逝，自京師回籍丁憂。期滿後，應畢沅之聘至開封幕府，並與孫星衍等研討經史。〔註128〕乾隆五十一年（1786），入都補官。但畢沅仍將《續資治通鑒》審定之事囑託於他，由於邵晉涵身在官府，忙於公事，直到乾隆五十七年（1792）才完成《續鑒》的校定。

章學誠（1738～1801），字實齋，號少岩，浙江會稽（今紹興）人。章學誠少時多病，讀書很遲鈍，但自小「聞經史大義，已私心獨喜，決疑質問，見有出成人擬議外者」〔註129〕，著有《文史通義》、《校讎通義》。曾就讀於國子監，參與《國子監志》的編修工作。乾隆三十年（1772），章學誠三上京師應順天鄉試，結識時任翰林院編修朱筠，得到朱筠的指點。乾隆三十六年（1771）冬，朱筠出任安徽學政，章學誠、邵晉涵等人跟隨同往安徽太平使院校文。他在幕中與邵晉涵相處最為融洽，二人論史「契合隱微」，《文史通義》即始作於此年。乾隆三十八年（1773）春，因朱筠之介紹，應和州知州劉長城之聘，纂修《和州志》，從此離開朱筠幕府。〔註130〕《和州志》於乾隆三十九年（1774）修成。乾隆四十年（1775）春，與戴震、汪中等同客寧紹臺道馮廷承幕中。乾隆四十二年（1777），應永清知縣周震榮之邀，主修《永清縣志》。乾隆四十三年（1778），章學誠在七應科場，「累遭摒棄」之後，終於考中進士，獲得了做官的資格，但他對邵晉涵在京為官而不能專心於治學頗不以為然〔註131〕，因此放棄了做官的機會，甘願「從名公巨卿，執筆充書

〔註125〕邵晉涵：《與程魚門書》，《南江文鈔》卷八，嘉慶九年刻本。

〔註126〕黃雲眉：《邵二雲先生年譜》，乾隆三十六年至三十七年條。

〔註127〕李元度：《經學·邵二雲先生事略》，《國朝先正事略》卷三十五。

〔註128〕孫星衍：《中州送邵太史晉涵入都》，《澄清堂稿》卷上，《孫淵如詩文集》。《四部叢刊》本。

〔註129〕章學誠：《與族孫汝楠論學書》，《章氏遺書》卷二十二。

〔註130〕胡適、姚名達：《章實齋先生年譜》，乾隆三十六年至三十八年，民國18年上海商務印書館排印本。

〔註131〕章學誠《章氏遺書》卷九《與邵二雲論學》書云：「歲月不居，節序川逝，足下京師困於應酬，僕亦江湖疲於奔走；然僕能撰著於車塵馬足之間，足下豈不可伏篋於經摺傳單之際！」

記」，「以文章見用於時」〔註132〕。於是繼續撰修《永清縣志》，於乾隆四十四年（1779）修成。乾隆五十二年（1787）冬，因周震榮之介紹，至河南入畢沅幕府。乾隆五十三年（1788），畢沅爲之開局，請章氏編纂《史籍考》，凌廷堪、洪亮吉、武億等助其事。是年八月，畢沅升任湖廣總督，不久離開河南，章學誠失去支持。直到乾隆五十五年（1790）三月才到達畢沅湖北官邸，繼續編纂《史籍考》。期間，章氏爲畢沅編纂《湖北通志》100卷，協助編纂《常德府志》、《荊州府志》、《石首縣志》。畢沅於乾隆五十九年（1794）降爲山東巡撫後，章學誠不得不離開湖北。此後，畢沅忙於政務無暇顧及編纂事宜，章氏再未能入畢沅幕。章氏所主持《史籍考》終未成書，其所修《湖北通志》亦未刊行。

凌廷堪（1755～1809），字次仲，又字仲子，安徽歙縣人，生於江蘇海州。6歲而孤，家境貧困，12歲即棄書學賈。學賈不成，年過二十乃發奮讀書。博通群經而尤深於《禮》，著《禮經釋例》十三卷。乾隆四十四年（1779）遊儀徵課稅司許執中之幕。乾隆四十六年（1781）至乾隆四十七年（1782），應兩淮鹽運使伊齡阿聘，入揚州詞曲館，從事校讎，於是精於南北曲並能分別宮調。乾隆四十八年，遊京師，得到翁方綱導之爲四書文。乾隆五十二年秋，至開封入畢沅幕府，在幕大約一年，與洪亮吉、武億等參與編纂《史籍考》，與幕中同人多有唱和。〔註133〕乾隆五十四年中進士授知縣，廷堪投牒吏部自改教授。

武億（1745～1799），字虛谷，一字小石，號授堂，河南偃師人。工考據，尤好金石。著有《三禮義證》、《群經義證》、《偃師金石記》等。曾入朱筠幕〔註134〕，於何時入畢沅幕府，不得而知。乾隆五十三年（1788）春，章學誠自歸德文正書院寄書洪亮吉有云：「三月朔日爲始，排日編輯《史考》，檢閱《明史》及《四庫子部目錄》，中間頗有感會，增長新解。惜不得足下及虛谷（武億——引者注）、仲子（凌廷堪——引者注）諸人相與縱橫其議論也」〔註135〕。從書中所言可知，武億當時正與洪亮吉、凌廷堪等在畢沅幕府編纂《史籍考》。武億於畢沅幕中還參與畢沅《中州金石記》的編纂。乾隆五十六年（1791），武億離幕赴山東博山知縣職位〔註136〕。

〔註132〕章學誠：《答甄秀才論修志第一書》，《章氏遺書》卷十五。
〔註133〕張其錦：《凌次仲先生年譜》，道光中池州章氏刊本《校禮堂全集》附。
〔註134〕江藩：《武億》，《國朝漢學師承記》卷四。
〔註135〕章學誠：《與洪稚存博士書》，《章氏遺書》卷二十二。
〔註136〕江藩：《武億》，《國朝漢學師承記》卷四。

　　梁玉繩（1745～1819），字曜北，號諫庵，又號清白士，浙江錢塘人。八應鄉試未中，年未四十，棄舉業，潛心於學術研究。於《史記》、《漢書》兩書，尤所專精緻力。所著《史記志疑》36卷，俱摘取正文，分條詳考，據經傳以駁乖違，參班、荀以究同異，對於後世學者研究《史記》具有重要的史料價值。從乾隆五十三年（1788）春始，梁玉繩爲畢沅編訂《呂氏春秋》〔註137〕，次年初離幕。〔註138〕，並有《呂子校補》二卷傳世。

　　江聲（1721～1799），字叔雲，號艮庭，江蘇元和人。是惠棟最著名的弟子之一，在惠棟指導下潛心經術，深諳音韻、校勘、辨僞之學，著有《尙書集注音疏》等重要著作。「先生性耿介，不慕榮利。交遊中，若王西莊、畢秋帆、王蘭泉，皆重其品藻，而先生未嘗以私干」〔註139〕，江聲入畢沅幕府大約在乾隆五十四年（1789）前後，當時畢沅正在校刊《釋名》，「刊本寄歸，招聲在其幕中重加審正」〔註140〕，江聲校注完畢，又用篆書抄寫了一部，畢沅將其翻刻，成爲此書的另一版本。〔註141〕

　　汪中（1745～1794），字容甫，祖籍安徽歙縣，後占籍江蘇江都。中秀才以後，因以病未廷試，後絕意於仕進。汪中「討論經史，榷然疏發，挈其綱維」〔註142〕，「博聞強記，通知古今，才、學、識三者皆有以過人。爲文鉤貫經史、銘鑄漢唐，宏麗淵雅，卓然自成一家」〔註143〕，「六經子史以及詞章、金石之學，罔不綜覽，乃博考三代典禮，至於文字訓詁、名物象數，益以論撰之文」〔註144〕，有《述學》內外篇、《廣陵通典》、《春秋後傳》等傳於世。汪中一生貧困，少時償代學童爲文，欺其師塾。其一生靠遊幕爲生。乾隆三十五年（1770），他在安徽太平知府沈業富幕，交道漸廣，次年，入學政朱筠幕。汪中曾對策場屋，其文得到翁方綱、朱珪的讚賞。後因朱筠之薦，於乾隆三十九年（1774）冬至四十年（1775）春，客寧紹臺道馮廷承幕。乾隆五十四年（1789）遊武昌，畢沅禮延入幕。曾爲畢沅撰《鐵牛銘》、《琴臺銘》、

〔註137〕梁玉繩：《呂子校補序》，《清白士集》卷二十八《蛻稿》四。清嘉慶道光間刊本。
〔註138〕梁玉繩：《臘月十九總制畢公爲東坡作生日余於會即席賦呈》，《清白士集》卷二十七，《蛻稿》三。
〔註139〕李元度：《江艮庭先生事略》，《國朝先正事略》卷三十六。
〔註140〕徐世昌等編纂《艮庭學案》，《清儒學案》第三冊，第2928頁。
〔註141〕畢沅：《釋名疏證》又序。光緒十三年經訓堂刻本。
〔註142〕汪中：《述學》卷首王念孫《序》。民國14年上海中國書店影印江都汪氏叢書本。
〔註143〕汪中：《汪容甫先生遺詩》卷首，劉台拱《序》。民國3年石印本。
〔註144〕王引之：《汪容甫先生行狀》，《王文簡公文集》卷四。民國14年鉛印本。

《黃鶴樓銘》等,「甫脫稿,好事者爭傳誦之。」〔註145〕尤其汪中所撰《黃鶴樓銘》,由程瑤田書石,錢坫篆額,時人謂之「三絕」。〔註146〕並代畢沅作《〈呂氏春秋〉序》等序跋多種。汪中雖然爲當時學術界所推崇,被譽爲「識議超卓,唐以後所未有」〔註147〕,但性怪誕,恃才傲物,曾致信畢沅曰:「今在江南,某義不可他往,來歲將事公於梁。有士如某,公無遐棄之道,天下有公,某無餓死之法」。〔註148〕乾隆五十五年(1790),因畢沅、謝墉、王艇之薦,應兩淮鹽政戴全德聘,檢校鎭江文宗閣本《四庫全書》,〔註149〕遂離畢沅幕。

　　段玉裁(1735〜1815),字若膺,號懋堂,江蘇金壇人,乾隆庚辰舉人。乾隆三十五年(1770)授貴州玉屏縣知縣,後履遷。乾隆四十五年(1780)以親老引疾歸,後不復出。返里後,結交盧文弨、金榜、劉台拱等。曾師從於戴震。於周、秦、兩漢書無所不讀,諸家小學皆別擇其是非。著《詩經小學》、《周禮漢讀考》、《儀禮漢讀考》、《汲古閣說文訂》、《說文解字注》及《經韻樓集》等書。所著《六書音韻表》,「每一部畢,二雲輒移寫其副」〔註150〕,可見邵晉涵對其學識的欣賞。乾隆五十五年(1790)至畢沅湖北幕中,始識章學誠、汪中,在畢沅幕中完成《古文尚書撰異》,乾隆五十七年(1792)離開畢沅湖北武昌幕。

　　鄧石如(1743〜1805),字頑白,號頑白山人,安徽懷寧人。著名書法家,尤工篆隸。他改變了宋以後書法家主要臨帖的書風,在考據學影響下,臨摹古代金石銘文拓片,「古茂渾樸,實與汀州分分、隸之志,而啓碑法之門」〔註151〕,成爲「碑學派」的代表人物。乾隆五十六年(1791),因劉墉之薦,入畢沅幕府。與幕中學人時爲文酒之會,有《岳陽樓詩》、《黃鶴樓詩》,並爲畢沅之子書《說文字原》一編。其《與畢沅》書可見學術根底:「連日爲少君述《說文字原》一編,凡一字之意,俱從《說文解字》之義,參以他書,

〔註145〕李元度:《汪容甫先生事略》,《國朝先正事略》卷三十六。

〔註146〕汪喜孫:《容甫先生年譜》,乾隆五十四年己酉四十六歲條。民國14年上海中國書店影印本。

〔註147〕王引之:《汪容甫先生行狀》,《王文簡公文集》卷四。

〔註148〕汪喜孫:《容甫先生年譜》,乾隆五十五年庚戌四十七歲條。

〔註149〕見汪喜孫《容甫先生年譜》,乾隆五十四年至五十五年。

〔註150〕羅繼祖:《段懋堂先生年譜》,乾隆三十四年己丑三十五歲條。上虞羅氏墨緣堂,民國25年石印本。

〔註151〕康有爲著,崔爾平校注:《廣藝舟雙楫注》卷一,《尊碑第二》。上海書畫出版社,1981年版。

細偉旁釋名晰，意義賅備。」〔註152〕鄧石如生活簡樸，當時幕中人士「裘馬都麗」，惟有鄧石如「獨布衣徒步」，畢沅甚讚賞，稱他為「幕中一服清涼散」。〔註153〕鄧石如於畢沅幕中時間不長，三年後，畢沅雖極力挽留，仍辭歸。

史善長（1750～1804），字仲文，又字誦芬，號赤霞，諸生，江蘇吳江人，乾隆五十七年（1792）應畢沅聘入幕，與方正澎、嚴觀等時時唱酬。其詩鏗鏘激楚，舒卷自如，有《秋樹讀書樓遺集》。在幕凡六年，嘉慶二年（1797），受畢沅之託為撰《弇山畢公年譜》。〔註154〕

此外，曾在畢沅幕中學者還有：莊炘，乾隆四十年（1775）入幕，協助嚴長明纂修《西安府志》；張壎，乾隆四十三年（1778）入幕，協助編寫《關中金石記》、《中州金石記》；錢泳，乾隆五十二年（1787）入幕，校勘《關中金石記》，刊刻《經訓堂帖》；汪照，乾隆五十三年（1788）入幕，輯校《三輔黃圖》；胡虔，乾隆五十六年（1791）入幕，協助章學誠編纂《湖北通志》及《史籍考》，等等。這些學者有去有來，維持著畢沅幕府一定的規模和幕中的學術活動。

（三）具有純屬「文化幕府」的性質

襄助幕主畢沅修纂書史，是幕賓主要活動之一，這與為處理軍政事務而聘用的門客、師爺、謀士大不相同。

在中國古代，春秋戰國時期貴族、卿大夫私下「養士」，其主要出發點在於從中獲取政治影響和政治謀略。戰國末期、西漢以降，也有任使幕僚纂輯書史事例，如戰國末期秦呂不韋的《呂氏春秋》、西漢淮南王劉安的《淮南子》，就是以這種方式撰寫而成。但這種修書活動，仍然包含表達幕主政治理念的因素，幕僚也沒有完全擺脫政治的依從關係，甚至多少存在人身依附關係。畢沅的幕府則是文化的組合，很少參與時務政治。畢沅在為官生涯中，也經歷不少政治動盪、軍事行動，這些學者在畢幕，間或也協助畢沅處理一些刑名、錢糧、賬房、書啓以外的特殊公務。如乾隆四十七年（1782）畢沅任陝西巡撫，時甘肅回民起義，畢沅在西安調撥兵餉，囑洪亮吉、孫星衍「時假出遊為名，規劃其事。」〔註155〕王復善理文檄，至關中謁畢沅，

〔註152〕穆孝天、許佳瓊：《鄧石如研究資料》，第三編《鄧石如著述》，第三章《文存》，《與畢沅》。人民美術出版社，1988年版。

〔註153〕穆孝天、許佳瓊：《鄧石如研究資料》，第二編《鄧石如年譜》，乾隆五十八年條。

〔註154〕史善長：《弇山畢公年譜》卷末，史善長《識語》。

〔註155〕呂培：《洪北江先生年譜》，乾隆四十七年壬寅三十七歲條。

遂留節署〔註 156〕。又如，畢沅撫豫期間，正值「中州數被河患，又恒踢告想。八十郡縣二麥俱無，民食草根木皮殆盡。皇上宵籲焦勞，較恤之旨，插羽飛馳」，畢沅「舊夜樸稿削牘，頭緒如絲莽，河工販務，文卷山積」〔註 157〕，遂以王復佐治河務，又聘孫泰溶辦理荒政。但這些只是偶爾爲之。總的來說，畢沅組織的幕府，不僅是一種脫離政治的「文化幕府」，而且是無涉國家公務的私家團體。

　　而即使在文化活動上，也與公務截然區分，所校訂、編纂書籍，均爲畢沅選定的私家項目。康熙年間，徐乾學主修《明史》，請萬斯同以賓客身份館於家中協助，這是辦理官方的修史事業，後來徐乾學在家鄉開設書局，聘顧祖禹、閻若璩等學者纂修《一統志》，也是官方的修史項目。這些如果也比類於幕府的話，那實際是私家名義做官方事業，或者公、私混一進行，與畢沅的做法區別很大。畢沅在陝西巡撫任上，其幕府成員曾主持編纂《西安府志》等九部方志；在河南巡撫任上由其幕賓洪亮吉等主纂六部方志；在湖廣總督任上，也曾聘用自己的幕賓章學誠主修《湖北通志》，但寫作班底乃以官方名義另行組建，由幕府人員所包攬。

　　畢沅能夠組織長達 20 多年、具有相當規模的文化幕府，固然間接得益於他的地方大員官職（主要是因官位獲得的經濟實力與社會勢力），但其幕府存在和運行的機制卻很少官僚氣息。而畢沅個人的文化素養、學術見識、崇重學術與尊重學者的態度，是幕府中比其官位更重要的向心力。畢沅雖身居高官，但具備崇重學術的價值觀，始終不減學者的氣度和素質。袁枚稱讚：「吳中詩學，婁東爲盛，二百年來，前有鳳洲，繼有梅村，今繼之者，其弇山尙書乎？《過吳祭酒舊邸》詩云：『我是婁東吟社客，瓣香私淑不勝情。』畢沅以兩公自命可知，然兩公僅有文學，而無功勳，則尙書過之遠矣。尙書雖擁節鉞，勤王事，未嘗一日釋書不觀，手披口誦，刻苦過於諸生。」〔註 158〕

〔註 156〕王復：《嘉平七日舉第二子招同人作湯餅會用昌黎示兒韻》，《晚晴軒稿》卷六。嘉慶一年本。又據武億講，「君（王復——引者注）初客西安也，畢公方致天下士，士得依其幕者皆稱奇彥。君既爲所薦，從左右益習掌故，凡奏疏簡牘，會移往來，箋致四方諸書問，盈幾重疊，悉以委君，君應手立辦。又因檄檢視各縣屬，所至登臨，歷覽終南太華之秀，屬思益敏絕，歸以奏記幕府，莫不歎異。」

〔註 157〕彭紹升：《孫泰溶墓誌銘》，李桓《國朝耆獻類徵初編》卷四百三十八，《文藝》十六，《孫泰溶》。

〔註 158〕袁枚：《勤奮尙書》，《隨園詩話》卷五。

畢沅於公事之餘，主要精力和興趣在於治學。「巡撫畢公，假以暇日，從容著書。嘗自成《神農本草經》、《注爾雅箋》、《孫子兵法新校正》、《文子注》，各如千卷」〔註159〕。畢沅學問淵博，治學範圍非常廣泛，「于經義、史籍、天文、地志，下逮百家、雜技之類，俱通貫而纂輯之」〔註160〕。治學的精當廣泛，使其有能力確定幕府研究方向，組織幕府學術活動。

在畢沅幾十年既為高官也不忘學的生涯中，著述豐碩而精深，其中《傳經表》、《通經表》、《夏小正考注》、《經典文字辯證書》、《釋名疏證》、《說文解字舊音》、《音同義異辨》、《老子道德經考異》、《墨子注》、《晏子春秋注》、《呂氏春秋注》等，是對經部、子部典籍的考釋、整理和研究；《關中勝蹟圖志》、《山海經新校正》、《晉書地理志新補正》、《關中金石記》、《中州金石記》、《山左金石志》（與阮元合撰），輯佚《晉書地道志》、《晉太康三年地志》以及校刻《三輔黃圖》、《長安圖志》等書，是在地理和金石學上的成就，屬於史部著述，以上多在幕內學者協助下完成。此外，他在長期的仕途生涯中，利用他掌握地方政權的有利條件，鼎力倡導編修各地的方志。畢沅為官各地，其幕中文人都編寫了大量方志：在陝西時，錢坫主纂《朝邑縣志》、《韓城縣志》，洪亮吉主纂《澄城縣志》、《淳化縣志》、《長武縣志》，嚴長明主纂《西安府志》、《漢中府志》，孫淵如主纂《直隸邠州志》、《禮泉縣志》、《三水縣志》。在河南時，洪亮吉主纂《懷慶府志》、《登封縣志》、《固始縣志》，孫淵如主纂《偃師縣志》，吳泰來主纂《唐縣志》，徐朗齋主纂《衛輝縣志》。在湖北時，章學誠主纂《湖北通志》，參纂《常德府志》、《荊州府志》、《天門縣志》、《石首縣志》。《靈巖山人詩集》40卷，《樂遊聯唱集》2卷是畢沅與幕府賓客唱和之作，《吳會英才集》6卷是畢沅收集其幕賓及時人詩作而成。另有金石碑帖《秦漢瓦當》1卷、《經訓堂法帖》12卷、《蕉林揮座圖題詠》1卷，《靈巖山人文集》8卷，皆因未及時刊刻而亡佚。這些著述，儘管有幕賓協助，甚至代作，但卻是代表畢沅本人學術的眼光和功力，體現他本人的思想。正如章學誠所說：「雖為擬筆，實皆幕中討論之辭，制府（畢沅——引者注）欣然首肯。」〔註161〕而最有學術影響的是《續資治通鑒》與《史籍考》兩部史學巨著的編纂，是畢沅幕府修史在當時具備特殊地位和重要意義的主要體現。

〔註159〕孫星衍：《直隸邠州志》卷首，自《序》。乾隆四十九年刻本。
〔註160〕畢沅：《靈巖山人詩集》卷首，王文治《序》。
〔註161〕章學誠：《為畢制府撰〈湖北通志〉序》，《章氏遺書》卷二十四。

第三章　史書的編纂

　　乾隆時期，系統性歷史著述的編纂幾乎被官方所獨佔。但是，私家修史已經具備兩千多年的傳統，這種文化慣性難以阻遏。事實上，當時的史家仍有強烈的撰寫一代之史欲念，郭倫撰有《晉記》68 卷，陳黃中一直致力於重修《宋史》，終生未成，後來其子接續，邵晉涵亦有重撰《宋史》素願，章學誠曾催促邵氏盡快著手〔註 1〕。錢大昕欲重修《元史》，且已成部分志、表以及紀傳初稿。然而，私家單槍匹馬地個體撰史，有其很難克服的劣勢，人力、物力、史料征集都遠遠無法與官方比擬，私修高水平的大型史書，更不容易，需要在史料充沛、生計無憂的條件下，畢生專心致志，這就是當時有志者多而成功者少的原因。在這種局面下，畢沅幕府的修史活動，作爲私家修史的補充而產生，意義重大。畢沅幕府纂修的兩部大型史著《續資治通鑒》和《史籍考》，一成一敗，與官修的幾十種史書相比，數量似乎微不足道，但在乾隆年間史學組成結構中卻有不可忽視的地位。

第一節　續資治通鑒

　　畢沅及其幕府史學成就的最大貢獻，是畢沅與府下幕賓所共修的編年體史書《續資治通鑒》。《續鑒》主要是基於徐乾學《資治通鑒後編》完善而成，共 220 卷。其記事，上起宋太祖建隆元年（960），下至元順帝至正一十八年（1379），共計 409 年。博采正史及其它史料 100 餘種，綜括宋、遼、金、元主要史事，並附有《考異》，可謂精品。該書在史料的收集，內容、義例的編

〔註 1〕章學誠：《與邵二雲論修宋史書》，《章氏遺書》卷九。

排以及所體現的史學思想等方面都超越明清以來諸家續《資治通鑑》，梁啓超以爲有畢《鑑》，則各家續《鑑》可廢〔註2〕，對《續鑑》評價是很高的。迄今爲止，學界對《續鑑》的研究雖已重視，但有關《續鑑》的學術論文皆僅就《續鑑》纂修中某一方面的問題進行考析，對《續鑑》整體學術價值的探討尚不明確，對於畢沅在《續鑑》撰修中所做出的貢獻未給以重視。本書通過對《續鑑》從編纂動機到史學價值的系統、深入的闡述，明析畢沅幕府在《續鑑》撰修中的史學成就。

一、編纂動機

畢沅撰修《續鑑》，出於以下幾種考慮：

一是平生夙願。自從司馬光《資治通鑑》問世以來，中國編年通史體例臻於成熟。《資治通鑑》的編纂始於宋英宗治平二年（1065），至宋神宗元豐七年（1084）十二月，歷時十九年而竣事，成書凡 294 卷。其間，劉攽、劉恕、范祖禹諸通儒碩學，皆嘗贊襄其事。是書以編年體例，記述了上自周威烈王二十三年（前 403）下至後周世宗顯德六年（959），共計 1362 年治亂興替之史蹟。因其「網羅宏富，體大思精」，以及於「名物訓詁，浩博奧衍」〔註3〕，皆有資於治道，故不僅被推重於當時，而且深爲後世所效法。繼司馬光而起者，如南宋學者李燾《續資治通鑑長編》520 卷、李心傳《建炎以來繫年要錄》200 卷、徐夢莘《三朝北盟會編》250 卷，或記北宋一祖八宗之事蹟，或專記南宋高宗一朝之事，或兼記兩宋徽宗、欽宗、高宗三朝與金和戰之事，體例幾依《資治通鑑》，都是有宋一代重要的編年體歷史文獻，爲歷代所重。然可惜的是，因限於卷帙繁重，諸書流傳困難，或竟致失傳。元明時期，陳桱《通鑑續編》，薛應旂《宋元通鑑》、王宗沐《續資治通鑑》〔註4〕，紛續宋元史事，但陳書義例全襲《通鑑綱目》，內容也疏舛過甚；薛王二書表彰理學，尤失於空疏〔註5〕。且三書年月差錯，文迹脫落，又因「不能網羅舊籍，僅據本史編排，參以他書」〔註6〕，往往互相牴牾，不能遽定其是非。

〔註2〕 梁啓超：《中國近三百年學術史》，十五《清代整理舊學之總成績（三）》，《史學》。
〔註3〕 《四庫全書總目》卷四十七，《史部》，《編年類》。
〔註4〕 此初刊本之名，後吳勉學、吳中珩、路進等重刻此書，均改題作《宋元資治通鑑》。
〔註5〕 周予同主編《中國歷史文選》下。上海古籍出版社，1980 年版。
〔註6〕 章學誠：《爲畢制軍與錢辛楣宮詹論續鑑書》，《章氏遺書》卷九。

並且，由於這三部史書未參閱遼金正史而僅據宋人記載，對於遼史、金史的記述不但有失史實，而且記述疏略，繼世年月，荒陋過甚，所謂貌同神異者是。所以胡應麟曰：「自司馬光之爲《通鑑》也，漢唐而上昭昭焉，自《通鑑》之止司馬也，宋元而下泯泯焉，間有續者數家，而弗能詳也。」〔註7〕很感歎編年史書的後繼無人。清初，徐乾學編纂《資治通鑑後編》（以下簡稱《後編》），以得於泰興季氏所藏李燾不全本，由幕下史學名家萬斯同、胡渭、閻若璩等就王氏、薛氏二本而增損排比成書，是爲《資治通鑑後編》184卷。徐氏是書因所得李燾本「所載僅至英宗治平而止，神宗以後乃屬闕如」〔註8〕，並且「今原稿鼇存，亦不無淩亂闕佚」〔註9〕，雖遠勝於明三家續《鑑》，仍非定本。「故全部改作，實爲學界極迫切的要求」〔註10〕，畢沅之主持纂輯《續資治通鑑》，即有感於此而作。因此，「公自爲諸生時，讀涑水《資治通鑑》，輒有志續成之。凡宋元以來事蹟之散逸者，網羅搜紹，貫穿叢殘；雖久典封圻，而簿領餘間，編磨弗輟，爲《續通鑑》二百二十卷……畢生精力盡於此書。」〔註11〕

　　二是材料上的優勢。乾隆三十八年（1773），四庫開館，「海內進獻之書，與天府儲藏奇秘圖籍，《永樂大典》所載事涉宋元者」重見天日。而此時的畢沅也在陝西召開幕府。作爲朝廷要員，畢沅有機會首先看到四庫館內之書，縱橫瀏覽，並且，對於以上諸書，「畢公悉鈔得之，以爲此書參考之助」〔註12〕。因此，其聞見廣於前人。清初，徐乾學修《資治通鑑後編》，因《永樂大典》藏於中秘，很多書籍散落民間，因此徐書取材受到一定程度的限制。而四庫館開之際，許多久已不傳於世的書籍從《永樂大典》中輯出。其中相當部分資料，如李燾《續資治通鑑長編》，李心傳《建炎以來繫年要錄》，《舊五代史》，《宋朝事實》，《宋會要》，《九國志》等書的完整本，以及許多宋元文集，皆於《永樂大典》中輯出。這就擴大了《續鑑》的資料範圍。畢沅談及《續鑑》的資料來源時說：「宋事據丹稜、井研二李氏書而推廣之，其遼、金二史所載大事，無一遺落，又據旁籍以補其逸，亦十居其三四矣。元事多

〔註 7〕 胡應麟：《史書占畢》，《少室山房筆叢》。中華書局，1958 年版。

〔註 8〕 《四庫全書總目》卷四七，《史部》，《編年類》。

〔註 9〕 畢沅：《續資治通鑑》卷首，馮集梧《序》。中華書局，1988 年版。

〔註10〕 梁啓超：《中國近三百年學術史》，《清代學者整理舊學之總成績（三）》，《史學》。

〔註11〕 史善長：《弇山畢公年譜》嘉慶二年 68 歲條。

〔註12〕 錢曾慶：《竹汀居士年譜續編》嘉慶二年條。清咸豐十年刊本。

引文集，而說部則慎擇可徵信者。」〔註13〕此言即充分表明《續鑒》的選材的廣泛。據筆者統計《續鑒》考異所引用資料，就有三百餘種。馮集梧於《續鑒》卷首《序》中亦稱：「茲書以宋、遼、金、元四朝正史爲經，而參以《續資治通鑒長編》、《契丹國志》等書，以及各家說部、文集，約百十餘種。」即是說，畢沅主持編纂《續資治通鑒》，是參考了大量文獻的，《續鑒》之所以成爲諸續《通鑒》書中的佼佼者，與參見資料的豐富是分不開的。

三是人員上的優勢。《續資治通鑒》是在畢沅主持下，多人合作的結晶，參與《續鑒》的編纂者不僅是畢沅幕中成員，還包括幕外人士，「經營三十餘年，延致一時軼才達學之士參訂成稿，復經餘姚邵二雲學士核定體例付刻，又經嘉定錢竹汀（錢大昕——引者注）詹事逐加校閱」〔註14〕。孫淵如在乾隆五十一年（1786）有《中州送邵太史晉涵入都》一詩，詩中「……去年客遊梁，主者韓昌黎。好賢若饑渴，賞我以不羈。招君載書來，著作於官司，編年仿司馬，當廢薛應旂。……」〔註15〕即是說乾隆五十二年（1787）畢沅邀請《四庫全書總目》史部主編邵晉涵來大梁節署助其修書一事。莫友芝在《修補畢氏續資治通鑒刊板跋》中稱：「逮秋帆尙書際四庫告成明備之餘，得因徐氏舊編，羅放失，翦榛蕪，又有史家宿學王西莊（王鳴盛——筆者注）、錢竹汀、邵二雲諸老輩，爲之質證往復，以成定本。雖紀四百年事，較溫公紀千數百年者，卷帙遂有三之二，猶啓後來議端，續溫公書誠不易易。然其縝密詳贍，在二代編年家，固未能或之先也。」〔註16〕其可謂平情之論〔註17〕。畢沅幕府內外，學者雲集：章學誠、邵晉涵、王昶等參與商訂義例，討論著書宗旨；嚴長明、孫星衍、洪亮吉襄助其事，爲之校訂；而幕府之外錢大昕、費士璣，瞿中溶、李銳等覆勘全書，增以考異。此外，邵晉涵離開畢幕後，任四庫館纂修官，爲《續鑒》亦提供資料來源。這些人在畢沅的主持之下，齊心合力，使《續資治通鑒》較徐氏《後編》大大改觀。

〔註13〕章學誠：《爲畢制軍與錢辛楣宮詹論續鑒書》，《章氏遺書》卷九。

〔註14〕畢沅：《續資治通鑒》卷首，馮集梧《序》。

〔註15〕孫星衍：《芳茂詩山人詩錄》，《孫淵如詩文集》，《四部叢刊》本。

〔註16〕莫友芝：《邵亭遺文》卷三，《修補畢氏續資治通鑒刊板跋》，《續修四庫全書》本。

〔註17〕就目前資料來看，對於《續鑒》極爲關注的幕外人士有錢大昕、王昶、瞿中溶等。莫友芝先生在此段話中，提到王西莊，即王鳴盛，查閱現存所有資料，皆無王鳴盛參與《續鑒》編纂之信息，因此，此處當爲先生之筆誤，當爲王蘭泉，即王昶。

　　四是受宋元以來形成的「通鑑學」學風的影響。司馬光《資治通鑑》成書後，宋、元、明歷朝皆有「通鑑」類史書問世，如南宋學者李燾《續資治通鑑長編》520卷，李心傳《建炎以來繫年要錄》200卷，徐夢莘《三朝北盟會編》250卷，元明時期陳桱《通鑑續編》，薛應旂《宋元通鑑》、王宗沐《續資治通鑑》，體例皆幾依《資治通鑑》。進入清代，在官方，順治、康熙、乾隆三帝都對《資治通鑑》大加讚賞，清高宗還特別以《通鑑》為依據，以朱熹《綱目》為標準，進行了一系列綱目體史籍的纂修，如《御批通鑑輯覽》、《乾隆御批綱鑑》。受官方「通鑑」類修史活動的影響，清初徐乾學幕府修纂了《資治通鑑後編》184卷。乾隆時期，畢沅也是乘「通鑑學」之風，組織幕府編修《續資治通鑑》。

二、成書過程考析

　　由於《續鑑》的編纂歷史長久、過程複雜，曾多人先後參與，王繼光《〈續資治通鑑〉刊刻本辨正》、王繼《〈續鑑〉撰修刊刻考略》、林存陽《畢沅對經史諸學的扶持與倡導》、《畢沅〈續資治通鑑〉考辨》等文章對畢沅《續鑑》的成書過程及參與成書作出考證，然而尚有未明問題與可商榷之處，涉及主編者與參修人的學術業績，特與學界共同研討。

（一）畢沅與《續鑑》的成書過程

　　錢大昕在為畢沅所作墓誌銘中曾提到：「……乃博稽群書，考證正史，手自裁定，始宋訖元，為《續資治通鑑》二百二十卷，別為考異，附於本條之下，凡四易稿而成。」〔註18〕據此，林存陽認為《續鑑》成書大體經過四個階段：草創期，約當畢沅任陝西、河南巡撫期間；複審期，《續鑑》成編後，畢沅因不大滿意，乃屬邵晉涵為之更正，遂大為改觀；續訂期，經邵晉涵更正後，畢沅又以《舉要曆》屬錢大昕，且屬其覆勘全書，增補考異；刊刻期，前103卷為畢沅在世時所刻，後117卷為馮集梧於嘉慶六年（1801）補刻〔註19〕。

　　但根據現存資料，筆者發現，主編者畢沅本人全程進行了實際的編纂和修訂工作，這才是考述《續鑑》編纂的最核心問題，將過程強劃幾個階段並

〔註18〕錢大昕：《太子太保兵部尚書湖廣總督世襲二等輕車都尉畢公墓誌銘》，《潛研堂文集》卷四十二。
〔註19〕林存陽：《畢沅對經史諸學的扶持與倡導》。

不十分必要。

從畢沅的史學素養方面來看，畢沅雖身爲官僚，但素養高雅，「雖官至極品，鉛槧未嘗去手〔註20〕」，「從少至老，無一日廢書」，「少嗜著述，至老不綴，」〔註21〕公事之餘，主要精力和興趣在於學問。畢沅治學範圍非常廣泛，經學、史學、校勘學，考古、金石、輿地無所不通，時人評價他「自經義史籍、天文地志、下逮百家雜技之類，俱通貫而纂輯之。」〔註22〕《續鑑》的纂修，出於畢沅早年即有的構思和設計，史善長所撰《弇山畢公年譜》記述：「公自爲諸生時，讀涑水《資治通鑑》，輒有志續成之。凡宋元以來事蹟之散逸者，網羅搜紹，貫串叢殘」〔註23〕，這充分表明畢沅先是自行編纂，而且應當形成部分初稿。從乾隆三十七年（1772）起，畢沅任陝西布政使，次年他正式延攬幕賓編修《續鑑》，參與纂修者有洪亮吉、孫星衍、嚴長明、錢坫等，皆當時著名學者〔註24〕。但在編修過程中，對史料的斟酌取捨等問題的處理，畢沅一直參與其中，書中署名「余」、「吾」的考異，即爲明證〔註25〕。今本《續鑑》的「考異」中包括了錢大昕、邵晉涵、洪亮吉、孫星衍、嚴長明、瞿中溶、李銳、汪劍潭等人署名的考異。署以「余」的畢沅「考異」，其中錢氏「考異」凡十七見，邵晉涵兩見，洪亮吉四見，嚴長明七見，孫星衍、瞿中溶、李銳、汪劍潭各一見。畢氏「考異」凡十五見，數量上僅次於錢大昕，這就表明《續鑑》中所記史事，畢沅是親自考訂的。史稿初成，畢沅於乾隆五十年（1785）又請著名史家邵晉涵予以校訂，邵晉涵直到乾隆五十七年（1792）完成此項工作。這可見證於此年章學誠代畢沅致錢大昕的信件，信文稱對於此書「邵與桐（邵晉涵，字與桐——引者注）校訂頗勤……全書並錄副本呈上」〔註26〕。

〔註20〕 錢大昕：《太子太保兵部尚書湖廣總督世襲二等輕車都尉畢公墓誌銘》，《潛研堂文集》卷四十二。

〔註21〕 王昶：《兵部尚書都察院右都御史湖廣總督贈太子太保畢公神道碑》，《春融堂集》卷五十二。

〔註22〕 畢沅：《靈巖山人詩集》卷首，王文治《序》。

〔註23〕 史善長：《弇山畢公年譜》嘉慶二年條。

〔註24〕 錢慶曾《竹汀先生年譜續編》嘉慶二年條云《續鑑》「先經邵學士晉涵，嚴侍讀長明，孫觀察星衍，洪編修亮吉及叔祖卜蘭先生，佐畢公分纂成書。閱數年，又屬公覆勘，增補考異。」但據黃雲眉《邵二雲先生年譜》記載，《續鑑》初稿階段，邵晉涵並不在畢沅幕府。

〔註25〕 《續資治通鑑》中的考異，許多具有署名，從中可略知纂修狀況。

〔註26〕 章學誠：《爲畢制軍與錢辛楣宮詹論續鑑書》，《章氏遺書》卷九。

在《續鑑》送與邵晉涵校訂的這段時間內，畢沅對《續鑑》的校訂審改並沒有停止。畢沅將經過邵晉涵校訂的書稿錄副本交與錢大昕進行審閱考訂的同時，又把邵晉涵改定稿寄與當時任陝西按察使的王昶。王昶閱書稿後撰《與畢秋帆制軍論續通鑑書》，向畢沅提出建議，主張《續鑑》不但應以「搜采縣富、考據精審」聞達於世，而且要「足以昭炯戒」，「使人凜探湯之戒，動衣冠塗炭之思」〔註27〕。據此，他認爲「在北宋如丁謂、寇萊公、呂夷簡、富鄭公、夏竦、范文正公，及元祐、紹聖之黨，論南宋則黃潛善、李忠定公及慶元黨禁」，「皆當大書特書」。然後，他具體指出《續鑑》在內容上的三個不足之處：一是「胡宗簡之封事，指陳痛切，爲宋文第一，今聞已加刪節」；一是「文信國黃冠備顧問之語，乃元人所誣，亦未刪去」；一是文信國「柴事大風卷木主，足見英爽如生，亦未補入」，這些事件的處理都不足以「扶正氣而敬愚頑」。

而閱讀今本《續鑑》，對北宋寇準、呂夷簡、富弼、范仲淹，南宋李綱等大臣史事記述詳備，合於王昶主張的「大書特書」。王昶書信中要求記述的黨爭問題，今本《續鑑》內也可見到詳細記載，例如哲宗紹聖三年、四年間章惇爲相，復熙豐之制，斥司馬光爲奸黨並貶逐出朝的經過；徽宗崇寧元年蔡京爲相，定司馬光等爲奸黨，御書刻石於端臨門外，並詳細考證碑刻上的人數；寧宗慶元三年「僞學逆黨得罪著籍者」並對寧宗嘉泰二年「弛僞學、僞禁黨」〔註28〕的經過也得到詳細記述。王昶提出的刪去關於文信國「元人所誣」之語，今《續鑑》中實已刪去。很明顯，這些都證明畢沅汲取王昶的建議而進行了修訂。此時正是全稿委託錢大昕校訂之中，但畢沅自己還是未停止親自修訂工作。至於王昶的有些主張未見於今本《續鑑》，如丁謂、夏竦、黃潛善等記載仍然簡略，不從王昶之說，那是因爲畢沅考慮到這幾人名聲不佳，無足多費筆墨；文信國「柴事大風卷木主」之事仍然不見記述，那是因其荒誕可疑，史書本應避怪力亂神之嫌。這種選擇，表明畢沅自有史識，取捨之間不假手他人的撰著態度。

乾隆五十七年（1792），章學誠代畢沅致書錢大昕，請其在邵稿基礎上進一步校訂考異。其實，錢大昕校訂的過程中，畢沅及其幕友也在同時修

〔註27〕　王昶：《與畢秋帆制軍論續通鑑書》，《春融堂集》卷三十四。
〔註28〕　以上詳見《續鑑》卷八十四、卷八十五、卷八十八、卷一百五十四、卷一百五十六。

訂，並非坐待其成。《續鑒》卷十一對於遼在統和元年更改國號爲大契丹一事的考異，錢大昕查閱《遼史》未載此事，據此感歎《遼史》闕漏之重。孫淵如認爲應在遼聖宗、興宗兩朝下，分別注國號爲契丹。而畢沅認爲，爲使體例前後統一，不妨仍書國號爲遼，但對於更改國號一事，應在文中書寫〔註 29〕。從該考異中署名的順序分析，應是錢大昕發現《遼史》未記此事，進而和畢沅以及負責編寫《續鑒》的幕友討論，孫淵如發表自己的觀點，最後畢沅拍板定論。《續鑒》卷二百十七對明祖遵奉龍鳳年號一事，錢大昕據《陶主敬集》中兩處書龍鳳年號，以糾正《明實錄》諱言奉龍鳳之誤。畢沅認爲明祖於韓林兒，不過借其名號，初非因人成事，只是不當沒其實罷了〔註 30〕。此考異是畢沅與參與《續鑒》編纂眾人在校訂過程中共同討論的又一見證。元至元十三年（1276），國子生博果密上疏請立學校，嚴長明據《稗要》，認爲博果密之意在於舉薦其師許衡，畢沅則以爲許衡在國學卓有成效，博果密上疏並不是爲其一人，而是欲定一代之制。對於元至元二十五年（1288）宋汪元亮入燕之事，嚴長明認爲此事細微，可以不載，畢沅卻認爲此事有助於考一代之顛末，不僅爲汪元亮一人。對於宋欽宗之死，《宋史·欽宗紀》、《三朝北盟會編》只記載其歿年月，對此事記載很簡單，《竊憤錄》記載此事很詳細。嚴長明定爲欽宗不得其死，應是被害。畢沅則認爲，宋人記金事，南北傳聞，每多失實，應以《金史》記載爲準。由此看來，畢沅的許多觀點，都超出幕賓，作爲《續鑒》的主編，乃名符其實。

　　至於對《續鑒》的刊刻，《續鑒》卷首有馮集梧序，其中談到：「未刻稿本，卷中凡分年處，俱各冠年號，與前已刻一百三卷體例不合，亦姑仍之。」〔註31〕這就表明前 103 卷是於畢沅家中所刻，馮集梧補刻後 117 卷。並且，畢沅家中已刊刻的 103 卷和經錢大昕校訂嘉慶二年歸還畢家的書稿實屬不同版本。胡適、黃雲眉二先生認爲《續鑒》初刻於畢沅去世的嘉慶二年（1797）〔註32〕，對此，筆者頗有疑問：如果《續鑒》是從嘉慶二年開始刊刻，爲什麼不全用錢大昕在此年歸還的版本呢？瞿中溶《翟木夫先生自定年譜》乾隆六十年條下云：「畢弇山先生總督兩湖，以所編《宋元通鑒》屬外舅（錢大昕

〔註 29〕詳見《續鑒》卷十一。
〔註 30〕詳見《續鑒》卷一百十七。
〔註 31〕畢沅：《續資治通鑒》卷首，馮集梧《序》。
〔註 32〕見胡適、姚名達《章實齋先生年譜》；黃雲眉《邵二雲先生年譜》。

——引者注）閱，定考證，在吳門開雕。與費在軒師、李四香茂才銳共佐校
讎之事。」〔註33〕因此，《續鑒》前 103 卷的刊刻應是在乾隆六十年，即畢沅
在世時開始。

　　據此，《續鑒》從草創到刊刻成書是畢沅主持和親自撰寫、修訂下，眾幕
賓及友人交錯參與的勞動結晶，畢沅本人全程進行了實際的編纂和修訂工
作，是本書名符其實的作者，非依仗權力、財力雇人撰書、坐享其成。

（二）邵晉涵與錢大昕對《續鑒》編纂的參與

　　邵晉涵在《續鑒》編纂中的作用，學界歷來給以充分的肯定，其主要是
根據章實齋《為畢制軍與錢辛楣宮詹論〈續鑒書〉》中有「邵與桐校訂頗勤」
的說法。由實齋口述，其子貽選記錄的《邵與桐別傳》云：「已故總督湖廣尚
書鎮洋畢公沅，嘗以二十年功，屬某客續《宋元通鑒》，大率就徐氏本稍為損
益，無大殊異。公未愜心，屬君（邵晉涵——引者注）更正，君出緒餘為之，
覆審其書，即大改觀。」〔註34〕此外，錢大昕的曾孫錢慶曾《竹汀先生年譜
續編》亦云《續鑒》「先經邵學士晉涵，嚴侍讀長明，孫觀察星衍，洪編修亮
吉及叔祖卜蘭先生（錢坫），佐畢公分纂成書。閱數年，又屬公（錢大昕）覆
勘，增補考異。」陳壽祺《南江詩文鈔》序云，邵「在畢尚書幕編定《續鑒》，
行於世」。這些資料似乎很強調邵氏的貢獻，今人王繼光的論文〔註35〕，更明
確地認為邵晉涵對《續鑒》宋史部分的編纂貢獻極大。

　　但是，筆者根據現存資料，認為對畢沅之外參修者的貢獻，應當重新考
慮，其中錢大昕的貢獻就遠在邵晉涵之上。

　　其一，邵晉涵在畢沅幕府時間很短。孫星衍在乾隆五十一年（1786）有
《中州送邵太史晉涵入都》一詩〔註36〕，詩中「……去年客遊梁，主者韓昌
黎。好賢若饑渴，賞我以不羈。招君載書來，著作於官司，編年仿司馬，當
廢薛應旂。……」是說畢沅邀請邵晉涵來大梁節署助其修書一事。按詩文「去
年客遊梁」所述，邵晉涵被邀助修《續鑒》，應是乾隆五十年（1785），時邵
晉涵因丁父憂未在朝廷任職。查看邵氏年譜，洪亮吉在乾隆五十一年三月去
杭州時，尚和邵氏在杭州相聚，推測邵氏在畢沅河南幕府不久即返回餘姚家

〔註33〕瞿中溶：《瞿木夫先生自定年譜》乾隆六十年己卯條。吳興劉氏嘉業堂民國 2
　　　　年刻本。
〔註34〕章學誠：《邵與桐別傳》，《章學誠遺書》卷十八。
〔註35〕見王繼光《〈續鑒〉三箚》。
〔註36〕孫星衍：《芳茂詩山人詩錄》，《孫淵如詩文集》，《四部叢刊》本。

鄉。而洪亮吉於乾隆五十一年六月在畢沅河南幕府作詩爲邵氏去京補官送行〔註37〕，邵晉涵則有《留別畢弇山中丞沅一百韻》〔註38〕話別，如此算來，至乾隆五十一年六月邵氏進京補官，其斷斷續續在畢沅河南幕府最多不過一年時間。邵晉涵離開畢沅幕府後，直到乾隆五十七年邵氏修訂《續鑒》完畢，把稿件寄至畢沅湖廣總督任上〔註39〕。這段時間，邵氏一邊做官一邊修訂《續鑒》。而且，乾隆五十二年（1787），章學誠到畢沅河南幕府爲畢沅修《史籍考》，就修《史籍考》之事也要和邵晉涵商討〔註40〕，邵晉涵忙於官方和朋友之事，不會有更多的精力顧及《續鑒》。由此看來，章氏關於「君出緒餘爲之覆審，其書既大改觀」的說法並不確實。

其二，從《續鑒》考異進行分析，在《續鑒》考異中署名邵晉涵的考異很少。書中考異雖不能完全表明《續鑒》參修人員的全部情況，但仍是考察編纂狀況的重要依據。據筆者統計，《續鑒》共有 1537 條考異，其中除有 49 條署名外，大部分考異未署名，這應是編纂早期參與《續鑒》編纂眾人的共識，集體的智慧。而考異中的單獨署名，或者出於對每個編纂者獨特見解的尊重，或者是後期定稿階段所撰寫。查署名錢大昕的考異共有十七見，其中《宋紀》部分九見，《元紀》部分八見。署名第一人稱「余」、「吾」的畢沅考異共十五見，《宋紀》部分亦九見，《元紀》部分六見。嚴長明凡七見，《宋紀》部分三見，《元紀》部分四見。洪亮吉凡四見全在《宋紀》部分。而署名邵晉涵的考異僅有兩見，且都出現在《宋紀》部分。由此推斷，作爲當時有名的宋史專家，邵氏很可能只粗粗校訂了宋代部分，而錢、畢二人則通校《續鑒》。《續鑒》中署名錢大昕的最後一條考異是在全書的卷二百十七，說明其對《續鑒》全書是做了完整校訂的，不只僅在 38 卷的《元紀》部分，對《宋紀》部分也增補了很多考異。如果單純從考異統計情況來看，邵晉涵於《續鑒》編修中的用力實在值得再商榷。

其三，邵晉涵對《宋史》史事的考訂成果並未完全被《續鑒》吸納。《邵二雲年譜》中稱邵氏在乾隆三十八年四庫館開之際即充四庫纂修官，「所職爲

〔註37〕 洪亮吉：《送邵秘校晉涵人都補官》《卷施閣詩》卷八。

〔註38〕 邵晉涵：《南江詩鈔》卷二，嘉慶九年刻本。

〔註39〕 參見章學誠《邵與桐別傳》，《章學誠遺書》卷二十九，學誠於信中訴說生活的窘困，懇請邵氏向畢沅推薦自己。

〔註40〕 章學誠在乾隆五十二年曾寫信給孫淵如（《又報孫淵如書》），信中談到邵二雲已修《史籍考》條例。

史部，凡史部諸書，多由先生訂其略，其提要亦多出先生之手」，「先生於元人三史，深致不滿，而以宋史爲尤甚。」〔註41〕查閱邵晉涵《四庫全書總目》史部提要和他的《南江札記》卷四，邵氏考證出《宋史》中史事記述的許多舛誤。而考察《續鑒》中《宋紀》部分對史事的追述，並未完全吸收邵氏的這些考證結果。如《宋史・杜太后傳》中記載杜太后「生邑王光濟太祖、太宗，秦王廷美，夔王光贊，燕國陳國二長公主」，然《宋史・廷美傳》記「太平興國八年正月，廷美母陳國夫人耿氏卒，太宗從容謂宰相曰：『廷美母陳國夫人耿氏，朕乳母也。』」邵氏據此認爲廷美母爲陳國夫人，並非杜太后所生。《續鑒》卷二十一在考證此事時，畢沅發表自己的觀點，認爲這是太宗造聞此語以自文其過，「諸王、太妃族屬，豈有宰相不知之理，尙煩太宗委曲宣示乎！」〔註42〕進而否定廷美母爲陳國夫人耿氏。如果眞如章學誠所說「邵與桐校訂頗勤」，「君出緒餘爲之覆審，其書既大改觀」，邵晉涵應把自己對宋代史事的考訂成果全用於《續鑒》之中，但事實並非如此。關於邵氏在《續鑒》編修中的作用，《續鑒》的刊刻者馮集梧曾在《續鑒》卷首序云畢沅「經營三十餘年，延致一時軼才達學之士，參訂成稿。復經餘姚邵二雲學士核定體例付刻，又經嘉定錢竹汀詹事逐加校閱。」而《續鑒》的編年體體例並不複雜，畢沅完全能駕馭，因此，筆者認爲邵氏對於《續鑒》，主要是利用他在《四庫全書》館內的方便條件提供了豐富的文獻資料，修訂之功並不顯著。

其四，章學誠如此誇大邵晉涵在撰寫《續鑒》中的作用，可能是由於和邵氏的密切關係，同時不無貶低他人之嫌。據章氏年譜，早在乾隆三十六年（1771），章學誠與邵晉涵兩人就性情相投，「與學誠論史，契合隱微。」〔註43〕乾隆三十八年（1773），章學誠至餘姚訪邵晉涵，邵晉涵囑託實齋校訂從祖邵念魯《思復堂文集》。乾隆四十六年（1781），章氏遊河南被盜，曾向邵晉涵求救。〔註44〕乾隆四十八年（1783），章氏臥病京城，病頗危急，邵晉涵載至其家，延醫治療。其間二人常論學，每至夜分。後來，章學誠至畢沅幕府，爲其編修《史籍考》，請邵晉涵擬編條例。由此，二人一生互有往來，可謂摯友，章氏「邵二雲校訂頗勤」之說，未免有爲邵晉涵溢美之嫌。

〔註41〕黃雲眉：《邵二雲先生年譜》，乾隆三十八年癸巳條。
〔註42〕畢沅：《續資治通鑒》卷十二，第292頁。
〔註43〕黃雲眉：《邵二雲先生年譜》，乾隆三十六年辛卯條。
〔註44〕章學誠《與邵與桐書》對此事亦有記述。

　　而章學誠代畢沅致錢大昕書《爲畢制軍與錢辛楣宮詹論〈續鑑書〉》中所稱的「某客大率就徐氏本稍爲損益，無大殊益」的說法很可能出於其個人恩怨。章學誠、邵晉涵、洪亮吉皆曾同客朱筠幕府。洪亮吉於乾隆四十六年（1781）轉入畢沅幕府。章學誠直到乾隆五十二年（1787）才經周震榮介紹至畢沅幕府。其間，曾於乾隆四十六年（1781）寫信給邵晉涵〔註45〕，信中談到託邵晉涵致書畢沅欲謀一席，同時不無感慨地寫道：「往者竹君先生泛愛及眾，有所舉於中丞，皆一時之選。然亦有拯憫飢寒，僅就尺短寸長，使之有以自效。中丞雅善衡量，亦既隨其器之大小，有以滿其劑量，以是人稱中丞能得士矣。而斯人亦出竹君先生門下，袖手冷笑，獨謂人世不必更求知音，倔強自喜，不復顧屑，以至於今，故困窮轉出藩籬鶗雀下也。某屬公門下，辱知爲深，當此相須殷而相遇甚疏之際，苟不爲公一言，則負知遇之恩，莫斯爲大。」〔註46〕考當時畢沅幕府中嚴長明、吳泰來、孫星衍、洪亮吉、錢坫諸人，惟有洪亮吉嘗與之同客朱筠幕，且有同門之誼。書中所指的既出朱筠門下又受知於畢沅的「斯人」，很可能是洪亮吉。而且，觀洪亮吉諸作，全無言及有向畢沅舉薦章氏之事。章學誠無疑對他心生怨恨。

　　學術外的不合直接導致學術上的攻擊。《卷施閣文甲集》卷七收錄洪亮吉《釋大別山一篇寄邵編修晉涵》(附《漢水釋》)、《又與邵編修辯爾雅斥山書》，《卷施閣文甲集》卷八收錄《與章進士學誠書》，章氏則針對洪亮吉之說進行反駁〔註47〕。統攬這些書信內容，實爲鴻雁雙方就對方著述，提出自己的學術觀點，實屬正當的學術交流。而正由此在彼此心中埋下了陰影。章學誠在致朱錫庚書中指出：「洪、孫諸公，洵一時之奇才，其於古文辭，乃冰炭不相入，而二人皆不自知香臭。……以洪君之聰明知識，欲彈駁弟之文史，正如邵先生所云：『此等拳頭，只消談笑而受，不必回拳，而彼已跌倒者也。』(彼駁邵之《爾雅》，方長篇大章，刻入文集，以爲得意，而邵之議論已如此。) 今彼刻駁弟之書，乃因詘于口辨，而遂出於裝點捏造，殆較駁邵爲更甚矣。此書即使出弟身後，兒輩力量，尚能駁正。……」〔註48〕書中對洪亮吉充滿鄙夷。洪亮吉詩文中也透出對章氏的頗有微詞。洪亮吉的一組《續懷人十二

〔註45〕章學誠：《與邵與桐書》，《章氏遺書》卷二十九。
〔註46〕章學誠：《與邵與桐書》，《章氏遺書》卷二十九。
〔註47〕章學誠：《地志統部》，《章氏遺書》卷十四。
〔註48〕章學誠：《又答朱少白書》，《章氏遺書‧補遺》。

首》，其中一首《章進士學誠》：「鼻窒居然耳復聾，頭銜應署老龍鍾。未妨障麓留錢癖，竟欲持刀抵舌鋒。（君與汪明經中議論不合，幾至揮刃。）獨識每欽王仲任，多容頗詈郭林宗。昌安門下三年住，一事何嘗肯曲從。（君性剛鯁，居梁文定相公寓邸三年，最爲相公所嚴憚。）」〔註49〕此詩體現洪亮吉對章學誠心胸狹窄、自命清高性格的嘲諷。

因此，代畢沅致錢大昕書《爲畢制軍與錢辛楣宮詹論〈續鑑〉書》中所稱的「某客」很可能是洪亮吉。而其「大率就徐氏本稍爲損益，無大殊益」的說法亦並不屬實。當時在畢沅陝西幕府中共同編寫《續鑑》的有嚴長明、孫星衍、洪亮吉、錢坫諸人，並非只所稱的「某客」一人。況且，如此卷軼浩繁的史書，靠一人力量是難以完成的，試想，畢沅如此重視《續鑑》編修，怎可能放手交於「某客」一人作主？

其五，錢大昕處世做人的風格，或使後人對其在《續鑑》中的作用產生低估。邵晉涵在乾隆五十七年校訂《續鑑》完畢，把全稿寄予畢沅後，章學誠代畢沅致書錢大昕，求其復校，錢大昕於乾隆六十年開始校訂〔註50〕，而嘉慶二年（1797）「未蕆事而畢公卒，以其本歸公子」。其實，《續鑑》中錢大昕最後一條的考異是在卷二百十七（全書共220卷），說明其對《續鑑》全書是做完整校訂的，並且，從《續鑑》中署名李銳、瞿中溶的考異可知，錢大昕拿到《續鑑》稿後不是只其一人校訂，還有李銳、瞿中溶、費士璣的協助，可見他對此事的重視。以錢大昕的治學態度，「未蕆事而畢公卒」很可能是其未完成復校，或是其中部分見解未及與畢沅商議交流，也可能是畢沅託付錢大昕所作「目錄」〔註51〕或是「舉要歷」〔註52〕之事未完。而「以其本歸公子」之舉，乃不負友人之託，又避免侵佔之嫌，從中也可一窺錢大昕爲人的風格。此外，低估錢大昕在《續鑑》中作用的另一個原因是嘉慶六年（1801），馮集梧在刊刻《續鑑》時，請錢大昕爲《續鑑》作序，錢大昕婉言拒絕，後人對此舉頗有歧義，認爲是錢大昕對《續鑑》編纂質量的不屑〔註53〕。其實

〔註49〕洪亮吉：《歲暮懷人詩》，《卷施閣詩》卷十五。《四部備要》，集部。
〔註50〕見瞿中溶《瞿木夫先生自定年譜》乾隆六十年己卯條。
〔註51〕章學誠《爲畢制軍與錢辛楣宮詹論〈續鑑〉書》中說「其年經事緯，撮其精要，以爲目錄……全書並錄副本呈上」，就此推斷，錢大昕得到《續鑑》稿副本時，有可能沒有作「目錄」。
〔註52〕王昶《與畢秋帆制軍論續通鑑書》中曾有「惟舉要歷未撰，茲屬錢少詹成之」之說。
〔註53〕柴德賡《史籍舉要》下編，編年體類《續資治通鑑》中有「此書成，本擬清

此乃錢大昕爲人謙虛的品格，如其在與馮集梧書中所言「弟名位低微，何足以重秋帆之書」〔註 54〕。

（三）兩個具體問題的考析

在《續鑒》的編纂與成書過程中，還有兩個具體問題，亦須進一步澄清。

第一，章學誠所云《續鑒》卷數爲 200 卷問題。

對於《續鑒》的總卷數，章學誠在乾隆五十七年（1792）代畢沅《爲畢制軍與錢辛楣宮詹論〈續鑒〉書》中說「爲書凡二百卷」，「其年經事緯，撮其精要，以爲目錄」，「全書並錄副本呈上」，請錢「檢點舛誤」。但據錢大昕《太子太保兵部尚書湖廣總督世襲二等輕車都尉畢公墓誌銘》及史善長《弇山畢公年譜》，都記載《續鑒》爲 220 卷。又王昶《與畢秋帆制軍論續通鑒書》說：「得來教，謂《續通鑒》一書經二雲諸君纂輯成編，惟舉要歷未撰，茲屬錢少詹成之，即屬以校讎勘定，付諸梓人。」據此，林存陽推測邵晉涵修改後稿本是 200 卷，而錢大昕校訂後的《續鑒》終稿包括錢大昕擬寫《目錄》和《舉要歷》20 卷，一共是 220 卷〔註 55〕。

對此觀點，筆者不能苟同。首先，章學誠有關《續鑒》200 卷的說法，在當時別無他人提及，只是其一言之詞。其次，王昶書中「屬錢少詹」「舉要歷」之說，即便錢大昕成之，也不能算在《續鑒》卷數之內，按司馬光的做法，《舉要歷》乃單成一書，是全書的簡編〔註 56〕。況且，《續鑒》卷軼浩繁，若作《舉要歷》，定會超過 20 卷。此外，史善長撰《弇山畢公年譜》於嘉慶二年（1797）條稱：「公自爲諸生時，讀涑水《資治通鑒》，輒有志續成之。凡宋元以來事蹟之散逸者，網羅搜紹，貫串叢殘，雖久典封圻，而簿領餘閒，編摩弗輟，爲《續通鑒》二百二十卷。始自建隆，訖於至正，閱四十餘年而後卒業。復爲《凡例》二卷、《序文》一首，畢生精力盡於此書。至是乃付剞劂，藝林鴻寶，海內爭欲先覩爲快。」〔註 57〕按照史善長的說法，根本沒有提到《舉要

錢竹汀作序，錢只復一信婉言謝絕；其不欲代負責任，可以想見。」北京出版社，2002 年版，第 187 頁。

〔註 54〕錢大昕：《詹事錢先生書》，《續資治通鑒》卷首。

〔註 55〕詳見林存陽《畢沅對經史諸學的扶持與倡導》。

〔註 56〕司馬光撰《資治通鑒》二百九十四卷外，還有《目錄》三十卷、《考異》三十卷、《稽古錄》二十卷、《歷年圖》五卷、《通鑒舉要歷》八十卷和《通鑒釋例》一卷。

〔註 57〕見史善長《弇山畢公年譜》。

歷》，而且「《凡例》二卷」、「《序文》一首」，也未算在《續通鑑》220 卷中。通覽今本《續鑑》，全書 220 卷全爲對史事記述的正文，與史善長所言契合。至此，章學誠《爲畢制軍與錢辛楣宮詹論〈續鑑〉書》中所說「爲書凡二百卷」，只是他個人的約略說法，不必視爲準確數字。又錢慶曾《竹汀先生年譜續編》云：《續鑑》「先經邵學士晉涵，嚴侍讀長明，孫觀察星衍，洪編修亮吉及叔祖卜蘭先生（錢坫——引者注），佐畢公分纂成書。閱數年，又屬公（錢大昕——引者注）覆勘，增補考異。」書中明確記述錢大昕只是對《續鑑》「覆勘，增補考異」，並未增補《續鑑》內容。至此，邵氏修改後稿本就應是 220卷。至於史善長於嘉慶三年撰《弇山畢公年譜》提到的「《凡例》二卷、《序文》一首」，很可能在嘉慶四年畢沅家被抄時散佚。因此，至嘉慶五年（1800）馮集梧購得《續鑑》原稿時，未見「凡例二卷、序文一首」〔註 58〕。

第二，關於馮集梧刻印此書撰寫《序言》中的問題。

《續鑑》卷首馮集梧序云：畢沅「經營三十餘年，延致一時軼才達學之士，參訂成稿。復經餘姚邵二雲學士核定體例付刻，又經嘉定錢竹汀詹事逐加校閱。然刻未及半，僅百三卷止。集梧於去歲（嘉慶五年——引者注）買得原稿全部及不全版片，惜其未底於成，乃爲補刻百十七卷，而二百二十卷書居然完好。緣係畢氏定本，故稍事整理，不復再加考訂。」〔註 59〕然而，通讀《續鑑》，馮集梧在《續鑑》成書過程中的作用並不只是補刻百十七卷。

其一，畢沅家已刊刻的部分，很可能是章學誠《爲畢制軍與錢辛楣宮詹論〈續鑑〉書》中所提到的「錄副本呈上」後留下的底本，即胡適所推測的「不冠年號刻本」〔註60〕。但筆者通覽《續鑑》全書發現，《續鑑》從卷一下就標注「建隆元年」年號，並且在宋年號下，分注遼的年號「應曆」，最後的卷二百二十，在至正二十八年下注明洪武元年，前後的體例完全統一。這和馮集梧「與前已刻一百三卷體例不合，亦姑仍之」的說法互相矛盾。由此推測，馮集梧並未採用已刊刻一百三卷板片，而是重新刊刻所購來的《續鑑》全稿。如是這樣則《續鑑》的成書時間應晚於馮序寫作的嘉慶六年三月。

其二，《續鑑》卷首馮集梧序中，馮氏說到：「……緣係畢氏定本，故稍爲整理，不復再加考訂。」然而通讀《續鑑》，在卷二百七有署名馮鷺庭（馮

〔註 58〕根據《續鑑》卷首，馮集梧序中未提及「凡例二卷、序文一首」。
〔註 59〕畢沅：《續資治通鑑》卷首，馮集梧《序》。
〔註 60〕胡適、姚名達：《章實齋先生年譜》乾隆五十七年壬子條。

集梧，字鷺庭）的考異，對《續鑑》記載元順帝繼皇帝位於「上都」一事進行考證。認爲「上都」似應爲「大都」，「字或誤也」。由此可見，馮氏雖不遑仔細校訂《續鑑》全稿，但在刊刻過程中發現明顯的錯誤，還是忍不住要加以考異。《序言》中的敘述，不能完全反映眞實狀況。

綜上所述，重新梳理與考訂《續鑑》的編纂問題，結論可有以下幾項要點：第一，畢沅從頭至尾親自進行本書的編纂和校訂，直至逝世。即使在委託邵晉涵、錢大昕修訂時期，自己也未停止工作。第二，邵晉涵的貢獻不像章學誠所言之大，應比錢大昕遜色。同理，嚴長明、洪亮吉等最初在幕學者的貢獻也不應過於貶低。第三，《續鑑》的卷數以及馮集梧刊本的《序言》中令人生疑的問題，均可得以廓清。畢沅乃本書名符其實的主編者和作者，非依仗權力、財力雇人撰書的官僚，學界以往曾有對畢沅幕府修史活動作出的鄙夷性評價，觀其纂修過程，庶幾可以得到辯白。

三、史學成就

（一）史料豐富，內容全面，超越以往同類著述

自從司馬光《資治通鑑》問世以來，因其成就斐然，爲其作續者代不乏人。司馬光提出的「寧失於繁，毋失於略」史料收集編纂原則也被史家繼承。宋代李燾修《續資治通鑑長編》，搜集材料時，「以木廚十枚，每廚作抽替匣二十枚，每替以甲子誌之。凡本年之事，有所聞，必歸此匣，分月日先後次第之，井然有條」〔註 61〕。但後來續《資治通鑑》之書皆有史料未盡之弊，元代陳桱的《通鑑續編》內容疏舛過甚，明代薛應旂的《宋元通鑑》、王宗沐的《續資治通鑑》，也因許多重要史料多未寓目，受有孤陋寡聞之譏。並且，三部史書內容失衡，僅據宋人記載，略及遼、金，並且於遼、金正史束而不觀。清初，徐乾學編纂《資治通鑑後編》，由史學名家胡渭、閻若璩等協助排纂，雖遠勝於此前三家續《資治通鑑》之作，但限於當時《續資治通鑑長編》等重要史籍未得發掘利用，缺陷仍然十分明顯。畢沅所修《續資治通鑑》，乃以徐乾學《後編》爲參照，而乾隆中葉，《四庫全書》館從《永樂大典》中輯出的多種宋元時代佚書，從各地征集之書中「所載事涉宋元者」亦多，於是「畢公悉鈔得之，以爲此書參考之助」〔註 62〕，由於參閱資料豐富，從而使

〔註 61〕《四庫全書總目》卷四十七，史部，編年類。
〔註 62〕錢大昕：《錢辛楣先生年譜》乾隆六十年條，咸豐十年刊本。

《續鑑》成爲諸家續《資治通鑑》著述中最好的一種。畢沅談及資料來源時說：「宋事據丹棱、井研二李氏書而推廣之，其遼、金二史所載大事，無一遺落，又據旁籍以補其逸，亦十居其三四矣。元事多引文集，而說部則愼擇可徵信者。」〔註63〕畢沅的幕賓史善長所作《弇山畢公年譜》載：「公自爲諸生時，讀涑水《資治通鑑》，輒有志續成之。凡宋元以來事蹟之散逸者，網羅搜紹，貫穿叢殘，雖久典封坼，而簿領餘聞，編摩弗輟，爲《續通鑑》二百二十卷……畢生精力盡於此書。」

筆者曾據該書「考異」中所提到的資料來源作了一個粗略的統計，其總引資料達 377 種。除自宋以來的常見史書和官修史書外，還大量採用稗官野記、家乘志狀、案牘奏議、金石碑刻等，很多資料是徐氏修《後編》時所未見。其中如李燾《續資治通鑑長編》，李心傳的《建炎以來繫年要錄》及《舊五代史》、《宋朝事實》、《宋會要》、《九國志》等均已久不完整傳於世，徐乾學纂修《資治通鑑後編》，由於其時《永樂大典》尚庋藏秘府，因而只見民間殘本。乾隆三十七年（1772），四庫館開，這些典籍從《永樂大典》中陸續輯出，爲畢沅修《續鑑》提供了豐富的史料。此外，較徐氏《後編》而後成書的《明史》、《明史紀事本末》、《御批通鑑輯覽》等，《續鑑》亦皆引爲參定要籍。《續鑑》不僅充分利用宋、遼、金、元、明時期的文集、筆記，對清人的文集、筆記也大量選用以考證史事，如萬斯同的《庚申遺事》、《六陵遺事》，黃宗羲《南雷文案》、姚鼐《古文辭類纂》等。更爲可貴的是，在記述少數民族史事過程中，《續鑑》大膽參考朝鮮李朝徐居正《東國通鑑》、鄭仁趾《高麗史》等史書。《續鑑》所取文集、筆記、金石、史書較徐乾學《資治通鑑後編》擴大近兩倍，而由於認識到墓誌在敘述史實上有避諱之閒，因此《續鑑》用墓誌進行考異和《後編》相比數量上相對減少，但較徐氏《後編》，引用史料更爲切實。

豐富的史料充實了《續鑑》的內容，今本《續鑑》全書 220 卷，其中宋紀（含遼、金、西夏）182 卷（包括北宋 168 年 97 卷，南宋 15 年 85 元卷），元紀 38 卷，並用相當篇幅記述遼、金、西夏、高麗等少數民族史事，糾正了以往宋史專著僅僅「好述東都之事」的弊病，彌補了以往史書詳北宋、略南宋、抑遼金的不足。

〔註63〕章學誠：《爲畢制軍與錢辛楣宮詹論〈續鑑〉書》，《章氏遺書》卷九。

（二）考異詳備，嚴謹客觀，有說服力

《續鑑》繼承徐乾學《資治通鑑後編》考異的做法，對史事記載的歧異作出判斷與選擇，分注文中。《續鑑》考據內容十分廣泛，人名地名、年齡身份、官銜職務、謚號帝號、制度沿革、時間天象、事件經過以及河流名稱、軍隊名稱等等無所不包。經筆者大致統計，《續鑑》考異共有 1537 條，另有一些說明性的注文尙未計入。其中《元紀》部分〔註64〕考異有 143 條，較徐乾學《後編》元史部分考異增加了三倍之多。並且，《續鑑》考異將徐氏《後編》考異中「當考」、「待考」的問題悉都考證確切，考證過程嚴謹客觀，邏輯嚴密，體現求實的學術精神。

《續鑑》和徐乾學《後編》相比，不但考異數量增加了許多，並且對徐乾學《後編》所記史事重新考證，加以補充和校正。現統計如下：

表 2.1 《續資治通鑑》對《資治通鑑後編》補充、校正情況統計表

時　　間	考證內容	考證過程
卷一建隆元年九月丙子條	遼主從第趙王喜袞謀反時間。	薛應旂《通鑑續編》誤繫於遼應曆十年十二月，徐氏《後編》仍其錯，今按《遼史》改爲遼應曆十年十月。
卷五開寶二年條	遼皇后蕭氏的出身。	李燾《長編》記爲蕭守興女，《後編》仍《長編》之誤。按《遼史·后妃傳》及《東都事略》均記北府宰相思恩女，徐氏
卷十八淳化五年七月條	遼大臣室昉卒的時間	徐氏《後編》記室昉卒於淳化五年九月，應以《遼史聖宗紀》和《遼史室昉傳》記載時間爲準，爲淳化五年七月。
卷二十二咸平四年五月丙戌條	考遼冊立蕭后的時間。	徐氏《後編》作六月契丹冊其后蕭氏爲齊天皇后。但《遼史聖宗紀》記載冊后蕭氏是在五月丙戌，考聖宗先是廢蕭后齊天少人披庭，不是本爲皇后而此時再加冊號。此爲「徐氏誤會。」
卷二十五景德元年十二月條	考「檀淵之盟」中宋遼所書國號。	李燾《長編》云制書以南北冠國號之上，考《契丹國志》載「檀淵誓書」、「契丹誓書」的全部內容，並無以南北朝冠國號。徐氏《後編》仍長編之誤，當改。
卷二十五景德元年十二月條	考此年太后封韓德昌晉王事。	徐氏《後編》在此年不但記太后封韓德昌晉王事，而且連書皇上對韓德賞賜，考皇上對韓德賞賜是在韓卒後，應分書之。

〔註64〕畢沅《續資治通鑑》內容分爲《宋紀》和《元紀》兩部分。

卷二十六景德四年正月條	遼建中都的時間。	徐氏《後編》繫於統和二十四年。考《遼史·地理志》記統合二十五年，與《遼史本紀》同，徐氏《後編》誤，應從《遼史》，爲統和二十五年。
卷二十七大中祥符元年三月條	遼統和二十六年，遼加諸帝諡號的時間和人。	徐氏《後編》誤以此年爲追加廟號，並且誤繫於十二月。
卷三十五天禧四年八月條	考高麗遣使去遼的時間	徐氏《後編》繫於遼曆太平元年十二月，考《東國通鑒》繫於天禧四年八月，徐氏《後編》誤。
卷三十五天禧五年十一月條	考遼立太子的時間。	徐氏《後編》以爲改元太平、冊立太子俱繫於十二月，考《遼史》記遼立太子在十一月甲申，徐氏《後編》誤。
卷一百六十三寶慶二年十一月條	考夏投金時間。	徐氏《後編》取於《宋史》，繫於寶慶三年，誤，考薛應旂《通鑒續編》取於《金史》，當繫於寶慶二年。
卷一百六十五紹定三年正月條	考金和蒙古的大昌原戰役的時間。	徐氏《後編》取於《金史·哀宗紀》，繫於金正大六年，考大昌原之捷和廣陽圍解是同一件事，應爲金正大七年。
卷一百六十九嘉熙元年五月條。	考南宋大臣徐鹿卿的官職。	徐氏《後編》仍《宋史》之誤，書其係之官爲福建安撫使幹辦公事。考薛氏《通鑒》作「監簿」。
卷一百八十四至元十五年十二月條。	考唐鈺、林景熙拾高宗、孝宗骨一事。	徐氏《後編》認爲唐鈺、林景熙拾高宗、孝宗二陵骨是各自爲之的兩件事。考謝翱《晞髮集》等，此事實爲唐、林相濟而成。
卷一百八十八至元二十四年五月條。	考元行尚書省左丞相阿珠勇決時間。	徐氏《後編》中兩處見阿珠之歿，考《元史本傳》當爲至元二十四年五月條。
卷一百八十八至元二十五年	考汪元量歸杭州的時間。	徐氏《後編》記元量歸杭在至元十七年，考瀛國公以至元二十五年學佛法，元量有事記其事，因此元量歸杭應在至元十七年後。
卷一百九十一至元三十四月條。	考史弼征爪哇還軍的時間。	因《元史·史弼傳》記弼正月征爪哇，後不書年月，故徐氏《後編》仍之，記正月大勝，據《經世大典》實爲四月。
卷一百九十五大德九年十二月條。	考西僧丹巴敏對皇后之事的時間。	徐氏《後編》記此事於大德六年晉王死事之下，誤以晉王爲太子。
卷二百六至順三年八月條	考文宗詔立明宗之子事。	徐氏《後編》言詔立明宗之子鄜王伊勒哲伯即皇帝位，考彼時伊勒哲伯已崩，因此徐氏《後編》誤。

卷二百七至元二年十一月條	考趙世延卒時間。	徐氏《後編》繫於至元元年世延卒，考《元史本傳》爲至元二年。
卷二百十三至正十六年七月條。	考朱元璋置江南行中書省之事。	徐氏《後編》書元璋之平章政事之職乃韓林兒所授，此其以意度之，並無佐證。
卷二百十六至正二十二年五月條。	考陳祖仁請罷修上都宮闕書，其上書時間。	徐氏《後編》從《元史‧陳祖仁傳》繫於至正十二年，考《元史‧順宗帝》紀，應繫於至正二十二年。
卷二百十八至正二十四年	考吳中關於張士信用人的童謠內容。	徐氏《後編》引《明實錄》中記載內容，應以《明史‧五行志》爲準。

統計上表，《續鑑》對徐氏《後編》考異進行補充、校正共23處，其中，考證出徐氏《後編》記載史事時間上的缺失、訛誤共15條，記載史事內容的錯誤、重複共5條，對於人物身份記載錯誤共3條，由此可見，《續鑑》在史事記述上較徐氏《後編》確實詳實了許多。

其次，《續鑑》考證史料多以正史爲本，但並不一味盲從正史，而是主張眾說擇優，辯證是非，更能補訂正史之遺缺，其治史態度是客觀而嚴謹的。例如宋哲宗元祐元年三月壬申，有「依安燾堅辭知樞密院事，仍同知樞密院事」一詔，《宋史》中《哲宗紀》、《宰輔表》俱不及此事，而李燾《續資治通鑑長編》載之，於是《續鑑》取之以補正史；對於遼統和二十八年進攻高麗王國的勝負，史書記載不一，《續資治通鑑長編》和《東都事略》俱云遼以敗告還，而《東國通鑑》和《遼史》俱載遼以勝歸。《續鑑》認爲《東國通鑑》的著者乃高麗人士，其書以敵國而記載對方戰勝，當合史實，惟日期稍有差異。以此佐證《遼史》較《續資治通鑑長編》爲實，這是合乎邏輯的判斷。

正是由於「同爲一事，分在數篇，斷續相離，前後屢出」〔註65〕的原因，在紀、志、表、傳等各部分內容所記載的同一事件，也會有些差異，《續鑑》往往通過對史書紀、志、表、傳進行對校而推斷史實。如《遼史》中《本紀》和《部族表》記載遼部族大黃室韋和小黃室韋反叛事件，時間不一，但由於《本紀》記載時間較《部族表》詳細，「分繫以日」〔註66〕，於是，《續鑑》記載此事以《本紀》所載時間爲準。《續鑑》考異的這種思路是合理的，因爲正史的本紀，本身就是以記載時間的詳明而見長。

〔註65〕劉知幾：《史通‧內篇》卷二《二體》。上海古籍出版社，2008年版。
〔註66〕畢沅：《續資治通鑑》卷四。

再有，《續鑑》在考證過程中凡是不能定論之事都謹慎對待，或標出「未知何據」，「未詳孰是」、「今兩存之」、「附記於此」，體現極強的嚴謹性。宋攻破金蔡城，金御史中丞兼參知政事張天綱被俘，《金史》記不知其所終，《宋史全文》載宋授張天綱官職，並給袍笏靴帶。對此，清代著名學者汪端光謂「當大書於簡，以正《金史》之譌。」〔註67〕而畢沅認為兩國交兵，各記所聞，難免有不盡真實之處，並以薛居正《舊五代史》和《宋史》為例，而至於張天綱受職與否，畢沅並未輕易下結論，而是「姑記於此，以俟博聞」，表現出極其審慎的治史態度；劉逵勸宋徽宗碎元祐黨碑之事，陳桱《通鑑續編》記帝夜半遣黃門毀石刻，對此《續鑑》不敢輕易採納，曰：「未知出何書，姑附記於此」；南宋理宗時的宰相喬行簡，《宋史‧喬行簡傳》記其器識宏遠，《宋史全文》載其專以商販為急務，一褒一貶，優劣互異。面對兩種史書的不同記載，又無他書作為旁證，《續鑑》採取避開異議，載其行事，記其逝世時間及其死後諡號，從而展示了時人的評價，這是一種既客觀又巧妙的處理方式。

此外，《續鑑》的考異往往深入探查不同記載的史料來源，對比分析，具備很強的邏輯性。例如宋理宗紹定三年（1230年）金朝和蒙古的大昌原戰役，雖然規模不大，卻是一場硬仗，也是一個奇迹。金朝的提控完顏彝以四百名忠孝軍騎兵大敗蒙古名將──四俊之一的赤老溫統率的八千蒙古兵眾，這是金蒙對抗二十多年以來金軍的第一次大勝仗，但各家史書對其時間的記載不一。陳桱的《通鑑續編》、薛應旂的《宋元通鑑》及《金史‧忠義傳》均繫於金正大五年，徐乾學的《資治通鑑後編》、《金史‧哀宗紀》繫於次年。《續鑑》對各家史書記載此事的資料來源進行梳理，認為陳桱《通鑑續編》、薛應旂《宋元通鑑》以及徐乾學《資治通鑑後編》對此事的記載，都是本於《金史》的紀與傳，但《金史》的紀與傳的記述自相矛盾，造成上述各書歧異。《續鑑》認為，金大正五年蒙古正值拖雷監國，元太宗尚未繼位，當無大舉之事，故此次戰爭似非此年。而《金史‧忠義傳》史料多採元好問、劉祁之撰述，事由記憶，年月不能無舛。考《金史》中《布哈傳》、《約赫德傳》均記正大七年正月戰於大昌原，廣陽解圍，此即完顏彝為前鋒奏捷之事，並非又一戰役。於是得出結論：大昌原之戰實發生於金正大七年，陳桱、薛應旂、徐乾學之書記述皆誤。這樣詳查史料予以綜合考訂，逐層剖析，其縝密的邏輯推斷，堪稱史實考證的大型範例。

〔註67〕畢沅：《續資治通鑑》卷一百六十七。

（三）《續鑒》體現畢沅史學思想上的開拓性和時代感

乾隆時期，史學進入對傳統史學的大清理、大總結時期，官方開拓並接續大量修史項目，《日下舊聞考》是繼朱彝尊《日下舊聞》一書而下令補正，《明紀綱目》是立意仿從朱熹《通鑒綱目》，直至完成通史性的《御批通鑒輯覽》。《國朝宮史》的纂修是因明代有《宮史》。「續三通」是接續《通典》、《通志》、《文獻通考》之作，下限止於明末，「清三通」是將這一史書體系延至記述本朝史事。這樣，官方留給私家纂修史書的空間就被大大壓縮。因此，大批史家承襲清初以來逐步強化的「實學」思潮，而紛紛從事歷史考據。在這樣的學術背景下，畢沅「積三十餘年之力」，為私家搶佔出續修《通鑒》的修史課題，主持編撰完成史學巨著《續資治通鑒》，在學術史上的地位不容忽視。從《續資治通鑒》的定名，就足以表明畢沅續修《通鑒》的學術眼光。畢沅認為：「夫著書義例，雖曰家法相承，要作者運裁，亦有一時風氣。即如宋元編年諸家，陳、王、薛氏雖曰未善，然亦各有所主。……徐氏當實學競出之際，故其書不以義例為要，而惟主於多聞。」但是「風尚所在，有利即有其弊，著書宗旨，自當因弊以救其偏，但不可矯枉而至於過爾。」因此，當為畢沅校對宋史部分的邵晉涵認為應該「宛轉迂避，蓋取不敢遽續《通鑒》」〔註68〕，請標該書為《宋元事鑒》時，畢沅詳細闡述《續鑒》的著書宗旨，如同編年體史書至司馬光《資治通鑒》法式始立，紀傳體史書至班固斷代《漢書》規模始定。班固《漢書》以後，歷朝紀傳正史，雖然其文去《漢書》遠甚，但未嘗謙避而不敢命名為《書》。那麼司馬光《通鑒》以後，續書完全可不以《通鑒》為諱。因為「書之優劣，不在名目異同，蓋詩文之名一定，而工拙本自萬殊，詩即甚劣，未嘗不名為詩，文即不工，未嘗不名為文。」而對於章學誠另成《宋元文鑒》的建議，畢沅更是以「續書遽改原書規模，嫌於無所師授」而未能抉擇，仍主張明確續書之旨，定為《續資治通鑒》。通覽《續鑒》，全書義例嚴明，確實克服了徐乾學《後編》「編年之書，忽似譜牒，忽似詩話，殊為失於裁制」的缺點。

畢沅不仿照以往編年體史書夾入史家論贊，聲稱《續鑒》以「據事直書，善惡自見」〔註69〕記錄史事，不另加議論。對此，他與當時學者王昶有過意見分歧。王昶曾建議《續鑒》要有歷史評論，認為「竊謂史書之作，在收採之

〔註68〕 章學誠：《為畢制軍與錢辛楣宮詹論〈續鑒〉書》，《章氏遺書》卷九。

〔註69〕 章學誠：《為畢制軍與錢辛楣宮詹論〈續鑒〉書》，《章氏遺書》卷九。

宏富，而尤在持論之方嚴，蓋將明古今之治亂。而治亂所以華實，本乎賢奸忠佞之分」，否則，「黑白之不故明，賢奸忠佞之不甚別，今既無以爲勵，而後無以爲戒」〔註70〕。畢沅則認爲「據事直書，善惡自見。史文評論，苟無卓見特識，發前人所未發，開後學所未聞，而漫爲頌堯非桀，老生常談，或有意馳奇，轉入遷闊。前人謂如釋氏說法，語盡而繼之以偈，文士撰碑，事具而韻之以銘，斯爲贅也」〔註71〕。這裡表現了畢沅審時度勢的現實精神，因爲乾嘉時期，官方所修大量史籍特別是《御批通鑑輯覽》形成對歷代史事評論的準繩。私家史學在官方史學的強勢背景下，很難發表背離於官方的歷史見解，在官方史論極爲發達的情況下，私家採取失語之策，取消議論，實爲上策。

在史學思想上，《續鑑》強化以帝王正統論爲核心的歷史觀念。乾隆帝指出「大一統而斥偏安，內中華而外夷狄，此天地之常經，古今之通義。是故夷狄而中華，則中華之；中華而夷狄，則夷狄之」〔註72〕。因此，《續鑑》於朝代更替之際愼重審定興亡時間，以核准帝王紀年年號。宋亡的時間以宋帝㬎被俘爲限，完全遵照清高宗的論斷：「宋自建炎南渡，已屬偏安，然德祐以前，尚有疆域可憑，朝廷規模未失，猶可比之東晉。至臨安既破，帝㬎見俘，宗社成墟，宋統遂絕……若昰、昺二王崎嶇海島，雖諸臣殉國苦心，而殘喘苟延，流離失據，不復成其爲君」〔註73〕。並且，以「帝㬎」紀年，也是謹尊乾隆《御批通鑑輯覽》。這些都表明《續鑑》在史學思想上和官方史學思想的一致性。此外，對少數民族政權合法性意識的增強，表現在加強對少數民族活動的記載。以往的宋元編年史，被封建正統的夷夏之防觀念束縛，於遼、金、西夏這些少數民族政權的活動，頗多忽略。畢沅在少數民族問題上能衝破傳統觀念中「夷夏之防」的禁錮，以實事求是的態度增加了許多少數民族政權在政治、軍事、文化諸方面的材料，從而較爲全面地反映了這一民族大融合時期的歷史風貌。並且，《續鑑》於政權分立時期斟酌統系，表現在宋年號之下同時書寫遼、金、西夏年號，這不僅和乾隆帝《御批通鑑輯覽》中強調的帝王正統論保持一致，也顯示了少數民族政權存在的合法性，這是相對以往私家史書在關於少數民族政權態度上的一大進步。

〔註70〕　王昶：《與畢秋帆制軍論續通鑑書》，《春融堂集》卷三十四。

〔註71〕　章學誠：《爲畢制軍與錢辛楣宮詹論〈續鑑〉書》，《章氏遺書》卷九。

〔註72〕　《聖製〈通鑑綱目續編〉內「發明」、「廣義」題詞》，見慶桂等纂《國朝宮史續編》卷八十九。海南出版社，2000年版。

〔註73〕　《評鑑闡要》卷九，影印文淵閣《四庫全書》，史部十五，史評類。

當然，《續資治通鑒》雖被梁啓超和各史家高度讚譽，但其中確有很多缺點，由容肇祖先生標點，聶崇歧先生負責校勘的《續鑒》，考訂的訛誤、遺漏、衍文、顛倒、重複等問題，大小近二千四百餘條。這是由於《續鑒》從修史到刻成，中多變故，造成參差抵悟。畢沅宦海浮沉，常常無暇顧及全書的通貫校訂。這也從另一側面表明畢沅在《續鑒》編纂中的關鍵作用。《續鑒》問世後，受到普遍讚譽，認爲高出以往同類諸書，這已經成爲學界公論。故此書嘗與《資治通鑒》合編爲《正續資治通鑒》，享譽至今，在乾嘉時期私人系統性史著的稀缺之際，尤有重要的學術價值。

第二節　史籍考

畢沅幕府《史籍考》是一部大型的史學專科目錄著作，該書著錄宏富，「不論書之存否，但有見於古今著錄，或群書所稱引，苟有名目著見，無不收錄考次」〔註 74〕，自乾隆五十二年（1787）由周震榮向畢沅提出，纂修中經幾番周折，歷時六十年，先後有章學誠、畢沅、洪亮吉、凌廷堪、武億、謝啓昆、胡虔、許瀚等十六位學者不同程度地參與。雖然最終稿本毀於火災，但《史籍考》的整個撰修歷程，在清代學術史和史學史上仍佔有重要的地位。

一、乾隆時期目錄學的發展

每一門科學都有自己發生、發展的歷史，每一門科學前進的足迹都會用圖書、論文或其它文獻形式保存下來。反映一門學科的比較成熟的書目著作，必然是這門學科的一面鏡子。章學誠在《和州志・藝文書序例》中曰：「書既散在天下，無所統宗，於是著錄部次之法，出而治之，亦勢之所不容已。」他認爲知識向民間的轉移帶來了書籍的泛濫，因而需要對於這些不統一的書籍進行分類整理和著錄的學術。王鳴盛曰：「凡讀書最切要者，目錄之學。目錄明，方可讀書；不明，終是亂讀……然此事非苦學精究，質之良師，未易明也。」〔註 75〕我國古代所謂「學術在官」，就是指文化典籍專爲史官和政府其它部門的官吏所掌管。由此推知，目錄的最早產生也應是在官方。我國古代第一部系統目錄著作《七略》就是產生於官府，班固《漢書・藝文志》中記述了《七略》的成書過程：「劉向校經傳、諸子、詩賦，步兵校尉任宏校兵

〔註 74〕章學誠：《史考釋例》，《章氏遺書・補遺》。
〔註 75〕王鳴盛：《十七史商榷》卷一。商務印書館，1959 年版。

書，太史令尹咸校數術，侍醫李柱國校方技。每一書已，向輒條其篇目，撮其旨意，錄而奏之」，因此，《七略》是由官方組織各有專長的眾人分工合力而成，也表明這種以官方召集多人合作的組織形式對於編寫目錄著作的優勢。王重民認為：「劉向、劉歆以前不是沒有系統目錄的需要，而是由於當時社會政治、經濟、文化的發展還沒有建成系統目錄的條件……但若沒有一個強有力的中央集權的政府，也不可能全面和平衡，那就不能達到一定的科學水平。」〔註76〕的確，在政府的支持下，才有漢武帝「廣開獻書之路」以來一百年間圖書征集工作，才有陳農的「求遺書於天下」，以至「人間小書」都被採訪了一些。《七略》的完成，為我國古代系統目錄著述在方法和思想上樹立了典範，無論是官方，還是私家。乾隆年間，四庫館開。《四庫全書》的編纂刺激了清代考據學的發展，使我國古代學術從此步入對傳統學術進行全面總結和整理的階段，同時進行的《四庫全書總目》，使清代目錄學的發展呈現空前的繁榮，刺激了私家對於目錄著作的編纂。畢沅幕府所撰《史籍考》就是乘官方《四庫全書總目》的編纂之風。

第一，乾隆時期，官修目錄著作為私家提供豐富的資料和典型的範例，清代官修的早期目錄著作有康熙時期的《古今圖書集成·經籍典》，將歷代主要典籍作了一次匯總。但無論從篇帙、內容和影響看，都不能和乾隆時期《四庫全書總目》相提並論。《四庫全書總目》不僅「敘作者之爵里，詳典籍之源流，別白是非，旁通曲證，使瑕瑜不掩，淄澠以別」，而且還「剖析條流，斟酌今古，辯章學術，高挹群言」〔註77〕。談及《四庫全書總目》對於乾嘉目錄學發展的影響時，王重民說：「自從十二、三世紀中間，在公元 1177～1220年，南宋政府按照北宋的成規，勉強編成了《中興館閣書目》和《續書目》，一直到乾隆纂修《四庫全書》的時候，已經過去大約有 600 年的時間，其間沒有一部典型的官修目錄，能夠對私人編製目錄做分類著錄和編寫提要起參考指導作用，這固然有一定的好處，……但到了第十五世紀的末年，尤其是在十六、七兩個世紀中間，各種目錄又趨於興盛和繁榮的時期，目錄的數量遠遠超過前代，而目錄的質量始終趕不上去，則是與沒有一部在體繫上、在質量和數量上可做典型的官修目錄有很大關係的。」〔註78〕乾隆年間，四庫

〔註76〕 王重民：《中國目錄學史論叢》，中華書局，1984 年版，第 22 頁。

〔註77〕 余嘉錫：《四庫提要辯證》卷首《序》，中華書局，2008 年版。

〔註78〕 王重民：《論〈四庫全書總目〉》，李萬健、賴茂生編《目錄學論文選》，書目文獻出版社，1985 年版，第 350 頁。

館開，《四庫全書》的編纂不僅刺激了清代考據學的發展，使我國古代學術從此步入對傳統學術進行全面總結和整理的階段，同時進行的《四庫全書總目》，使清代目錄學的發展呈現空前的繁榮，刺激了私家對於目錄著作的編纂。乾隆五十二年（1787），畢沅及其幕府編纂《史籍考》，就是乘官方《四庫全書總目》的編纂之風。章學誠《與洪稚存博士書》曾曰：「三月朔日爲始，排日編輯《史考》，檢閱《明史》及《四庫子部目錄》，中間頗有感會，增長新解。《史部提要》已鈔畢否？《四庫集部目錄》便中檢出，俟此間《子部》閱畢，即可隨手取《集部》發交來力也。」〔註79〕此語表明，《史籍考》初始階段的材料收集，就是來源於官方的《四庫全書總目》。謝啓昆的《小學考》從初始到校訂成書，亦得益於官方資料。在談到《小學考》資料來源，謝啓昆曰：「乾隆乙卯，啓昆官浙江按察使，得觀文瀾閣中秘之書，經始采輯，爲《小學考》。」〔註80〕乾隆五十九年（1794），謝啓昆調離江南河庫道署，赴山西按察使任。《小學考》之纂修以謝離浙，暫告中止。嘉慶二年（1797），胡虔復至謝啓昆幕繼續進行編纂時，還是要「利用《四庫》秘副，增訂前所未竟之《小學考》」〔註81〕，此表明謝氏編纂《小學考》的整個過程，一值得益於官方四庫館閣中的史料。

第二，私家爲官方提供目錄編纂人才的同時，官修目錄活動提高私家社會聲望。乾隆三十八年（1773），四庫館開，爲確保《四庫全書》的撰修質量，清高宗廣招天下有識之士入館，如《四庫全書總目》史部提要的主編邵晉涵「於四庫七略無不研究，而尤能推極本原，實事求是。在館時，總裁問以某事，答曰『在某冊第幾葉中』，不失一字，咸訝以爲神。邵晉涵與戴東原同在四庫館，士大夫言經學推戴氏，言史學推邵晉涵。」〔註82〕並且，邵氏作爲四庫館臣的修書活動推動乾隆朝私家治史之風。邵晉涵故世，其生前好友洪亮吉爲之撰《邵學士家傳》，曰：「乾隆之初，海宇乂平，已百餘年，鴻偉瑰特之儒接踵而見，惠徵君棟、戴編修震，其學識始足方駕古人。及《四庫》館之開，君與戴君又首膺其選，由徒步入翰林。於是海內之士知向學者，於惠君則讀其書，於君與戴君則親聞其緒論，向之空談姓名及從事帖括者，始駸駸然趨實學矣。夫伏而在下，則雖以惠君之學識，不過門徒數十人止矣。

〔註79〕章學誠：《與洪稚存博士書》，《章氏遺書》卷二十二。
〔註80〕謝啓昆：《小學考》卷首《序》，《續修四庫全書》，《史部·目錄類》。
〔註81〕尚小明《胡虔生平繫年》，嘉慶二年丁巳四十五歲條。
〔註82〕李元度：《邵二雲先生事略》，《國朝先正事略》卷三十五。

及達而在上，其單詞只義，即足以歆動一世之士。則今之經學昌明，上之自聖天子啓之，下之即謂出於君與戴君講明切究之力，無不可也。」〔註83〕以上皆表明，乾隆時期，私家人才薈萃官方，推動官方目錄事業走向興盛的同時，推動一代學術風氣的發展。

　　第三，官修目錄活動爲私家目錄編修提供經驗，在集體編修活動中促進私家獨立的思考，刺激了私家目錄學的發展。由於官方目錄編纂是代表官方的政治意識，其活動是館臣合作進行，這種形式勢必制約著編纂人員個體觀點和思想的發揮，正是由於官方在思想上和義例上的限制太多，從而促使私家目錄學個性的張揚發展。邵晉涵爲《四庫全書》作史部書籍提要，議論風發，史意突出，表現出既承浙東史學傳統，又能夠融合漢宋學術的風格。但正因爲與乾嘉漢學家論史宗旨不合，所作諸史提要在收入《四庫全書總目》時，議論之語多被刪除，只保存了辨誤、版本、篇目介紹等內容，私家個體的學術宗旨在官修活動中被閹割了。邵晉涵於是將官方不接受的個人獨特見解收入自己的《南江文鈔》，豐富了私家史學思想。並且，《四庫全書總目》分類雖然明細，也有不妥之處，如孫德謙《四庫提要校訂》所指出的：《宋高僧傳》不入「傳記」而入「釋家」，陳忱《讀史隨筆》不入「史評」而入「小說」，姚之駰《元明事類鈔》不入「史鈔」而入「雜家」，都不妥當。這是由於書成於眾手，往往失於疏漏〔註84〕。對於各書僅記某官採進，不著板刻，以致同一書因全書與總目所據版本不同，造成所言上不相應，未能完全做到「辯章學術，考鏡源流」。《四庫全書總目》的這些不足給私修目錄留下發展的空間，使私修目錄最終超越官修目錄，得到空前的發展。表現爲私家敢於突破傳統體制的限制而編製新型的目錄學著作，如孫星衍《孫氏祠堂書目》將收錄圖書分爲十二類，是改變目錄學著作中相沿已久的四部分類法的創新之作。黃丕烈《蕘圃藏書題識》、顧千里《思適齋集》等則不僅載書名、卷數、撰人等項內容，而且兼評內容得失並載有版本、收藏、流傳等多方面內容，這是對傳統目錄學分類和體例的創新和突破。乾隆五十二年（1787）畢沅及其幕府編纂的《史籍考》，使傳統的經、子、集部都可通過互著、別裁等方式，與史部相勾通。在其之前，持「經史同科」之見者固然有之，但像章氏這樣使史學達到如此「通達」的境界，則前所未有

〔註83〕洪亮吉：《邵學士家傳》，李桓《國朝耆獻類徵初編》卷一百三十。
〔註84〕見余嘉錫《四庫提要辯證》序。

二、《史籍考》編纂緣起

關於《史籍考》編纂的緣起，在章學誠乾隆五十四年（1789）寫給畢沅的信中，講到最早提出編纂《史籍考》的是周震榮，即「丁未之仲冬，其端自永清周尹發之。」〔註85〕因此，周震榮作為編纂《史籍考》的最早提出者，似當不容置疑。但新近發現周震榮《上李觀察書》一文，卻顯示了值得進一步考析的史實。

（一）李調元首先提出編纂《史籍考》

周震榮《上李觀察書》篇幅不大，筆者於周震榮文集《四寸學殘存》〔註86〕抄稿本中發現此件。雖篇幅不大，但內容極為重要，足可顯現周震榮見識，現錄全文如下：

> 昨章進士來，仰知閣下將撰《史籍考》，此不朽盛業也。康熙中，朱氏彝尊作《經義考》三百卷，毛氏奇齡歎為洋洋大觀。奇齡目空今古，非妄許人者。朱氏此書，初名《經籍存亡考》。經之籍繁矣，史實倍之，朱氏去今又五六十年，好學之士如林，豈無志於是者，而缺焉莫繼，則才不逮，力不足也。今聖天子稽古右文，特開四庫館，山崖屋壁之書，昔人懸千金不得者，盡獻於朝，煥然炳然，兩曜合璧，五星聯珠，開闢以來，未之有也。閣下博聞強記，過於朱氏，藏書至十餘萬卷，又官通州，去京師近，館閣中經師碩學，皆以文字相交，天待閣下不為不厚，閣下自命不為薄也。《史籍考》體例自宜略依《經義考》。然《經義考》亦有未盡醇者，歷代《藝文志》有小學一門，《爾雅》、《三倉》，訓詁一例之書也，乃有《爾雅》，無字書韻書，則小學不備。經學有經解一門，而經解有專門之解，有通經之解，今專經之解如杜預、何休，通經之解如劉向、許慎，俱著於錄，而班固《白虎通》之等，亦經解也，因書名無經解字，輒輕刪去，又何以獨載劉氏《七經小傳》之流乎？諸如此類，雖不足為朱氏病，然亦後人考鏡得失之林已。著述之必先定體例，猶造車之先定矩，宣溝洫之必準耜耦也。史部分類十七，肇自《隋志》，大綱大法於是乎在。目錄、文集二門，俱始《唐志》；史鈔一門，始於

〔註85〕章學誠：《上畢制府書》，《章氏遺書・補遺》。
〔註86〕周震榮：《四寸學殘存》一卷，清末嘉善曹秉章抄稿本，現存於復旦大學圖書館古籍部。

《宋志》，皆前事之師也。史有大原，史有專官，自黃帝六史以來，
經傳凡屬史書一門，無論有書無書，均宜考訂，名之曰古史，列於
正史一門之前，乃史學大原也。至於史官建置，劉氏知幾考證已詳。
自唐以來亦須遍考，編於各類之末，以昭職守。經史子集分列四庫，
由來舊矣，然史所賅極廣，有宜採於經、於子、於集兼及類書者。
文中子云：「聖人述史有三：《詩》、《書》、《春秋》是也。」今按《春
秋》、《尚書》，俱是史學綱領，其後《漢魏春秋》、《漢魏尚書》，乃
得有所統宗。《周官》為職官之祖，《儀禮》為儀制之祖，《禮記》為
記傳之祖，莫非史學淵源。《詩經》觀政考俗，所關殊大，其後選家
大部因詩存史之篇，當坿其下。諸經既關於史，則本經白文即當著
於錄，而經義已有其書，但注「詳《經義考》」，以見詳為表裏之意。
至經注經學諸書，已歸經部，無煩重見。此其採於經者也。如呂不
韋《春秋》、韓非《儲說》，關於記事之篇，不可不立法參取。小說
向入子部，今宜取以入史部，以說部坿之。野史雜記，明末諸人中
有違礙犯忌諱者，列其名，注明應燬未燬字樣，以歸醇正。類書向
入子部，宜采有原委者，如博物、典彙，經濟類編之等，入故事門。
金石錄、石墨鐫華之等，舊歸子部技藝門，宜改入目錄一門。取材
於集部者，如漢、唐、宋、元諸家之碑碣記傳狀誄，乃史氏傳記一
門之要刪，必取摘篇卷，著於錄，以成大觀。凡文集中詔誥奏議，
舊歸集部者，宜採篇卷，入故事門。《新唐書志》有文史一門，論史
諸書皆入集部，殊非通論，宜取論文諸書有論史者，概入史評之下。
其史評一門，如劉知幾《史通》、劉餗《史例》之等，專論史例者也；
尹起莘《發明》、劉友益《書法》之等，發揮義例者也；汪克寬《考
異》、吳縝《新唐書、五代史糾謬》之等，專於考訂者也。宜將文史
一門，分別巨綱細條，別為史評一門。史評之外，又有史學，如司
馬貞《索隱》、張守節《正義》、伏虔、應劭諸家《漢書注》之等，
宜倣《經義考》，別出本經，自為史學一門。以上諸條，記憶所及如
此，未足盡《史籍考》之體例也。

周震榮《上李觀察書》首先肯定編纂《史籍考》的學術意義和「李觀察」承
擔此項編書工作的得力之處。那麼，書中的「李觀察」（「觀察」是清代對道
員的尊稱）究竟是何人？此書寫作時間到底是何時？

書中開首一句寫道:「昨章進士來,仰知閣下將撰《史籍考》,此不朽盛業也。」由此句可知,最初提出編纂《史籍考》的人當爲「李觀察」。仔細分析此句,文中稱章學誠爲「章進士」,考章學誠中進士爲乾隆四十三年(1778)〔註87〕,可知此信寫作時間其上限當爲乾隆四十三年後。那麼,其下限應爲何時呢?書中又言:「閣下博聞強記,過於朱氏,藏書至十餘萬卷,又官通州,去京師近,館閣中經師碩學,皆以文字相交,天待閣下不爲不厚,閣下自命不爲薄也。」細細斟酌此句,隱含以下信息:一是書中提到的「李觀察」及其官職——「官通州」。考《通州志》,於乾隆四十年後在通州爲官的李姓「觀察」只有四川錦州李調元,他於乾隆四十六年(1781)擢爲直隸通永兵備道,「觀察」是對道員的尊稱。〔註88〕二是「李觀察」的學識——「博聞強記」、「藏書至十餘萬卷」。考李調元其人,其一生著作等身,至「官通州」時,其著作的數量和質量即可稱得上學貫古今、博大精深〔註89〕。並且李調元藏書甚豐,其曾曰:「余自入官來,即好聚書。通籍後由翰林歷官外道,所至皆於文章有緣。數十年來,所購所抄不下億萬卷。」〔註90〕乾隆四十九年(1784),他謝官歸鄉後,成「萬卷樓」,把其父及自己所存書以及爲官時於館閣中所抄本藏於其中,周震榮於書中稱其「藏書至十餘萬卷」,實爲屬實。三是書中稱「李觀察」於「館閣中經師碩學,皆以文字相交」,考李調元於乾隆四十七年(1782)成書的《函海》自序中曰:「余不能化於書而酷有嗜書癖,通籍後,薄遊京師,因得遍訪異書,手自校錄。然自《漢魏叢書》、《津逮秘書》而外,苦無足本。幸際聖天子重修《永樂大典》,采遺書,開《四庫》,於是人間未見之書,駢集麇至,石渠天錄,蔑以加矣。余適由廣東學政任滿,蒙特恩,監司畿輔,去京咫尺,而向在翰院同館諸公,又時獲鱗素相通,因以得借觀天府藏書之副本。每得善本,輒雇胥錄之,始於辛丑(乾隆四十六年——引者注)秋,迄於壬寅(乾隆四十七年——引者注)冬,裒然成帙,眞洋洋大觀矣。」由此可見,周震榮所言「館閣中經師碩學,皆以文字相交」,即是李調元強調的「向在翰院同館諸公,又時獲鱗素相通,因以得借觀天府藏書之

〔註87〕 見胡適、姚名達《章實齋先生年譜》,乾隆四十三年戊戌條。民國 18 年上海商務印書館排印本。

〔註88〕 王維珍:《通州志》,光緒五年刻本。

〔註89〕 參見楊懋修《李雨村先生年譜》,乾隆四十六年、四十七年條,馬傳業、劉正慧《續修羅江縣志》,清同治四年刻本。

〔註90〕 李調元:《贋書錄序》,《童山文集》卷六。《續修四庫全書》。

副本。」考李調元《童山自記》，乾隆二十八年（1763），李調元殿試中二甲十一名，入翰林院，爲庶吉士入庶常館，後任吏部考功司主事兼文選司、翰林院編修、文選司員外郎等職。京中爲官期間與「館閣」中王文治、紀曉嵐、劉圃三、湯莘南、周雉圭、丁芷圭、王露仲、畢秋帆等皆有唱和往來〔註91〕。周震榮《上李觀察書》中所稱「官通州」即指李調元所言「監司畿輔」。因此，雖然從李調元的《童山詩集》、《童山文集》、《童山選集》及章學誠《章氏遺書》中未找到李調元與章學誠及周震榮的筆墨往來，但從以上種種情況分析，書中的「李觀察」應爲李調元。

　　李調元（1734～1803），字羹堂，號雨村，四川羅江縣人。據同治四年續刊《續修羅江縣志》所收楊懋修編《李雨村先生年譜》，乾隆二十六年（1761），李調元與「畢秋帆、祝芷塘、王夢樓、趙甌北、程漁門諸名士相唱和」，以其善書，號小李將軍。並於是年中進士，入庶常館輯《蜀雅》等三十三種典籍。其在乾隆四十六年（1781）正月擢授直隸通永兵備道，四月，奉檄觀察承德府屬，本年秋，讞單車就道……乾隆四十六年（1781）冬，李調元於通州建潞河書院。乾隆四十七年（1782）五月，奉旨送《四庫全書》一份至盛京，中途遇雨，書籍沾濕，因此負罪落職，後絕意進取。由此可推知，這封《上李觀察書》寫作時間下限當在乾隆四十七年（1782）五月李調元奉旨送《四庫全書》前。

　　又據胡適、姚名達《章實齋先生年譜》，章學誠於乾隆四十四年（1779）爲周震榮修《永清縣志》成後，從乾隆四十四年（1779）七月至乾隆四十六年（1781）三月，一直在梁國治家課其子。乾隆四十六年（1781）三月，章學誠遊河南，不得志而歸，又中途遇盜，走投張維祺，主講肥鄉清漳書院。因乾隆四十六年冬，張維祺移官大名，章學誠亦從至大名。想必是張初至大名，無法安排章的生計，因此，章學誠不得不回至北京。乾隆四十七年（1782）季春，周震榮調任京畿任職，邀章學誠與之同行。考李調元在《童山自記》乾隆四十七年條亦稱：「三月，皇上駕至盤山，即余所管薊州封內。余上下三盤，查辦御道。」〔註92〕而章學誠在畿輔的這段時間內，很可能和正在查辦御道的李調元有所交往。由此推知，這封《上李觀察書》當寫於乾隆四十七

〔註91〕　參見李調元《童山自記》乾隆二十八年條、乾隆三十年條。賴安海《李調元文化研究述論》（附記），現代教育出版社，2009年版。
〔註92〕　李調元：《童山自記》乾隆四十七年條。

年（1782）三月至五月章學誠與周震榮同遊畿輔這段時間。從「昨章進士來，仰知閣下將撰《史籍考》，此不朽盛業也」推斷，很可能是李調元向章學誠談及修《史籍考》一事。章學誠回來後，向周震榮敘及李調元纂修《史籍考》的想法，周震榮極為感奮，於是寫了這封《上李觀察書》。

現今，李調元作為四川文化名人受到學界的重視，因此，對於李調元首先提出編纂《史籍考》的這一學術發現又為李調元學術研究增加了一份寶貴的史料。

（二）周震榮對《史籍考》編纂的最初設計及其影響

關於周震榮首倡編纂《史籍考》，喬治忠已進行了充分的論述〔註93〕，並且通過章學誠《上畢制府書》中「觀縷」一詞，斷定周震榮對於《史籍考》的編纂體例已有了較為具體的設想。而在新發現的周震榮《上李觀察書》中，周氏確對《史籍考》的編纂體例進行了詳細的闡述，從而更加驗證了喬治忠的推斷。更重要的是，周震榮關於《史籍考》體例的許多設想，都是後來章學誠擬定體例時所強調的主張，例如：

第一，對朱彝尊《經義考》既參照又指謫的基本態度。

周震榮認為「《史籍考》體例自宜略依《經義考》」，但是周震榮又指出朱彝尊《經義考》在內容搜羅上的缺漏之處，因而為《史籍考》探討更周密的編纂體例，提出許多新穎的設想。乾隆五十三年（1788）章學誠在《論修〈史籍考〉要略》中，也認為朱彝尊《經義考》「第類例間有未盡，則創始之難，而所收止於經部」〔註94〕。嘉慶三年（1798）《史考釋例》中又說「朱氏《經考》，後人往往究其未至」，這實際上乃是周震榮早就有過的見解。《史籍考》的設想本來自《經義考》的啟示，對之仿從而不盲從，是展現《史籍考》編纂前景的契機，章學誠於此承襲了周震榮的見解，幾無疑義。

第二，《史籍考》收錄範圍打破史部書籍限制的總體設計。

周震榮認為：「經史子集分列四庫，由來舊矣，然史所賅極廣，有宜採於經、於子、於集兼及類書者。」因此他主張在《史籍考》中，要收載逸書和從子部、集部之中提取述史、論史篇卷，不能局限於著錄和考述史部之書及今存之書。考章學誠在《論修〈史籍考〉要略》中談到《史籍考》搜集範圍時，提出的「古逸宜存」、「逸篇宜採」、「經部宜通」、「子部宜擇」、「集部宜

〔註93〕見喬治忠《〈史籍考〉編纂問題的幾點考析》。
〔註94〕章學誠：《論修〈史籍考〉要略》，《章氏遺書》卷十三。

裁」等收錄原則，實則是對周氏觀點的歸納總結。周氏對於《史籍考》的義例要求搜集史部圖書之外的史學內容，是其力求超越《四庫全書總目・史部》的主要立足點，擡高了此書的學術期望值。

第三，在許多很具體的編纂設計中，周震榮的主張也大量被章學誠所參酌和採納。

關於對經部之書的搜採，周氏認爲：「諸經既關於史，則本經白文即當著於錄，而經義已有其書，但注『詳《經義考》』，以見詳爲表裏之意。」後來，章學誠對於經部擇採的闡述即是在此觀點上的發展，如提出「今於《易》部之《乾》、《坤》鑿度，《書》部之《逸周》諸解，……俱與古昔史記相爲出入，雖云已入朱氏《經考》，不得不於《史考》溯其淵源，乃使人曉然於殊途同歸之義。然彼詳此略，彼全此偏，主賓輕重，又自有權衡也」〔註95〕，等等。而其主張「今作《史考》，宜應原委，凡六經、《左》、《國》，周、秦諸子，所引古史逸文，如《左傳》所稱《軍志》、《周志》，《大戴》所稱丹書、青史之類，略倣《玉海》、《藝文》之意，首標古逸一門以討其原」〔註96〕，實爲周震榮「史有大原，史有專官，自黃帝六史以來，經傳凡屬史書一門，無論有書無書，均宜考訂，名之曰古史，列於正史一門之前，乃史學大原也」議論的延伸和發展。

關於子部之書，周震榮則認爲「如呂不韋《春秋》、韓非《儲說》，關於記事之篇，不可不立法參取。」章學誠就此亦進行闡述：「諸子之書，多與史部相表裏，如《周官》典法，多見於《管子》、《呂覽》，列國瑣事，多見於《晏子》、《韓非》。」〔註97〕此外，周震榮對於以往歸入子部的類目進行重新歸類：「小說向入子部，今宜取以入史部，以說部坿之。野史雜記，明末諸人中有違礙犯忌諱者，列其名，注明應毀未毀字樣，以歸醇正。類書向入子部，宜採有原委者，如博物、典彙，經濟類編之等，入故事門。金石錄、石墨鐫華之等，舊歸子部技藝門，宜改入目錄一門。」章學誠曾言「子部列有類家，而會要、典故之書，其例實通於史。」〔註98〕對於小說、野史雜記，章學誠的處理原則是「取其前人所著錄而差近雅馴者，分爲瑣語、異聞兩目，以示不廢芻蕘之意」〔註99〕，此與周震榮的觀點顯然相通。

〔註95〕章學誠：《論修〈史籍考〉要略》，《章氏遺書》卷十三。
〔註96〕章學誠：《論修〈史籍考〉要略》，《章氏遺書》卷十三。
〔註97〕章學誠：《論修〈史籍考〉要略》，《章氏遺書》卷十三。
〔註98〕章學誠：《史考釋例》，《章氏遺書・補遺》。
〔註99〕章學誠：《史考釋例》，《章氏遺書・補遺》。

關於集部之書，一是「如漢、唐、宋、元諸家之碑碣記傳狀誄，乃史氏傳記一門之要刪，必取摘篇卷，著於錄，以成大觀」；二是「凡文集中詔誥奏議，舊歸集部者，宜採篇捲入故事門」；三是「宜取論文諸書有論史者，概入史評之下。」而章學誠也主張對於「傳記志狀之撰，書事紀述之文」應該「取其連篇累卷入史例者」〔註100〕。對於文集中之傳記，「況內制外制，王言通於典、謨，表狀章疏，蓋臣亦希訓、誥，是別集之通乎史矣。」〔註101〕

綜上所述，周震榮關於《史籍考》編纂體例的具體設想，與章學誠入畢沅幕府後所擬定的《論修〈史籍考〉要略》及後來入謝啓昆幕所擬的《史考釋例》中所做出的規劃，精神一致，內容近似。

《上李觀察書》最後一句「以上諸條，記憶所及如此，未足盡《史籍考》之體例也」此句表明，周震榮對於史部目錄著作的編纂體例早有研究，其於書中關於《史籍考》編纂體例的所有觀點，完全出於「記憶所及」的一己之見。這正驗證了乾隆五十四年（1789），章學誠《上畢制府書》中「學誠始侍鈴轅，在丁未之仲冬，其端自永清周尹發之。周氏見秀水朱氏作《經義考》，未及於史，以謂學途之闕。……是以覼縷於閣下，而督學誠以行役」的說法，而周震榮對《史籍考》的內容和編纂體例的見解，對於後來章學誠撰《論修史籍考要略》、《史考釋例》有極大的影響。

那麼，周震榮與李調元為何會有如此學術往來呢？一是周震榮為官的永清與李調元所在的通州距離很近，至李調元「監司畿輔」的乾隆四十六年，周震榮在畿輔周邊曲陽、永清等地為官已有六年〔註102〕，二人於公於私都有往來的可能。二是周與李的關係很可能和畢沅有關。早在乾隆二十六年（1761），李調元就曾經和畢沅、祝芷塘、王夢樓、趙翼、程晉芳諸名士相唱和〔註103〕。乾隆三十四年，畢沅夫人汪氏卒後，李調元曾作《題畢秋帆中丞悼亡詩後》以表對汪氏的悼念。乾隆三十六年（1771），李調元到西安，至畢沅處，與畢沅詩酒唱和，李調元曾作《呈陝西方伯畢秋帆二首》、《方伯新署中丞畢秋帆沅留飲志別》〔註104〕以表對畢沅的敬仰。另筆者又發現《童

〔註100〕章學誠：《論修〈史籍考〉要略》，《章氏遺書》卷十三。

〔註101〕章學誠：《史考釋例》，《章氏遺書·補遺》。

〔註102〕見周震榮《書庚辛之間亡友傳後》中曰：「……丙申夏，與揆之至曲陽，又至永清。」，周震榮《四寸學殘存》。

〔註103〕楊懋修：《李雨村先生年譜》乾隆二十六年條。

〔註104〕李調元：《童山詩集》卷十二，《續修四庫全書》，集部。

山選集》卷十收錄《用畢秋帆元韻寄懷子才前輩八十並序》，其序言中曰：「子
才先生，余自六七歲時，已讀其文。……固於視學粵東時，選刻六卷，以式
多士。然吳蜀各天，不但全集未觀，即鱗鴻亦未捧隻字。今年四月，王心齋
回南，匆匆問訊，始蒙賜報章，並惠小倉山房諸刻。乃用畢秋帆尚書祝七十
韻，補祝八十，寄之。」〔註105〕考李調元《童山自記》，此詩當作於嘉慶元
年即袁枚病故第二年四月〔註106〕。此表明在乾隆四十九年，李調元免官歸
田後，他與畢沅仍有詩酒唱和的機會。而周震榮又是畢沅「親質光華，垂三
十載」〔註107〕的學生，因此，周、李二人因均與畢沅關係密切，很可能會
互相知名或有較多聯繫。

（三）李調元擱置《史籍考》編纂 一事的分析

胡適、姚名達《章實齋先生年譜》乾隆五十二年（1787）條下記載：「仲
冬，因周震榮之介紹與啓發，至河南見畢沅，欲借其力編《史籍考》，有《上
畢撫臺書》。」乾隆五十三年（1788）春，畢沅即爲章學誠在河南開局撰修《史
籍考》。而李調元雖有「將撰」〔註108〕《史籍考》的想法，周震榮給了他如此
中肯的建議，但其在此後所有的書信、文章中，再未提及編纂《史籍考》。是
否李氏僅僅順便一說而並非眞有成算？還是忙於公務把此事漸漸淡忘？亦或
有其它原因？筆者以爲：李調元既有「將撰」《史籍考》的想法，不能不粗具
設想，在對章學誠談論中，也必然有所敘述，但終未實施，主要原因如下：

一是缺乏強大的經濟作爲後盾。

周震榮《上李觀察書》開篇即稱讚編纂《史籍考》是「不朽盛業也」：「朱
氏彝尊作《經義考》三百卷，毛氏奇齡歎爲洋洋大觀。……經之籍繁矣，史
實倍之，朱氏去今又五六十年，好學之士如林，豈無志於是者，而缺焉莫繼，
則才不逮，力不足也。」從這句話中「才不逮，力不足」之語表明，編纂《史
籍考》確實需要強大的人力，物力。如果李調元在乾隆四十七年之後仕途平
穩，他很可能成就《史籍考》這一盛業。但乾隆四十七年五月，李調元奉旨
送《四庫全書》因途中下雨沾濕黃箱而獲罪入獄，後被流放新疆伊犁效力；
旋經直隸總督袁守侗搭救，變賣家產捐了二萬兩銀子，才被從流放途中召回。

〔註105〕李調元：《用畢秋帆元韻寄懷子才前輩八十並序》，李調元《函海》，《童山選
　　　　集》卷十，清綿州李氏萬卷樓補刻本。
〔註106〕參見李調元《童山自記》，嘉慶元年條。
〔註107〕章學誠：《上畢制府書》，《章氏遺書·補遺》。
〔註108〕周震榮：《上李觀察書》，《四寸學殘存》。

自此，李調元深感仕途坎坷，吉凶莫測，於是絕意仕進，乾隆五十年（1785）三月，舉家自通州啓程回蜀。丟失官職，又加上捐銀贖罪，想必會使其家庭經濟空虛，因此，要想編纂《史籍考》，雖才猶在，但已是「力不足也」。

二是缺少官方的編書資料作爲保證。

周震榮在《上李觀察書》中曰：「今聖天子稽古右文，特開四庫館，山崖屋壁之書，昔人懸千金不得者，盡獻於朝，煥然炳然，兩曜合璧，五星聯珠，開闢以來，未之有也。」此言表明官方《四庫全書》的修纂爲編纂《史籍考》這樣大型史學目錄著作提供豐富的資料。後來，章學誠在畢沅幕府中主持編纂《史籍考》，他在與洪亮吉的書信中曾曰：「三月朔日爲始，排日編輯《史考》，檢閱《明史》及《四庫子部目錄》，中間頗有感會，增長新解。《史部提要》已鈔畢否？《四庫集部目錄》便中檢出，俟此間《子部》閱畢，即可隨手取《集部》發交來力也。」〔註109〕可見，四庫館確實成爲《史籍考》編纂的主要資料來源。而李調元雖然「家世藏書，有樓五楹，名曰萬卷，分經、史、子、集四十廚」〔註110〕，但和「開闢以來，未之有也」的四庫館相比還是相形見絀。何況，李調元削官落職，已沒有機會和權力進入四庫館中查抄資料，因此，企圖編纂《史籍考》的設想只能落空。

然而，當年章學誠向周震榮轉述李氏欲編《史籍考》之意，卻引起周震榮的極大興趣，其積極性超過李氏，遂有這篇精心設計《史籍考》規劃的書信，向李氏獻計獻策。李氏最終未能動手編纂，而周震榮則始終縈繫心懷。乾隆五十二年（1787），正當章學誠處於困窘境地，周震榮以編纂《史籍考》動議進言畢沅，藉此推薦章學誠入其幕府。畢沅接待了章學誠，「及至摳衣坐末，申其口吻，閣下豁然稱許，如見甕盎，而視他人之腪肩肩者也」〔註111〕，這是《史籍考》從設想轉爲實際纂修的關鍵契機。此後，《史籍考》的纂修波飛浪湧、起伏周折，成爲清代史學史一大事件。而周震榮《上李觀察書》的發現，一則顯示李調元早曾具有編纂《史籍考》的設想，表明清代學術發展將此書編纂提到日程，實有某種必然的趨勢，也表現出清代的私家史學並不拘守於微觀歷史考證活動，而是致力參與史學整體性的大總結、大清理；二是確切證明了周震榮推動此書編纂的一貫努力和重要貢獻，周震榮不計得失

〔註109〕章學誠：《與洪稚存博士書》，《章氏遺書》卷二十二。
〔註110〕李調元：《聞萬卷樓火和潘東庵三十韻並序》，《童山詩集》卷四十，《續修四庫全書》，集部。
〔註111〕章學誠：《上畢制府書》，《章氏遺書‧補遺》。

的積極思考、獻計獻策，「以興學術、以助摯友」〔註112〕，顯示出乾隆年間私家學者熱心於大型、總結性史書編纂的熱情與識見，並非如同有些評論者所說當時學人皆自甘於瑣屑問題的考訂，這關乎對清代乾嘉學術的總體評論。

李調元雖有「將撰」〔註113〕《史籍考》的想法，周震榮給了他如此中肯的建議，但終未能及。於是，在章學誠衣食無著的情況下，周震榮推薦章學誠入畢沅幕府，為其編纂《史籍考》。畢沅聽到周震榮的「覼縷」，反映與李調元應是不同，這才有章學誠的河南之行，「及至摳衣坐末，申其口吻，閣下豁然稱許，如見甕盎，而視他人之腒肩肩者也」〔註114〕，畢沅對《史籍考》這樣一部縱貫古今、規模宏大的史學目錄專著的編寫如此感興趣，也體現了他宏遠的史學眼光。

三、《史籍考》編纂歷程

《史籍考》的撰修，歷經波折。起初是在乾隆五十三年（1788），由畢沅讚助，在河南開館，章學誠主持撰修。但工作開展不到一年，畢沅升任湖廣總督，《史籍考》的編修被迫擱置。乾隆五十四年（1789），章學誠致書畢沅，請求至其在湖北的幕府，繼續撰修《史籍考》。乾隆五十五年（1790），章學誠至畢沅湖北幕，繼續編纂《史籍考》，但乾隆五十九年（1794），畢沅因降補山東巡撫而離開湖北，《史籍考》再一次被迫停止。以後，畢沅雖然官復原職，但直到嘉慶二年（1797）畢沅歿於軍營，一直未顧及《史籍考》的編纂。畢沅歿後，《史籍考》手稿轉至浙江巡撫謝啓昆之手，謝本打算把《史籍考》修成 500 卷〔註115〕，但最終僅修 325 卷〔註116〕即輟筆。後來，在道光二十六（1846）年，《史籍考》稿輾轉落入時任南江河道總督潘錫恩之手，但尚未成書時，潘錫恩卸職回家，於是他收起《史籍考》，帶回家，未加刊刻，把稿件束之高閣，直到咸豐年間，《史籍考》遭火災被毀。《史籍考》纂修歷時長久且幾經困厄、波折，對於《史籍考》編纂的具體過程的考析，已有文章敘述〔註117〕，這裡不必復贅。筆者看來，《史籍考》的編纂一

〔註112〕喬治忠：《〈史籍考〉編纂問題的幾點考析》。
〔註113〕周震榮：《上李觀察書》，《四寸學殘存》。
〔註114〕章學誠：《上畢制府書》，《章氏遺書‧補遺》。
〔註115〕謝啓昆：《復孫淵如觀察書》，《樹經堂文集》卷四，《續修四庫全書》集部，1458 冊。
〔註116〕章學誠：《〈史籍考〉總目》，《章氏遺書‧補遺》。
〔註117〕參見林存陽《〈史籍考〉編纂始末辨析》。

再被擱置，導致影響纂修進程，究其原因主要有如下三方面：

　　一是人事動遷、政治格局的變動所造成的影響。幕府作爲官方與私家之外的結構形式，其史學活動會受到幕主和政局的雙重影響。乾隆五十二年（1787），章學誠上書畢沅，遂進入畢沅河南幕府〔註 118〕，乾隆五十三年（1788），畢沅安排章學誠至歸德文正書院，《史籍考》開局。然而未及一年，畢沅於是年秋，調任湖廣總督，章學誠亦因畢沅的離去而受到歸德官員的冷遇，以至於是年冬失去書院講席一職，一度陷入無可依憑的窘境，《史籍考》編撰遂暫告中斷。章學誠嘗於是年歲暮至畢沅武昌節署，大概因當時荊州水患未靖，畢沅無暇顧及修書之事，故章學誠僅作短暫停留後即返回。〔註 119〕乾隆五十四年（1789）十二月二十九日，章學誠借爲畢沅慶祝六十大壽之機，再次提及修《史籍考》事，希望能得到畢沅的支持。其中稱：「倘得馳一介之使，費崇朝之享，使學誠得治行具，安家累，仍充賓從之數，獲成《史籍》之考。日期日頤，常飮壽尊之餘瀝；善禱善頌，冀美盛德之形容。」〔註 120〕畢沅被章學誠此番誠懇所打動，是以邀章學誠於乾隆五十五年（1790）三月前往畢沅武昌幕府。自乾隆五十五（1790）至五十九年（1794）的五年間，是《史籍考》再次開館修撰的高潮期，「鄙人楚遊五年，秋帆制府《史考》功程，僅十八九。」〔註121〕然而，不料到了乾隆五十八年（1793）秋，畢沅因湖北白蓮教案，被罰俸，隨著畢沅於乾隆五十九年（1794 年）九月降補爲山東巡撫，《史籍考》的修撰又一次陷入困境。章學誠不得不離開湖北。其後，畢沅雖於乾隆六十年（1795）正月即復任湖廣總督，然因疲於應付湖南苗民和湖北白蓮教的起事，已無暇顧及修書之事。且章氏再也未回到湖北推動纂修之事，畢沅的「文化幕府」已瓦解不存，直至嘉慶二年（1797）畢沅逝世，《史籍考》終未竣事。嘉慶三年（1798），謝啓昆幕府繼續編纂《史籍考》，至嘉慶七年（1802）未成書而停輟後，直至道光二十六年（1846），時任南河總督的潘錫恩，招幕賓再度對《史籍考》加以編訂。他延請許瀚、劉毓崧、包愼言等襄理修訂，擬編 300 卷。但潘錫恩於道光二十七年（1847）九月，因病離南河總督任，而在其離任時已將許瀚等人正在增訂中的稿子「收還不辦」，究其原因，想必

〔註 118〕胡適、姚名達：《章實齋先生年譜》乾隆五十二條。
〔註 119〕呂培等：《洪北江先生年譜》，乾隆五十三年條。
〔註 120〕章學誠：《上畢制府書》，《章氏遺書・補遺》。
〔註 121〕章學誠：《與阮學使論求學書》，《章氏遺書》卷二十九。

是潘氏考慮到自己政治地位的缺失將直接導致失去編纂《史籍考》的經濟支持，爲防止稿件落入他人手中，於是收回稿件後，自行「芟薙」起來〔註122〕。直到咸豐六年（1856）潘家遭火，潘氏所校《史籍考》書稿亦「與藏書同歸一炬，並原稿亦不復存」〔註123〕。

　　二是對於《史籍考》這樣一部大型史籍，從開局，參編人員並沒有專力事此一書。《史籍考》編纂初始階段，參編者有畢沅幕府中的洪亮吉、凌廷堪、武億等人。此外，遠在京城的孫星衍在搜集材料，邵晉涵在制定義例等方面都作出貢獻，章宗源承擔隋以前《逸史》的編纂。但翻閱這些參編者的文集，其中竟然隻字未提《史籍考》編寫情況，可見大家對此書的淡漠。章學誠雖主持編纂《史籍考》，除其間有因畢沅的官職陞遷而造成的被迫中斷撰修外，忙於其它事物也分散很大的精力：乾隆五十三年（1788）在歸德時，校正《校讎通義》〔註124〕；是年秋，撰《文史通義》十篇。即使是從乾隆五十五年（1790）至五十九年（1794）《史籍考》修撰的高潮期，章學誠亦未把全部精力用在對此書的編纂上。就在《史籍考》再度開館的乾隆五十五年（1789），畢沅委任章學誠主修《湖北通志》，直到乾隆五十九年（1794）才修成。五年中由章學誠參與修、纂、裁定的方志還有：《麻城縣志》、《石首縣志》、《常德府志》、《荊州府志》、《廣濟縣志》。並且，在這段時間，畢沅主編《續資治通鑑》的工作，章學誠亦參與其中〔註125〕，對該書的編寫義例提出一些具體意見〔註126〕。此外，章氏在湖北四年期間，還作了大量應時之作，如書信、傳記、序跋等。更爲一提的是，在此期間，章學誠的名世之作《文史通義》、《校讎通義》的編纂，因爲生活安定，條件好，有書吏可幫抄寫，得到很大的進展，「……鄙人比日與洪、凌諸君，爲中丞編《史籍考》，泛覽典籍，亦小有長進，《文史通義》亦庶可

〔註122〕袁行雲《許瀚年譜》道光二十七年51歲條中載許瀚《與沈韜廬觀察書》稱：「承詢《史籍考》，《金石》一門，瀚曩助修校，略已成書。嗣因芸閣（潘錫恩字——引者注）先生染病，遽爾收回，時瀚亦抱病在舍，未及錄副。閣下必欲得此稿，當向芸閣先生問之。唯聞此稿收回後，頗經芟薙，不審果否？」又《與王律友書》曰：「時芸閣翁告病，收還《史籍考》不辦，弟就彭雪嵋同年館，帶病校書，每日無多。」
〔註123〕潘俊文：《乾坤正氣集跋》，轉自袁行雲《許瀚年譜》咸豐六年條。
〔註124〕章學誠：《跋酉冬戌春志餘草》，《章學誠遺書》卷二十九。
〔註125〕胡適、姚名達：《章實齋先生年譜》乾隆五十五年條。
〔註126〕章學誠：《爲畢制軍與錢辛楣宮詹論〈續鑑〉書》，《章氏遺書》卷九。

藉是以告成矣。」〔註127〕可見，章學誠在這五年，並沒有專心、專力於《史籍考》的編修，工作進展得非常慢。因而，到後來畢沅降職調任，章學誠只好唏歡：「楚遊五年，《史籍考》工程已爲十之八九，竟不得卒業。」〔註128〕

三是幕賓之間的意見不合，影響纂修進度。《史籍考》的編纂是多人合作的工程，《史籍考》的編纂過程歷經三代幕主支持。於畢沅幕府時期，章學誠作爲主持，各編纂者對章學誠的旨意並沒有認眞貫徹。據吳蘭庭致章學誠書稱：「《史籍考》經所裁定，足爲不刊之典，然恐亦未能悉如所擬。蓋意見參差，不無遷就，天下事大抵如斯矣。」〔註129〕可見，《史籍考》編纂義例、結構的制定，雖然主要出自章學誠之手，亦蘊含著其它參編人員的意見，章學誠的想法在實際修撰過程中則未必完全予以實現，甚至做了抵制、纂改。此外，由於章學誠孤傲的性格，和其它編纂者的合作也並不愉快，從洪亮吉、孫星衍等人的文集中難以找到《史籍考》纂修的蛛絲馬迹，即是參編者採取默然的方式表示對章學誠的不滿。

四是幕主的爭名奪利，導致《史籍考》最終未能成書。前文已述，李調元最早提出編纂《史籍考》，而周震榮是編纂《史籍考》的首倡者，爲了完成此「不朽之盛業」，也爲了使困頓中的章學誠能維持生計，於是，周震榮把編纂《史籍考》的具體設想「覯縷」〔註130〕於時任河南巡撫的畢沅，推薦章學誠入幕爲之編纂《史籍考》。但自乾隆五十九年（1794）後，由於畢沅官職的變遷，加上時局的不穩，直到嘉慶二年（1798）歿於軍營，畢沅一直未顧及於此。而章學誠自嘉慶元年（1797）就爲編纂《史籍考》奔走求助〔註131〕。以至於嘉慶三年（1799），《史籍考》未完稿落到謝啓昆手裏，在當時學術界產生章學誠「盜賣畢公《史考》」的風波。對於此事，喬治忠先生已作了詳細的解析，認爲「盜賣畢公《史考》」的傳言，「決非空穴來風」〔註132〕，在此不再贅述。而謝啓昆得《史籍考》稿後一再稱畢稿「斷亂無序」、「將次零散」，於是召集一班賓客「重加整理」〔註133〕，並且打算將《史籍考》的卷數增至

〔註127〕章學誠：《與孫淵如書》《章氏遺書》卷二十九。
〔註128〕章學誠：《與阮學使論求遺書》，《章氏遺書》卷二十九。
〔註129〕吳蘭庭：《答章實齋書》，《胥石文存》，《續修四庫全書》本。
〔註130〕章學誠：《上畢制府書》，《章氏遺書·補遺》。
〔註131〕見章學誠《又上朱大司馬書》，《章氏遺書·補編》；《上朱中堂書》，《章氏遺書》卷二十八。
〔註132〕見喬治忠《〈史籍考〉編纂問題的幾點考析》。
〔註133〕謝啓昆：《復孫淵如觀察書》，《樹經堂文集》卷四。嘉慶五年至七年序刊本。

500 卷，這實際就是要以此顯示自己的功勞，從而使原本於畢沅幕中已完成十之八九的《史籍考》在規模上又進行擴大，導致成書時間繼續推延。一年之後，謝啓昆因章學誠「盜賣畢公《史考》於謝方伯」的風波而停輟，《史籍考》成書 500 卷的設想因此亦成泡影。道光二十六年（1846），潘錫恩幕府得到《史籍考》稿，對於其校訂的成績，潘錫恩之子潘俊文有詳細的描述：「係因畢秋帆、謝蘊山兩先生原本，爲卷三百三十有二，第原書采擇未精，頗多疏漏，先公因延旌德呂文節、日照許印林翰、儀徵劉伯山毓崧，同邑包孟開慎言諸先生，分類編輯，刪繁補闕……而補錄存佚之書，視原稿增四至一，詳審頓覺改觀。寫成清本，待付手民。」〔註 134〕此中所言，彷彿是潘錫恩編纂校訂《史籍考》圓滿以成。但袁行雲《許瀚年譜》道光二十七年（1848）條言：「增訂《史籍考》，成《金石》一門。尋潘錫恩告病回籍，收還《史籍考》不辦……」〔註 135〕，後來，當沈濤（字匏廬）向許瀚尋《史籍考》稿件時，許瀚以「當向芸閣先生問之」作答，因爲潘錫恩收回稿後，自行「芟薙」起來。究其原因，想必是潘氏擔心稿件落入他人手中，從而導致編纂《史籍考》的功勞落在他人身上。而對於《史籍考》最終成書情況，許瀚亦「不審果否」〔註 136〕。吳重熹作《謁印林師墓》（印林爲許瀚字──引者注）曰：「文慎考史籍，欲並經籍驅。編纂未卒業，大願付子虛。」〔註 137〕許瀚歿於同治五年（1866），此中的「編纂未卒業」、「大願付子虛」，指許瀚生前未完成《史籍考》的遺憾。但從道光二十七年（1847）潘收史稿，至咸豐六年（1856）毀於戰火，算來中間足有九年時間，而從現存所有史料記載未見潘氏有刊刻《史籍考》的想法，這樣看來，雖然潘俊文一再強調潘錫恩增訂《史籍考》已成清寫本，但亡於戰火中的《史籍考》是否爲清本，確實值得懷疑，其中不排除潘俊文爲其父邀功之嫌。針對以上種種，喬治忠先生感歎曰：「倘若反觀最初周震榮無私地奉獻出纂修《史籍考》的設想，以興學術、以助摯友，其後袞袞諸公，得無愧乎！」〔註 138〕

所有這些都影響《史籍考》編纂進度，致使這部巨著從周震榮首倡到歿於戰火，長達六十年，而終未成書，成爲史學界一大憾事。

〔註 134〕潘俊文：《校印乾坤正氣集跋》，轉引自袁行雲《許瀚年譜》道光二十六年條。
〔註 135〕袁行云：《許瀚年譜》道光二十七年 51 歲條。
〔註 136〕袁行雲《許瀚年譜》道光二十七年 51 歲條。
〔註 137〕袁行雲《許瀚年譜》道光二十七年 51 歲條中載《續修四庫全書》本吳重熹《石蓮閣詩》卷三《謁印林師墓》（印林爲許瀚字）。
〔註 138〕喬治忠：《〈史籍考〉編纂問題的幾點考析》。

四、《史籍考》史學成就

（一）規模恢宏，體現章學誠「盈天地之間，凡涉著作之林，皆是史學」的史學觀念

章學誠在《論修史籍考要略》開頭便敘述：「朱竹垞氏《經義》一考，為功甚鉅，既辨經籍存亡，且採群書敘錄，間為案斷，以折其衷。後人溯經藝者，所攷賴矣。第類例間有未盡，則創始之難；而所收止於經部，則史籍浩繁，一人之力不能兼盡，勢固不能無待於後人也。今擬修《史籍考》，一做朱氏成法，少加變通，蔚為鉅部，以存經緯相宣之意。」因此，《史籍考》開局不久，章學誠至書孫星衍，其中說道：「承詢《史籍考》事，取多用宏，包經而兼采子集，不特如所問地理之類已也。……愚之所見，以為盈天地間，凡涉著作之林，皆是史學，《六經》特聖人取此六種之史，以垂訓者耳。子集諸家，其源皆出於史。」〔註139〕此段論說中章學誠把史學範圍擴大到所有典籍的說法未免有些偏激，所有典籍內都包含史料，但絕對不能說都是史學！但其「取多用宏」的理論表明，一部歷史寫作的批評性目錄應該不僅僅包括傳統意義上的史學著述，此觀點是值得肯定的。章氏在《史考釋例》中曰：「蓋學術歧而人事亦異於古，固江河之勢也。史離經而子集又自為部次，於是史於群集畫分三隅之一焉，此其言乎統合為著錄也。若專門考訂為一家書，則史部所通，不可拘於三隅之一也。史不拘三隅之一，固為類例之所通。然由其類例深思相通之故，亦可隱識古人未立史部之初意焉。」〔註140〕章氏的這種「通達」之見，雖然把取材範圍擴大到無限，使搜集材料的過程陷於無止境，但這種觀點，打破朱彝尊《經義考》所收只為經部一科的局限性，主張《史籍考》要衝破史部界限，廣採博稽與史有關的載籍，是值得肯定的。

在具體的搜集材料的工作中，章氏遵循「至檢閱諸書，采取材料，凡界疑似之間，寧可備而不用，不可遇而不采」的原則〔註141〕。而對於具體的編寫義例，章氏在對現存的經、史、子、集各部典籍進行了全面的考察之後，提出了經部宜通、子部宜擇、集部宜裁、方志宜選、譜牒宜略、制書宜尊等主張。

首先是經部易通。章學誠認為「古無經、史之別，六藝皆掌之史官……若六藝本書，即是諸史根源，豈可離哉！」而經部文獻之相當一部分內容也

〔註139〕章學誠：《報孫淵如書》，《章氏遺書》卷九。
〔註140〕章學誠：《史考釋例》，《章學誠遺書・補遺》。
〔註141〕章學誠：《與洪稚存博士書》，《章氏遺書》卷二十二。

「俱與古昔史記相爲出入，雖云已入朱氏《經考》，不能不於《史考》溯其淵源，乃使人曉然於殊途同歸之義」〔註142〕。具體說來，「蓋史有律憲志，而卦氣通於律憲，則《易》之支流通於史矣。史有藝文志，而《詩》、《書》篇序爲校讐目錄所宗，則《詩》、《書》支流通於史矣。史有職官志，而《周官》可通，有禮儀志，而《禮》、《樂》二經可通，後儒攻《春秋》於講義者，不通於史，若《春秋》地理、國名之考，《長厤》災變之推，世族卿聯之譜，則天文、地理、五行、譜牒，何非史部之所通乎？故六經流別，爲史部所不得不收者也。」〔註143〕因此，考察史籍源流，必須取證於經書。故雖然朱彝尊《經義考》已將經部文獻悉行收錄，但是仍應將其中具有史料價值之部分，或者全書，或者分篇錄入《史籍考》。

其次是子部易擇。章學誠認爲「諸子之書，多與史部相表裏。如周官典法，多見於《管子》、《呂氏》，列國瑣事，多見於《晏子》、《韓非》。」〔註144〕，「諸子之書，多周官之舊典」〔註145〕，比如戰國諸子，收集其所見所聞所傳聞者筆之於書，「若史遷所敘，鐸椒、虞卿、呂不韋之所撰述」，又如隋唐以後的子部會要、典故之書，其例實通於史，「雖曰諸子家言，實亦史之流別」〔註146〕，「法家之有律令，兵家之有武備，說家之有聞見，譜錄之有名數，是子庫通於史者十之九也。」並且，對於子部文獻中可作爲史部專門的鴻文巨典，如《官圖》、《月令》、《地圓》等，章氏提出，「宜擇取要刪，入於篇次，乃使求史者無遺憾矣」〔註147〕。

再次是集部宜裁。對於集部文獻，章學誠認爲唐以前，「子史著述專家，故立言與記事之文，不入子集，辭章詩賦，所以擅集之稱也。」但自唐代開始，文集中間有紀事，即唐人文集實兼有子史之內容。及至宋元，文集之中傳記漸多，「史學文才，混而爲一，於是古人專門之業，不可問矣。」因此，文集「雖自命曰文，而君子以爲是即集中之史矣」，作爲史料取用，自然是重要的。因此應將其「連篇累卷、入史例者，分別登錄」。〔註148〕

〔註142〕章學誠：《論修〈史籍考〉要略》，《章氏遺書》卷十三。

〔註143〕章學誠：《史考釋例》，《章學誠遺書‧補遺》。

〔註144〕章學誠：《論修〈史籍考〉要略》，《章氏遺書》卷十三。

〔註145〕章學誠：《立言有本》，《章氏遺書》卷七。

〔註146〕章學誠：《史考釋例》，《章學誠遺書‧補遺》。

〔註147〕章學誠：《史考釋例》，《章學誠遺書‧補遺》。

〔註148〕章學誠：《史考釋例》，《章學誠遺書‧補遺》。

　　除對於經、子、集的采擇，以前目錄典籍所忽視的史料亦應收入。一是小說，由於其被認爲「委項叢脞之書，大雅所不屑道」，於是以往「諸家著錄，多不收稗乘」，即使當時正在撰修的《四庫全書》亦不予收入，但章氏則取「前人所著錄而差盡雅馴者，分爲瑣語、異聞兩目」而記之。二是古往今來的方志、水道，包含著豐富的歷史資料，「余考之於《周官》，而知古人之於史事，未嘗不至纖析也。外史掌四方之志，注謂：若晉《乘》、魯《春秋》、楚《檮杌》之類，是一國之全史也。」〔註 149〕因此，爲了使《史籍考》確實成爲一部囊括古今一切主要史料的目錄書，自當在收錄之列，對於方志中「載籍論次所及，則編次之」〔註 150〕。三是章學誠十分注意譜牒的作用，認爲這是「知人論世之學」〔註 151〕，並多次說明家乘譜牒屬於史的範圍。「譜麻之學，……亦史部支流，用備一家之書而已。」〔註 152〕「譜學古人所重，世家鉅族，國家所與爲休戚者也。封建罷而門第流品之法又不行，故後世之譜學輕」，但是如今律令人戶仍是以籍定，婚姻往來亦以良賤爲定，而且，「科第崛起之中，亦有名門鉅族，簪纓世胄」，「圖表專家，年麻經委，便於稽考世代之用，故亦附編年爲部」〔註 153〕。因而對於譜牒中「於源委實有所考者，則編次之」〔註 154〕。爲此，章氏在《史籍考總目・譜牒部》下，分譜牒爲專家、總類、年譜、別譜四大類，並解釋道：「譜牒有專家、總類之不同，專則一家之書，總則彙萃之書，而家傳、家訓、內訓、家範、家禮皆附入專譜門中，以其行於家者然也。但自宋以來，有鄉約之書，名似爲一鄉設，其實皆推家範、家禮之意……故附之也。」〔註 155〕此中，把年譜作爲譜牒中的一部分的說法乃章氏首次提出，但由於這部分文獻份量甚大，「耳目未周」，不能遍及，因而只根據「見聞所及」進行收錄便可。

　　章學誠還注重對於古今逸書的搜集，「史之部次後於經而史之原起實先於經。《周官》外史，掌三皇五帝之書。蒼頡嘗爲黃帝之史。則經名未立，而先

〔註 149〕章學誠：《方志立三書議》，《章氏遺書》卷十四。
〔註 150〕章學誠：《史考釋例》，《章學誠遺書・補遺》。
〔註 151〕章學誠：《韓柳二先生年譜書後》，《章氏遺書》卷八。
〔註 152〕倉修良主編《〈文史通義〉新編新注》，《文史通義》外篇二，《劉忠介公年譜敘》。
〔註 153〕章學誠：《史考釋例》，《章學誠遺書・補遺》。
〔註 154〕章學誠：《史考釋例》，《章學誠遺書・補遺》。
〔註 155〕章學誠：《史考釋例》，《章學誠遺書・補遺》。

有史矣。後世著錄，惟以《史》、《漢》爲首，則《尚書》、《春秋》尊爲經訓故也。今作《史考》，宜具原委。凡《六經》、《左》、《國》、周秦諸子，所引古史逸文，如《左傳》所稱《軍志》，《周志》，《大戴》所稱《丹書》，《青史》之類，略仿《玉海藝文》之意，首標『古逸』一門，以討其原。」因此，章學誠在《論修史籍考要略》中提出古逸宜存、逸篇宜採的原則，繼承宋代王應麟以來的輯佚傳統，「若兩漢以下，至於隋代，史氏家學，尚未盡泯。亡逸之史，載在傳志，崖略尚有可考。其遺篇逸句，散見群書，稱引亦可寶貴。自隋以前，古書存者無多，耳目易於周遍，可仿王伯厚氏采輯鄭氏《書》、《易》、《三家詩訓》之例，備錄本書之下。亦朱竹垞氏採錄《緯候》逸文之成法也。」〔註156〕對於《史籍考》的成書，章學誠有著美好的憧憬：「其書既成，當與余仲林《經解鉤沈》可以對峙，理宜別爲一書，另刻以附《史考》之後。《史考》以敵朱氏《經考》，《逸史》以敵余氏《鉤沈》，亦一時天生瑜、亮，詢稱藝林之盛事也。但朱、余二人，各自爲書。故朱氏《經考》，本以著錄爲事，附登緯候逸文；余氏《鉤沈》，本以搜逸爲功，而於首卷別爲五百餘家著錄。蓋著錄與搜逸二事，本屬同功異用，故兩家推究所極，不侔而合如此。今兩書皆出弇山先生一人之手，則又可自爲呼吸照應，較彼二家更便利矣。」〔註157〕綜上所述，史籍考所錄，已非僅僅局限於史部一門，而實有「取多用宏，包經而兼采子集」〔註158〕的宏大氣象。

但是，章氏對於《史籍考》的取材範圍也並非無限大。

一是考慮到當時封建統治者文網尚密的情況，《史籍考》所收範圍只能以官方爲藍本。如，對於歷代帝王欽定御纂之書，章學誠提出「制書宜尊」的主張。「制書弁首，冠履之義也。朱氏《經考》，蓋分御製敕撰，今用其例」，因此以時代爲序，單獨列部，置於全書之首，以示尊崇。並且，「列聖寶訓，五朝實錄，巡幸盛典，蕩平方略，一切尊藏史宬者，不分類例，另編卷末，以昭功令」〔註159〕。但是「史宬金匱之藏，外廷無由得窺，史部不同經籍者也。一以欽定《四庫全書》入史部者爲主，不見於《四庫》著錄，不敢登也。入《四庫》之著錄而不隸於史部者，亦不敢登，義取於專部也。不敢妄分類例，謹照書成年月先後恭編，猶史之本紀，所以致謹嚴之意，仍注《四庫》

〔註156〕章學誠：《論修〈史籍考〉要略》，《章氏遺書》卷十三。
〔註157〕章學誠：《與邵二雲書》，《章氏遺書》卷十三。
〔註158〕章學誠：《報孫淵如書》，《章氏遺書》卷九。
〔註159〕章學誠：《報孫淵如書》，《章氏遺書》卷九。

部次於下，所從受也」〔註160〕。對於官方所列禁燬書籍，對抽燬部分內容的，仍聽其流傳之書按類分入各部之外。而對於全燬之書，只能不分類例，通附於全書之末。通過著其「違礙應禁」之原因，來躲過封建統治者的審查，以勉強保存一代史籍之全貌。

二是在檢閱史料時，考慮史料的價值所在，而採取詳略不同的原則。如對於譜牒和方志，譜牒雖有重要的史料價值，但也存在嚴重失實的缺點。編寫者不僅有妄相假託、牽強附會之處，而且往往言過其實，文過事非。而「方志在官之書，猶多庸劣，家譜私門之記，其弊較之方志，殆又甚焉」〔註161〕的感歎。對於墓誌銘文，章學誠亦認為有相同的弊端：「志乃史體，原屬天下公物，非一家墓誌壽文，可以漫為浮譽，悅人耳目者。聞近世纂修，往往賄賂公行，請託作傳，全無徵實。」〔註162〕因此，對於這些史料的采集，就不是全部，而是擇優。

（二）著錄原則上，強調辯章學術、考鏡源流

章學誠認為，校讎之學，不單純是為了尋求、整理和保管書籍，更主要是在於「辯章學術，考鏡源流」，最終達到「推闡大義」的目的。為此，須做到：

1、考訂要詳實精當

章學誠認為「校讎之學，與著錄相為表裏，校讎類例不清，著錄終無原委。」〔註163〕這裡的校讎，實則指對書籍的考訂。具體說來，「考訂與著錄，事雖相貫，而用力不同。著錄貴明類例，求於書之面目者也。考訂貴詳端委，求於書之精要者也。……」〔註164〕章學誠在《論修史籍考要略》文中，詳悉以往史書作史志的情況。其言曰：「校讎著錄，自古為難。二十一家之書，志典籍者，僅有漢、隋、唐、宋四家，餘則闕如。《明史》止錄有明一代著述，不錄前代留遺，非故為闕略也，蓋無專門著錄名家，勒為成書，以作憑藉也。史志篇幅有限，故止記部目，且亦不免錯訛。私家記載，間有考訂，僅就耳目所見，不能悉覽無遺。」究其原因，是因為「劉歆部《七略》時所稱為《別錄》者，乃考訂群書之鼻祖，而後世鮮有述焉者也」。具體而言，「著錄之書，肇自劉氏《七略》，班氏因之而述《藝文》，自是荀《簿》、阮《錄》、《隋籍》、

〔註160〕章學誠：《史考釋例》，《章學誠遺書・補遺》。
〔註161〕章學誠：《論修〈史籍考〉要略》，《章氏遺書》卷十三。
〔註162〕章學誠：《答甄秀才論修志第一書》，《章氏遺書》卷十五。
〔註163〕章學誠：《論修〈史籍考〉要略》，《章氏遺書》卷十三。
〔註164〕章學誠：《史考釋例》，《章學誠遺書・補遺》。

《唐藝》，公私迭有撰記，不可更僕數矣。其因著錄而爲考訂，則劉向《別錄》以下未有繼者。宋晁氏公武，陳氏振孫，始有專書。而馬氏《文獻通考》，遂因之以著《經籍》，學者便之。然皆據所存書，嘉詳悉耳」。只有考訂詳實，「觀於經禮諸記，孔疏所引鄭氏目錄，與劉向不同，則同一治經而各爲目錄，即各有家法，非考訂不爲功也。」〔註165〕

　　爲此，章學誠首先提出「考異宜精」的原則，「隨時編次之際，取其分歧互見之說，賅而存之，俟成書之後，別爲考異一編，庶幾無罅漏矣。」〔註166〕

　　其次，章學誠認爲「古人著書，往往不標書名，後人校讎，即以其人名書，然而一書兩名，先後文質，未能一定，則皆校讎諸家易名著錄，相沿不察，遂開歧異……」〔註167〕因此，對於古籍一書歧名或是異書同名的現象，都要在標題之下，注明同異名目，並將所收各書書名採取「依韻編檔簿」，按韻編製索引「以俟檢核」，即所謂「嫌名宜辨」，這樣就會無遺漏復疊之患。

　　再次，對於史書版本情況，章學誠提出「板刻宜詳」的主張，有鑒於「朱氏《經義考》，後有刊板一條，不過記載刊本原委，而惜其未盡善者，未載刊本之異同也」。爲此提出「板刻之書，……其所據何本，校訂何人，出於誰氏，刻於何年，款識何若，有誰題跋，孰爲序引，板存何處，有無缺訛，一書曾經幾刻，諸刻有何異同」等，只有詳細記載刊本情況，才能「按錄求書，不迷所向」，此可補「惜未嘗有人仿前人《金石錄》例，而爲之專書者也。」〔註168〕

2、著錄要類例分明，強調「準例」

　　章學誠曾道曰：「史學衰，於是史書有專部，而所部之書，轉有不盡出史學矣。蓋學術歧而人事亦異於古，固江河之勢也。史離經而子集又自爲部次，於是史於群籍畫分三隅之一焉，此其言乎統合爲著錄也。若專門考訂爲一家書，則史部所通，不可拘於三隅之一也。史不拘三隅之一，固爲類例之所通。然由其類例深思相通之故，亦可隱識古人未立史部之初意焉。」〔註169〕因此，雖然「史於群籍畫分三隅之」，但三家多於史相通，所以史部分類較之經部更困難。

〔註165〕章學誠：《史考釋例》，《章學誠遺書・補遺》。
〔註166〕章學誠：《論修〈史籍考〉要略》，《章氏遺書》卷十三。
〔註167〕章學誠：《繁稱》，《章氏遺書》卷三。
〔註168〕章學誠：《論修〈史籍考〉要略》，《章氏遺書》卷十三。
〔註169〕章學誠：《史考釋例》，《章學誠遺書・補遺》。

如何做到「準例」？章學誠認爲，「史戚倍校稿資，例不頒行於外，於義得相合爲部次也。」〔註170〕

首先，章學誠在《論修史籍考要略》中，提出「家法宜辨」。章學誠認爲「家法分明，庶幾條理可貫，而究史學者，可以溯源流矣」〔註171〕。如對於史部分類，章學誠認爲「舊例以二十一家之言，同列正史，其實類例不清」〔註172〕，如章學誠認爲《建康實錄》、《滇載記》、《炎徼紀聞》等書內容龐雜，既非國史，又非地理，亦不是霸史，於是入雜史門，此實屬「前人未開」之例。再如對於水道之書，若只記載自然沿革，則入地理類，如果主要記載治河、導江、漕渠、水利等人物事蹟，則入故事部工書門。又如，對於記載異域之書，若以記載見聞爲重，則入地理部外裔門，如《高麗圖經》、《安南志》之專部，《職貢圖》、《北荒君長錄》之總載；若以記行爲重，則入傳記部記事門，如《奉使琉球錄》、《星槎總攬》，雖間及外國見聞，但主要是以記行爲主，於是入傳記部記事門。「他若編年故事，職官儀注之類，折衷歷代藝文史部子目，以次區分可也」〔註173〕，於是故事部中吏書之於官曹，前者「乃銓敍官人，申明職守之書」，後者「乃即其官守而備盡一官之掌故」。

其次，爲了實現「準例」，章學誠突破傳統，首創新門，如對《紀傳部》中「史稿」一門的設立。之所以設此一門，因爲「自東觀集眾修書，而後同局之中，人才優劣敏鈍，判若天淵，一書之中，利病雜見」，考求草稿所出，是爲「記其分曹授簡，且詳實其草創潤色」，因此，別爲一篇，達到辨章學術的目的。再如《史學部》的設立是「史學之書，附於本史之後。其合諸史或一二家之史以爲學者，別爲史學之部焉耳。」〔註174〕

再者，《史籍考》採用暗分子目的結構方式。畢沅原擬將《史籍考》分爲一百一十二個子目，章氏重新加以並省，分爲十二綱，五十七目，其子目以類相從。如稗史部雜史門，原分外紀、別裁、史纂、史鈔、政治、本末、國別七門，「今恐鈲析太過，轉滋紛擾，合併雜史一門，較爲包括，而原分名目，仍標其說於部目之下。」〔註175〕割據與霸國，初分二門，現合二爲霸國一門，

〔註170〕章學誠：《史考釋例》，《章學誠遺書・補遺》。
〔註171〕章學誠：《論修〈史籍考〉要略》，《章氏遺書》卷十三。
〔註172〕章學誠：《論修〈史籍考〉要略》，《章氏遺書》卷十三。
〔註173〕章學誠：《論修〈史籍考〉要略》，《章氏遺書》卷十三。
〔註174〕章學誠：《史考釋例》，《章學誠遺書・補遺》。
〔註175〕章學誠：《史考釋例》，《章學誠遺書・補遺》。

並在雜史門中創「方記」目；地理部原分荒遠、總載、沿革、形勢、水道、都邑、方隅、方言、宮苑、古蹟、書院、道場、陵墓、寺觀、山川、名勝、圖經、行程、雜記、邊徼、外裔 22 門，乃整合以類相從者下分總載 5 卷、分載 17 卷、方志 16 卷、水道 3 卷、外裔 4 卷；故事部，原分 16 門，今合併爲十門，即訓典 4 卷、章奏 21 卷、典要 3 卷、吏書 2 卷、戶書 7 卷、禮書 23 卷、兵書 2 卷、刑書 7 卷、工書 4 卷、官曹 3 卷；傳記部，原分 17 目，今合併爲 10 目，即記事 5 卷、雜事 12 卷、類考 13 卷、法鑒 3 卷、言行 3 卷、人物 5 卷、別傳 6 卷、內行 3 卷、名姓 2 卷、譜錄 4 卷。爲使故事部不與傳記部相混，故事部所收繫「確守現行者」，而傳記乃「規於事前與志於事後」者。

　　再有是運用互著、別裁之法。互著和別裁都是在分類著錄中，遇到「理有互通，書有兩用」時，在兩類中「兼收並載」，其不同之處，互著的兼收並載是把一書同樣地著錄在兩個類目中，別裁的兼收並載是把一書僅著錄在主類目中，而把書中與他類可以互通或兩用的部分，裁篇別出，著錄在相關的類目中。章學誠曾口：「著錄部次，須明流別，古書同一類中，情理稍別，即各有家法，不容相混。校讎著錄，自宜條分縷析，乃使後人不見書者，見其著錄，隱然可見古人承學淵源。是不傳之書，亦賴以傳，著錄之功，於斯爲大。若但記甲乙部目，則與胥吏簿冊無分別矣。然書之體用，有彼此均相關涉，難以偏歸一類者。劉歆《七略》，蓋用重複互著之法，既使人易於尋檢，而於諸家學術源流，復粲然可考，隨類登記，又無不該不備之嫌，眞良法也。」〔註176〕

　　在《史籍考》的撰修過程中，章學誠論及對互著之法的運用，「國史從無流傳之書，而史志著錄，與諸書所稱引者，歷有可考，要以後漢班固與陳宗、尹敏諸人修《世祖紀》與《新市》、《平林》諸傳，載紀最爲顯著，自後依代編纂，與編年部之實錄記注，可以參互，皆本朝臣子修現行事例也。」〔註177〕而對於別裁之法，章學誠亦給以論述：「蓋史庫畫三之一，而三家多與史相通。混而合之則不清，拘而守之則已隘，是則抉擇去取，不無搔首苦心。《史考》之牽連，不如《經考》之截然劃界也。……今即擴充類例，上援甲而下合丙丁，……《史考》之裁制，不如《經考》之依經爲部，不勞分合也。」〔註178〕

〔註176〕倉修良主編《〈文史通義〉新編新注》，《文史通義》外篇一，《史考摘錄》。
〔註177〕章學誠：《史考釋例》，《章學誠遺書・補遺》。
〔註178〕章學誠：《史考釋例》，《章學誠遺書・補遺》。

章氏的「經部宜通」、「子部宜擇」、「集部宜裁」的主張，就是要對於經、子、集三部中的書，凡有與史學有關的篇章，都裁篇別出，分別著錄在相關類目中。如經部的《詩》、《書》篇序，是校讎目錄之祖；《周官》是官制；《禮》屬於禮儀志；《春秋》所記天象、地理、長曆和世族譜，都是史。子部談理「必憑事實」，所以多載見聞；法家講法律，兵家講武備，小說家記所見聞，也是史。而關於集部，唐以後的文集，內容豐富：議論時政、表、狀、章、疏、傳記、碑版，乃至《詩品》、《文心》、書評、畫卷、金石目錄，都應當別裁入史。又如，對於「星曆四門，……此則《史考》當收之義，不然則混於術數諸家矣。……但嫌介疑似，亦有在術數與史例之間者，姑量收之，寧稍寬無缺漏也。此等著錄，部目多在子家，而史家志篇目，實不能闕，可以識互通之義矣。」這樣，才能「使之繩貫珠聯，無少缺逸；欲人即類求書，因書究學」〔註179〕。《史籍考》運用互著、別裁，著錄了歷史書籍和一切與歷史有關的書籍，以達到類目清晰的通達效果。

最後，《史籍考》一仿朱彝尊《經義考》，每部類之下，皆以書名為綱，各書之下，首著者姓名，次卷數，後著「存」、「佚」、「闕」、「未見」等情況。所收書目、卷數，必載其最早收錄該書之目錄書出處。如各書所錄卷數不同者，則加注說明。並且，現存之書的序跋、凡例以及時人、後人對該書的評論全要通行抄錄。與《經義考》不同的是，對於一些並非採自官私著錄之目錄而僅見於它書著錄的書，則於其下著「無篇目」，對於並非登錄全書僅摘其有關篇章者，也於其下注明現在某書某篇，對於逸書的著錄，章學誠提出「至於專門考求，無論書之存亡，但有見於古今著錄，或群書所稱引，苟有名目著見，無不收錄考次，博綜貫串，勒為一家，則古人所無，實創始於朱氏彝尊《經義存亡考》也。今《史考》一依《經考》起義，蓋亦創始之書也」〔註180〕。具體說來，「自唐以前諸品逸史，除蒐探尚可成卷帙者，仿叢書例，另作敘跋校刻以附《史籍考》後，其零章碎句，不能成卷帙者，仍入《史籍考》內，以作考證。至書之另刻，不過以其卷頁累墜，不便附於各條之下，其為題裁，仍是搜逸，以證著錄與零章碎句之附於各條下者，未始有殊。故文雖另刻，必於本條著錄之下，注明另刻字樣，以便稽檢。鴻編巨製，取多用宏，創例僅得大凡。及其從事編纂時，遇盤根錯節，必須因時準酌，例以

〔註179〕章學誠：《史考釋例》，《章學誠遺書·補遺》。
〔註180〕章學誠：《史考釋例》，《章學誠遺書·補遺》。

義起，窮變通久，難以一端而盡，凡事不厭往復熟商。」〔註181〕可見，《史籍考》雖係仿傚朱彝尊《經義考》之體例而作，但卻較朱書在體例上更爲嚴密。

五、《史籍考》編纂過程中存在的遺憾

首先是章氏所言「凡涉著作之林，皆是史學」造成《史籍考》內容的繁複。姚名達曾分析章氏關於「史學」的涵蓋範圍，其曰：「今人不解史學之眞義，乃謂學誠之意係指一切書籍都是史料，曾不知學誠本旨乃謂凡有時間性之人事皆爲史料，蓋無時間性之書籍僅爲各科科學的獨立記錄，非史家所能一一過問，必得單獨零亂之萬事萬物聯綴爲有系統之片斷或整部之記錄，然後乃得稱爲史籍也。」〔註182〕由此可知，章學誠已使史學的範圍無限擴大，但這確實給《史籍考》的成書帶來很大困難。故直到畢沅調離湖北，《史籍考》成書還只是十之八九，與其搜羅繁富也應有關係。這也是以後的史學目錄著作因如此界定「史學」範圍而難以成書的原因。繼《史籍考》之後，同治年間，長沙余肇均（字蘋皋）編纂的《史書綱領》，據俞樾稱，此書亦是一部「凡史書之大概無不具錄」的「不朽之大業」，其史學思想即是對章學誠「凡涉著作之林，皆是史學」觀點的繼承。但此書僅有 32 卷，與《史籍考》的 300 卷無法相比，令人遺憾的是，此書亦因未刊刻成書而散佚。對此，俞樾曾感歎：「此書卷帙繁重，視《經義考》不啻倍之，寫錄一通，已非易事，若欲付之剞劂，流播士林，事更難矣。」〔註183〕

由於卷帙的浩繁，因此對於眾多的搜集材料，進行編輯，必然會造成繁冗、重複、漏略、舛誤等缺點。潘錫恩幕中賓客許瀚在編修《史籍考》的過程中就深有體會。其在道光二十六年（1846）清明前三日擬議的《擬史籍考校例》中談到：

> 近校閱《目錄》一門，繁冗、重複、漏略、舛誤均所不免。恐他門亦復類是。謹擬所見，擬《校例》四則：一曰繁冗者宜刪。案《四庫全書提要》於《經義考》議其序跋諸篇，與本書無所發明者，連篇備錄，未免稍冗。本書體例全仿《經義考》，此弊首宜淘除。今

〔註181〕章學誠：《與邵二雲書》，《章氏遺書》卷十五。
〔註182〕姚名達：《中國目錄學史》，上海古籍出版社，2002 年版，第 316 頁。
〔註183〕俞樾：《余蘋皋〈史書綱領〉序》，《春在堂雜文續編》卷二。光緒二十三年複印本。

擬《提要》全錄，自序、自跋全錄，諸家著錄有解題全錄。至各家
序跋，必於其書義例原委有關係者全錄，其或空言腐論，旁生枝節，
橫發牢騷，實與本書無涉，酌爲芟薙……凡此之類，皆爲繁冗，或
當存要語，或竟削全文，惟求於本書有發明而已……此類不惟刪其
序跋，擬兼刪其目。一曰重複者宜並。……凡此之類，不可勝舉，
均宜刪並。至作者姓字爵里，節採史傳，亦當與諸題跋詳細相因。
其或一人數書，當詳於初見，以後但注見某處可也。一曰漏略者宜
補。采輯書目多據焦竑《國史經籍志》，而焦書未著……蓋古今載籍
實繁，必欲囊括無遺，誠非易易。惟應就耳目所及，準以年限，量
爲輯補。其餘但採解題，原書序跋未經人錄者，遇有所見，當亦補
之。此皆失之眉睫之前。至於希有之珍，流傳未廣，群書所載，搜
尋偶疏，更不知凡幾。一曰舛誤者宜正。……今既重爲編校，亦當
附案語剖明。至脫文誤字，滿目皆是，實難縷數。〔註184〕

從以上敘述可得，潘錫恩主持增訂《史籍考》，對畢、謝之原稿作了刪繁、合
併、補漏、正誤四個方面的工作。並且在刪繁補缺、分類編輯的基礎上，此
次增訂在篇幅上作了一定的調整：按章學誠《史籍考總目》所列爲 325 卷，
潘錫恩釐定爲 300 卷。看似較原稿減少了，「而補錄存佚之書，視原稿增四至
一，詳審頓覺改觀。」〔註185〕但從道光二十七年（1847），潘錫恩收回《史籍
考》稿本不辦，到咸豐六年（1856）毀於戰火，《史籍考》終未成書，想必潘
氏面對《史籍考》如此巨大的篇幅，已疲於纂輯，考校乃至刊刻不得不束之
高閣。

其次，今天我們雖不能讀到章氏《史籍考》原稿，但從章學誠所擬《論
修史籍考要略》、《史考釋例》分析，《史籍考》的立意是要在傳統目錄分類、
編目、著錄上體現「辯章學術，考鏡源流」的目錄學思想，但事實並不盡然。
從《史籍考總目》所反映的結構分析，面對現實，章學誠的思想也有不得實
施之處。章學誠在《論修史籍考要略》提出「家法宜辨」，就是要根據圖書內
容，對圖書進行正確的分類和著錄，如果對於圖書內容的分析與認識不清楚，
就不能把圖書的著錄與分類做得很正確，即所謂「校讎類例不清，著錄終無
原委」。因此，章學誠認爲「舊例以二十一家之言同列正史，其實類例不清」，

〔註184〕袁行云：《許瀚年譜》，道光二十六年條。
〔註185〕潘俊文：《校印乾坤正氣集跋》，轉引自袁行雲《許瀚年譜》道光二十六年條。

因爲「二十一史」包含著通史、斷代史、分國史等多種形式，而舊目「同列正史」，章氏認爲正是由於沒有具體分析這些史書的體例，也就沒有詳細地分清它們的原委，因此，他認爲「二十一史」不分類目地同爲正史，實爲不當。但章學誠在後來的《史考釋例》中又推翻了自己以前的觀點，認爲若這樣分類「不免繁碎」，他認爲「自史氏專官失傳，而家自爲學，後漢、六朝，一代必有數家之史是也，……然諸家林立，皆稱正史，其傳久與否，存乎人之精力所至，抑或有數存焉」。因此，從唐立史科，取唐代以前的紀傳體史書定爲十三家。並且從唐以後，由於私修紀傳體史書的「家自爲學之風息」，官方集眾修前代史，「紀傳之史，皆稱功令，宋人之十七史，明人之二十一史，草野不敢議增減也」〔註186〕。爲此，《史籍考》最終在分類上按照傳統的做法，在紀傳之中又立正史子目。再如，傳統著錄家將方志劃分到地理類中，視爲史書的旁系，因爲史家並不承認方志是可以登上大雅之堂的著述。《四庫全書總目》將地理類置於時令類存目之後而位居第11位〔註187〕，即說明傳統史學對地理一門評價不高。而方志作爲地理類中的一門，顯然亦未被重視。章學誠一直認爲方志很重要，乃屬史體，「如古國史，本非地理專門」。但是，考慮到以前所有方志著作，大都爲地理專部，礙於習俗，《史籍考總目》中不得不把方志門亦歸入地理部，《史籍考總目》中地理部共五門，方志門居第三，與在《四庫全書總目》中方志門的位置相當。他一面講「方志專詳一方之事，如周代一國之史，無所不載，截然不同於地志圖經但記疆域山川」〔註188〕，並以此在《記與戴東原論修志》文中力駁戴氏專主地理之說，而一面在《史籍考》分類中，把方志列爲子目，歸入大類地理門內。這裡朱士嘉先生曾經評價：「著錄家之於方志，非陋即略，且多以附入地理，並不獨標一門。其獨標一門者，惟章實齋之《史籍考》，爲著錄家創一新例，厥功甚偉。」〔註189〕朱士嘉先生認爲章學誠於方志「獨標一門」，其實，章學誠亦未完全跳出傳統分類的樊籬。並且章學誠的這種不能完全打破傳統目錄分類的思想，在圖書具體的歸類上亦不能創新。如，東晉常璩《華陽國志》內容廣涉地望、物產、風俗、人物、道路、關塞、民族、大姓，每見好奇不驚之處，雖嫌泛採神話傳聞，但仍成爲西南地區考史的重要根據，是現存最早最典型的方志。而章

〔註186〕章學誠：《史考釋例》，《章學誠遺書・補遺》。
〔註187〕《四庫全書總目》史部共15個類目。
〔註188〕章學誠：《大名縣志序》。張維祺修，李棠纂《大名府志》，乾隆五十四年刊本。
〔註189〕朱士嘉：《中國地方志綜錄》（序二），上海商務印書館，1985年版。

學誠在《史考釋例》中，認為此書內容龐雜，既包括魚、鳥、蠶、蟲等內容，又包括漢中公孫述、二劉、蜀漢及李氏父子等歷史內容，既非國史，又非地理，亦不是霸史，於是將《華陽國志》劃入雜史支流〔註190〕，可見其理論和具體實踐上的自相矛盾。再有，章學誠在《論修史籍考要略》中提出「考異宜詳」的主張，但若將考異分載各條之下，就難免達到詳盡，於是章學誠打算「俟成書之後，別為《考異》一編」。其實，章氏的這一做法與《四庫全書》考證的形式並無很大區別，這其實並不是最好的形式。

此外，章學誠一面提出「凡涉著作之林，皆為史學」，一面在《史籍考總目》中立史學部，這就使具體的操作和理論相矛盾。面對以上種種，章學誠亦曾經感歎道：「……拾遺補闕，商榷繁簡，不無搔首苦心。」〔註191〕現今，我們不能見到《史籍考》，《史籍考總目》作為《史籍考》的結構提綱，有可能是他人漠視章學誠在《論修史籍考要略》、《史考釋例》所擬編纂義例，而對其進行了修改，但也不否認章學誠的編纂理論具有理想化傾向，在具體操作時難以實施。

《史籍考》最終未能告成。書雖無存，但由畢沅創始的這項大型撰史工程，與《續資治通鑒》具有同樣的時代意義，是乾隆時期又一次大型的私家修史活動，對後世產生極大影響。而《續資治通鑒》、《史籍考》二書一成一敗，恰可提供分析幕府修史機制得失的標本，值得予以關注與研討。

〔註190〕章學誠：《史考釋例》，《章學誠遺書・補遺》。
〔註191〕章學誠：《為畢制軍與錢辛楣宮詹論〈續鑒〉書》，《章氏遺書》卷九。

第四章　方志的編修和整理

　　中國自古以來即重視方志的編修，方志的編纂歷史最早可追溯到春秋戰國時期。《隋書‧經籍志》稱「周官，外史掌四方之志，則諸侯史記，兼而有之。」而在《周禮‧地官》中說得更明確：「誦訓，掌道方志，以詔觀事。」這可能是在我國古籍中最早出現「方志」一詞。此後，「漢有三輔之典，隋有東都之記，沈瑩著《臨海水土》，周處撰《風土記》，皆後來方志之權輿也」〔註1〕。所謂「方志」，唐代張銑稱：「方志，謂四方物土所記錄者。」〔註2〕即記載某一時代某一地方的政治、經濟、地理、歷史、風俗、教育、物產、人物等內容的典籍，其屬於輿地之學。進入現代，對方志的定義，其說甚多。綜覽各家之言，喬治忠先生的說法頗具代表性，他認為，所謂方志，在嚴格意義上應以確認全國統一政權為前提，並按國家當時行政區劃為單位，記述某一地域內的地理、歷史與社會人文狀況的典籍〔註3〕。在中國古代，方志形成一種自成體系的典籍，不同級別的行政區域均接續性地纂修方志，這成為中國文化史上的特有現象。

　　方志是否屬於史學？自《隋書‧經籍志》以四部分類，將方志和其它地理載籍一樣，列入史部地理類內，其後的官私目錄，大都把其列入史部地理類。其實，方志既不是地理著作，也不是單純的歷史著作，而是界於史地之間的一門邊緣學科。但自宋代以來，許多方志在編寫中都強調其史的職能和

〔註1〕　舒其紳修，嚴長明纂：《西安府志》卷首，舒其紳《序》，乾隆四十四年刊本。
〔註2〕　（梁）蕭統編，（唐）李善等注左思《吳都賦》，《六臣注文選》卷五，張銑注，中華書局，1987年版，第104頁。
〔註3〕　見喬治忠《〈大清一統志〉的初修與方志學的興起》，《中國官方史學與私家史學》，北京圖書館出版社，2007年版，第244頁。

作用，提出「郡之有志，猶國之有史」〔註4〕，因此，方志具有史的性質更強，總的是屬於歷史學的範疇，是史學發展過程中所產生的一個旁支。自明代起，官方如《文淵閣書目》、《內閣藏書目錄》都將方志單獨立了門類，而私家有影響的目錄著作如徐乾學《傳是樓書目》、錢謙益《絳雲樓書目》等也都在史部為方志立了專類，統計《四庫全書總目》史部地理類下有九個門屬，方志位居第二。《續修四庫全書》史部地理類所收108部典籍，近四分之三是志書。所有這些都反映了方志在史學地位上的提高，編纂數量上的不斷增多。畢沅作為地方大員，一生宦迹所至即倡導並組織幕府編纂了大量方志，並對古代方志如宋代《長安志》、《三輔黃圖》進行整理校注。因此，本書專闢一章，探討畢沅及其幕府在方志纂修和整理上的成就。

第一節　清代乾隆時期方志發展狀況

清初，由於纂修《大清一統志》的需要，康熙、雍正兩朝多次敕令各地纂修方志，修志的必要性、方志的重要地位逐漸為地方官、士紳、學者所認識，「凡民人有社稷之區，其不可無志以傳信也明矣」〔註5〕。清廷與地方官、地主士紳皆對纂修方志採取積極熱心的態度，造成全國性的修志熱潮。

乾隆二十九年（1764），清廷敕令重修《大清一統志》，此次重修的主要原因是由於「乾隆二十年，天威震疊，平定伊犁，拓地二萬餘里，為自古輿圖所未紀。而府州縣之分併改隸，與職官之增減移駐，亦多與舊制異同。乃特詔重修」〔註6〕。但此次重修《大清一統志》，並沒有像康熙時期那樣，使方志纂修的數量大大增加。筆者據《中國地方志聯合目錄》〔註7〕所提供的資料粗略統計，從乾隆元年（1735）至乾隆二十八年（1763），即清廷敕令重修《大清一統志》的前一年，全國共成志書638部，平均每年修約23部，從乾隆二十九年（1764）至《一統志》修成的乾隆四十九年（1784），全國共修志書296部，平均每年修約15部，從乾隆五十年（1785）至乾隆六十年（1795）

〔註4〕　（宋）鄭興裔：《廣陵志序》，見《鄭忠肅奏議遺集》，文淵閣《四庫全書》集部，別集類（南宋建炎至德祐）。

〔註5〕　賴于宣：《藁城縣志》卷首，陸隴其《序》。康熙三十七年刻本。

〔註6〕　《四庫全書總目》卷六十八，史部，地理類。

〔註7〕　中國科學院北京天文臺主編：《中國地方志聯合目錄》，中華書局，1985年版。

共修方志 113 部〔註8〕，平均每年修約 13 部。以上統計數字顯示，乾隆初年纂修方志的數量，反而高出乾隆中期重修《大清一統志》時期。究其原因，一是由於清初在地方官、士紳、學者中已經形成對於纂修方志的自覺意識和責任感，官員宦迹每至一處，都要把纂修方志作為首要公務，其慣性延伸至乾隆初年。二是乾隆朝在重修《大清一統志》期間，沒有像康熙和雍正時期那樣敕令全國展開纂修方志的活動。

　　總的來說，乾隆時期修志數量不如康熙時期，但方志的種類、地域及總體質量，較康熙時期有了很大的改觀。現據《中國地方志聯合目錄》所提供的資料，對康熙、乾隆時期方志纂修情況進行統計，成表對照分析。

表 4.1　康熙時期各區劃方志纂修情況統計表

	通志	府志	州志	縣志	廳志	衛志	所志	路志	關志	鄉里志	其它	總計
北京		1	3	10								14
上海		2		4							1	7
天津				3								3
河北	1	9	21	90		1		1				123
山西	1	1	15	65				1				83
遼寧	1	1	2	5							2	11
黑龍江											2	2
陝西	2	2	5	38	1					1		49
甘肅		2	9	16		3						30
寧夏				1						1		2
青海							1					1
山東	1	6	15	92		1		1				116
江蘇	1	9	5	43					1		3	62
浙江	1	15	1	88							2	107
安徽		12	10	47							1	70

〔註 8〕　這裡統計的數字僅包括《中國地方志聯合目錄》中年限標識明確的方志，未明確標識者未計算在內。

	通志	府志	州志	縣志	廳志	衛志	所志	道志	水志	鄉里志	其它	總計
江西	2	14	1	89								106
福建	1	5		48							1	55
臺灣		4		3								7
河南	1	8	14	83								106
湖北	1	9	9	53		2						74
湖南		10	11	64		2						87
廣東	1	9	8	98								116
廣西	1	5	6	11								23
四川	1	5	6	31	1							44
貴州	3	1	1	5		1						11
雲南	1	10	21	22						2		56
總計	20	140	163	1009	2	10	2	2	1	10	6	1365

表 4.2 乾隆時期各區劃方志纂修情況統計表

	通志	府志	州志	縣志	廳志	衛志	所志	道志	水志	鄉里志	其它	總計
北京			2	2		1				1		6
上海				12						6		18
天津		1		4								5
河北		9	10	54	1							74
山西	1	5	15	54							1	76
內蒙古											1	1
遼寧	3										1	4
陝西		6	8	54								68
甘肅	1	3	6	28		1						39
寧夏		1		1	1							3
青海		1			1							2
新疆											11	11

												總計
山東		8	7	45		1						61
江蘇	1	5	2	39						9		56
浙江	1	7	2	44						10	1	65
安徽		4	10	32						1		47
江西		8	1	75	2							86
福建	2	7	2	35	2		1					49
臺灣		4		2								6
河南	1	8	11	81								101
湖北		4	5	33				1				43
湖南	1	7	6	37	2				1			54
廣東		7	6	44							1	58
廣西		9	4	16								29
四川		4	16	79	2							101
貴州	3	3	5	5	1						1	18
雲南	1	8	13	7	2					1	3	35
西藏											5	5
總計	15	119	131	783	14	3	1	1	1	28	25	1121

　　由上兩表對照分析，乾隆時期方志纂修情況與康熙時期相比，有如下兩個特點：

　　一是方志編纂地域廣闊。

　　乾隆時期在仍沿襲慣例對以前方志進行普遍重修、續修的基礎上，除黑龍江省外，在全國各省市皆有志書問世。新疆、西藏、內蒙古等地區皆是在乾隆一朝首修方志，其中，內蒙古自治區修一部，西藏地區，修了 5 部，新疆地區則於乾隆一朝共修 11 部：乾隆二十七年（1762）修《皇輿西域圖志》，乾隆三十七年（1772）修《回疆志》，乾隆四十二年修《西域聞見錄》、《新疆外藩紀略》，乾隆五十九年（1794）修《喀什爾英吉沙爾事宜》。此外，《西陲總統事略》、《欽定新疆識略》、《遐域瑣談》、《烏魯木齊事宜》、《烏魯木齊政略》、《伊犁事宜》等亦修於乾隆間。可以說，新疆地區在整個乾隆朝修志活動從未間斷。

二是較小行政區劃的方志編纂受到重視。

乾隆時期較康熙時期在通志、縣志、州志、府志等大型方志的數量有所減少，但較小行政區劃的方志如鄉里志的數量卻大大增加，鎮、村、道、裏無不有志〔註9〕。

而縱觀乾隆一朝的方志，在質量上有了很大提高。

一是方志體例更加完備。康熙時期，朝廷即很重視編修方志的質量，並責成學政督察。針對當時方志編纂內容蕪雜和體例不一的缺點，康熙十一年（1672），朝廷特頒發修志諭令，規定以順治年間賈漢復主修的《河南通志》、《陝西通志》作爲統一的範式，要求各地依其門類纂輯，這確實達到規範方志體例和內容的作用。然而全國具體情況不一，省、府、州、縣級別與方域不同，很難按一種格式纂修方志。「統一體式的要求與不同具體情況的矛盾，迫使人們探討更爲完善的修志義例和方法。」〔註10〕乾隆時期，以錢大昕、戴震、畢沅、孫星衍、洪亮吉等人爲主要代表人物的文人學者不僅參與編纂或主編方志，而且對於編纂體例、內容詳略、材料取捨和編修方法也開始講究起來。如李衛修、傅王露所修《浙江通志》，其「所引諸書，皆具列原文，標列出典。其近事未有記載者，亦具列案牘，視他志體例特善。其有見聞異辭者，則附加考證於下方。雖過求賅備，或不無繁複叢冗。然信而有徵之目，差爲不愧矣」〔註11〕。

二是由於乾隆時期崇尚實學的考據之風影響到各個學術領域，此時方志更加注重詳實有據。乾隆四十七年（1782）成書的《韓城縣志》，其編纂官傅應奎就稱：「夫邑志之作雖屬一隅，然搜討援據，即史臣紀載之義也。」成書於康熙四十年（1701），長洲張如錦編纂的《淳化縣志》「分門別類，條理井然，較勝於關中諸州縣志」，然而「斯志之徵引有未善也」〔註12〕。畢沅「以公事至縣，覽其山川，訪其基址，未嘗不致意久之」，於是，請幕中學者洪亮

〔註 9〕 清代方志分類主要按兩種方式，一是按照行政區劃分，一是按照記載內容。按照地區可分爲：省志，記述一省範圍的志書，在清代多以通志題名；府志，府在清代是省以下、縣以上的行政區劃；州志，清時州有直隸州和普通州，直隸州相當於府，普通州相當於縣；廳志，清代在新開發地區設廳，管轄範圍相當於府或縣，另有衛志、關志、司志是依據軍事、鹽務或漕運等需要而立。

〔註10〕 喬治忠：《方志學探討的廣泛興起》，《中國官方史學與私家史學》，第244頁。

〔註11〕 《四庫全書總目》卷六十八。史部二十四，地理類一。

〔註12〕 萬廷樹修，洪亮吉纂：《淳化縣志》卷首，畢沅《序》。乾隆四十八年刻本。

吉重新編纂，以記、簿、志、略之體例統纂全書，成書 18 卷。對舊志史料詳加考覈，徵引經史，信而有據，如對鄭國渠及白公渠之發源的考證頗為精確，文獻史料價值較高。畢沅「又以十年來所聞見而欲訂定者，為增益十數條」。該志「敘次亦極古雅，不濫不支」〔註 13〕，成為縣志中之上乘。畢沅稱讚「此書之成，其詳覈可繼《長安志》、《雍勝略》二書，非世所傳明康海《武功志》、韓邦靖《朝邑志》等所可比矣。」〔註 14〕又如洪亮吉和孫星衍所撰《乾隆澄城縣志》，注重徵實，其城郭、鎮堡、寺廟、廨舍，博采史料，據「十七史、地志及諸地理」而述，參以舊志及州志、通志，「而傳之未信、方冊之難憑者，咸無取焉。」〔註 15〕

　　乾隆時期修志之所以取得如此的成績，究其原因，是由於眾多有學識的官員和學者參與修志。有清一朝，早在順治後期，學者就參修方志〔註 16〕，康熙十一年後，學者不但參加《大清一統志》的纂修，支持或參修各地方志者也顯著增加。但終康熙一朝，學者參與修志與乾隆時期相比併不普遍，大部分方志還是由地方官吏主持，為完成向《大清一統志》提供資料的任務而開局藉眾手而成。以康熙時期所修的十五部通志為例，其纂修人員除康熙二十三年（1684）《浙江通志》的編纂黃宗羲和康熙五十九年（1720）《江西通志》的編纂查慎行為純學者外，其餘皆為地方官員。乾隆時期的修志格局有了很大改變，首先，地方官員對於方志編纂的重視，是以一種自覺的義務視之。畢沅曾曰：「念聖朝厚澤深仁，重熙累洽。自一縣官師制度，法良意美，及孝悌節烈，掇科中策之士蒸蒸焉。月異而日新，不可無記載，以表當時，而示來世。」〔註 17〕其次，此時期的學者把參修方志作為一生的榮耀，章學誠就曾曰：「丈夫生不為史臣，亦當從名公巨卿，執筆充書記，而因得論列當世，以文章見用於時，如纂修志乘，亦其中之一事也。」〔註 18〕以乾隆四十

〔註13〕梁梅：《〈武功縣志〉跋》，《學海堂三集》卷十四。出自譚其驤主編《清人文集地理類彙編》第三冊，浙江人民出版社，1990 年版。

〔註14〕萬廷樹修，洪亮吉纂：《淳化縣志》卷首，畢沅《序》。

〔註15〕戴治修，洪亮吉、孫星衍纂：《澄城縣志》卷首，洪亮吉《序》，清乾隆四十九年刻本。

〔註16〕見喬治忠《康熙時期纂修方志的興盛局面》，《中國官方史學與私家史學》，第250 頁。

〔註17〕萬德新、朱廷模修，孫星衍纂：《三水縣志》卷首，畢沅《序》。乾隆五十年刻本。

〔註18〕章學誠：《答甄秀才論修志第一書》，《章氏遺書》卷十五。

八年（1783）《淳化縣志》的編纂爲例，該志即是由當時知縣萬廷樹和著名學者洪亮吉合修，「孝廉精於史學，所修州志皆宜以史例編之」，而「知縣萬令廷樹宰是八年，亦能以儒學飾吏治者，且其挑纂搜輯，於是志之成實有力焉。」〔註19〕因此，由於地方官員和學者以自覺的意識共同合作，參與到方志的編修活動中，從而創作了大量高質量的方志。

第二節　畢沅爲官各時期地方及其幕府編纂方志情況

　　畢沅一生宦迹遍及大江南北，在陝西、河南、湖北、山東等地都曾爲官。爲了地方的治理，及地方人文和地理史料的保存，大力提倡編纂方志。方志從性質上不屬於幕府修書的範圍，但畢沅利用自己的幕客，假公濟私，編修了大量方志。尤以陝西任職時間最長，對該地方志的編纂和整理貢獻最大。

一、對陝西地區方志編修的貢獻

　　乾隆三十七年（1773），畢沅署理陝西布政使政務，開始在陝西長達十三年的仕途。爲了加強地方上的治理，主張「能以文學拔飾吏治，不特長吏與有榮施」〔註20〕，大力倡導地方官府編修方志，畢沅曾曰：「余自壬辰歲開府西安於關中，州縣之志皆次修與。」〔註21〕體現出畢沅對方志纂修的特別興趣。據統計，乾隆後半期近三十年中，陝西共成志書三十餘部，畢沅爲官的十三年間所纂方志就有二十九部，占全部志書的 80%以上。這些方志不但爲地方治理提供材料依據，而且保存了地方人文和地理史料。畢沅的倡導把陝西地方志的編纂推到了繁榮發展的階段。現據《中國地方志聯合目錄》統計畢沅從乾隆三十七年至乾隆五十年爲官陝西期間該地方志纂修情況，列表如下：

表 4.3 畢沅爲官陝西時期地方纂修方志情況統計表

時　　間	修　者	方　志	卷　數
乾隆三十七年(1762)	汪灝、鍾研齋	《續耀州志》	11 卷

〔註19〕萬廷樹修，洪亮吉纂：《淳化縣志》卷首，畢沅《序》。

〔註20〕見舒其紳修，嚴長明纂：《西安府志》卷首，畢沅《序》。畢沅因舒其紳成《西安府志》，於是上書朝廷，蒙恩嘉賞。

〔註21〕洪亮吉、孫星衍纂：《澄城縣志》卷首，畢沅《序》。

乾隆四十一年（1776）	史傳遠	《臨潼縣志》	9 卷圖 1 卷
	王星燭	《甘泉縣志》	2 卷
乾隆四十二年（1777）	顧新雷、張塤	《興平縣志》	25 卷
	汪以誠、孫景烈	《鄠縣新志》	6 卷
	吳六鼇、胡文銓	《富平縣志》	8 卷
乾隆四十三年（1778）	李帶雙、張若	《鄜縣志》	18 卷
	葛晨	《涇陽縣志》	10 卷
	汪以誠、魏象烈	《渭南縣志》	14 卷
乾隆四十四年（1779）	嚴長明	《西安府志》	81 卷
	王希伊	《白水縣志續稿》	2 卷
	平世增、郭履恒、蔣兆甲	《岐山縣志》	8 卷
乾隆四十五年（1780）	金嘉琰、朱廷模、錢坫	《朝邑縣志》	11 卷
乾隆四十六年（1781）	楊徽、吳竹嶼	《同州志》	60 卷
	熊家振、張塤	《扶風縣志》	18 卷
乾隆四十七年（1779）	張心境、吳竹嶼	《蒲城縣志》	15 卷
乾隆四十八年（1783）	洪亮吉	《長武縣志》	12 卷
	萬廷樹、洪亮吉	《淳化縣志》	18 卷
	劉紹攽	《三原縣志》	18 卷
	鄭居中、麟書	《府谷縣志》	4 卷
	鄧夢琴	《洵陽縣志》	14 卷
乾隆四十九年（1784）	蔣騏昌、孫星衍	《禮泉縣志》	14 卷
	王朝爵、孫星衍	《直隸邠州縣志》	25 卷
	傅應奎、錢坫	《韓城縣志》	16 卷首 1 卷。
	戴治、洪亮吉、孫星衍	《重修澄城縣志》	20 卷
乾隆五十年（1785）	葛德新、朱廷模、孫星衍	《三水縣志》	11 卷
	楊儀、王開悅	《盩厔縣志》	14 卷
	鄧夢琴、董詔	《寶雞縣志》	16 卷
	吳忠浩、李繼嶠	《綏德直隸州志》	8 卷

這些志書中，經畢沅親自過問，督促纂修，刻印成書的地方志有：乾隆四十二年（1777）汪以誠、孫景烈合修的《鄠縣新志》，乾隆四十六年（1781）楊徽、吳竹嶼合修的《同州志》，皆曾由畢沅親自審訂；乾隆四十七年（1782）張心鏡、吳竹嶼所修《蒲城縣志》，其實際纂修者吳竹嶼是畢沅由江南聘請來

關中書院講學的學者；乾隆四十四年（1779）岐山知縣平世增等修的《岐山縣志》，畢沅對其關注倍加，早在乾隆四十二年諭其「留心甄輯」縣志。經畢沅倡導並爲之作序的地方志有：

1、乾隆四十三年（1778）李帶雙、張若所修《郿縣志》。該志文簡事賅，比明萬曆年間劉九經所修內容增補十之二三，首創「方州小志」新體例，畢沅在《眉縣志》序中稱：「郿人橫渠先生，爲關中正學之宗，二程子稱道於前，朱子表章於後，皆宜大書特書。故此書特爲靈感錄、道統錄，爲方州小志創體，書成喜爲序之。」〔註22〕

2、乾隆四十六年（1781）熊家振、張塤修《扶風縣志》，畢沅於序中曰：「舊志纂於雍正九年，及今又四十餘年，畝賦、職官、選舉多未詳備，余故屬重爲纂，成書十八卷，犁然可觀。」並指出該志的特點：對舊志「不竄一字，不削一人」〔註23〕，新舊並存，儼然分明。

3、乾隆四十八年鄧夢琴修《洵陽縣志》，因收集資料較多，編纂體例、質量較好，畢沅在序文中稱讚「編次井井，勿漏勿支，據群志以證南志沿革之僞，據宋書以糾通志避諱之非……」〔註24〕。

綜上分析，畢沅爲官陝西期間所編這些志書較以前方志質量皆有很大的提高，對於陝西地區方志的纂修確實起到推動作用。並且，畢沅設置幕府，延攬人才，於其幕中組成了以吳泰來、嚴長明、錢坫、孫星衍和洪亮吉等人爲骨幹的地方志編研班子，與官府合作全面地開展了對陝西各府、州、縣志的編纂工作。上表中所列的二十九部方志中，由畢沅幕賓嚴長明、洪亮吉、孫星衍、錢坫承擔纂修的方志就有九部。

綜覽這些方志，與以前志書相比較，其突破有三：

首先是體例多樣，注重創新，打破康熙以來千篇一律的修志格局，根據地方的實際情況，採用不同的體例。乾隆四十八年（1783），洪亮吉所修《長武縣志》12 卷成書，該志全部以表的形式記載，簡明扼要，在陝西方志中獨一無二。同年由洪亮吉所纂《淳化縣志》18 卷，此志「以史例編之」，以記、簿、志、略之體例統纂全書，對舊志史料詳加考覈，其體例在當時方志中實屬新穎。乾隆四十九年（1784），孫星衍主纂《直隸邠州志》，此志共 25 卷，

〔註22〕李帶雙、張若：《郿縣志》卷首，畢沅《序》。乾隆四十三年刻本。
〔註23〕見熊家振、張塤《扶風縣志》卷首，畢沅《序》。乾隆四十六年刻本。
〔註24〕鄧夢琴：《洵陽縣志》，乾隆四十八年刻本。

卷一至卷四並及三縣，卷五以下專志州治，此種體例，「古無所仿」〔註25〕，實爲開創。

其次是考證確鑿，記述詳實。乾隆時期，考據學盛行，方志的編纂亦「以考據存文獻」〔註26〕作爲治學宗旨。上文已述，乾隆四十八年（1783），由洪亮吉所纂《淳化縣志》18 卷，即因其徵引經史，信而有據，視爲淳化縣志中之上乘。乾隆四十九年（1784），孫星衍纂《禮泉縣志》14 卷，亦是一部援經據史，考證詳確的方志著作。其中所載人事碑石皆有源有據，是瞭解和研究禮泉縣史地勝蹟的寶貴資料，有較高的學術和史料價值。同年，由孫星衍纂《直隸邠州縣志》25 卷，其記載地理古蹟，仿宋樂史的《太平寰宇記》及宋敏求的《長安志》，記人物則仿宋高似孫的《剡錄》。是志在收錄內容上考究尤精，一地一人皆據之史籍。畢沅評價曰：「予嘉孫明經之爲此志，能別白是非，以得考古之眞也。」〔註27〕該志是研究彬縣地理、人物、古蹟的重要史料。當然，由於孫星衍過分強調詳於考訂古代，其「大事記」記事斷於明嘉靖元年，致使該志喪失對時下的價值，成爲該志之美中不足。此年由洪亮吉、孫星衍纂《澄城縣志》20 卷，其以舊志爲本，詳於考據，對舊志幾乎逐條注考，後人對是志頗爲重視。該年由錢坫纂《韓城縣志》，全志 16 卷 67 個子目，詳圖 12 幅，記事從上古至乾隆四十八年，內容剪裁得當，有乾隆四十九年刻本和嘉慶二十三年翻刻本。清末又有用舊版重印本，流傳較廣。乾隆五十年（1785），孫星衍纂《三水縣志》11 卷，在參考前志的基礎上，補康熙十六年（1677）至乾隆五十年之空缺，考證詳實，文簡事賅。其人物志囊古今賢哲，臚列無遺，尤其對三水地理沿革考證精審，記載詳細。該志對康、乾時期三水戶口錢糧及縣政開支等記載亦詳。

以上志書，都完整保存至今，足以證明畢沅幕府對陝西地方志的傑出貢獻。

二、對河南地區方志編修的貢獻

畢沅自乾隆五十年（1783）任職河南巡撫，至乾隆五十三年（1788）離任，短短的三年多時間，加上自乾隆五十三年至乾隆五十四年（1789）由洪

〔註25〕王朝爵修、孫星衍纂：《直隸邠州志》卷首，畢沅《序》。清乾隆四十九年刻本。
〔註26〕王朝爵修、孫星衍纂：《直隸邠州志》卷首，畢沅《序》。
〔註27〕王朝爵修、孫星衍纂：《直隸邠州志》卷首，畢沅《序》。

亮吉編纂的《懷慶縣志》，畢沅為官河南時期，當地共成九部方志。現據《中國地方志聯合目錄》所提供的資料統計列表如下：

表 4.4 畢沅為官河南時期地方纂修方志情況統計表

時　間	修　者	方　志	卷　數
乾隆五十一年（1784）	湯毓倬、孫星衍	《偃師縣志》	30 卷首 1 卷
	楊殿梓、錢時雍	《光山縣志》	32 卷
	謝聘、洪亮吉	《重修固始縣志》	26 卷
乾隆五十二年（1785）	盧崧、江大鍵、程焕	《彰德府志》	32 卷首 1 卷
	陸繼萼、洪亮吉	《登封縣志》	32 卷
	黃文連、吳泰來	《唐縣志》	10 卷
乾隆五十三年（1786）	周璣、朱璿	《杞縣志》	24 卷
	德昌、徐朗齋	《衛輝縣志》	53 卷首 1 卷
乾隆五十四年（1787）	唐侍陛、洪亮吉	《懷慶府志》	32 卷

　　上表所列這九部方志中，成於畢沅幕中賓客洪亮吉、孫星衍、吳泰來、徐朗齋之手的方志就有六部。並且，從乾隆五十一年至五十四年，歷年所成方志中皆有其幕賓之作，此皆體現畢沅幕府對河南修志事業的推動作用。對於上表中這些方志的編纂，畢沅皆給以支持，畢沅幕中賓客所修志書自不必說，如親自為乾隆五十一年（1786）唐侍陛、洪亮吉所修《固始縣志》、乾隆五十二年（1787）陸繼萼、洪亮吉所修《登封縣志》、乾隆五十三年（1788）德昌、徐朗齋所修《衛輝府志》作序。而幕外學者所編志書，同樣給以關注，如乾隆五十三年（1788）周璣、朱璿所修的《杞縣志》，作為地方大員的畢沅署名作為修志總裁，體現了其對該志纂修的重視。

　　洪亮吉作為清代著名的修史專家，於此時期修了大量優秀的方志。如乾隆五十一年（1786）洪亮吉修纂的《固始縣志》，由於其精於地理，該志在歷史地理考證上極為詳實，「考列史地志瞭如指掌」，並且該志資料豐富，「廣搜博采，闡發靡遺」，對於「古縣今縣、新城故城，徵引務期詳贍」，所引書目達幾十種之多。畢沅稱讚其「可與宋敏求、孟元老西京、汴京諸志錄較其優劣」〔註28〕。乾隆五十二年（1785）成書的《登封府志》，在編修過程中，洪

〔註28〕以上引自謝聘修，洪亮吉纂《固始縣志》卷首，畢沅《序》，乾隆五十一年刻本。

亮吉廣泛搜集古籍，並進行了大量的考證。所徵引的歷史及傳記，皆不厭其詳。其所立每一目皆有所據，實無可徵引者，始採舊志及採訪事實。正如洪亮吉在序中所言：「陽城太室，天地之中，帝行省方，亦惟登封，文曜列緯，思洽耆童，仿侯謹漢皇德記述皇德記第一。圖經既亡，輿地益晦，爰復舊觀，間志山水，仿隋周輿圖記述輿圖第二。……」畢沅亦評價其志「非近今方志所可同日語也」〔註29〕。乾隆五十四年（1789），洪亮吉所修《懷慶府志》，在從明至清凡六修中質量最高，該志以結構嚴謹、文辭簡練、考覈精詳著稱。並且，此時期，洪亮吉在修志理論上又有獨特的見解，認為方志應和一般學術一樣，旨在著述史實。他在《懷慶府志》「輿地志」的小序中曰：「舊志標題時景，文人積習，著述之家無取焉。」因此，洪氏摒除了一般志書中的「祥異志」，稱之為「物異」而列入「雜記」，使該志體例更加合理。所收內容亦較嚴謹，沒有像一般「祥異志」那樣大量收入妖異、靈徵等過分荒誕的內容，而是重於事實。

　　由於畢沅在河南期間為官時間較短，幕府成員數量與在陝西為官時期相比大大減少，其幕府所修方志與陝西時期相比，數量上大大減少，有些在質量上亦有所下降。如乾隆五十三年（1788）所修《衛輝府志》，雖然在篇幅上和以前所修的志書相比擴大了很多，全書總計55卷，但只不過抄撮各縣志雜湊而成，並未進行細緻的考證。畢沅在其序中稱：「徐孝廉朗齋從余遊，俾襄斯役，九閱月藏事。」〔註30〕即表明該志在纂修過程中，由於修志人才的缺乏，只能派剛到幕不久的幕賓徐朗齋擔任總纂官，成書極為倉促，因此，成書質量亦受到影響。

三、對湖廣地區方志編修的貢獻

　　乾隆五十二年（1787），畢沅升任湖廣總督。其在任期間，湖廣地區所修方志據《中國地方志聯合目錄》所提供的資料列表如下：

表4.5　畢沅為官湖廣時期當地方志纂修情況統計表

時　間	修　者	方　志	卷　數	省份
乾隆五十三年	王魁儒	《房縣志鈔》		湖北省

〔註29〕陸繼萼修，洪亮吉纂《登封縣志》卷首，畢沅《序》，乾隆五十二年刻本。
〔註30〕德昌修，徐朗齋纂《衛輝府志》卷首，畢沅《序》，乾隆五十三年刻本。

乾隆五十四年	王正常	《黃岡縣志》	20 卷	湖北省
	姚文起、危元福	《黔陽縣志》	42 卷	湖南省
	潘相、潘承煒	《澧志舉要》	2 卷	湖南省
乾隆五十五年	汪雲銘、方承保、張宗軾	《嘉魚縣志》	8 卷	湖北省
	張璿	《隋州志》	18 卷	湖北省
	曹熙衡	《歸州志》		湖北省
	吳嗣仲	《沅州府志》	40 卷	湖南省
乾隆五十六年	黃仁、童巒	《當陽縣志》	9 卷	湖北省
乾隆五十七年	章學誠	《公安縣志》		湖北省
乾隆五十八年	章學誠	《荊州府志》		湖北省
	黃愷、陳詩	《廣濟縣志》	12 卷	湖北省
	陳元京	《江夏縣志》	15 卷首 1 卷	湖北省
	黃德基、關天申	《永順縣志》	4 卷	湖南省
乾隆五十九年	高舉、徐養忠	《嶄水縣志》	20 卷	湖北省
	崔龍見、魏耀、曹義尊	《江陵縣志》	58 卷	湖北省
	章學誠	《常德府志》	24 卷附《文徵》7 卷《叢談》1 卷	湖北省
乾隆六十年	黃書紳	《麻城縣志》	28 卷	湖北省
	張琴、林光德	《鍾祥縣志》	20 卷	湖北省
	王維屏、徐祐彥	《石首縣志》	8 卷	湖北省

畢沅爲官湖廣時期，其在陝西、河南幕中的很多重要幕賓皆已離去，如跟隨畢沅七八年之久的孫星衍，早在乾隆五十二年即離開畢沅幕府出仕，洪亮吉亦在乾隆五十四年正月離幕。畢沅湖北武昌幕府，雖然賓客不斷，但皆你來我往，不能久留，因此，由其幕賓主持纂修方志的數量明顯減少。乾隆五十五年（1790），章學誠來到畢沅幕府，爲畢沅繼續纂修《史籍考》，同時，也將自己優秀的方志理論用於湖廣地區方志的編寫中。乾隆五十七年（1792），章學誠參與審讀《公安縣志》，此方志現已散佚。該志共八門十目，力求做到綱舉目張，「辭尚體要」。該志最大的特點是首置編年，強調編年紀在志書中的重要作用相當於正史本紀，「志者，史所取裁，史以記事，非編年弗爲綱也。」〔註 31〕可見，章學誠以「史法」爲標準編修和衡量方志。乾隆

〔註 31〕章學誠：《爲畢秋帆制府撰〈石首縣志〉序》，《章氏遺書》卷十四。

五十八年（1793），章氏親自編纂了湖南《常德府志》。乾隆五十九年（1794），章氏主持編纂湖北《荊州府志》，爲使此志內容詳實，他還親自去了荊州。該志體例謹嚴，考證詳實，「纂輯必注所出，則其法之善也」。對於這幾部志書的體例，章氏皆在志書之外，設立《文徵》、《叢談》。他強調「志家例錄爲藝文者，今以藝文專載書目，詩文不可混於史裁，別傳《文徵》7卷，自爲一書，與志相輔而行。」〔註32〕而對於搜剔材料之餘所收集的「畸言胆說，無當經綸，而有資談助者，另爲《叢談》1卷，皆不入於志篇」，從而使方志「存史、資治、教化」的功能得以彰顯。此時期，章氏的方志理論取得了很大的成績，著名的《方志立三書議》就是章氏在湖北畢沅幕中時提出的，是他修志實踐的總結。

乾隆五十七年（1794），畢沅委託章學誠主持編纂《湖北通志》〔註33〕，刺激了湖北地區方志的編纂。在《爲畢秋帆制府撰〈石首縣志〉序》中，章學誠以畢沅的口吻也談到：「縣志不修，近六十年，舊志疏脫，詮次無法，又闕數十年之事實。知縣玉田王君維屏，因余撰輯《通志》，檄徵州縣之書，乃論次其縣事，犁剔八門，合首尾爲書十篇，以副所徵，且請余爲之序。」《江夏縣志》的纂修者陳元京曾說過：「江夏自康熙庚子（康熙五十九年——引者注）以來，邑乘之未經纂輯者，七十餘年於茲矣。壬子冬（乾隆五十七年——引者注），予方有事於續續。適制軍畢重修《楚北通志》，命各州、縣刻日編輯，以考其成。因設局於本學明倫堂……」〔註34〕可以說，《湖北通志》的編寫使湖北地區在乾隆晚期出現一個修志高潮。其中不乏高水平的志書，《江夏縣志》即是一部考訂詳實、內容豐富的志書。談到該志的成書過程，編者陳元京曰：「輶軒之陳，傳聞恐謬，桑梓之地，耳目難眞。此無問殘碑斷碣，家乘野史，苟有可採，皆足以補記載之缺。而事出妄誕，語涉忌諱者，在所必屛焉。於時，紳士樂從，相與分事任勞，博搜廣輯，不一年而書成。」〔註35〕志中所引《鄂州圖經》、《武昌縣志》及王一寧《續江夏縣志》等書，都是現在已經散亡的志書，因此具有寶貴的史料價值。該志在舊

〔註32〕章學誠：《爲畢秋帆制府撰〈常德府志〉序》，《章氏遺書》卷十四。
〔註33〕章學誠始修《湖北通志》的時間，倉修良《文史通義新編新注》曰於乾隆五十七年始，章學誠《爲畢制府撰〈湖北通志〉序》中透露始修時間很模糊。胡適、姚名達《章實齋先生年譜》暫且定於乾隆五十七年，本書亦從。
〔註34〕陳元京《江夏縣志》卷首，自《序》。乾隆五十八年刻本。
〔註35〕陳元京《江夏縣志》卷首，自《序》。乾隆五十八年刻本。

志的基礎上，除對舊志有許多修補、增益外，還對舊志所記，加以考訂，不苟從如是。如《雜誌》中《雜辨》一目，其中對於地名的字形、字音的寫法和讀法都一一予以辨正，對於人物的史實，也有考證，以改舊傳的謬誤。對於地理沿革、變遷亦論辯較多。其文中可見「恐傳聞之誤」、「未深考」、「今正之」等斷語，而對於舊志所記存而志疑之處，不輕加刪削，而是標注「緣起無考」、「姑兩存之」等語，處理極爲客觀。

乾隆五十九年（1794），章學誠的《湖北通志》成書，但因畢沅隨即調離湖北而未得以刊行。嘉慶九年（1804），署名吳熊光、百齡等修，陳詩纂的《湖北通志》100 卷成書。對於該志的成書過程，其說不一。有謂嘉慶《湖北通志》乃陳詩纂改章學誠《湖北通志》原稿而成，有謂陳詩自纂而成。其實，兩種說法皆有失偏頗。考陳詩於乾隆四十三年（1778）與章學誠同年進士題名，兩人均致力於方志之學，章氏撰著《湖北通志》的時候，陳詩也在撰著《湖北舊聞錄》，章學誠在湖北方志館受人排擠，不得不離開湖北，陳詩曾發誓：「吾自有書，不與君同面目，然君書自成一家，必非世人所能議其得失也。吾但正其訛失，不能稍改君面目也。」〔註36〕此後，章氏離開湖北時因大怒，有「乃致書畢公將所纂各種席卷而去」〔註37〕的說法，因此，如果章學誠離開湖北時，將《湖北通志》已成稿一併帶走，陳詩只能重新草擬。但章學誠爲編通志所搜集的豐富的材料，不可能帶走，這就爲後來陳詩等人重修《湖北通志》留下相當豐富的參考資料。因此嘉慶九年刊刻的《湖北通志》，卷首雖未有畢沅及其幕賓章學誠署名，但他們的肇始之功不可滅。

畢沅所主導編修諸多方志中，尤以《西安府志》、《湖北通志》規模和意義最大。

第三節　西安府志

西安古稱天府四塞，爲古幽州形盛之地，自豐鎬宅京而後，秦、漢、隋、唐咸建都於此，因是以故山川、都邑、人文、土物等掌故甲於他郡。古之纂述，晉有《關中記》、《三輔決錄》、梁有《兩京新記》，後周有《西京記》，唐有《兩京道里記》、《咸鎬故事》，皆散佚不傳；傳者唯宋敏求《長安志》，但

〔註36〕章學誠：《丙辰札記》，《章氏遺書外篇》卷三。
〔註37〕見蕭穆《校刊〈湖北通志〉見存稿序》，《敬孚類稿》卷二，黃山書社，1992年版。

自後，「七百餘年無復有考獻徵文以繼其盛業者」〔註38〕，而明季王紹徽曾輯府志，但因其人為閹黨，而古人對於閹黨的歧視，認為其「是非筆削未必出於至公，故未久而其書亦淹沒也。」〔註39〕

乾隆三十八年（1772），四庫館開，清廷下令廣徵天下書籍。乾隆四十一年（1776），畢沅將親自編定的《關中勝蹟圖志》30 捲進獻。「是編舉陝西巡屬諸州縣，各分地理、名山、大川、古蹟四目，考據本末，薈萃諸書，系之以圖」〔註40〕，該書被乾隆批准收入《四庫全書》中。畢沅在搜集《關中勝蹟圖志》史料的同時，「蹦河隴，度伊涼，跋涉萬里，周爰咨詢，所得金石文字，起秦漢，訖於金元，凡七百九十七通。雍涼之奇秀，萃於是矣。公又以政事之暇，鈎稽經史，決摘異同，條舉而件繫之」〔註41〕，於乾隆四十六年（1781）成《關中金石記》8 卷。

畢沅在編纂二書的過程中，有感於古都西安山水掌故之放失，「公來撫茲土七年，名山大川，以暨故壚廢井，車馬經由過半。於山，則終南、惇物、太乙、華山、武功、太白；於水，則灞、滻、涇、渭、灃、滈、潦、潏，其閒存亡分合，雖孔傳、班書、桑經、酈注，迄無定論，錐指莫由；其它襲故沿譌，更難究詰。」〔註42〕《關中勝蹟圖志》雖然對山水沿革類加辨析，但「雙議單辭，相羊莫助」〔註43〕。因此，畢沅認為重修《西安府志》十分必要。乾隆三十六年（1774），嚴長明以病在告，遊歷至關中〔註44〕。在與畢沅討論修志中，見識頗同。於是，乾隆四十一年（1776），畢沅延請嚴長明入其幕府，並上書請求纂修《西安府志》，獲得批准。

關於《西安府志》的編纂過程，舒其紳曰：「乾隆癸巳，大中丞畢公奉命巡撫斯土，七稔以來，年穀順成，百廢俱舉。前於丙申入觀，特奏重修關中府志。上俞所請旌節旋轅，諭首郡田太守錫莘甄錄其事，而江寧嚴侍讀長明、

〔註38〕 舒其紳修，嚴長明纂：《西安府志》卷首，浦霖《序》。
〔註39〕 舒其紳修，嚴長明纂：《西安府志》卷首，薩布《序》。
〔註40〕 畢沅著、張沛校點《關中勝蹟圖志》卷首《四庫全書》館臣《案》，三秦出版社，2004 年版。
〔註41〕 畢沅：《關中金石記》卷首，錢大昕《敘》。
〔註42〕 史善長：《弇山畢公年譜》，乾隆四十四年己亥五十歲條。
〔註43〕 舒其紳修，嚴長明纂：《西安府志》卷首，畢沅《序》。
〔註44〕 《西安府志》卷首畢沅序中言嚴長明在乾隆四十年遊歷關中，其實畢沅《靈巖山人詩集》中早在乾隆三十六年詩中即有嚴長明入關的詩作《喜嚴侍讀冬友至》，而《清史列傳》亦載嚴長明此年卸職回家。

武進莊炘共編輯焉。侍讀以西安無舊志可因，而藏書之家復尟，因載歸末下，盡發所儲後，先一載輯成長編，復至青門。田守己捐館舍，未遑卒業。余適承乏此邦，深維茲事體大，恐終不潰於成也。因是斟酌民言，參稽案牘，凡一郡之農田、水利、食貨、建置、官師、學校、選舉，以及人物之忠孝節烈，官有條章、家相簿籍，恣情披閱，莫敢或遺，亦莫敢或濫。侍讀復爲甄綜史例，抑揚寸心，口沫手胝，又經兩載，汗青始竟。上之中丞畢公，督學童公暨方伯、廉鎮、觀察臺司、長吏咸以一得見許，爰編次卷帙付鏤木家。」〔註45〕從這段話可知，《西安府志》編纂得以成功，得益於嚴長明、莊炘、舒其紳等有識之士。

按清代方志通例，府志、縣志應以知府、縣令之名題爲「修」，而主筆的撰寫人題作「纂」，這是方志編撰過程中最重要的人物，其餘協修、參修、校對等等，各依具體情況署名。但《西安府志》十分特殊，實際主導修纂者乃巡撫畢沅，以省級高官主持所屬一府方志，於是創出「鑒裁」、「甄輯」、「編訂」等等新的題名方式。時任陝甘總督勒爾謹排在「鑒裁」首位，時任陝西巡撫畢沅列於第二，其餘省級官員依次排列。知府舒其紳列於「甄輯」第一，以下爲府、縣官員，嚴長明位居「編定」之位，尚有協修、校對多人。這種安排，目的只是強調了省級官員對這部方志的主持作用，而非西安府自主編纂。實際上，省級官員也是巡撫畢沅主導，題名於本書的人物，最起關鍵作用的是畢沅，其次是知府舒其紳和學者嚴長明。《西安府志》的編訂嚴長明，「向官京師，有聲館閣」，歷充《通鑒輯覽》、《熱河志》、《平定準噶爾方略》纂修官。乾隆三十年（1765年）曾奉旨重修《大清一統志》陝西省部分，因此對西安掌故、古蹟瞭如指掌，並在方志編修問題上具有自己的理論和見解。《西安府志》卷首由嚴長明制定的十四條略例，對編纂《西安府志》的參考書目、編寫內容、結構安排，各門的編寫義例進行了詳細的闡述。作爲《西安府志》的編訂官，具體修志的每一項工作，每一個環節，都由他親自負責完成。知府舒其紳「復爲參稽案牘，斟酌民言，俾一郡之掌故眉列掌示」〔註46〕。「侍讀嫻雅閎通，向以著作有聲館閣，而太守於政教修明之暇，復能蒐輯舊聞，網羅今憲，使是邦疆理、山川、戶口、田賦、民物、政事，罔不粲若列眉，瞭如指掌」〔註47〕。更爲可貴的是，《西安府志》的整個編纂過

〔註45〕舒其紳修，嚴長明纂：《西安府志》卷首，舒其紳《序》。

〔註46〕舒其紳修，嚴長明纂：《西安府志》卷首，尚安《序》。

〔註47〕舒其紳修，嚴長明纂：《西安府志》卷首，劉埥《序》。

程，從設想、奏請到最後的刪削、定稿，畢沅一直參與其中。《西安府志》
銜名中和畢沅同署鑒裁的陝西按察使浦霖曰：「……今大中丞畢公輯有《關
中勝蹟圖志》，於丙申入覲，進呈乙覽，奉旨繕入《四庫全書》。復以國家累
洽重熙，而關中爲文武遺區，聲教易於漸被，因請先將府志重加修輯。荷蒙
俞允。」陝西糧儲道翁耀亦曰：「大中丞弇山畢公巡宣是邦，閱茲數載，舉
凡土物、民風無不備悉。而西安爲省會要區，尤加意焉。乾隆丙申夏入覲避
暑山莊，以各屬舊志多簡而不詳，浮而寡要，奏加增輯，天子俞其請。」《西
安府志》初稿時「凡與秦中文獻關涉者，計得千五百種。發凡舉例，類聚區
分，文成數萬，爲門一十有五，分類五十有一，合成一百卷」，後經畢沅「親
加裁削，爲《西安府志》八十卷」〔註48〕，乾隆四十四年（1779）成書，次
年付梓。

　　《西安府志》是自西安設府以來〔註49〕僅有的一部府志。書成之後，舒
其紳感歎曰：「今國家重修統志，方成數省。而四庫館亦未竣事。是篇實爲諸
郡嚆矢。」與以前西安地方志相比，無論在搜薈群籍，決疑糾謬上，還是在
體例結構，史學思想上，都具特色，有功於地方史的研討。

一、資料豐富，考證詳實

　　方志是對一地歷史、地理、政事、風土等內容的記載，是綜合一地區自
然和社會、歷史和現狀的載體，是人們聽風觀道的依據。因此，方志的編寫
要求內容豐富、記述詳實、徵而有信。自古以來就有「縣之有志，猶國之有
史。史所傳，約而精，志所載，詳而薄」〔註50〕的說法，志書取材較史書尤
倡廣泛。《西安府志》的編纂官嚴長明曰：「傳云：言有物，又云：言之無文，
行之不遠。是編徵引經籍，悉取原文，言擇其雅事，從其核通」，〔註51〕爲此，
嚴長明在搜集史料上頗費苦心，「侍讀因與原本史裁，發凡起例，商榷既定，
多以茲事體大率臆莫憑，乃攜歸金陵，蒐薈群籍。凡與秦中文獻關涉者，計
得千五百種。類次區分，文成數萬，致力可謂勤矣。」〔註52〕另博考經史，
旁徵圖籍。取材既廣，卷軼逐多。爲避免「志承爲一方文獻，尤忌率臆無稽，
致使後來難以徵信」，《西安府志》卷首列出全部參考書目，「搜揚采輯，依益

〔註48〕史善長編：《弇山畢公年譜》，乾隆四十四年己亥五十歲條。
〔註49〕西安府爲明朝建置，洪武二年（1379）置西安府，後朝基本沿用。
〔註50〕重印宋敏求《長安志》卷首，民國陳子堅《序》。
〔註51〕舒其紳修，嚴長明纂：《西安府志》卷首，《略例》。
〔註52〕舒其紳修，嚴長明纂：《西安府志》卷首，畢沅《序》。

宏多，例得備書，不敢沒其實也！」〔註53〕筆者據《西安府志》卷首所列參考書目統計，《西安府志》援引經、史、子、集等各種書籍共有853種。這就爲《西安府志》考據史實提供豐富的史料。

《西安府志》內容豐富、充實，「舉凡土物、民風無不備悉」〔註54〕，對西安之歷史、地理、城防建置、人口增益、戰事兵禍、賦稅田糧、皇帝陵寢、宮邸建造、風景名勝等，無不詳載，可堪稱西安之通史，「特一郡之志，宜其證今憲古，條舉裕如。」〔註55〕凡一郡之農田、水利、食貨、建置、官師、學校、選舉以及人物之忠孝節烈、官有條章、家相簿籍，恣情批閱，莫敢或遺，亦莫敢或濫。「侍讀復爲甄綜史例，抑揚寸心，口沫手胝，又經兩載汗青始敬上。」〔註56〕如，「大川」4卷，記述長安、咸寧、藍田、咸陽、興平、臨潼、高陵、鄠縣、涇陽、三原、盩厔、渭南、富平、醴泉、同官、耀州等十六個縣的133條大川、渠堰的位置、歷史沿革及歷代開鑿、修繕情況。並採用詳近略遠的原則，對有清一代興修水利情況給以詳細記載。其結構安排爲首列大川，其餘支派並依次以載。由於「巨浸所暨即水利所資」，所以凡古今渠堰悉附於篇，並且一仿歐陽修作《唐書‧地理志》之例，「凡一渠之開，一堰之立，無不記於其縣之下」，「欲守斯土者勤思民事，知厲害，可資田功，宜即所謂以百里之才而創千年之利也」〔註57〕。尤爲一提的是，《西安府志》遵循「志以傳信非以傳疑，邑志與國史體微異而用則一」〔註58〕的原則，對於野史、稗官、郢書、燕說等，別爲拾遺7卷，「聊以資博覽廣異聞而已」〔註59〕，內容包括地理、山水、建置、食貨、學校、職官、人物、選舉、大事、古蹟、藝文、金石等。這些內容，雖曰俗，但具有重要史料價值，對前面的內容進行了充分的補充。

至於考究異同，訂正僞舛及時事之見於案牘者，俱於本條附加按語。據筆者粗略統計，《西安府志》共有按語395條。這些按語集中於名山、大川、古蹟、金石等志中，考證可謂精詳。如對漢長樂宮中諸殿的考證：「按長樂宮中諸臺殿方位無考者有宣德、通光、高明三殿，《長安志》見三輔宮殿名在長

〔註53〕舒其紳修，嚴長明纂：《西安府志》卷首，《略例》。
〔註54〕舒其紳修，嚴長明纂：《西安府志》卷首，翁耀《序》。
〔註55〕舒其紳修，嚴長明纂：《西安府志》卷首，薩布《序》。
〔註56〕舒其紳修，嚴長明纂：《西安府志》卷首，舒其紳《序》。
〔註57〕舒其紳修，嚴長明纂：《西安府志》第五卷卷首。
〔註58〕萬廷澍修，洪亮吉纂：《淳化縣志》卷首，萬廷澍《序》。
〔註59〕舒其紳修，嚴長明纂：《西安府志》卷首，《略例》。

樂宮，又有長定、建始、廣陽、中室、月室、神仙、椒房諸殿，又溫室殿，漢《孔光傳》或問室殿，又鴻臺，《黃圖》長樂宮有鴻臺。秦始皇二十七年，築高四十丈，上起觀宇，帝嘗射飛鴻於上，故號鴻臺。《漢書》惠帝四年長樂宮鴻臺災，又鍾室《漢高帝紀》十一年呂后殺韓信於長樂。鍾室，師古曰謂懸鍾之室，《地理志》未央殿東北二里許，鍾室故處也，有隙地丈餘，草色皆殷赤，相傳呂后殺淮陰血漬而然。」〔註60〕在這段按語中，畢沅援引《長安志》等典籍，對漢長樂宮進行詳細考證，也是對乾隆四十一年（1776）成書的《關中勝蹟圖志》古蹟部分的內容充分的補充。

嚴長明之子嚴觀亦協助《西安府志》的編纂工作〔註61〕，在《西安府志》卷首的銜名中雖署校訂，但其也參加了對該志的考證工作，主要集中在《人物志》部分，《人物志》14卷共有32條考證，署名嚴觀的考證就有18條，可見其用功非淺。其中有對古今地理位置的考訂，如卷二十七：「陽陵，今高陵縣。賈《志》載高陵侯王虞人，高陵侯翟方進，平陵侯蘇建，杜侯復陸支，富平侯張安世。考史，漢高陵屬琅琊，平陵屬武當，杜屬重平，富平屬平原，皆非今地。」有對官職、地名的考證，如卷二十八：「賈《志》後漢載建中侯彭寵，考《北史‧毛鴻傳》北魏明帝改三原縣爲建中郡，漢時尚無此名；又載富平侯張純，漢富平屬平原，非今地，故並從刪。」如此之類，十分精湛，契合於當時的史地考據學風。《西安府志》的編纂亦創下中國史學中父子同修一部方志的新記錄。

二、結構精當，體例謹嚴

宋元以來，方志的編纂體例是仕細目並列的基礎上又產生分綱列目式，《西安府志》的編纂體例即採用這種形式，這種編纂體例是在大的門類之下，再細分子目，以達到綱舉目張，眉目清楚。

在總目安排上，《西安府志》仿照史體，民情、土俗、條教、號令，一應俱載，而尤其重視山川形勢、地理沿革，列爲首篇。次之以食貨、學校等等，爲了使「治具彝章得失，期於可鑒」，於是專設大事志一門，又因「既往文獻，惜其無徵」，於是設古蹟一門，而對於藝文、金石的設置，乃因「詩所以觀民

〔註60〕舒其紳修，嚴長明纂：《西安府志》卷五十四，《古蹟志》上。
〔註61〕嚴觀《湖北金石詩》卷首，孫星衍《序》中稱：「予始與子進、尊甫侍讀君，及張舍人塤、錢刺史坫，依畢中丞於關中節署，訪求古刻。」可見，畢沅著《關中金石記》，嚴觀亦協助搜求。很可能此時嚴氏父子皆爲畢沅幕賓。

風，文所以記政事」〔註62〕，皆致治所不廢。這樣的分類方式門目清晰，使觀者不致耳目混淆。

《西安府志》在具體分類別門上，講求賅簡。如，古來方志中對於職官一門的記述分類很繁，《陝西通志》就把職官分爲聖賢、名宦、廉能、勇略、直諫、忠節等門，未免繁瑣，各類中也有重複。《西安府志》對於傳統的分類形式進行合併，職官中只有官師、名宦二門。這是採取「附者取其相近，合者取其相因」的原則。如，「分野」列在《地理志》中，「蓋地本於天」；「驛傳」、「營伍」列於《建置志》中，是因爲「兵所以禦城池，馬所以利剽傳，故統載於建置」；「風俗」附於《學校志》中，是由於「風俗由教化而成，故連綴於學校」。這些都是「義取其相近」。而「戶口、徭役、榷稅、鹽錢、茶馬、物產」等統於《食貨志》中，「宮闕、苑囿、第宅、林坰、祠宇、陵墓」統於《古蹟志》中，這樣做是「例取其相因」。此外，對於《建置志》、《食貨志》、《選舉志》、《古蹟志》、《金石志》，因其「理緒煩芜」，復仿班志，於每門分上、中、下三卷，「俾觀者耳目不致混淆」〔註63〕。

對於《西安府志》的結構安排，畢沅稱讚「披覽其文，則簡要而事復賅，綜具程大昌之博議而謝其煩蕪，擅何景明之雅才而加以典實。蓋侍讀讀書破萬，故能衷百論以貫三長。」〔註64〕。

三、詳略得當，經世致用

劉墫稱：「郡邑之有志，所以審疆域，察風土，鏡古今，辨因革，觀民設教。於是取資，實爲治者輔相裁成之一助。」〔註65〕此一語道出方志應重視地理沿革。而要使志書充分實現風土教化之能事，就要選材精鍊，剪裁得體。

舒其紳談到《西安府志》的剪裁，其曰：「……斟酌民言，參稽案牘，凡一郡之農田、水利、食貨、建置、官師、學校、選舉以及人物之忠孝節烈、官有條章、家相簿籍，恣情批閱，莫敢或遺，亦莫敢或濫。」〔註66〕《西安府志》在具體內容上詳略有序。如，由於古來田制有綜蓋全省的記載方式，官師也是兼理數縣，因此，選舉志、人物志中「隱逸、流寓多產生於異地」

<hr />

〔註62〕舒其紳修，嚴長明纂：《西安府志》卷首，《略例》。
〔註63〕舒其紳修，嚴長明纂：《西安府志》卷首，《略例》。
〔註64〕舒其紳修，嚴長明纂：《西安府志》卷首，畢沅《序》。
〔註65〕舒其紳修，嚴長明纂：《西安府志》卷首，劉墫《序》。
〔註66〕舒其紳修，嚴長明纂：《西安府志》卷首，舒其紳《序》。

者，或是本非著籍西安但封爵在此者，都要附載。並且對於《人物志》中名臣巨公已見正史者，應「搜其隱德」，即不被眾人所知的部分，詳加記述，「不防辭費」。但若治績並非專西安一郡所獨有的事蹟，就不再記載「以侵職守」〔註67〕；而對於外戚、宦官只取有建樹者編入其中，其餘併入「拾遺」卷中。對於未亡故之人物、未旌表之列女，則不入書，這就避免了濫溢。再如，《西安府志·大事志》按照通鑑編年體例，但選材精審，對於戰爭的記述，選其重要的關乎疆宇者編入。對天文、五行之類，則只選大者記之，小者附入拾遺，而於機祥占驗，概不具錄。對於僭竊制度亦不記載。又如，《藝文志》中對於詩文的選篇亦有側重，隋唐以前的諸家著述，甄錄達到十分之七，宋元以後詩文太多，則只是節錄文中重要章節錄入，這樣做達到了「不蕪不漏」。此外，爲使《西安府志》在記載詳略上有別於一省通志，又不同於州、縣志，凡《大清會典》與州縣志中詳細記載之事，《西安府志》中概不多贅。

《西安府志》注重實政。畢沅在《西安府志》序中談到其編纂體例：「一郡之內，古今疆索殊其致，山川民物異其宜，利弊沿革，必先貫穿於中，而後見之施行，各得其職，是以班氏《漢書》首志地理，誠見夫欲行所知，未有不先以尊所聞者也。」在嚴長明撰寫初稿後，畢沅考慮到「事不深於政術，理弗密於時務」，不親自任官從政，難以理解政治機理，於是延請府尹舒其紳實任修訂之事，「公餘之暇，力任搜揚，閱其所上圖冊，至于謙兩莫能勝載」。經舒其紳修改後，《西安府志》大爲改觀：「舒守本實心以行實政，即其甄錄所在，而於食貨見其勤求政本焉，於建置見其興舉廢墜焉，於學校官師知其興德造而重循良，于忠貞節烈，知其闡幽潛而維風教。則是志也，固一郡之獻徵，即謂太守之治譜可也。」〔註68〕尚安在《序言》稱讚《西安府志》「上以備四庫之儲藏，下以佐三輔之化理」〔註69〕，評價實爲允當。

爲實現方志經世致用功能，《西安府志》採用詳今略古敘述原則，記述歷朝對於西安名勝古蹟、名山大川的修葺治理情況，而尤以有清一朝，特別是乾隆時期畢沅居官陝西時期的治理尤詳。

首先是河渠的治理，如在大川一門中，對於涇陽縣鄭渠和白渠的治理，在記述歷朝對其治理的同時，詳細記述有清一朝尤其是畢沅對其治理情況：

〔註67〕　以上引文見舒其紳修，嚴長明纂《西安府志》卷首《略例》。
〔註68〕　以上引文見舒其紳修，嚴長明纂《西安府志》卷首，畢沅《序》。
〔註69〕　舒其紳修，嚴長明纂：《西安府志》卷首，尚安《序》。

乾隆四十年（1788），畢沅因公途經涇陽，由趙家橋沿堤行二十餘里，周覽二渠情況，嚴長明與畢沅同行，歸後對二渠進行了徹底的整治。對於通濟渠，更詳載有清歷朝的治理情況，康熙六年賈漢復重修，畢沅至西安，給以徹底修葺，將繞城壕溝挑挖深闊。

其次是對文化事業的扶持。如，學校一門中，詳述清朝修治府學之事，尤其對於關中書院的重修予以詳細的記述。建於萬曆三十七年（1609）的關中書院，至清代已經破落不堪，乾隆三十六年（1771），畢沅重新修葺書院，聘請當時的著名學者戴震主持，從全省生徒中選擇有德造者入書院學習。重視儒學與尊崇前代聖賢密切關聯，卷二十七《人物志》中記載畢沅查詢譜牒，尋訪周公後裔，並奏請添設五經博士之事。畢沅在陝期間，共表彰西安古今名宦先賢 74 人。〔註70〕

再者是對於古蹟的修葺保護。《西安府志》古蹟一門中，重點記述有清一代對於祠宇修葺情況，如在西安府城西五里隋代所建的崇仁寺、太白廟等古祠，都經畢沅的重新修建。纂修《西安府志》的過程，同時也是調查政務、民情，文物、古蹟，大辦公益建設，推行文教的進程。

在繼《西安府志》的編纂之後，畢沅又校訂了《長安志》、《三輔黃圖》等古代典籍，這是直接從纂修《西安府志》延伸出來的學術工作。方志纂修本是官方活動，畢沅則藉此招攬了一些人才。這些幕賓通過編修方志，積累了治學的經驗，增長了文化學識。畢沅《關中勝蹟圖志》、《關中金石記》的編纂，雖然也有幕賓的協助和配合，但其畢竟規模尚小，《西安府志》的編寫，可以說是畢沅組織修纂較大型書籍的一次成功的演練，爲他後來完成一系列書史的編修，從材料上、人員上以及經驗上提供了更充分的條件。因此，畢沅主導纂修《西安府志》的舉措，是其治學生涯的一個重要選擇，起到承前啓後、繼往開來，從人員、組織、學識等各個方面奠定此後幕府修書基礎的作用。

第四節　湖北通志

乾隆五十三年（1788）秋，畢沅升任湖廣總督，辦理湖北、湖南軍務。其在河南幕府時期由章學誠所主持的《史籍考》編定工作不得不中斷。章學

〔註70〕舒其紳修，嚴長明纂：《西安府志》卷六十二，《古蹟・祠宇》。

誠在乾隆五十四年（1789）寫信給畢沅，希望能得到畢沅繼續支持，把《史籍考》編纂完成。於是，乾隆五十五年（1790），章學誠到武昌繼續編纂《史籍考》。從乾隆五十五年（1790）至乾隆五十九（1794）年，章學誠除了專心於《史籍考》的編纂外，很大一部分精力用在了畢沅委之主持的《湖北通志》的編纂上。

畢沅要編纂《湖北通志》，出於兩個原因。其一，湖北自古以來爲水陸要地。畢沅在《湖北通志》序中闡述其重要性：「謹按湖北今部十一府州，蓋分湖廣之半，聖祖皇帝康熙三年制也。漢爲南郡江夏，三國魏、吳各置荊州，六朝五季，南北之衝，宋之荊湖北路，元之湖廣江南行省，以訖前明湖廣布政使司；古今幅員廣狹，分和不同，不可具論。然武昌東扼三吳，荊州西接兩川，襄陽北控宛、洛，昔人所稱爲水陸三要，已隱然若爲今日湖北專部，所畫規方千有餘里，豈漫然哉！」〔註71〕其二，湖北方志年久失修。乾隆五十三年（1788），荊州大水，湖北所屬十一府州大被淹損，畢沅率百僚擊退水患後，規劃湖北治理方案，「治要莫備於書，因取《通志》觀之。」〔註72〕而雍正十一年（1734）所修《湖廣通志》，兼載湖南、湖北兩部，但因「時越六十餘年，猥並失次，闕略未完，難以備一方之文獻。」〔註73〕乾隆二十七年（1762），國朝大學士陳宏謀巡撫湖南，與藩臬諸臣創修《湖南通志》，「去今未久，猶可觀覽」，獨湖北仍用雍正時志。於是，章學誠到來，畢沅又把編撰《湖北通志》一事委託於他，至乾隆五十九年（1794）卒業。只是由於畢沅調離湖北，章學誠因而失去支持，館中「諸當道憑先入之言，委人磨勘，諸同事亦騰躍而起，駁議百出」〔註74〕。其所編《湖北通志》遭到否定，章學誠「以畢公回任無期，諸當道又無可與語，乃致書畢公，將已所纂修各種席卷而去」〔註75〕，原書未能刻行，現今我們所見只有《湖北通志檢存稿》殘稿 4 卷。此實爲學界一大憾事，而從中體現畢沅在《湖北通志》編撰中的巨大支持作用。《湖北通志》在編纂體例上的開創意義如下：

〔註71〕章學誠：《爲畢制府撰〈湖北通志〉序》，《章氏遺書》卷二十四。
〔註72〕章學誠：《爲畢制府撰〈湖北通志〉序》，《章氏遺書》卷二十四。
〔註73〕章學誠：《爲畢制府撰〈湖北通志〉序》，《章氏遺書》卷二十四。
〔註74〕蕭穆：《校勘〈湖北通志檢存稿〉序》，《敬孚類稿》卷二。
〔註75〕蕭穆：《校勘〈湖北通志檢存稿〉序》，《敬孚類稿》卷二。

一、方志新體例——「三書」的全面貫徹

（一）「三書」的提出

清代從立朝始，朝廷就極爲重視方志的編纂。康熙年間，朝廷下令把賈漢復的《河南通志》「頒諸天下以爲式」，自此所修方志大多採用此體例。方志編修體例的程序化，對於規範方志的內容起到一定的作用，但這種千篇一律的修志模式，確實不能全面反映地方特點。章學誠在他早年的《答甄秀才論修志第二書》中對當時的修志體例曾提出尖銳的批評，他指出：「今之州縣志書，多分題目，浩無統攝也。如星野、疆域、沿革、山川、物產，俱地理志中事也；戶口、賦役、征榷、沿革、市糴，俱食貨考中事也；朝賀、壇廟、祀典、鄉飲、賓興，俱禮儀志中事也。凡百大小，均可類推。篇首冠以總名，下乃縷分件析悉，彙列成編，非惟總萃易觀，亦且謹嚴得體。此等款項，直在一更置耳。而今志猥瑣繁碎，不啻市井泉貨注簿，米鹽淩雜，又何觀焉」〔註76〕上述批評指出當時方志編修的兩大弊端，一是方志題目分列太多，又無統攝，閱讀起來，確實十分不便。二是要撰寫一省通志，絕不可將所屬府州縣志加以拼湊抄錄，也不可將通志分析而成所屬府州縣志，應各有自己內容範圍和義例要求。他說：「山川古蹟陵墓，皆府縣所領之地也，城池壇廟祠宇，皆其地所建也，此則例詳府州縣志，通志重複詳之，失其體矣。茲舉其大而略其瑣細，各屬專志。譬之垣墉自守，詳於門內，而不知門外，通志譬之登高指揮，明於形勢，而略於間架，理勢然也。」〔註77〕

章學誠於湖北期間所修《常德府志》、《荊州府志》就已設有《文徵》、《叢談》，既而，他提出方志要立「三書」的體例：「凡欲經紀一方之文獻，必立三家之學，而始可以通古人之遺意也。仿紀傳正史之體而作《志》，仿律令典例之體而作《掌故》，仿《文選》、《文苑》之體而作《文徵》。三書相輔而行，闕一不可；合而爲一，尤不可也。懼人以謂有意創奇，因假推或問以盡其義。」〔註78〕除《通志》、《掌故》、《文徵》三書之外，修志過程中，因搜集了豐富的資料，「取擷所餘，雖無當於正裁，頗有資於旁證」〔註79〕，因此，這一部分資料，「闌入則不倫，棄之則可惜」，於是，「考據

〔註76〕章學誠：《答甄秀才論修志第二書》，《章氏遺書》卷十五。
〔註77〕章學誠：《通志·凡例》，《章氏遺書》卷二十四。
〔註78〕章學誠：《方志立三書議》，《章氏遺書》卷十四。
〔註79〕章學誠：《爲畢制府撰〈湖北通志〉序》，《章氏遺書》卷二十四。

軼事，瑣語異聞」〔註80〕，編爲《叢談》4卷，作爲附錄於後。這樣的處理，與編書義例無妨，「彼於書之例義，未見卓然成家，附於其後，故無傷也。既立三家之學，以著三部之書，則義無可借，不如別著一編爲得所矣。」〔註81〕章氏方志「三書」的理論在編修《湖北通志》的過程中得到全面的實施。

（二）「三書」在《湖北通志》中的體現

《湖北通志》首先設《通志》七十三篇，「志者，識也，簡明典雅，欲其可以誦而識也。刪繁去猥，簡帙不欲繁重。……志則出國史，抉擇去取，當師法史裁，不敢徇耳目玩好也。」〔註82〕其次設《掌故》，「今於《通志》之外，取官司見行章程，分吏、戶、禮、兵、刑、工，別爲掌故一書，凡六十六篇，所以昭典例也。」〔註83〕再次設《文徵》，「取傳記、論說、詩賦、箴銘之屬，別次甲、乙、丙、丁，上下八集，以爲文徵，所以俟采風也」〔註84〕。對於這樣的內容安排，章學誠感歎道：「臣愚以爲『方志』義本百國春秋，『掌故』義本三百官禮，『文徵』義本十五國風。……唐宋以來，正史而外，有『會要』、『會典』，以法官禮；『文鑑』、『文類』，以仿國風。蓋不斯而合古也。」〔註85〕

1、通志

三書之中，「志」是模仿正史紀傳體而作的，是方志的主幹。因此，章學誠取古今史志例義，分紀、表、圖、考、略、傳六部分，作爲方志的主體。

紀：所謂紀者，是指按年編寫的大事記，與一般正史中的本紀不同，其要求是要把這個地區「古今理亂」之重大事件都「粗具於編年紀」中〔註86〕，即以編年之紀作爲全書之綱。面對時下方志編纂狀況，章學誠說到：「史以紀事爲主，紀事以編年爲主，方志於紀事之體，往往缺而不備，或主五行祥異，或專沿革建置，或稱兵事，或稱雜記，又或編次夾雜，混入諸門之中，不爲全書綱領。」〔註87〕於是，在《湖北通志》中，章氏提出「紀以編年爲名，

〔註80〕章學誠：《爲畢制府撰〈湖北通志〉序》，《章氏遺書》卷二十四。
〔註81〕見章學誠《方志立三書議》、《爲畢制府撰〈湖北通志〉序》。
〔註82〕章學誠：《通志・凡例》，《章氏遺書》卷二十四。
〔註83〕章學誠：《爲畢制府撰〈湖北通志〉志序》，《章氏遺書》卷二十四。
〔註84〕章學誠：《爲畢制府撰〈湖北通志〉序》，《章氏遺書》卷二十四。
〔註85〕章學誠：《爲畢制府撰〈湖北通志〉序》，《章氏遺書》卷二十四。
〔註86〕章學誠：《通志・序傳》，《章氏遺書》卷二十五。
〔註87〕章學誠：《通志・凡例》，《章氏遺書》卷二十四。

例仿綱目，大書分注，俾覽者先知古今，瞭如指掌。」〔註88〕

表：對於史表作用的重視，最早是宋代鄭樵，他對司馬遷《史記》的十表非常稱頌，認為「《史記》一書，功在十表，猶衣裳之有冠冕，木水之有本源」〔註89〕。章學誠亦認為表是撰史修志不可缺少的組成部分。故他所撰諸志，部部有表，於是《湖北通志》「取年經事緯，封建與地理，參稽則著，援引書名於下」〔註90〕。其中，僅人物就立有五表。如《職官表》一改康熙《湖廣通志》「職官止載監司以上，而武職略之」的缺失，而是擴大記載官職範圍，「今文職自知府為止，武職自參遊為止」。《選舉表》對於「府州縣志，選舉載及捐銜貢監吏員等項」《通志》不能遍及的內容，但「表列進士舉人，其辟舉特薦諸科，亦並附之」〔註91〕。《族望表》的優點更多：「一則書登柱下，史權不散，私譜有所折衷，其便一也。一則譜法畫一，私譜凡例未純，可以參取，其便二也。一則清濁分塗，非其族類，不能依託，流品攸分，其便三也。……一則地望著重坊表，都里不為虛設，其便九也。一則徵文考獻，館閣樵收，按志而求，易如指掌，其便十也。」〔註92〕從而「使方志預集一方之望族」，以做到「大省小省，準是以為寬約，亦可備譜學矣」。於是「譜牒自科甲為主，其非科甲，而仕宦京官至四品，外官至三品，武官至二品者，亦列於表。」〔註93〕對於《人物表》，「用班氏之表例，而去其九品分科；參常氏之綜名，而加以三條徵引……則類從列表，以為人物之總攝。」〔註94〕此外，對於《食貨考》中頭緒紛繁的賦役一門，章氏還作了賦役表以相統攝。經過他的苦心經營，史表的作用在方志中可以說得到了充分的發揮。

圖：在章學誠看來，圖的作用，有時更勝於表。他說：「史不立表，而世次年月，猶可補綴於文辭；史不立圖，而形狀名象，必不可旁求於文字。此耳治目之所以不同，而圖之要義所以更甚於表也。古人口耳之學，有非文字所能著者，貴其心領而神會也。至於圖象之學，又非口耳之所能授者，貴其目擊而道存也。」因此，「雖有好學深思之士，讀史而不見其圖，未免冥行而

〔註88〕章學誠：《通志‧凡例》，《章氏遺書》卷二十四。

〔註89〕章學誠：《為畢制府撰〈湖北通志〉序》，《章氏遺書》卷二十四。

〔註90〕章學誠：《通志‧凡例》，《章氏遺書》卷二十四。

〔註91〕章學誠：《通志‧凡例》，《章氏遺書》卷二十四。

〔註92〕章學誠：《湖北通志‧族望表敘例》，《章氏遺書》卷二十四。

〔註93〕章學誠：《通志‧凡例》，《章氏遺書》卷二十四。

〔註94〕章學誠：《湖北通志‧人物表敘例》，《章氏遺書》卷二十四。

挺埴矣」〔註95〕。故章氏在《湖北通志‧凡例》中強調「諸圖開方計里，又取切實有用，不爲華美之觀」，「古界今名，披文而得其原委，觀畫而洞其形勢，二者缺一不可」，這正是針對當時有些方志作圖只爲追求形式美觀的現象而發。爲此，他在《湖北通志》的圖中用兩種顏色標明疆界，當前的邊界用黑色，古代的邊界用紅色：「取兩漢以訖元、明，每朝所分州郡，在今湖北境者，分別朱、墨二色，朱標古界，墨劃今疆，每朝各繪一圖，俾考歷朝沿革者，洞如觀火。其邊界交錯，有古郡在今湖北境，而屬縣在今江西、河南、四川、陝西者，朱色標郡於墨界外，而收隸縣於墨界內。刊板即用二色套印，則圖經之設，不爲華美虛文，而考地理者無遺憾矣。」〔註96〕

　　考：章學誠在《修志十議》時便已提出：「典故作考，人物作傳，二體去取，均須斷制盡善，有體有要，乃屬不刊之書，可爲後人取法。」然而當時所撰之方志，都有失於體要，一則是題目分得過細，再則變成選文類纂，非復志乘之體。欲改變此狀況，必須以史法繩之。如對於《湖北通志》中的《府縣考》寫法，章氏曰：「考乃書志之遺，府縣一考，專論建置沿革，最爲全書根底，考訂不厭精詳，既著其說，又列其表，觀者一望了然。至星土之說，存其大概，以天道遠而人事邇也」。〔註97〕

　　略：章氏認爲「夫略者，綱紀之鴻裁，編摹之偉號，……蓋有取乎謨略之遺，不獨鄭樵之二十部也。」〔註98〕對於方志中的名宦和鄉賢的記述，以往志書往往一例同編，「幾無賓主重輕之別」，章學誠認爲「列國諸侯，開國承家，體崇勢異，史策編列世家，抗於臣民之上，固其道也」，而「苟使官民同錄，體例無殊，未免德、操詣龐公之家，一室難分賓主者矣」。〔註99〕因此，在《湖北通志》中，他把鄉賢概列爲傳，而名宦則稱爲《政略》。「蓋人物包該全體，大行小善，無所不收。而名宦則僅取其政事之有造於斯地耳，雖有他善，而無與斯地，或間出旁文，或非其要義；雖有不善，而於斯地實有功德，則亦不容遽泯，故不得以傳名，而以《政略》爲名。」〔註100〕爲此，他把名宦分爲《經濟》、《循良》、《捍禦》、《師儒》四篇。對於如此安排，章氏

〔註95〕章學誠：《永清縣志輿地圖敘例》，《章氏遺書‧外編》。
〔註96〕章學誠：《通志‧凡例》，《章氏遺書》卷二十四。
〔註97〕章學誠：《通志‧凡例》，《章氏遺書》卷二十四。
〔註98〕章學誠：《通志‧政略敘例》，《章氏遺書》卷二十四。
〔註99〕章學誠：《通志‧政略敘例》，《章氏遺書》卷二十四。
〔註100〕章學誠：《通志‧凡例》，《章氏遺書》卷二十四。

無不得意地說：「以之次政事，編著功猷，足以臨涖邦人，冠冕列傳，揆諸記載，體例允符。」〔註101〕

傳：章學誠曰：「邑志列傳，全用史例」〔註102〕。

首先，章學誠認爲「傳有記人記事之別」，乃是司馬遷立傳之本意，如《史記·貨殖列傳》則不是以人物爲中心。然而後世史家往往有失此意，談到列傳，則僅拘於爲個人具始末，無復言記事之傳矣。因此志書中之傳，應做到「編年文字簡嚴，傳以伸其未究，或則述事，或則書人，惟用所宜」，而不應「執於一也」〔註103〕。他爲了復司馬遷立列傳之舊觀，故於《湖北通志》中身體力行，既有事類相從，亦有數人合傳。記明末農民起義之事，曾立《明季寇難傳》；述明末黨爭者，則有《復社名士傳》。而《歐魏列傳》，名爲歐陽東風、魏運昌二人合傳，實則因「湖北水利之要害，與《水利考》相表裏」，此二人「一爲明代沔陽之人，一爲國朝景陵之人，以論水利合爲一傳，亦史家比事屬辭之通義」〔註104〕。

其次，爲了寫好方志的列傳，對於內容詳略取捨諸問題，章學誠都提出了嚴格的要求。內容上應本著「詳今而略古」，「詳後而略前」的原則，即「正史未具之人，方志詳爲之傳，是詳今也，正史有傳，則但存其名於表，是略古也」，而「宋、元至明，史傳雖具，史外有書可參，故無傳者補之，傳未盡者或增訂之，是詳後也。隋、唐以前，史無旁書可參，則止有人物表，而無補定諸傳，是略前也。」〔註105〕尤其是以往人物，「史傳昭著，無可參互詳略施筆削者，則但揭姓名爲人物表，其諸本傳，悉入文徵以備案檢」，「方志家言，搜羅文獻，將備史氏之要刪」，如果「史之所具，已揭日星，復於方志表揚，豈朝典借重於外乘耶？」〔註106〕並且，對於那些「爲正史列傳所遺」的方志人物，「於法宜詳於史」。而對於那些「古人名在史傳」者，「若一概全鈔，便成漫漶；若一概刪去，又成缺典。」因此只是把其本傳錄於《文徵》中，本志不再爲其立傳，但列其名於《人物表》中。《湖北通志》中所列之人物傳，應爲「諸史列傳之遺」〔註107〕。對於人物傳，「約略以類相次，而不甚拘於時

〔註101〕章學誠：《湖北通志·政略敍例》，《章氏遺書》卷二十四。
〔註102〕章學誠：《亳州志人物表例議》，《章氏遺書》卷十五。
〔註103〕章學誠：《湖北通志·序傳》，《章氏遺書》卷二十五。
〔註104〕章學誠：《歐魏列傳》，《章氏遺書》卷二十六。
〔註105〕章學誠：《湖北通志·序傳》，《章氏遺書》卷二十五。
〔註106〕章學誠：《湖北通志·序傳》，《章氏遺書》卷二十五。
〔註107〕章學誠：《湖北通志·凡例》，《章氏遺書》卷二十四。

代」。而對於同一類者，則以時代爲先後。但是雖然「傳人略以類此」，卻「不須明作標目」，如《忠孝》、《文學》、《仙釋》、《藝術》，「數篇之外，概以名姓標題。蓋人之行事，難以一端而盡，強作標目，則近於班氏之九品論人矣。」〔註108〕此外，對於志家設《流寓》一門，章學誠認爲《流寓》只可用於府州縣志，而《通志》不適宜用。因爲《通志》記載的範圍較府州縣志大很多，因此，「夫規方千里有餘，古人轍迹往來，何可勝屬？」〔註109〕再者，以往方志對人物記載失實，表現在對於史書中有傳的人物，方志則去貶留褒，對於史不立傳之人，方志則任情無例。因此章學誠提出方志中對人物的記述要褒貶如實，採用「持論不可不恕，立例不可不言，采訪不可不愼，商榷不可不公」〔註110〕的書寫原則，對人物如實書寫，因爲志的諸體既然一如正史之規，那麼措辭命意當具撰史之筆法，使方志的續寫「據事直書，善否自見」，即寓褒貶於敘事之中。

此外，章學誠非常重視爲舊志寫傳，「史氏專家，淵源有自，分門別派，抑亦古今得失之林，而史傳不立專篇，斯亦載筆之闕典也。」〔註111〕在章氏所修《永清縣志》和《和州志》中都設有《前志列傳》，因爲他認爲「史家著作成書，必取前人撰述彙而列之，所以辨家學之淵源，明折衷之有自也」〔註112〕。在《湖北通志・前志列傳》中所載舊志部數增加了很多，「府州縣志，擇其爲人所稱道者，條附而論次之，存千百於十一，所謂支也，並取足以供載筆之要刪，爲《前志》篇。」〔註113〕

2、掌故

「一方之志，既爲內史備其取裁，則一方制度條規，存乎官司案牘，亦當別具一編，以爲有司法守，使之與志相輔而行。」對於「今曹司吏典之程，錢穀甲兵之數，志家詳之，則嫌蕪穢，略之又懼缺遺」。況且，「方志諸家，則猶合史氏文裁，與官司案牘，混而爲一。文士欲掇菁華，嫌其蕪累；有司欲求故事，又恐不詳。陸機所謂『離之則雙美，合之則兩傷』也。」於是在《通志》之外，分別書法，取官司見行章程，分吏、戶、禮、刑、兵六門，

<hr>

〔註108〕章學誠：《湖北通志・凡例》，《章氏遺書》卷二十四。
〔註109〕章學誠：《湖北通志・凡例》，《章氏遺書》卷二十四。
〔註110〕章學誠：《湖北通志・序傳》，《章氏遺書》卷二十五。
〔註111〕章學誠：《湖北通志・前志傳》，《章氏遺書》卷二十七。
〔註112〕章學誠：《永清縣志・前志列傳序例》，《章氏遺書・外編》。
〔註113〕章學誠：《湖北通志・前志傳》，《章氏遺書》卷二十七。

凡《掌故》六十六篇，「則義例清而體要得矣」。對於《掌故》一門在方志中
的作用，章學誠道曰：「夫同文共軌，律令典例，頒於功令，六合之內，不容
有殊制矣。然律令典例，通於天下，其大綱也；守土之吏，承奉而宣布之，
各有因地而制其宜者，非經沿革之久，閱習之熟，討論之詳，則不能以隨宜
而適於用。此則自爲一方故事。亦即律令典例之節目也。」而「至於時有沿
革，物有廢興，今日所編，容有日後不可用者，或仿律例、故事，十年一修，
固憑藉之有基，期潤色之加美，不特方志得以澄清義例，抑凡從政於斯者，
未始不資爲佐理之一端矣。」〔註114〕

3、文徵

「史之於文，爲淄爲澠」〔註115〕，章學誠談及《文徵》的編輯時說：「兩
漢而後，學少專家，而文人有集。集者，非經而有義解，非史而有傳記，非
子而有論說，無專門之長，有偶至之詣，是以尙選輯焉。」〔註116〕即是說，
唐宋以來，文集興起，許多文集的作者，確實無專門之長，但在某一方面卻
有一得之見，能夠把其及時選出，就不會埋沒他們在學術上的貢獻。《湖北通
志》中《文徵》取傳記、論說、詩賦、箴銘之屬，別次甲、乙、丙、丁，上
下八集。

此外，以往志家對於「畸零小說，旁見軼聞，或考訂沿訛，或傳聞遺事」，
多附於志末，以表示鉅細不遺。但章學誠認爲「史裁附以小說，畢竟不倫」，
於是，另編《叢談》4 卷附於三書之後。不但達到「辭尙體要」〔註117〕的效
果，而且可以保存地方重要的史料。

綜上所述，章學誠的《湖北通志》應是一部圖文並茂、綱舉目張、言簡
義明的地方史。《湖北通志》撰成後，章學誠曾無不得意地說：「夫世人之撰
通志，率盈百帙。余撰《通志》，不過線裝二十冊。即與舊志相較，新志勢必
加增於舊，余反減舊志，僅存三分之一。」〔註118〕

〔註114〕章學誠：《湖北掌故敍例》，《章氏遺書》卷二十四。

〔註115〕章學誠：《湖北文徵敍例》，《章氏遺書》卷二十四。

〔註116〕章學誠：《湖北文徵敍例》，《章氏遺書》卷二十四。

〔註117〕參見章學誠《爲畢制府撰〈湖北通志〉序》，其中，章學誠提出：「《書》曰：
　　　　『政貴有恒，辭尙體要』，政必綱紀分明，而後可以爲治；辭必經緯條析，而
　　　　後可以立言。」

〔註118〕章學誠：《方志辨體》，《章氏遺書》卷十四。

附：《湖北通志》目錄

《湖北通志》（七十四篇）二紀：皇言紀、皇朝編年紀（附前代）。

三圖：方輿圖、沿革圖、水道圖。

五表：職官表、封建表、選舉表、族望表、人物表。

六考：府縣考、輿地考、食貨考、水利考、藝文考、
金石考。

四略：經濟略、循績略、捍禦略、師儒略。

五十三傳（從略）

《湖北掌故》（六十篇）吏科：分四目：官司員額、官司職掌、員缺繁簡、吏
典事宜。

戶科：分十九目：賦役、倉庾、漕運、雜稅、牙行、
武昌廠及遊湖關稅額、州縣落地稅、解餉水腳、
錢法、採運銅鉛、鹽法、文武養廉公費、各營
兵馬糧餉表、科場供給、驛站糧錢、鋪遞工食
表、採辦顏料例案、育嬰堂、普濟堂。

禮部：分十三目：祀典、儀注、文闈事宜、科場條例、
學校事宜、書院、頒發書籍、採訪書籍、禁書
目錄、各省咨查應禁各書、陰陽醫學僧道、外
國貢使、義冢。

兵科：分十二目：將備員額、各營兵丁技藝額數表、
武弁例馬、泛弁兌旗會巡表、營泛圖、武闈儀
注、各標營軍械額數表、各營戰巡船隻、驛站
圖、鋪遞、鋪遞圖、五軍道里表。

刑科：分六目：里甲、編甲圖、囚糧衣食、秋審矜恤、
冬春二季巡緝江面督捕事宜、三流道里表。

工科：分十二目：陵寢祠廟、修建衙署貢院、城工、
塘泛、江防、各屬救生義渡濟渡等船、關榷、
開採銅鐵礦廠、採辦硝磺、軍械工料銀兩、工
料價值表、刊刷條例。

《湖北文徵》（八集）甲集（上下）：裒錄正史列傳論。

乙集（上下）：裒錄經濟策畫論。

丙集（上下）：裒錄詞章詩賦論。

丁集（上下）：裒錄近人詩人論。

《叢談》（四卷）：考據、軼事、瑣語、異聞。

二、《湖北通志》編纂中存在的問題

首先，《湖北通志》的撰述由於涉及地方的問題和人物，必然牽扯大量的地方利益，為方志的編寫增加困難。章學誠在寫給陳詩的信中談到，在《湖北通志》「三書」的撰寫過程中，「文徵」給他帶來的麻煩最大。章學誠自認為不擅長詩文，「至於詩賦韻言，乃是僕之所短，故悉委他人。」但他的助手極為腐敗，章學誠刪去了最差的詩，「而奸詭之徒，又賄抄胥私增，誠為出人意外。」〔註119〕究其原因，無疑是人們都想靠關係收入自己的詩賦以附風雅。於是，章學誠只能將詩賦限制在《文徵》甲、乙、丙、丁四集中的後兩部分。為了照顧地方勢力，為了使甲、乙、丙集得到精選，其中的丁集專收最差的篇章，即所說的近人詩詞。章氏在每集中，又分上下，上篇載他處之人為湖北而撰者，下篇乃湖北人所自撰也。這樣做的目的除「客主之義既明」外，更重要的是使「重輕之義見矣」〔註120〕。當陳熷提出「丁集本無可傳，直當芟削」時，章學誠也無奈地說：「此說誠然，然不諳世故也。多少情分，從當道相託，安能盡拒絕耶？別之曰丁，有苦心矣。」〔註121〕

其次，章學誠多次強調志乃史體，而《湖北通志》在內容和結構安排上卻與此有悖。首先，章學誠雖然在方志理論上強調修志「非示觀美」，不必講求死板形式，但他在實際修志實踐中卻不能打破傳統，一如當時許多志書的做法，所修方志在開端必冠以《皇言》、《恩澤》，並且認為「皇恩慶典宜作紀」〔註122〕。對於《通志》中的「二紀」，章學誠曰：「志為國史取裁，而守土之吏，承奉詔條，所以布而施者，如師儒之奉聖經，為規為律，不容以稍忽焉。故《皇言》冠全志之首。」〔註123〕並且，他認為「紀」應以「編年」為名，於是例仿綱目，採用古史之體，並且要與《皇言》相次，成《皇朝編年紀》，「敬謹恭紀，為全書之牟冕」，以歌頌「我朝列聖相承，朝乾夕惕，勤求治理，

〔註119〕章學誠：《與陳觀民工部論史學》，《章氏遺書》卷十四。

〔註120〕章學誠：《〈文徵〉丁集裒錄近人文集詩文論》，《章氏遺書》卷二十七。

〔註121〕章學誠：《修湖北通志駁陳熷議》，《章氏遺書·補遺》。

〔註122〕章學誠：《修志十議》，《章氏遺書》卷十五。

〔註123〕章學誠：《湖北通志·凡例》，《章氏遺書》卷二十四。

覃恩愷澤，疊沛頻施」〔註124〕。編年之紀，是要記一方之「古今理亂」，成為全書之「經」，而此二紀純為形式，並未起到用以編年經理全書的作用。章氏卻以為缺一不可，無非是為封建統治者歌功頌德而已。

再者，對於正史中已有之列傳，章學誠認為「方志為一方之書，體非全史，且應備史筆刪要，則隸事自應更詳」。因此，對于欽定《明史》列傳，恭錄於《文徵》。而《明史》列傳所無「遺聞逸事出於鄉黨者，仍錄於志，以見外史加詳之義」。但是，對於其中的是非枉直，章學誠堅持「一稟欽定之史為裁斷雲」〔註125〕。具體說來，「本朝大臣三品以上，例得列傳於國史，是非予奪，悉稟睿裁，實非外志所能詳悉，亦非外志所敢參預。惟存其歷官出處，與行事之見於外方，奏議之見於邸報者，約略存之，且不敢妄為位置，妄加論斷，以存謹嚴之義。」〔註126〕因此，章學誠所纂的《湖北通志》，是力求與清朝統治者的思想、朝廷的規定保持一致，並且誠惶誠恐地避免「僭越」之嫌，安守其較低的社會地位。這與他自己常常自詡的史學「獨斷」精神，也是充滿著矛盾。

此外，章氏於《湖北通志》中設「三書」，是為避免「今之州縣志書，多分題目，浩無統攝也」〔註127〕。然而，從現今留存的章氏《湖北通志》目錄觀之，其採用暗分子目的方式，在大的類目之下分類亦很瑣細，未見簡潔，對此王重民曰：「（《湖北通志》——引者注）過於強調了流別，使分類走向復古的方向，與圖書的發展規律正相違背。」〔註128〕細細品味，王氏之言不無道理。

第五節　重新校注刊刻《長安志》、《三輔黃圖》

畢沅除召集幕府編纂方志外，還十分重視對古方志的搜集整理。他為官陝西期間，尤為重視對古都西安古代地理志書的整理。諸如北宋宋敏求《長安志》、元代駱天驤《類編長安志》等著名古志，他都整理校訂，重刊問世，以廣泛流傳，而尤以《長安志》、《三輔黃圖》用力最多。

〔註124〕章學誠：《湖北通志・凡例》，《章氏遺書》卷二十四。
〔註125〕章學誠：《湖北通志・凡例》，《章氏遺書》卷二十四。
〔註126〕章學誠：《湖北通志・凡例》，《章氏遺書》卷二十四。
〔註127〕章學誠：《答甄秀才論修志第二書》，《章氏遺書》卷十五。
〔註128〕王重民：《中國目錄學史論叢》，第257頁。

一、校注《長安志》──《長安志新教正》

根據現存史料記載，記述唐長安最早的著作當屬韋述的《兩京新記》，但由於此書亡佚，現僅存三殘卷，故宋敏求的《長安志》20 卷即成爲記載唐長安城最早最完備的資料。《長安志》成書於北宋神宗熙寧九年（1076），此書「皆考訂長安古蹟，以唐韋述《西京記》疏略不備，因更博采群籍，參校成書，凡城郭、官府、山川、道里、津梁、郵驛，以至風俗、物產、宮室、寺院，纖悉畢具。其坊市曲折，及唐盛時士大夫第宅所在，皆一一能詳舉其處，粲然如指諸掌，司馬光嘗以爲考之韋《記》，其詳不啻十倍。今韋氏之書久已亡佚，而此志精博宏贍，舊都遺事，藉以獲傳，實非他地志所能及」。〔註129〕王鳴盛亦贊《長安志》曰：「唐以前地志存者寥寥，宋元人作存者不下二十餘，然皆南方之書，北方惟有此志，與于欽齊乘耳！而長安漢唐都邑所在，事跡尤夥，紀載尤亦加詳。宋氏此編，綱條明析，瞻而不穢，可云具體。厥後，程大昌《雍錄》好發新論，穿鑿支離，不及宋氏遠矣。」〔註130〕但此志傳至明清時刊本幾稀，連聞見廣博的王鳴盛也「向求此書，未獲」〔註131〕，故許多學者致力於搜求此書。

畢沅出爲陝西巡撫期間，利用其特殊身份，廣爲搜薈。於是，「搜得宋敏求《長安志》二十卷，校正刻之」〔註132〕，而古者圖史並重，山經地志，蓋皆有圖。「圖與書並重，而有重於書者。」〔註133〕出於地方志書若與地圖相互配合，更有利於學術和實務的考慮，畢沅並把元李好文纂《長安圖志》3 卷一同校注，附於《長安志》後。重刊問世後，引起極大轟動，王鳴盛讀到畢沅校訂本後，大爲讚賞說：「美哉，先生之才大而思之深，超出於流俗絕遠也。」〔註134〕畢沅所校《長安志》成爲研究宋以前長安城市地理的重要資料。

早在乾隆四十七年（1782），《長安志》已經被四庫館臣校訂並收於《四庫全書》史部地理之屬，乾隆五十二年（1787），經畢沅校對《長安志》成書，精當遠超於《四庫全書》本，既顯示了學術的不斷進展，也成爲私家治學對於官方學術的一項挑戰。

〔註129〕《四庫全書總目》卷七十，《史部‧地理類‧長安志提要》。
〔註130〕畢沅：《長安志新校正》卷首，王鳴盛《序》，清光緒十三年《經訓堂叢書》本。
〔註131〕畢沅：《長安志新校正》卷首，王鳴盛《序》。
〔註132〕畢沅：《長安志新校正》卷首，王鳴盛《序》。
〔註133〕鄧之誠：《省志今例發凡》，《地學雜誌》9 卷 1，1917 年第 6 期。
〔註134〕畢沅：《長安志新校正》卷首，王鳴盛《序》。

（一）徵引材料豐富，考證精詳

古代方志，由於廣泛而詳細地記載了一個地區的建置、沿革、區域、山川、關隘、津梁、古蹟、寺觀、物產、田賦、災異、風俗、職官、人物、藝文等自然和社會史料，被譽爲「一方之全史」〔註135〕。研究考證歷史必須佔有豐富的史料，恩格斯說：「即使只是在一個單獨的歷史實例上發展唯物主義的觀點，也是一項要求多年冷靜鑽研的科學工作，因爲很明顯，在這裡只說空話是無濟於事的，只有靠大量的、批判地審查過的、充分掌握了的歷史資料，才能解決這樣的人物。」〔註136〕畢沅在校注《長安志》的過程中，即利用大量的文獻材料，考據徵實。

《長安志》的著者宋敏求是北宋著名的唐史專家，曾補撰唐武宗以下五朝實錄，參與《新唐書》修纂，因此這部《長安志》資料豐富，考證精詳，極爲成功。陳子堅《重印宋常山公長安志序》開篇便稱「嘗謂縣之有志，猶國之有史。史所傳約而精，志所載，詳而博。……上腴名雖曰縣，實則煌煌大藩，非他縣比。自來志都邑者，《三輔黃圖》而外，僉推宋敏求所著《長安志》爲絕作，以其搜採群書，罔有遺佚，精博宏贍，有裨治方。……創屬體緒續次之言，窮傳記諸子鈔類之語，絕編斷簡靡不總萃，隱括而究極之，上下浹通，爲二十卷。」極力讚揚其取材廣泛，考證精詳至極。但畢沅整理校注此書，又援引了大量史料，「考稽往蹟……獵取《水經注》、《太平御覽》諸書，如晉灼所引《黃圖》爲今書所無者，一一補其漏略」〔註137〕。據筆者統計，其引用碑傳石刻31種，地方志25種，史書政典22種，地理著作17種，經史注疏14種，野史筆記7種，小學典籍4種，類書3種，諸子之作1種。並且「先生既刻此，又於其間糾正蹉駁，疏釋蒙滯，附於逐條之下焉。」〔註138〕並且，校注《長安志》的過程中，除府中學者如段玉裁等少部分考證外，大部分皆爲畢沅親自所考，署名「沅案」的考證共944條，可見其用力之深。畢沅校注《長安志》考證內容廣泛，地名來源、地方史事、建置沿革、地理方位、人名官職、物產風俗，無所不包。大致可以分爲以下幾類：

〔註135〕章學誠：《州縣請立志科議》，《章氏遺書》卷十四。
〔註136〕卡爾‧馬克思：《政治經濟學批判》，《馬克思恩格斯全集》第十三卷，第527頁。
〔註137〕畢沅：《三輔黃圖新校正》卷尾，汪照《跋》，清光緒十三年經訓堂刻本。
〔註138〕畢沅：《長安志新校正》卷首，王鳴盛《序》。

　　一是對宋敏求考訂「敘次不甚明顯」之史事又詳加考訂，如《長安志》卷七「承天門街之東面第四橫街之北」的「街東軍器監」，宋敏求考訂曰：「本少府監甲弩坊，後爲軍器使。開元四年置監，監東即皇城東面，景風門之北。」畢沅據《新唐書志》對其進行具體考證：「武德初有武器監，七年廢，八年復置，九年又廢，開元以前軍器皆出在尙署，三年置軍器監，十一年廢爲甲弩坊，隸少府，十六年復爲監」，從而彌補宋敏求在官制建置上語焉不詳之缺。又如，卷七「承天門街之西第六橫街之北」的「西司天監」，宋敏求考定敘次亦不甚明顯，只記述其「本隸秘書省爲太史局，後別爲渾儀監，尋復舊名而不屬秘書監。」畢沅查閱典籍，詳細地考訂其沿革：「太史局武德四年置，改渾儀監光宅元年也，復舊名長安二年也，景龍二年又曰太史監，不隸秘書省。景雲元年又爲局隸省，開元二年復爲太史監，十四年復爲局。天寶元年復爲監，不隸省，開元元年曰司天臺。」

　　二是對宋敏求考證中記述不詳之處給以詳細的考證。《長安志》卷六《東內大明宮章》宣政門內有宣政殿，畢沅據《唐書溫造傳》考證其史事：「太和二年，宮中昭德寺火，火在宣政殿東隔垣，火勢將及，宰臣、兩省、京兆尹、中付、樞密，環列於日華門外，即此也。」再如，對萬年縣西南二十八里的畢原，畢沅查閱典籍對此地的記載：《史記集解皇覽》曰，文王、武王、周公冢皆在京兆、長安、鎬聚、東杜中；《史記正義》引《括地志》云，武王墓在雍州萬年縣西南二十八里畢原上；《元和郡縣志》曰書序云周公薨，成王葬於畢，是也。而《長安志》於此縣不載文武周公墓之事，造成今人竟以渭北之秦文武冢當之，通過考證，澄清了史實。再如，《長安志》卷十五，宋敏求對「臨潼縣文殊臺」，僅介紹「在縣東三十里」，畢沅據《春秋左傳》云，秦獲晉侯以歸，乃舍諸靈臺，並引杜預云，在京兆鄠縣，周之故臺，從而補充了宋敏求對此處的略載。

　　三是考證出宋敏求考證中多處「以意增」、「以意改」的訛誤之處。《長安志》卷十一對於漢龍首渠的記述，宋敏求記其又名滻水渠，並引《漢書》曰「穿渠得龍骨，故名龍首渠。」畢沅指出：「漢龍首渠引洛水，在今同州，隋龍首渠引滻水在此，名偶同耳，敏求誤合爲一。」

　　四是以小學典籍對《長安志》中的地名進行考證。《長安志》卷二，宋敏求取《呂氏春秋》曰西方爲「雝州」，畢沅據《說文》曰「邕四方有水，自邕城池者，從川從邑，讀若雝，隸書書雝爲雍，繼復加上爲雝，皆非也。」畢

沉認為古無「壅」字,「雍州」之「雍」當為「邕」,指出這是由於《呂氏春秋》較多俗字,或者傳寫本積習傳訛所造成。再如《長安志》卷九「街南之西襖祠」條下,畢沅指出《北魏書》作「天祠」,古無「襖」字,「襖」當為「天」之誤,從文字上釐清原文的錯誤。又如《長安志》卷三對建章宮上「立神明臺井幹樓高五十丈,輦道相屬焉」的記載,宋敏求引張衡《西京賦》曰「井幹疊而百層謂此樓也。『幹』或作『翰』,其義並同。」畢沅據《說文》指出,韓,井垣也。又曰八家一井象構韓形,因此,「幹」不應通於「翰」,應是或作「韓」。

此外,畢沅校注《長安志》的過程中還發現正史記載史事的不足,有些重要史事賴方志記載得以彌補。如對於宋開寶元年興建歷代帝廟之事,《太平寰宇記》記載「唐太宗廟為建隆四年敕立,而開寶六年乃命李昉、盧多遜、王祐、扈蒙等分撰廟碑,並遣孫崇望等詣諸廟書石,並見尊崇易代之意。」李燾《續資治通鑑長編》載「開寶九年七月丁亥詔新修歷代帝王廟,與縣鎮相近者移治所就之,即其時事也。」而宋敏求《長安志》卷一收有開寶元年修建歷代帝王廟之詔書:

漢文帝廟去霸橋鎮二十里,景帝廟去中橋鎮十五里,宣帝廟去巡鎮二十里,今本府各移鎮就廟,安置鎮將句當灑掃。又周武王廟在咸陽縣郭下,漢高祖廟去長安縣四里,武帝廟去咸陽縣五里,唐太宗廟去醴泉縣三百二十步,肅宗廟去甘北巡鎮三里餘,縣令主簿句當灑掃;又周文王廟、成王廟各去咸陽縣一十五里,康王廟去咸陽縣六里,秦始皇廟去昭應縣一十里,後周太祖廟去富平鎮一十三里,耀州唐高祖廟去三原縣鎮一十八里,宣宗廟去雲陽縣鎮四十里,今移縣就廟,縣令主簿句當灑掃。若舍屋摧毀,當議勘斷,令吏部銓曹應上任,罷任交割批書歷子,如批到舍屋摧毀未得,與官不批者,仰銓曹牒問本州島,如廟宇不曾摧毀,即依長安定格漏批例殿,降其鎮將,若致舍屋摧毀,當議決斷勒停。

此詔書詳細記載此事過程,畢沅感歎「此書收殘補剜之功為不少矣」〔註139〕。

（二）貫穿經世致用思想

對於《長安志》重要的史料價值,王鳴盛曾論述:「《周禮·天官》司會掌國之官府、郊野、縣都之百物,凡在書契版圖者之貳;司書掌土地之圖,

---

〔註139〕畢沅:《長安志新校正》卷一《雜制》。

以周知入出百物。《地官》大司徒掌建邦之土地之圖，與其人民之數，以天下土地之圖，周知九州地域廣輪之數，辨其山林、川澤、丘陵、墳衍、原隰之名物；土訓掌地道圖，以詔地事；誦訓掌道方志，以詔觀事。《夏官》職方氏掌天下之圖，以掌天下之地。然則欲知輿地，必藉圖志，周公已言之章章明矣。蕭何入秦，先收圖書，所以具知天下阨塞戶口多少強弱，民所疾苦。蓋儒者不出戶庭，而能周知方域，此讀書之所以可貴也。以此蒞政，則能先時豫籌，因地制宜，恢恢乎遊刃有餘焉。可見，圖志之裨益於政事，似緩而實急，夫豈俗吏所知哉！」〔註140〕但由於宋敏求係北宋人，所記唐長安城之街坊宅第多有舛誤，遺漏亦復不少，對後人研究唐長安城造成了不便。在《長安志》卷七至卷十中對唐皇城、京城由畢沅親自的考證即有87處，對於加強古代宮廷、文物的保護和瞭解作出貢獻。此外，畢沅對長安下屬的十個縣的考證極為詳盡，其中署名「沅」的畢沅親自的考據就有 730 個。在考證各縣的歷史、地理沿革及其境內山川、古蹟、祠宇、墓地的同時，尤為重視對於碑傳石刻的保護，他說「沅自官關隴，前後十餘稔，嘗以案部周覽古王賢哲墓道，不修樵牧，上下心用慨焉。其在祀典者，請帑修護，余亦立石書名，飭縣勿損。昭陵在醴泉縣東北五十里，以乾隆四十二年八月飭知縣張心鏡特起圍牆，立碑亭十餘所。乾隆四十八年十月又飭知縣蔣驥昌復加修築，並立碑紀事。又東西立石，書陪葬諸臣名位，以垂久遠。」〔註141〕又道：「沅守關隴，案部池陽，瞻拜神宮，周游墓道。其山也，北據寒門之阪，南帶甘泉之流，右睨溫秀之峯，左眺穉獲之藪，崖巒巉嶂，三峻角其雄名，隴道盤紆，九疑爭其遠勢，非煙非霧，立而望之，鬱鬱蔥蔥，佳哉氣也。⋯⋯因以乾隆三十二年，檄築圍牆三十餘丈，大書瓦屑。⋯⋯沅再官，又逾五稔，兼營祠宇，特用陵租，知縣蔣君能平其政，實任斯勞，恐古墓之為田。考陪陵於往牘，紀其名位，復立貞瑉。」〔註142〕由此可見，畢沅於考校之中的經世精神。

二、校勘、輯佚《三輔黃圖》

畢沅在校注《長安志》之餘，還校勘《三輔黃圖》。《三輔黃圖》是陝西最早的方志之一，「三輔」即陝西關中地區，東起函谷關，西至隴關，南至武關，北臨晉關，大體上指八百里秦川的關中盆地。《三輔黃圖》對秦漢時代三

〔註140〕畢沅：《長安志新校正》卷首，王鳴盛《序》。
〔註141〕畢沅：《長安志新校正》卷十六，《醴泉》。
〔註142〕畢沅：《長安志新校正》卷十六，《醴泉》。

輔的城池、宮觀、陵廟、明堂、辟雍、郊時記載詳確；對周代舊迹、靈臺、靈囿亦有記述，但主要以漢代爲主。「後漢咸陽併入長安，故其書記咸陽故事亦多繫之長安」〔註143〕，該書是研究陝西古代地理歷史的重要方志，也是研究漢長安城市地理的重要著作。流傳至今，已不詳是書撰作者何人：《隋志》云不著撰者姓名，晁公武《郡齋讀書志》定爲梁陳間人作，宋程大昌則認爲是唐肅宗以後人作。而《四庫全書總目》則言：「蓋六朝舊籍而唐人刪補，故晉灼注《漢書》引之，而中又有唐地名也。」但該書向來爲人所稱道，「如淳、晉灼注《漢書》，酈道元注《水經》，宇文愷議立明堂，王元歸議上帝后土壇，並稱之」〔註144〕。而《三輔黃圖》經歷代傳抄刊刻，僞漏也頗多，「或本書與《拾遺記》、《西京雜記》同文，則以彼繁詞，增其篇幅；或傳注稱引本書，兼及他書，後加按語，皆牽連抄撮；或非三輔宮觀，妄附本書，蕪累甚矣」〔註145〕。該書《隋志》作1卷，而畢沅所得本爲6卷，「蓋唐世好事者所輯，故雜用晉以後書，並顏師古說，又多與淳等引據不同」〔註146〕。於是，畢沅決定「以宋敏求作《長安志》，曾見舊書，宮觀前後多所依定」〔註147〕校注《三輔黃圖》。

畢沅幕府這次校書活動，雖工程不大，但畢沅用力頗深。據筆者統計，《三輔黃圖》共6卷，署名「沅案」的考證共有92個，對文中增刪文字、古今互異、地理位置、建造時間、地名等，參照典籍一一詳校。如對漢代未央宮，舊本《三輔黃圖》曰：「未央宮周回二十八里，前殿東西五十丈，深十五丈，高三十五丈」，畢沅據《玉海》校之云：「一曰高三丈五尺。」〔註148〕再如，舊本《三輔黃圖》曰：「桂宮，漢武帝造，周回十餘里。」畢沅據《玉海》補充道：「漢武帝太初四年秋起，周回十餘里，在未央宮北。」〔註149〕

在校訂《三輔黃圖》的過程中，畢沅幕府還對舊書版本進行辨僞。雖然《隋書·經籍志》、《唐書·經籍志》皆對舊本著錄，而《中興書目》因爲《崇文總目》和《國史志》不載而懷疑此版本的眞實性。但協助畢沅完成《三輔

〔註143〕孫星衍：《三輔黃圖新教正序》，《問字堂集》卷二。

〔註144〕畢沅重刻《三輔黃圖》卷首，自《序》。

〔註145〕孫星衍：《三輔黃圖新教正序》，《問字堂集》卷二。

〔註146〕畢沅重刻《三輔黃圖》卷首，自《序》。

〔註147〕孫星衍：《三輔黃圖新教正序》，《問字堂集》卷二。

〔註148〕畢沅重刻《三輔黃圖》卷二。

〔註149〕畢沅重刻《三輔黃圖》卷三。

黃圖》的助手汪照，考查書中很多地方掇集劉昭《漢志》、應劭《漢書解語》，而顏師古、蔡淳多引用此書爲據，因此推斷此書成書時間在漢魏以後，齊梁以前。後又經過唐代人以唐地名附之。對此觀點，畢沅亦表示贊同：「此本作六卷，蓋唐世好事者所輯，故雜用晉以後書，並顏師古說，又多與淳等引據不同。考宋敏求、程大昌、陳振孫、王應麟諸輩所見，即今本是也，知唐以後舊本已佚久矣。大昌云：漸臺、彪池、高廟、元始、祭社稷儀，皆祖本舊圖，今漸臺、高廟無舊圖云云。恐今本更非宋舊焉。」〔註150〕

畢氏等在對《三輔黃圖》重加考證校訂的同時，又發現《三輔黃圖》舊版本有許多未錄內容，如，晉灼所引《三輔黃圖》的內容，即爲今本所無，於是「獵取《水經注》、《太平御覽》諸書」，把這些材料搜集積累，「一一補其漏略」〔註151〕，從各種典籍中共輯出74條，「略依《隋志》所稱爲次，復爲一卷」〔註152〕，成《三輔黃圖‧補遺》，其中，從《水經注》中輯出四條，《陳書》二條，《史記注》三條，《漢書注》十條，《後漢書注》十一條，《初學記》八條，《藝文類聚》七條，《文選注》十三條，《太平御覽》二條，《太平寰宇記》三條，《長安志》十二條，《雍錄》五條，《玉海》兩條。雖搜羅不全，但亦可起拾遺補闕的作用。《三輔黃圖》於乾隆四十九年（1784）刻成，「視康熙初顏方伯光敏重刻，較爲完備」〔註153〕。

乾隆五十二年（1787）九月，王鳴盛爲畢沅新校正《長安圖志》作序，表彰畢沅「靜察乎考古之足以證今，披圖案牒以興革利弊」之爲學精神。《長安志》及《三輔黃圖》這兩本古城志，後被收入畢沅《經訓堂叢書》中，爲我們今天研究古長安的歷史城市地理概況提供了豐富的史料。

〔註150〕畢沅重刻《三輔黃圖》卷首，自《序》。
〔註151〕畢沅重刻《三輔黃圖》卷末，汪照《跋》。
〔註152〕孫星衍：《三輔黃圖新教正序》，《問字堂集》卷二。
〔註153〕畢沅重刻《三輔黃圖》卷末，汪照《跋》。

第五章　金石著作的編纂

第一節　乾嘉時期金石學發展狀況概述

　　「金石」二字連用，最早出現於《墨子》一書中，《墨子·兼愛（下）》中有：「子墨子曰：吾非與之並世同時，親聞其聲，見其色也。以其所書於竹帛，鏤於金石，琢於盤盂，傳遺後世子孫者知之。」此語道出金石很早就成爲鐫刻文字的載體。但「金石」作爲一門學問，應始於宋代。何謂金石學？陸和九先生曰：「金石學者，以文字爲主幹。而歷代文字之賴以流傳者，則始用甲骨，次用陶玉，漸次用木竹，最後用金石，此固歷史進化之程序也。惟既名曰金石學，必於金石之界限，詳爲劃分。」〔註1〕馬衡先生給以更加明確的定義：「金石者，往古人類之遺文，或一切有意識之作品，賴金石或其它物質以直接流傳至於今日者，皆是也。以此材料作客觀的研究以貢獻於史學者，謂之金石學。」〔註2〕對於金石學研究的歷史，王昶曾經談到：「宋歐、趙以來，爲金石之學者眾矣，非獨字書之工，使人臨摹把玩而不厭也。迹其囊括包舉，靡所不備。凡經史小學暨於山經、地志、叢書、別集，皆當參稽薈萃，覈其異同，而審其詳略……」〔註3〕此一語道出金石學自宋以來的發展狀況。朱劍心在《金石學》序例中也詳細闡述金石學發展的歷史：「其學濫觴於漢，歷魏、晉、六朝、隋、唐而稍稍演進。惟其見於當時之著錄者，大抵一鱗片

〔註 1〕　陸和九：《中國金石學講義》序，北京圖書館出版社，2003 年版。
〔註 2〕　馬衡：《中國金石學概論》，時代文藝出版社，2009 年版，第 4 頁。
〔註 3〕　王昶：《金石萃編》卷首，自《序》，中國書店據 1921 年掃葉山房本影印，1985
　　　　年版。

—137—

甲，猶未足以言學也。至宋劉原父、歐陽公起，搜集考證，著爲專書，而學以立。更經呂大臨、王黼、薛尚功、趙明誠、洪适、王象之諸家，而學乃臻於極盛。元、明承極盛之餘，難乎爲繼，而金石器物之少所發見，亦斯學不振之大原因也。清初百餘年間，海內間定，而文網綦嚴，於是承學之士，相率而遁於樸學之塗，金石則其一也。且其時金石器物之出於丘隴窟穴者，更十數倍於往昔，宜其流派之宏，著述之富，更遠過於宋人矣。」〔註4〕此一語道出清代是中國歷史上金石學最爲興盛的時代。有清一朝，出現了一大批研究金石文字的專家，「若崑山顧氏炎武、秀水朱氏彝尊、嘉興曹氏溶、仁和倪氏濤、大興黃氏叔璥、襄城劉氏青芝、黃岡葉氏封、嘉興李氏光映、合陽褚氏峻、錢塘丁氏敬、山陽吳氏玉搢、嘉定錢氏大昕、海鹽張氏燕昌，皆其選也」〔註5〕，金石研究成爲清代一大顯學。

清初，由顧炎武、閻若璩、朱彝尊、潘耒、李因篤、曹溶等組成的金石學研究隊伍十分強大，他們不僅是藝術家或金石收藏家，更是小學家、經史學者，他們之間往往交往甚密，在學術研究上相互影響、切磋，以經世致用爲原則，共同促成了金石學在清初的復興。乾嘉時期，金石學步入發展階段，梁啓超在《清代學術概論》中曾曰：「本朝學派，以經學考據爲中堅，以爲欲求經義，必當假途於文字也，於是訓詁一派出。以文字與語言相聯屬也，於是音韻（古音）一派出。又以今所傳本之文字，或未可信據也，於是校勘一派出。以古經與地理多有關係也，於是地理一派出。……是爲乾嘉時代最盛之支派。言聲音訓詁學，而以漢以後字書爲未足也，於是金石一派出。……是爲乾嘉以後續興之學派。」〔註6〕作爲清初金石學復興和道、咸以降金石學進入鼎盛時期的過渡階段，乾嘉時期的金石學發展呈如下特點：

一是從事金石研究的隊伍壯大。乾嘉時期，由於「文字獄甚嚴，通人學士，含毫結舌，無處慮其志意，因究心於考古」，考據之學規模之宏大，在聲勢上超過了經世致用之學。於是，「小學既昌，談者群藉金石以爲證經訂史之具。」〔註7〕再者，統治者熱衷金石的搜集和著述，並大力支持金石學研究。在隋代，金石著作本來屬於小學。宋代，金石學興起，《宋史·藝文志》收金石著作入史部目錄類中，從而確定金石學作爲史學的從屬地位。清代乾隆年

〔註4〕 朱劍心：《金石學》序例，文物出版社，1981年新1版。

〔註5〕 畢沅：《關中金石記》卷首，盧文弨《序》。

〔註6〕 梁啓超：《清代學術概論》，第105頁。

〔註7〕 馬宗霍：《書林藻鑒》，北京文物出版社，1984年版，第340頁。

間所修《四庫全書總目》，四庫館臣鑒於金石學在考證經史領域中的重要性，則於史部目錄類專設金石一門，使金石學在史部有了一席之地。乾隆年間，朝廷據清宮所藏古物，御纂《西清古鑒》等書，推動了金石研究的復興。由於官方對於金石學的偏愛，許多朝廷大臣加入進來，「惟日夕閉戶親書卷，得間與同氣相過從，則互出所學相質。」〔註8〕於是，在當時形成朝廷命臣樂此不疲，地方百官爭相獻納，內府集中了大量金石古器，這就為金石學者提供了更豐富的研究資料。阮元在《山左金石志》序中就曾提到其撰著此書的最初動機來自於對官方所收金石的觀摩：「元以乾隆五十八年（1793）秋奉命視學山左，首謁闕里，觀乾隆欽頒周器及鼎幣戈尺諸古金，又摩挲兩漢石刻，移亭長府門，卒二石人於罋相圃，次登岱觀唐摩崖碑，得從臣銜名及宋趙德甫諸題名，次過濟寧學官戟門諸碑及黃小松司馬易所得漢祠石像，歸而始有勒成一書之志。」〔註9〕畢沅曾經「往官關中，訪開成石經於西安府儒學後舍，失去十餘石。」於是「遍家搜剔，於頹垣敗土中得之。復為排比甲乙，覆以廊廡，遂復舊觀。」並且把搜集所得整理成冊，以墨本恭呈乙覽，得到乾隆帝的讚賞，奉敕收入《天祿琳琅》〔註10〕。

　　乾嘉時期不但官方統治者和各級官員對於金石熱衷，並且由乾嘉學者組成龐大的金石研究隊伍。幾乎與金石相涉的各學術領域，如經學、小學、地理、史學、書法、繪畫等等都有學者參與其中，當時著名學者如錢大昕、洪亮吉、孫星衍、錢坫、畢沅、翁方綱、阮元、顧藹吉、桂馥、吳大樁、鄧石如等，皆為金石學的熱衷者。這些金石愛好者，在金石領域搜討研究，竭盡所能。史載金石家武億，博洽工考據，尤好金石，同縣農家掘井，得晉劉韜墓誌，「億聞即往買之，自負以歸，石重數十斤，行二十餘里，到家憊頓幾死」〔註11〕。以金石鑒賞與收藏家如阮元、畢沅、翁方綱等周圍集結了一批具有共同學術取向的金石學者，他們或邀相長談，或書箚往來，如有創獲、著述，則互相題跋，大加讚賞。畢沅撫陝期間，孫星衍等幕賓即有金石之好，其曾曰「予始與子進、尊甫侍讀君，及張舍人塤、錢刺史坫，依畢中丞於關中節

〔註8〕梁啟超著，夏曉紅點校：《清代學術概論》，第 65 頁。

〔註9〕畢沅、阮元：《山左金石志》卷首，阮元《序》，《續修四庫全書》史部，金石類，第 909 冊。

〔註10〕畢沅：《中州金石記》，卷一，《熹平石經尚書論語殘字》條。清嘉慶十三年經訓堂刻本。

〔註11〕《清代野史》第五輯。巴蜀書社，1987 年版，第 227 頁。

署，訪求古刻。」〔註 12〕其移撫中州，幕賓繼續遍搜廣輯金石，中州通守黃易尤擅長於金石之學，所藏金石最富，於是經常與畢沅及幕中其它賓客進行切磋，「每獲宋搨本，必索予跋尾。並以屬幕中好古之士。翰墨之緣，亦一時之盛也。」〔註 13〕《中州金石記》中所載《晉劉府君墓誌》、《造須彌塔記》等諸多石刻即是武億所藏；所載《白馬寺造像幢》、《蘇實才造像記》等石刻是錢坫所收集。故畢沅金石著作，是畢沅及眾多幕賓搜討、考證的結晶。由於不同學術領域學者對於金石的共同興趣，這就形成以金石為紐帶，使各學科能夠相互借鑒、融合、滲透，金石學在這種互相交流的過程中也得到充分的發展。

二是金石研究成就顯著。乾嘉時期的金石成就，表現在此時期出現大量優秀的金石著作，並且，在著錄體例上各有特色。其中，存目之作如錢大昕《潛研堂金石文字目錄》，武億《讀史金石要目》，吳榮光《筠清館金石文字目》、《續目》，趙魏《竹崦庵金石目錄》；專錄碑目之作有孫星衍、邢澍《寰宇訪碑錄》，瞿中溶《古泉山館金石文編》，馮登府《石經閣金石跋文》，趙紹祖《古墨齋金石跋》，洪頤煊《平津讀碑記》，孫星衍《平津館金石草編》，翁方綱《蘇齋題跋》，張廷濟《清儀閣題跋》，梁章鉅《退庵金石跋》；金石跋尾之作有錢大昕《潛研堂金石文跋尾》，武億《授堂金石跋》，嚴可均《鐵橋金石跋》；錄文之作如吳玉搢《金石存》，黃本驥《古志石華》，趙紹祖《金石文鈔》、《續鈔》；摹圖之作有黃易《小蓬萊閣金石文字》，葉志詵《平安館金石文字七種》；篆字之書如項懷述《隸法類纂》，甘揚聲《漢隸異同》，翟雲升《隸篇》，邢澍《金石文字辨異》；專言金石義例之著如嚴長明《漢金石例》，梁玉繩《誌銘廣例》，李富孫《漢魏六朝墓銘纂例》，郭麐《金石例補》，吳鎬《漢魏六朝誌墓金石例》、《唐人墓誌例》，馮登府《金石綜例》；記一代之金石著作有翁方綱《兩漢金石記》，瞿中溶《漢武梁祠畫像考》，阮元《華山碑考》。通纂之作有王昶《金石萃編》，陸耀遹《金石續編》，嚴可均《平津館金石萃編》。

「金石之學始於宋錄金石，而分地亦始於宋。……國朝右文卜古，度越前代。」〔註 14〕有清一代，分地金石撰著極為發達，朱劍心先生據容媛《金

〔註12〕嚴觀《湖北金石詩》卷首，孫星衍《序》。
〔註13〕畢沅：《中州金石記》卷一，《熹平石經尚書論語殘字》條。
〔註14〕畢沅、阮元：《山左金石志》卷首，錢大昕《序》。

石書錄目》中《地志類》所載進行統計，有清一朝著分地金石著作共一百五十六部，而清以前所著分地金石著作，僅三部而已。方志中所錄分地金石志目，凡二百九十七部，而清以前之作僅一部而已。更值得注意的是，清代乾嘉時期開有清一朝分地金石著作的先例，其中專記一省的著作如阮元《兩浙金石志》、《山左金石志》，畢沅《關中金石記》、《中州金石記》，翁方綱《粵東金石略》，謝啓昆《粵西金石略》；專記一府之著作如嚴觀《江寧金石記》、《江寧金石待訪目》，瞿中溶《湖南金石志》；專記一邑之著作如段嘉謨《金石一隅錄》，段松苓《益都金石記》，武億《安陽縣金石錄》、《偃師金石記》，馮敏昌《河陽金石錄》，翁方綱《金陵訪碑記》；專考一隅者如張鑒《墨妙亭碑目考》，黃易《小蓬萊閣金石文字》，等等。

　　三是乾嘉時期對作爲文字載體的金石本身的研究出現多元發展的趨勢。王昶在《金石萃編》自序中曰：「爲金石之學者，非獨字畫之工，使人臨摹把翫而不厭也。跡其囊括包舉，靡所不備，凡經史小學，暨於山經地志，叢書別集，皆當參稽薈萃，覈其異同，而審其詳略，是非輕才末學能與於此。」經史考證是清代學術的核心，清儒在治學方法上一掃元明以來空談義理的陋習，力主實證。而借助金石資料及其研究成果達到實證是其重要途徑之一，這條途徑孕育了清初金石學的復興並在乾嘉時期推動了金石學的發展。

　　乾嘉時期，金石學作爲清代樸學的重要基石，仍沿襲清初的主要功能，體現在證經典之同異、正諸史之謬誤、補載籍之缺佚等方面，是爲經史考證服務的。乾嘉時期學者孫星衍就主張治經史不能無視金石文字：「經文生於文字，文字本於六書，六書當求之篆籀古文，始知《倉頡》、《爾雅》之本質，於是博稽鍾鼎款識及漢人小學之書，而九經三史之疑，可得而解。」〔註15〕孫星衍爲畢沅《關中金石記》所作書後，對畢沅利用金石考證經史給以高度評價：「重光之歲，月移且相，武廩有緘，嘉禾告瑞。公始從容晨暮，校理舊文，考厥異同，編諸韋冊。且夫歐、趙之書，徒訂其條目；洪都之著，弟詳其年代。公證古之學，奄有征南，博聞之才，通知荀勖，此之造述，力越前修。談經則馬、鄭之微，辨字則楊、杜之正，論史則知幾之邃，察地則道元之神，旁及《九章》，淵通《內典》，承天譜系之學，神珙字母之傳，固已奪安石之碎金，驚君苗以焚硯。君子多乎？於公未也。」

〔註15〕孫星衍：《答袁簡齋前輩書》，《問學堂集》卷四。

〔註16〕清代乾嘉學者利用金石來考證歷史的求眞精神使他們遍訪金石，金石之出於邱隴窟穴者倍於以往。

乾嘉學者在考證之餘，也發現了金石形制、圖案、工藝、文辭之美，發掘了漢字的字體、書體之美。古器鑒賞開始成爲學者研究金石之餘的雅事，「其體之美，變化之多，尤爲特色。自漢、魏以來，文臣學士，研習歲滋，摹搨日廣，亦早成專門之學。雖古人臨摹，惟重眞迹；然世代綿邈，縑素莫傳，惟有留於金石，得永其存。」〔註17〕乾隆時期，學者已開始從藝術角度考證金石流傳之緒脈，版本之異同。成就卓著者如翁方綱的《兩漢金石記》、《焦山鼎銘考》，阮元《積古齋鍾鼎彝器款識》，吳榮光《筠清館金石文字》，劉心源《奇觚室吉金文述》，方濬益《綴遺齋彝器款識考釋》等。他們通過辨僞、考釋的方式，對內府收藏和民間征集的金石文字資料進行整理和摹錄，從一定意義上來說，這種「玩物」而不「喪志」的態度和結果，體現了一代學者對治學致用的艱苦求索，努力達到金石研究與藝術鑒賞高度和諧的結合。

乾隆時期，在眾多金石研究學者當中，畢沅即是其中卓有成就的一位。他利用各地爲官的優勢，宦迹每至一處，皆遍訪古蹟，網羅搜集，著成一部部優秀的分地金石著作。主要體現於其在陝西爲官期間主持編著《關中金石記》，在河南爲官時著《中州金石志》，在湖北任總督時由其幕友嚴觀所作《湖北金石詩》，巡撫山東與阮元合作之《山左金石志》。這些金石著錄，無論以收採的完備，考證的精詳，都是被時人和後人所稱道的。

第二節 關中金石記

關中爲三代、秦漢、隋唐都會之地，碑碣之富，甲於海內。乾隆四十一年（1776），畢沅以文學侍從之臣撫陝，「膺分陝之任，三輔、漢中、上郡皆按部所及。又嘗再領總督印，踰河隴，度伊涼，跋涉萬里，周爰咨詢，所得金石文字，起秦漢，訖於金元」，得金十三，瓦三，石七百八十有一，凡七百九十七通，裒爲《關中金石記》8卷。「雍涼之奇秀，萃於是矣」〔註18〕。通覽《關中金石記》，有如下特色：

〔註16〕畢沅：《關中金石記》卷末，孫星衍《書後》。
〔註17〕朱劍心：《金石學》，第11頁。
〔註18〕畢沅：《關中金石記》卷首，錢大昕《序》。

一、搜羅宏富

關中作爲「雍涼之域，實曰神皐，吉金樂石之所萃也」〔註19〕。然而隨著時間的流逝，很多金石或代易物湮，始存終軼，往往不可得徵。而且，自唐肅宗乾元中京師壞鐘像私鑄小錢，唐武宗會昌中李都彥以鐘鐸納巡院充鼓鑄用，以及宋姜遵知永興軍時，太后詔營浮圖，毀漢唐碑碣以代磚甓，關中之金石，日漸亡佚。北宋神宗元豐中，雖有北平田概撰爲《京兆金石錄》6卷，然僅限於京兆一路，他付闕如；且其書不傳，惟見於陳氏《寶刻叢編》之所引。此一局面，顯然難於揭示關中豐厚的文化底蘊。有鑒於此，畢沅歷官所至，廣爲搜討，「時則鄭白之沃，互有泛塞，公廝渠所及，則有隨便子谷造象得於長安，唐尒朱逸墓碣得於頷陽，朱孝誠碑得於三原，臨洮之垣互以河朔。公案部所次，則有唐姜行本勒石得於塞外，梁折刺史嗣祚碑得於府谷，寶室寺鐘銘得於鄜州，漢郙君開道石刻，魏李苞題名，得於苞城」〔註20〕，總之，凡關內、山南、河西、隴右，編摩翻拓，悉著於錄。共七百九十七通，按朝代編定共爲8卷。

《關中金石記》中所錄許多金石極爲寶貴，卷八所收錄的元代「祀西鎮吳嶽廟祝文」，是該書中所收諸金石中的唯一鐵碑，其「又爲陰識，字體精整，尤可愛也」〔註21〕；西周之曾鼎，高漢尺二尺四寸，周四尺八寸，深九寸，兩耳三足，作牛首形。據《三禮鼎器圖》，應是牛鼎。中有銘文二十四行，計四百零三字。此鼎在畢沅歿後抄家時下落不明，然而該石經工於篆物的幕賓錢坫考釋，銘文賴以留存，爲以後研究西周社會形態和生產關係，提供了極難得的論據，百餘年來，一直受到學者們的重視。唐時墓誌，篆蓋留存很少，畢沅於咸寧神禾原發現的唐時篆蓋《蕭思亮墓誌》，顯然極具價值，甚爲可貴。此外，畢沅於書中所收錄的11件鐘款，亦極爲寶貴。《關中金石記》還收有許多前人所未發現和收藏的碑石，「自餘創見，多後哲之未窺，前賢之未錄」〔註22〕。書中卷二所錄《道因法師碑》，卷三所收於寶雞縣丞署搜集的《馮十一娘墓誌》，於同州羌白鎮發現的《祁國昭宣公王仁皎神道碑》皆爲以前金石家所未著錄者。孫星衍於句容所得《吳衡陽太守葛祚碑》，與書中所收《褒城李苞石門題字》，可謂金石中之「二絕」〔註23〕。乾隆四十四年（1779），

〔註19〕畢沅：《關中金石記》卷末，孫星衍《書後》。
〔註20〕畢沅：《關中金石記》卷末，孫星衍《書後》。
〔註21〕畢沅：《關中金石記》卷八。
〔註22〕畢沅：《關中金石記》卷末，孫星衍《書後》。
〔註23〕畢沅：《中州金石記》卷一。

畢沅主持修繕嶽廟，「五鳳樓下所出古碑殘石甚多」〔註24〕，收於卷一的《武都太守題名殘碑》，就是宋洪適《隸釋隸續》、歐陽修《集古錄》和趙明誠《金石錄》等所未收，碑石上所刻王遠所撰《石門銘並序》，也是歐、趙以來未著錄之作。卷三所收《高福墓誌》，向在農家，「幾爲柱礎者數矣」〔註25〕，畢沅於乾隆四十六年（1781）以二萬錢購得，藏之於靈巖山館〔註26〕。卷四青苔乙未「楊凝式題名」，黃庭堅曾言「見楊少師書，然後知徐、沈有塵埃氣。少師筆箚，重於一時，得片紙寸書者，實逾共見」〔註27〕。而此題名竟埋於殘垣斷砌之間，數百年莫有問之者，此可見畢沅幕府採錄之功不小。看著這塊殘碑，畢沅由衷的憐愛，曾賦詩道：

> 此碑誰所搨，斷處字微昏。
>
> 缺陷知難補，風神喜尚存。
>
> 倘非橫廢寺，即係臥荒村。
>
> 可惜題名處，牛傷礪角痕。〔註28〕

王昶《金石萃編》被稱爲中國金石學黃鍾之作，但他在收錄關中文物時，「幾於全錄其文，以資參證」。可見畢沅於關中金石搜羅之廣，於碑文考校之勤。

二、具有極高史料價值

以金石考證經史，是乾嘉學者的治學取向。畢沅認爲「以金石文字之在六朝前者，多足資經典考證，其唐後所載地理、職官及人物事蹟，亦可補正史傳訛誤」〔註29〕。北平田槩《京兆金石錄》僅記撰書姓名、年月，而無考證之益，畢沅《關中金石記》則爲之沿波討源，考經證史，辨析疑似。錢大昕嘗稱：「公又以政事之暇，鈎稽經史，決摘異同，條舉而件繫之。正六書偏

〔註24〕畢沅：《關中金石記》卷一。

〔註25〕畢沅：《關中金石記》卷三。

〔註26〕2004 年 2 月 16 日解維漢《畢沅貪碑》一文中稱畢沅在任陝西巡撫期間，將陝西碑林的四方唐代墓誌高福墓誌、張昕墓誌、孫志廉墓誌、張希古墓誌帶回家鄉，放在他的靈崖山館。畢沅歿後，嘉慶四年（1799 年），畢沅因鎮壓白蓮教起義師久無功被以「教匪初起失察貽誤，濫用軍需帑項」的罪名奪世職，抄全家。他帶走的這四塊墓誌被列入「贓物」沒收入官，後來落入張叔未之手，以後便不知去向。幸畢沅將這四款墓誌收在《關中金石記》中，後人得以瞭解其概貌。

〔註27〕畢沅：《關中金石記》卷四。

〔註28〕畢沅：《斷碑》，《靈巖山人詩集》卷二十二。

〔註29〕史善長：《弇山畢公年譜》，乾隆四十六年辛丑五十二歲條。

旁，以糾冰英之謬；按《禹貢》古義而求漢漾之源。表河伯之故祠，琛道經之善本，以及三藏五燈之秘、七音九弄之根，偶舉一隅，都超凡諦。自非多學而識，何以臻此！」〔註30〕《關中金石記》考證範圍極爲廣泛，大凡時間、地名、人物、作者、曆法、文字、河流、歷代官職、碑石保存、書碑緣由、流傳情況、版本情況及修繕措施都一一考證，詳加記述。並且所取材料相當廣泛，經書、史書、小學之書、墓誌銘、神道碑、歷代名畫序跋，無一不取。盧文弨曾高度評價該書曰：「考正史傳，辨析點畫，以視洪、趙諸人，殆又過之。」〔註31〕錢坫亦曰：「巡撫公監茲放失，欲永其傳，講政之暇，日採集焉。又用眞知，條證肆考，傅合別否，務得故實。取其片羽，可用爲儀，蓋茝然於洪、薛、歐、趙之上矣。」〔註32〕以上諸家所言，已清楚地揭示出畢沅客觀嚴謹的考證精神。

一是補史。金石「與經史相表裏」，因爲「金石銘勒，於千百載以前，猶見古人眞面目。其文其事，信而有徵」〔註33〕。通過考證碑刻，補史書記載之闕。

畢沅利用金石碑刻，補充史書中對於許多歷史人物記載的闕失。卷一所收《武都太守題名殘碑》，「武都太守」爲史上何人，史書中並無記載。畢沅從王遠爲之所撰《石門銘並序》，考證出碑石序文中所云「此門爲漢永平中所開」，即指漢中太守鄐君「有功於民」之事，從而補史志之缺失。宋大將楊從義，在抗金的戰役中屢立戰功，只因紹興三十二年宋與金大散關戰役中，公「丐歸」，《宋史》不爲之立傳，卷六所錄《楊從義神道碑》對其人其事給以詳細的記述，於此，畢沅感歎道「碑刻之爲功於史者不小也」〔註34〕。宋代官吏賈炎的兩次官職陞遷，第一次是罷延帥歸居穎昌，第二次是由守河陽改知鄧州，對於此事《宋史·賈炎傳》敘次不明，卷六所錄《賈炎饒益寺題名二》以詳細記載賈炎於政和三年五月罷延帥歸居穎昌及政和五年六月由守河陽改知鄧州前後兩次皆爲奉母過饒益寺之事，補錄了《宋史》的「缺略」〔註35〕。卷五所錄《王堯臣謁祠記》，文中記述王堯臣「綏撫涇原，沿邊城

〔註30〕　畢沅：《關中金石記》卷首，錢大昕《序》。
〔註31〕　畢沅：《關中金石記》卷首，盧文昭《序》。
〔註32〕　畢沅：《關中金石記》錢坫《書後》。
〔註33〕　畢沅：《關中金石記》卷首，錢大昕《序》。
〔註34〕　畢沅：《關中金石記》卷六。
〔註35〕　畢沅：《關中金石記》卷六。

砦，設險厄要，經略西兵，朝廷多從其計」等事蹟，但《宋史》中未立其傳，並且在《宋史·仁宗本紀》也略記其人，於此補史之不足。卷五所錄《程琳再謁祠記》，考史書並未記載程琳爲太常博士，也不曾記載其兩次宣撫陝西之事，利用此碑文可補史書記載之闕略。

畢沅利用碑刻內容，考證補充史書人物家族世系情況。對於唐代大學士楊振的家族世系，《唐書·宰相世系表》只是從其先祖向下記載五代。畢沅通過考證卷七所收《楊振碑》，其對於楊振家族世系的記載，從第五代又言，向下追溯到楊振一代，補充了唐史記載之缺。《唐書》對於顏眞卿家族世系傳承情況並無記載，畢沅以卷三所收《顏氏家廟碑》碑文所記，結合《唐書本傳》、《唐書·顏師古傳》、《唐書·顏杲卿傳》，《晉書·顏欽傳》、《北齊書·顏之推傳》，考訂輯佚出顏氏世系表，從而補《唐書》之闕。北宋大將折克行，因「克行以大觀二年卒，既葬八年。當是政和六年也，可求降金者，故克行本傳不及其名」，卷六所收《折武恭公克行神道碑》，敘次克行家世官爵，大略與史并合。史書中對於折氏世系中第四代「御卿贈太師燕國公」、第五代「忠贈崇信節度使」〔註36〕缺略無記，於是，畢沅以《舊五代史》、《新五代史》、《宋書》，結合碑刻內容，補充完善其世系表。

畢沅利用金石碑刻，還可考古代州縣之設置。卷六收錄宋崇寧四年所造《淨安寺鐘款》，其款文云同州朝邑縣魯苑鄉，考《金史》中記載朝邑縣下有四鎮，而無魯苑之名，此即補充了史書、地志之缺。

碑上文字和史書結合，還可考證出大量前所未聞的史實。卷六所收宋元豐庚申所立《□□祠堂後記》，相傳以爲《渾瑊廟後紀》，但畢沅據其文中所說，□□舊在三堡原，後在唐高宗永徽辛亥遷至丹陽川之口，昭宗時刺史王公，訪得使君舊塋於西嶺，建祠於此。因此，□□祠堂非渾瑊之廟。卷七收錄金《皇弟都統經略郎君行記》，文中稱「皇弟而不著名」，而考史書，天會九年，金以陝西地賜其所封僞齊政權，此時撻懶以左監軍鎮撫此地，撻懶是金穆宗之子，金太宗之弟，因此，碑中所記「皇弟」當爲「撻懶」無疑。卷三收錄大曆十年四月所立《兵部尚書王忠嗣神道碑》，對於王忠嗣其人，史書上記載「忠嗣與皇甫惟明輕重不得，貶東陽府左果毅，爲李林甫所惡，貶漢陽太守」，而碑中皆不記其事。《舊唐書》記載王縉官爵較詳，但對於碑中所記其封爲潁川郡公，縉爲太微公使齊國公事，皆無記載。因此，通過碑史互

〔註36〕 畢沅：《關中金石記》卷六。

證，可把這段史事補充完整。

　　二是通過考證金石碑文，正史書記載之訛誤，此則因爲「側薔異本，任城辨於《公羊》；戞昊殊文，新安述於《魯論》；歐、趙、洪諸家涉獵正史，是正尤多。蓋以竹帛之文，久而易壞，手鈔板刻，展轉失眞。獨金石銘勒，出於千百載以前，猶見古人眞面目，其文其事，信而有徵，故可寶也」〔註37〕。關於唐代華州升爲興德府的時間，《唐志》記乾寧四年改爲興德府，而《關中金石記》卷七收大定二十四年所立《建濟安侯廟碑》，文中曰「光化元年以華州爲興德府，封城隍神爲濟安侯」。對於此兩種說法，畢沅查閱史書，得出昭宗以乾寧五年改元光化，並且升州爲府，據此，《唐志》的說法顯然錯誤。

　　畢沅客觀嚴謹的治史態度，還表現在敢於否定前人的定論。卷三所收《無憂王寺大聖眞身寶塔碑記》，考《困學紀聞》記載貞元六年無憂王寺有迎佛骨之事，《韓愈傳》有鳳翔法門寺供養佛骨之事。據此，閻若璩認爲法門寺即爲無憂王寺，畢沅認爲閻氏之結論未免武斷，因此對此說法加以否定。卷四頜陽朱家河《尒朱逢墓碣》，本因尒朱逢之後於河濱建逢廟，砌此碣於廟內，但後人做縣志時皆以爲廟碑，畢沅指出其誤。卷七收錄的《禹迹圖》，糾正了許多史志錯誤：

　　　　案圖黑水是三危之黑水。黑水實有二，而余考華陽黑水惟梁州
　　孔安國言『東據華山之南，西據黑水』，張守節《史記正義》案《括
　　地志》『黑水源出梁州城固縣西北太山』以此釋梁州黑水較長，酈道
　　元案諸葛亮牋稱『朝發南鄭，暮宿黑水』。即此，諸家解書以二黑水
　　爲一，非也。今水在漢中府城固縣西北五里〔註38〕。

對於「黑水」的記載，《華陽國志》、《括地志》、《史記正義》等書俱都錯誤，畢沅通過考證，得出「黑水」的正確位置，糾正了眾史志記載之訛，而這樣的匡謬，對於維護學術的科學性無疑是十分必要的。

　　碑刻對於史實的記載固然有其不易塗改的優點，但碑文所錄內容亦因各種因素不能完全反應史實。畢沅以碑證史，並不盲目迷信碑刻內容。卷一收錄《頜陽令曹全紀功碑并陰》中記載和得殺父篡位之事，雲和得失敗後「面縛歸死」，此與《後漢書·西域傳》記載有出入。畢沅從碑傳「和得」寫成「和

〔註37〕畢沅：《關中金石記》卷首，錢大昕《序》。
〔註38〕畢沅：《關中金石記》卷七。

德」，「曹全」寫作「曹寬」，因此斷定碑記乃附會之言，應從史。〔註39〕卷七收《寧曲食水碑陰記》中記載鄙縣金渠爲齊相寧戚所開，但畢沅查閱大量資料，未能得到證據，對此，畢沅認爲「無所依據，不足信也」〔註40〕。卷八元收至正二十五年《渾忠武王感應碑》記載至正二十二年冬十月，總兵官太保中書右丞相孛羅帖木耳，特奉聖旨，爲守禦延安，分命中奉大夫河南江北等處行中書省參知政事朱希哲，守禦宜川。考《元史‧叛臣傳》是年八月孛羅帖木耳佔據延安，欲東渡以奪寧晉，十月，南侵廓括帖木耳所守之地，孛羅帖木耳是在至正二十年爲太保，而碑刻稱是在至正二十二年，由此判斷此碑刻當是追書，不可足信。

　　清代金石學的發展，實是以小學證經史爲基礎。畢沅在進行碑史互證的過程中，對碑刻中古字的字形和字音演變過程進行考證。卷三所收唐開元十六年楊淡所立《開元寺尊勝經石幢》，文中有云「諸佛剎土」，此中『剎』字今又作『刹』，考《唐釋元應眾經音義》云：「『剎』字，書無此字。即『剎』字略也。」又「剎」音初，又作擦，音察。據此，「剎」「刹」二字皆爲「剎」字的省寫，而徐鉉篆「剎」字，乃是以爲「說文新附」，畢沅據此認爲乃「粗陋觀點」也。卷四收錄元和八年所刻《佛頂尊勝陀羅尼經》，首云「曩謨」，即今所云「南無」，「縛」音。畢沅查閱《春秋左傳音義》對「縛」音的解釋，古爲「扶臥反」，此與現在讀音「無可反」相同，從而推知，古「娑、嚩、賀」即爲今之「娑、婆、呵」。而釋家書多於字旁加口爲咒誦之法，此爲「釋氏對音之法」〔註41〕。並且畢沅對於唐《釋書音義》與《道書音義》中所收專用字詞讀音規則進行詳細闡釋，爲今人閱讀古字古音提供了方便，其考釋之功尤爲巨哉。

　　畢沅還利用碑文考訂經學。如卷五收錄天禧四年所立《鄧保□送御書神述碑石記》，文中有「已後午前丙時」之語，畢沅指出，文中所稱「丙時」，即二十四路法也。「其法出於《淮南子‧天文訓》，子午卯酉爲二繩。丑寅辰巳未申戌亥爲四鈎。東北爲報德之維。西南爲背陽之維。東南爲常陽之維。西北爲號通之維。所謂四維者，乾巽坤艮四路也。故下又有斗指子則東至，指癸則小寒，指丑則大寒……指好通之維而立冬，指亥則小雪，指壬則大雪

〔註39〕畢沅：《關中金石記》卷一。
〔註40〕畢沅：《關中金石記》卷七。
〔註41〕畢沅：《關中金石記》卷四。

等說。」並且，畢沅考證出此法的最早出處：「道家傳皇帝宅經多有其法，世蓋襲用之，而不知其出於淮南也。」〔註42〕故錢大昕稱讚道：「徵引之博，辨析之精，沿波而討源，推十以合一，雖曰嘗鼎一臠，而經史之實學寓焉。」〔註43〕

　　當然，孫星衍「公證古之學，奄有征南；博聞之才，通知荀勖。此之造述，力越前修。談經則馬鄭之微，辨字則楊杜之正，論史則知幾之邃，察地則道元之神」〔註44〕的評價，未免有些完美化，《關中金石記》以金石證經史，其中不免有舛誤疏漏，劉維波碩士論文《畢沅與金石學研究》〔註45〕就畢沅對有關唐代碑石跋尾文字有誤的地方，參考有關唐史著作及文獻典籍，對其進行辨明和訂正，共九處。但該書在當時金石著作中，其考證還是極為精慎的。

三、有裨實學

　　畢沅不僅能抉發金石之源流，考訂其是非，更為有意義的是，他還將對於金石的研究用之於現實，洪亮吉嘗揭示此一治學意向曰：「巡撫畢公再涖陝西，前又兩攝蘭州之節，凡自潼關以西，玉門以東，其道路險易，川渠通塞，及郡縣之興廢，祠廟之存否，莫不畫然若萃諸掌，今記中所散見是也。夫歐、趙、洪、薛之撰集金石，僅藉以考古，而公則因以興灌溉之利，通山谷之邃，修明疆界，釐正祀典。既非若道元之注託之空言，又非若歐陽諸書僅資博識，則所得實多焉。公既嘗以案部至咸陽，讀周文公廟諸石刻，為守墓之裔請於朝，增置五經博士；近又欲考定臨晉河伯之祠，合陽子夏之墓，皆公經世之務之獲於稽古者也。」〔註46〕畢公「奏修嶽祀，而華陰廟題名及唐華山銘始出焉。公釋奠學校，而開成石經及儒學碑林復立焉」〔註47〕，從而達到學術和經世的完美結合，體現出畢沅學以經世的精神。畢沅著《關中金石記》，不但錄其碑刻，考其內容，還時時關注歷代對其維修保護情況。卷六所錄《敕修河瀆靈源王廟碑》，畢沅詳述了碑刻內容後，還記述歷代對河祠的維修和祭

〔註42〕畢沅：《關中金石記》卷五。
〔註43〕畢沅：《關中金石記》卷首，錢大昕《序》。
〔註44〕畢沅：《關中金石記》卷末，孫星衍《跋尾》。
〔註45〕劉維波：《畢沅與金石學——以〈關中金石記〉為例》，陝西師範大學，2009年碩士論文。
〔註46〕畢沅：《關中金石記》卷末，洪亮吉《跋尾》。
〔註47〕畢沅：《關中金石記》卷末，孫星衍《跋尾》。

祀活動，對歷史上清理河污進行詳細記載。畢沅所府之陝省「爲全河之襟帶，而祀典闕如。今雖不能復臨晉之故，而韓城舊址，不應委棄榛蕪，過而弗問」，因此，畢沅決心「請於朝，鼎新廟貌，修復祀典」。卷四所收《石刻十二經及五經文字九經字樣》，畢沅於此條下記述石經置學之始末。西安府學，舊爲碑林。自明迄清，雖屢加輯治，但屋宇傾圮，經石及諸碑，棄於榛莽。畢沅自乾隆三十七年（1772），進訪古刻，前後堂廡全加修葺。並於土中搜得舊刻數十片，取石經及宋元以前石刻，編排甲乙，周以闌楯，而明代及近人所刻，汰存其佳者，別建三楹以存之。並派人保護，「壁經貞石，頓復舊觀」〔註48〕。以上這些皆爲畢沅學以致用的治學旨趣的體現。

畢沅一生嗜好收藏，「凡晉魏以來法書、名畫、秘文、秘簡、金石之文，抉剔克羅，吳下儲藏家群推第一。」〔註49〕以法書名畫言，鑒賞家錢泳在畢氏幕中所見就有：唐顏會公竹山書堂聯句眞迹，尉遲乙僧夭王像絹本，懷素小字千字文，五代董北苑的瀟湘圖，元人王叔明的南鬱眞逸圖等，均爲稀世之珍品。後來，錢泳代畢沅選刻《經訓堂法帖》十二卷，大多取自畢氏收藏。畢沅在利用金石與經史互證過程中，還從藝術的角度加以鑒賞。畢沅以金石證古字的寫法。藏於西安府學秦李斯所篆《繹山碑》中「壹」作「壹」，「金」作「金」，「亂」作「亂」，「極」作「極」，「逆」作「逆」，此雖互異，但畢沅認爲「猶未失籀篆之正者也。」永平六年所刻《漢中太守鄐君開石門道碑》，畢沅十分喜愛其書法：「字徑三四寸，體界篆隸之間，甚方整，而長短廣狹不一」；卷五收乾德三年立釋羅英書《篆書千字文》，畢沅闡述羅英篆書風格：「體多間架，筆趨便易，不若少溫之安詳端雅也，且多謬體字」。通過考證碑刻書寫中大量俗字、謬字，畢沅感歎：「英書已傳數百年，然不能免後人之譏如此，搦管者可不知所取法耶。」〔註50〕對後世書法者學書羅英之體提出自己的寶貴意見。卷五收錄宋慶曆八年刻於慈恩寺塔桄石上《王元等題名》，對於石上唐人刻佛像，畢沅通過《歷代名畫記》，一一考出其作者：「塔內面東西間，尹琳畫；塔下南門及西壁千鉢文殊，尉遲畫；南北間兩及兩門，吳畫。」畢沅對此畫壁「筆畫精整有法」的評價是對其藝術水平的肯定。《關中金石記》爲古代書法、繪畫藝術提供寶貴的史料。

〔註48〕 畢沅：《關中金石記》卷四。
〔註49〕 畢沅：《關中金石記》卷首，盧文弨《序》。
〔註50〕 畢沅：《關中金石記》卷五。

　　錢大昕在《金石文尾跋》中說：「金石文有益於史學，未可以玩物喪志。」而尤其值得指出的是，「自宋以來，談金石刻者有兩家，或考稽史傳，證事蹟之異同；或研討書法，辨源流之升降」〔註51〕，畢沅之書，可謂兼得兩家之長。

第三節　中州金石記

　　乾隆五十年（1785），畢沅奉命調河南巡撫任。乾隆五十二年（1787），編有《中州金石記》5卷〔註52〕，「自是秦涼之寶墨，荊豫之珍瑤，搜采靡遺，殆稱觀止」〔註53〕。此書由洪亮吉主編，「昔者戴淵之蒞州，兼司兗豫；近則田公之作督，亦統山東。先生倚畀之隆，倘同滋例，庶幾絃歌有暇，豐闕里之碑，旌麾所賁，訪郎臺之刻，自是而天下之大觀，庶畢萃於一室矣。」〔註54〕全書編排承襲《關中金石記》，仍按朝代為序，共收金石322通。通覽全書所錄，所收唐代石刻最富。《中州金石記》的成書有如下特點：

一、金石與經史互證

　　在《關中金石記》修書經驗的基礎上，此書更注重金石和經史互證，以澄清史實。「暇日嘗假先生碑數百通，校史傳闕疑，其間得史文之誤者十之三，以史文正碑石之失者亦十之一。繼又周覽大河，縱觀崇嶽，南遊乎汝穎，北極乎殷魏，又悟乎金石之失。」〔註55〕

　　畢沅利用金石考證史書之訛誤。武后聖曆二年六月，由武后撰並草書《升仙太子碑》，據碑文云，子晉廟乃於聖曆二年六月改名為升仙太子廟，考《資治通鑑》云：聖曆二年二月己丑，太后幸嵩山，過緱氏，謁省升仙太子廟。畢沅指出此乃史家追述史事時所造成的不合之誤；汲縣之比干墓，酈道元《水經注》稱北魏時墓前石銘寫道：殷太師比干之墓。而畢沅考唐《李翰碑》記載道：「貞觀十九年，太宗東征，師次殷墟，下詔追贈殷少師比干為太師，諡曰忠烈。」因此比干崇號，並非北魏拓跋加與，應為唐太宗追贈。貞明二年所立《葛從周神道碑》，考歐陽修《新唐書》記載從周擊晉兵大敗，梁兵擒晉

〔註51〕畢沅：《關中金石記》卷首，錢大昕《序》。
〔註52〕史善長《弇山畢公年譜》乾隆五十二年五十八歲條載：「公暇蒐羅金石文字，考其同異，聚而拓之，編為《中州金石記》五卷。」
〔註53〕畢沅：《中州金石記》卷末，洪亮吉《後序》。
〔註54〕畢沅：《中州金石記》卷末，洪亮吉《後序》。
〔註55〕畢沅：《中州金石記》卷末，洪亮吉《後序》。

王之子落落，與碑刻此事不同。而薛居正《舊五代史》記載，魏遣晉王之子落落，率二千騎屯洹水，從周以馬步二千人擊之，殺戮殆盡，擒落落於陣，與碑石所記相同。考此碑為奉敕書撰，斷無冒列功績之嫌，則歐陽修《新唐書》記載失實。《舊唐書》記載，安祿山反，徐浩出為襄陽太守及防禦使，賜以金紫之服。畢沅據貞元十五年立《彭王傅徐浩神道碑》考得，安祿山反當在徐浩做防禦使之後，指出《舊唐書》記載之失誤。

畢沅利用金石碑刻記載補充史文之闕。其中，有補充史書列傳中的缺略，「按魏司馬升碑，曾祖彭城、王祖荊川云云，而知晉史列王之傳缺略實多」。畢沅在洛陽史家灣所得景雲二年所立《孝子郭思訓墓誌》，碑云思訓與其弟雍州武功縣尉思謨俱應孝悌廉讓舉，由於「洛陽陵墓之盛，甲於他縣」，因此方志漏略，沒有全部記載，但因二郭孝行尤為可嘉，故於墓碣表出之，以便後有撰志者，按此碑補其闕。對此，洪亮吉感歎道「前之勒石，足以訂來刻之訛，昔之吉金，亦可糾近鑄之失，有裨於實學不少也。」〔註56〕

畢沅從有裨實學的思想出發，十分注意利用碑刻資料來考證地理。碑刻是各歷史時期的文字載體之一，通過分析文字發展變化的演進規律，可以解釋早期文獻中部分地理名稱。如《漢書‧地理志》有「崈高縣」，並稱古文以崈高為外方山，崈高山究為何指頗不好解。《國語》曰：「夏之興，融降水崇山」，崇山在這裡也不好解釋，畢沅據《嵩山太室神道石闕銘》中「嵩」字寫作「崇」。從而推斷漢時尚無「嵩」字，今天所稱「嵩山」，漢以前皆寫作「崇山」，「崇」與「崈」通，並指出《國語》所云「崇山」與《地理志》所言「崈高山」即今天的嵩山〔註57〕。除考證古今地名之演變，通過碑刻內容還可以對於古今地理方位進行考證。《中州金石記》中收入元大德十年所立《漁莊記》，於此條下畢沅對距安陽西北二十里的「萬金渠」方位和名稱進行考證：

> 萬金渠在安陽西北二十里，源出寶山，經府城西，分注東南溉田，世傳魏武所開。又云其利可抵萬金，故以名也。予按鄴故多水利，自西門豹始。隋唐宋元明因之，其在安陽、內黃、湯陰、臨漳、武安、林縣、涉縣者，至今往往而有，守土官其如何疏濬，裨益於民則考古之學通於政事矣。〔註58〕

〔註56〕畢沅：《中州金石記》卷末，洪亮吉《後序》。
〔註57〕畢沅：《中州金石記》卷八，《嵩山太室石闕銘》。
〔註58〕畢沅：《中州金石記》卷五。

畢沅對於碑傳石刻所記神奇詭異之事，通過考訂進行澄清。開寶四年所立《重書龍池石塊記》中云及「漢通容元年大旱，李繼安泛湖至君山廟，見朱衣人將書一封，稱達至濟源龍池，擊石必有人出」之事，畢沅考南北兩漢俱無「通容」年號，斷定此爲流俗傳說，並感歎「著之碑碣，何其謬輿」〔註 59〕。金天德二年所立《朗然子詩》，云朗然子爲唐通元觀主，事蹟靈異，修煉非凡。畢沅認爲此乃「將道士造作其事衒世者耶」，並總結「覽金石之例，凡爲道家作誌銘，於其卒也，必曰白日昇天，或曰蛻去。猶爲釋氏立詞曰圓寂曰涅盤之類，即儒家稱卒與終耳，而後人讀碑文則以爲眞乃爲仙」〔註 60〕。由此，畢沅指出《晉書》中稱葛稚川吳時學道得仙之事，即爲史家誤會碑碣之文。但是，碑上所記神異之事並非皆不可信。《中州金石記》卷五收錄正德四年四月所立《常樂寺重修三世佛殿碑》，碑云：「鼓山南側滏水出焉。上有二石如鼓形。世傳鼓鳴則有兵起。質諸傳記，北齊之末，此鼓常鳴，而齊爲周所併，隋文帝末年鼓又自鳴，而唐代隋以興。」爲澄出事實，畢沅考證大量典籍：「《太平寰宇記》云，滏陽縣鼓山，亦名滏山；宋永初《古今山川記》云，鼓山有石鼓形二所，南北相當，俗語云：南鼓北鼓，相去十五里；《冀州圖經》云，鄴城西有石鼓，鼓自鳴即有兵；《魏都賦》云，神鉦迢處於高巒是也。高齊末鼓鳴，未幾云鄴城有兵而齊滅。隋文季年又鳴聞數百里也。」〔註 61〕對於縱家典籍所言，畢沅進行綜合分析，最後得出鼓山即《北山經》「神囷之山」，並認爲很可能是「神囷即以石鼓形似得名」，從而證實《山海經》所記事件並非荒誕的無稽之談，打破歷來認爲此碑文之所述乃爲神奇詭異的說法。

二、眾人成果之彙集

《中州金石記》所記金石多爲畢沅及其屬下親自走訪所得。如唐貞觀十五年（641）所刻《伊闕佛龕記》是畢沅在乾隆五十一年（1786）路過伊闕山，走訪賓陽洞，親眼所見。漢光和六年立《熹平石經尚書論語殘字》，是通守黃易在京邸得到。《晉劉府君墓誌》即是武億家中所藏，《造須彌塔記》亦是武億於偃師北十八里古聖寺地下土中所得，武億「急置寺壁，手拓其文寄予」，畢沅爲之感動，感歎道：「眞好古敏求之士也。」〔註62〕洛陽白馬寺內《白馬

〔註 59〕 畢沅：《中州金石記》卷四。
〔註 60〕 畢沅：《中州金石記》卷五。
〔註 61〕 畢沅：《中州金石記》卷五。
〔註 62〕 畢沅：《中州金石記》卷一。

寺造像幢》、《蘇寶才造像記》是從西安來汴的幕賓錢坫，在白馬寺中搜得此幢，手拓以歸。

在對金石考訂的過程中，幕中賓客多有參與。除有署名「予」的畢沅考證外，署名武億的考證亦較多，如唐上元二年八月所立，由唐高宗御製並行書《孝敬皇帝叡德紀》，是唐高宗爲薨於上元二年的太子宏所作，碑中記載宏，字宣慈，而史書失記。碑中云宏年 1 歲，立爲代王。武億考《高宗紀》記載永徽六年，封宏爲代王。若以永徽六年，太子宏 1 歲記，則上元二年高宗立碑之時，太子應爲 21 歲，從而否定劉昫《唐書列傳》高宗立碑之時，太子 24 歲的錯誤說法。對於武億的這一考證推理，畢沅不覺讚歎其深通經史之功。再如，《升仙太子碑》碑陰諸臣題名，武億把之與史傳相考，考證出《新唐書》記載諸臣官職時有漏誤，如碑中所記狄仁傑曾受封汝陽縣開國男，《新唐書》僅云「睿宗封其梁國公」，碑陰所記楊再思曾爲「鄭縣開國子」，《新唐書楊再思傳》誤爲「鄭縣侯」。而碑陰書吉頊於聖曆二年侍武后從幸，《宰相表》記吉頊於久視二年三月，始加左控鶴內供奉。因此，《中州金石記》的主編雖是洪亮吉，畢沅及其它幕賓如武億也下了很大功夫。

三、注重藝術鑒賞

由於眾多人的努力搜尋，《中州金石記》中收集大量以前金石家少見未見之作，並且其中不乏中國書法、雕刻上的精美之作。南陽漢代永興二年六月所立的《宛令李孟初神祠碑》，書法疏秀，「似韓仁銘，當爲唐蔡有鄰所本」〔註 63〕，所刻「永興二年」的「年」字，字末一筆長過兩字，在漢碑中甚是少見。漢光和六年所立《熹平石經尙書論語殘字》，是通守黃易得之於京邸，畢沅甚爲珍惜，「今世石經之存，惟熹平此本及開成、嘉祐、宋高宗御書，意蜀石經一有存者，而未之見。」〔註 64〕魏武定三年所刻《李洪演造像記》，字體端嚴，筆鋒秀勁，「爲魏齊造像第一」，是魏時珍本，「當何如寶貴耶！」〔註 65〕開元二十六年立《錢塘縣丞殷府君夫人碑》，爲顏眞卿撰並書，宋趙明誠《金石略》收集顏眞卿之書可謂之全，亦未收入此碑，藝術價值甚爲可貴。宋咸平二年《趙玭改葬碑》，「碑凡四面，字起左側，

〔註63〕 畢沅：《中州金石記》卷一。
〔註64〕 畢沅：《中州金石記》卷一。
〔註65〕 畢沅：《中州金石記》卷一。

又有曾孫□捧硯，皆金石未有之例。」〔註66〕皇祐五年立富弼撰《題龍潭詩》，亦是前人未見之作。紹聖二年所立《坦掌邨重修堯廟碑》，是由李勃、吳願兩人所撰，此兩人合撰之例，乃前人所未收有。金阜昌四年所立《齊徐州觀察使河南路安撫使孟邦雄墓誌》即為新出土之碑，畢沅稱其「字迹工秀，良可愛也」。〔註67〕諸如此類，皆表明畢沅著《中州金石記》，不僅記述碑文內容，進行考證，而且從書法藝術的角度對金石進行鑒賞，在把玩金石的過程中，畢沅感慨道：「余嘗論學書之法，臨帖不如臨碑。碑則古人親自書丹，當時摹刊。求其神采，宜得十分之九。其見於法帖，則傳之百數十年，紙墨漫滅，或是後人臨摹贗本，賞鑒家誤以為真，俱未可定。」〔註68〕此一觀點表明金石碑刻在中國書法藝術發展中的重要地位，畢沅金石研究對中國書法做出極大貢獻。

金石辨偽是金石研究中最難的學問之一，要求有極豐富經驗。畢沅在金石研究過程中還常常運用金石研究經驗對所收集碑刻進行辨偽。如其在長期搜集碑刻的過程中發現，「凡古陵廟修造之日，世俗必以古碑刻新文，其有祭告之處尤甚」，讓「識字之人，庶幾戒此」〔註69〕。卷五所收金泰和元年七月立《王大尉奉使齎降御香魏夫人祠紀事碑》，「碑以宋政和八年書，金泰和元年立石，字大二寸而不工」，諦視此碑，發現隱隱有字迹，就此推斷為金人磨去重刻碑文的贗品。

第四節　山左金石志

畢沅巡撫山東，與阮元合作纂成《山左金石志》，不僅是山左（即山東省）金石著述之翹楚，而且在整個清代史學史中有很重要的意義。

一、《山左金石志》及其成書

「山左兼魯、齊、曹、宋諸國地，三代吉金甲於天下」〔註70〕，乾隆五十八年，阮元調任山左學政，在遊歷山左的過程中產生修纂金石志書的想法，恰逢乾隆五十九年畢沅巡撫山東，阮元遂與畢沅商討修書事宜，於「乾隆六

〔註66〕畢沅：《中州金石記》卷四。
〔註67〕畢沅：《中州金石記》卷五。
〔註68〕畢沅：《中州金石記》卷二，《升仙太子碑》條下。
〔註69〕畢沅：《中州金石記》卷五。
〔註70〕阮元：《小滄浪筆談》卷三。清光緒二十六年刻本。

十年冬，草稿斯定」〔註71〕。此後，阮元調離山左赴浙江學政任，攜稿修改，直到嘉慶二年（1797）畢沅歿後才刊出，成《山左金石志》凡24卷，署名畢沅、阮元撰。該書集萃十一府兩州之碑碣，此前雖黃易、李文藻、聶劍光、段赤亭各有金石志書，但「袛就一方，未賅全省」〔註72〕，而《山左金石志》「博稽全籍，取全省碑刻拓本」〔註73〕，首次較爲系統地將山東古代的金石資料彙輯於一編，共收殷商至元代的碑版、彝器、錢幣、鏡印等1300餘件，較之畢沅《關中金石記》、《中州金石記》所收多至三倍。書成，錢大昕欣然作序，贊其宏富，言曰：「金石之多無如中原，然雍豫無西漢以前石刻，而山左有秦碑三、西漢三，雍豫二記著錄七八百種，此編多至千有三百。昔歐、趙兩家集海內奇文，歐目僅千，趙纔倍之，今以一省而若是其多，誰謂今人不如古哉？」〔註74〕

《山左金石志》搜羅極廣，許多金石極爲珍貴，爲以前著錄家所未見，如《武梁畫像》，「元明人目所未睹，而今乃盡出」〔註75〕；再如江鳳彝在新泰搜得《晉任城太守孫夫人碑》，連宋代金石學家洪適、歐陽修、趙明誠均未收錄，極爲珍貴。故該書的著者阮元亦感歎曰：「雖曰山左古蹟之多，亦求者之勤有以致之也。」〔註76〕

在編纂體例上，《山左金石志》對所收金石皆「錄其全文，附以考證，記其廣修尺寸、字徑大小、行數多少，裨讀之者了然如指諸掌」〔註77〕，並述及金石來歷、存佚、摹拓等情況。並且，《山左金石志》除了錄入碑刻內容，對於所收之金、刀布、古鏡、古印、碑石等皆繪有圖畫，閱來更加形象直觀。

對於金石收錄、分類原則，《山左金石志》採取彈性處理方法，如《山左金石志》編纂期間，孫星衍於乾隆五十八年（1793）出任袞沂漕道，藏金石碑刻頗豐，但孫非山東人，所藏金石亦未得於山東，對於其所藏金石，該如何對待呢？阮元認爲「金」不同於「石」，最大特點就是可以攜帶，可隨人從

〔註71〕畢沅、阮元：《山左金石志》卷首，阮元《序》。
〔註72〕畢沅、阮元：《山左金石志》卷首，錢大昕《序》。
〔註73〕阮元：《小滄浪筆談》卷三。
〔註74〕畢沅、阮元：《山左金石志》卷首，錢大昕《序》。
〔註75〕畢沅、阮元：《山左金石志》卷首，錢大昕《序》。
〔註76〕畢沅、阮元：《山左金石志》卷首，阮元《序》。
〔註77〕畢沅、阮元：《山左金石志》卷首，阮元《序》。

一地轉入另一地，於是，提出「金之爲物，遷移無定，皆就乾隆五十八年至六十年在山東者爲斷」〔註78〕的原則，將孫氏所攜帶錄入《山左金石志》中。故畢沅於西安所得之「訇鼎」，由錢坫釋文後，所纂《關中金石記》未及收錄，「茲攜來山左署中，因即編入《山左金石志》」〔註79〕。再如對於《山左金石志》中所收刀布、古鏡、古印，因其「繁複甲於天下」，故在著錄原則上「以類相從，各爲一卷」〔註80〕，對於每種金石，不再劃分時代，而是在其名稱中標注朝代，如以古印爲例，其名稱爲「漢白土當印」、「魏母邱儉印」、「晉大司馬印」、「宋慈聖御筆印」等等。這種編纂方式使《山左金石志》不僅僅反映山左一方的歷史文化，而且從搜羅範圍到金石種類有了更大的涵蓋面，包括了各地流入山東的古代銅器、印鑒等文物。該書在借鑒和創新的基礎上，體例成熟、考證精詳。故錢大昕序中贊其「既博且精」，「表微闡幽，實有合於輶軒采風之誼」。〔註81〕

二、畢沅、阮元以及多名學者在編纂《山左金石志》中的貢獻

雖然在《清史稿》、《清朝續文獻通考》、《書目答問》等書目中均稱《山左金石志》纂修者爲畢沅、阮元，並將畢沅之名置於首位。但是，自古至今，學界普遍認爲畢沅出力不如阮元，甚至乾脆稱纂修者爲阮元及其幕府：談及《山左金石志》的搜討情況，錢大昕稱「乾隆癸丑秋，今閣學儀徵阮公芸臺奉命視學山左。公務之暇，咨訪耆舊，廣爲搜索，……」又云：「山左固文獻之藪，而公（阮元——筆者按）使車所至，好問好察，采獲尤勤，又有博聞之彥，各舉所知，故能收之及其博。」〔註82〕讀之感覺《山左金石志》所收金石，其搜羅之功幾乎悉歸阮氏。阮元自己也曾說過：「余收山左金石數千種，勒爲《山左金石志》，事之一也。」〔註83〕也好像山左金石收集之功，悉歸個人；談及《山左金石志》的編纂過程，孟凡港認爲《山左金石志》雖題爲畢沅、阮元同撰，實乃阮元及其幕友朱文藻、何元錫、武億、段松苓和趙魏所修，畢沅僅參與了《山左金石志》編纂條例的商訂以及提供自己所藏彝器、

〔註78〕畢沅、阮元：《山左金石志》卷首，阮元《序》。
〔註79〕畢沅、阮元：《山左金石志》卷一，「訇鼎」條。
〔註80〕畢沅、阮元：《山左金石志》卷四。
〔註81〕畢沅、阮元：《山左金石志》卷首，錢大昕《序》。
〔註82〕畢沅、阮元：《山左金石志》卷首，錢大昕《序》。
〔註83〕阮元：《金石十事記》，《揅經室集》卷三。中華書局，1993年版。

錢幣、印章、拓片等金石資料而已，纂修工作由阮元組織完成。〔註84〕而王文超《從何紹基與山左北朝石刻之關係看其北碑觀》一文中言「此志由錢大昕作序，又借山東巡撫畢秋帆之名，可謂志出名動學林」，〔註85〕認爲該書署名畢沅，主要是想借助名人效應。閱讀史料，這些說法皆未免武斷。《山左金石志》的成功，阮元固然付出極大經歷和精力，這在孟凡港《〈山左金石志〉纂修者述論——兼對「畢沅、阮元同撰」的辨正》一文中有了明確的闡述，但不能因此扼殺畢沅的功勞。勾稽《山左金石志》整個編纂過程，畢沅一直參與其中。

《山左金石志》所收金石「萃十一府、兩州之碑碣」確實很豐富，這些金石除源於阮元「採獲尤勤」及其「博聞之彥」的搜羅和獻出，還包括「博稽載籍」，即聶劍光《泰山金石志》和段松苓《益都金石志》稿本所錄，而畢沅和阮元又「各出所藏彝器、錢幣、官私印章，彙而編之。」畢沅曾曰：「沅等搜訪山左金石，得一千七百餘種，勒爲石刻。秦漢魏尚多，而西晉絕少。」〔註86〕表明編纂之初，畢沅對於《山左金石志》中所包含金石情況應是很瞭解的。

阮元自乾隆五十八年（1793）學政山左，就有編山左金石志書的想法，但直到乾隆五十九年（1794）畢沅巡撫山東，才與畢沅商討編纂事宜，想必是因缺少編纂金石著作的經驗而一直不敢動手編書。而「先生（畢沅——引者注）撫陝西、河南時，曾修關中、中州金石二志」，故「元欲以山左之志屬之先生」，有託付畢沅修撰此書之打算。畢沅雖以「吾老矣，且政繁精力不及此」而推辭，但並未袖手旁觀，置之不問，先是阮元與畢沅共同「商定條例暨搜訪諸事」，「先生遂檢《關中》、《中州》二志付元」〔註87〕，提供編纂義例的範本。故《山左金石志》的編纂體例，並不是阮元一人所定，也可以說是參考了《關中金石記》和《中州金石記》。

通覽《山左金石志》的義例安排，該書整體是按金石的不同種類分類別以收錄，而對於那些搜羅繁富的種類又按《關中金石記》、《中州金石記》的

〔註84〕如孟凡港《〈山左金石志〉纂修者述論——兼對「畢沅、阮元同撰」的辨正》，《古籍整理研究學刊》，2012年第4期。

〔註85〕王文超：《從何紹基與山左北朝石刻之關係看其北碑觀》，全國第九屆書學討論會參會論文。

〔註86〕畢沅、阮元：《山左金石志》卷九。

〔註87〕見畢沅、阮元《山左金石志》卷首，阮元《序》。

結構方式，以朝代順序分卷收錄：卷一收錄「欽頒闕里周範銅器十事」、「商金」、「周金」；卷二至卷三收錄周代至元代之金；卷四收錄「刀布」；卷五收錄「鏡」；卷六收錄「印」；卷七至卷二十四收錄從秦至元的碑石。具體到每一通碑石的介紹，錢大昕認為是「公（阮元——引者注）又仿洪丞相之例」，除錄其全文，並且「附以辯證，記其廣修尺寸，字徑大小，行數多少，俾讀之者了然如指。」〔註88〕「洪丞相」，即宋著名金石家洪適，其所著《隸釋》、《隸續》，先依碑釋文，著錄全文，後附跋尾，具載論證，開金石學最善之體例，對後代有重大影響。其實，翻閱《關中金石記》、《中州金石記》，其錄入方式，即包括外觀尺寸、字徑行數、金石全文、碑文考證等內容，也就是說，此二書早已「仿洪丞相之例」了。既然畢沅拿出此二書提供義例參考，就不能說是僅僅「仿洪丞相之例」。同樣，《山左金石志》對於石刻獲得途徑和保存情況的詳細記述，也是仿關中、中州二志之例。故史善長編《弇山畢公年譜》乾隆五十九年乙卯66歲條稱：「公與學政阮公元商議修纂《山左金石志》，搜羅廣博，考證精覈。會有湖督之命，諄屬阮公繼成其事。書成凡若干卷，其義例皆公定也。」並非為畢沅邀功之語。

確定編書義例後，「元以是書本與先生商定分纂」，由於乾隆六十年（1795），畢沅奉命總督湖廣，離開山東，似乎不再親臨編纂之事，但「先生蒞楚，雖羽檄紛馳，而郵筒往復，指證頗多。」〔註89〕翻閱《山左金石志》，書中記錄畢沅和眾人一起，對於書中所收金石碑刻進行考訂，如《武氏前石室畫像十五石》，對於其中第二石「人首鳥身」者，朱朗齋認為是西方異物，「皆出佛經」，進而認為「碑中所坐者為佛無疑」。畢沅引《山海經》中語：「似人形者，不過略有相似，未嘗言怪也。」進而推測「碑或據此以圖其異」，因此認為「朗齋據此而遠引外域佛經，未免失檢。」〔註90〕

勾稽史料發現，《山左金石志》雖最後由阮元編定成冊，但錢大昕「討論修飾潤色，壹出於公」、「手自刪訂」的說法並不客觀。其實，對於此書的「討論修飾潤色」及刪訂情況，畢沅亦參與其中。卷八所收《任城太守孫夫人碑》，在對石上文字進行考證後，黃易、武億、桂馥皆考證文獻釋文作跋，在編訂成書之時，畢沅認為對其「文字考證已詳，黃武諸跋不再及

〔註88〕畢沅、阮元：《山左金石志》卷首，錢大昕《序》。
〔註89〕畢沅、阮元：《山左金石志》卷首，阮元《序》。
〔註90〕畢沅、阮元：《山左金石志》卷七。

也」〔註91〕，感覺這些釋文沒有附錄於書中的必要，但今所見志書，黃易、武億、桂馥釋文還是全文錄於書中，想必是最後校訂排版刊刻時忘記刪去。由此可見，畢沅對於書中內容的取捨是參加審定的。

　　由此，《山左金石志》從起草至成書，畢沅一直參與其中。而《山左金石志》的作者，畢沅署於首位，不僅是從其為阮元「詞館前輩」角度，出於對老師的尊重，更重要的是畢沅對該書的大力支持和付出。

　　而《山左金石志》從金石搜羅到內容考證一直有一個浩大的隊伍的。閱書前序文可見一斑。我們先看阮元《序》中所敘：

> 元在山左，卷牘之暇，即事考覽，引仁和朱朗齋文藻、錢唐何夢華元錫、偃師武盧谷億、益都段赤亭松苓為助，兗濟之間，黃小松司馬搜輯先已賅備，肥城展生員文脈家有轟劍光釼《泰山金石志》槀本，赤亭亦有《益都金石志》槀，竝錄之，得副墨，其未見著錄者分遣拓工，四出跋涉千里岱麓、沂鎮、靈岩、五峯諸山，赤亭或舂糧而行，架岩涧水出之，椎脫捆載以歸，雖曰山左，古蹟之多亦求之者勤，有以致之也。曲阜顏運生崇規、桂未谷馥、錢唐江秬香鳳彝、吳江陸直之繩、鉅野李退亭伊晉、濟寧李鐵橋東琪等皆雅致好古，藏獲頗富，各郡守、州牧、縣令、學博、生徒之以拓本見投，欲編入錄者，亦日以聚，舊家藏弆之目錄如曲阜孔農部尚任、滋陽牛空山運震等亦可得而輯。……故孫淵如觀察莅克沂曹濟，其所藏鍾鼎即以入錄〔註92〕。

從這段序言可知，《山左金石志》的金石搜羅包括五種來源：一是朱文藻（號朗齋）、何元錫（字夢華）、武億（字盧谷）、段松苓（字赤亭），這些阮元府中幕賓的「分遣拓工」，其中武億曾在畢沅河南幕府中；二是顏崇規、桂馥、江鳳彝、陸繩、李伊晉、李東琪等「雅致好古」之士的「藏獲頗富」；三是各郡守、州牧、縣令、學博、生徒「以拓本見投」。 四是，黃易「搜輯先已賅備」、孫星衍「所藏鍾鼎即以入錄」；五是聶劍光《泰山金石志》稿本和段松苓《益都金石志》稿本。此外。《山左金石志》錢大昕《序》中還言及畢沅和阮元「各出所藏彝器、錢幣、官私印章，彙而編之。」

　　由於有龐大的金石搜羅隊伍，金石搜討範圍廣泛，《山左金石志》中很多

〔註91〕畢沅、阮元：《山左金石志》卷八。
〔註92〕畢沅、阮元：《山左金石志》卷首，阮元《序》。

金石為前世所未收。如卷七所收《武后左石室畫像十石》，因這些石刻皆為「砌壁間書」，故此乃「古人所未見者」，先是由黃小松於乾隆五十一年於牆壁中搜得《前後石室及祥瑞圖》，時隔近十年後，乾隆六十年（1795）在督工建祠時又得到「左右室畫像十石」〔註 93〕。又如卷十所收在山東鄒縣《匡喆刻經頌》，此乃北周石，非常珍貴，但因其「崖高字大艱於椎拓，元所藏拓本只八十字，每以未見全文為憾」，嘉慶元年，黃小松將所拓全文寄與阮元，通讀全文才知造經人匡喆為丞相匡衡後代，故元感歎「不因全拓此碑，則匡氏後人則淹沒不顯矣。」〔註 94〕

而統計《山左金石志》中所收每款碑刻的考證情況，除署名「元」的阮元考證外，還有武億、畢沅、孫星衍、錢大昭、錢大昕、朱朗齋、孔繼涵、段玉裁、黃易等 45 人的考證。有時，對於一款碑石的考證會有多人共同參與其中，如卷八所收西晉石《任城太守孫夫人碑》，是書中所收唯一一款西晉石刻，乾隆五十八年（1793 年）江鳳彝在新甫山中訪得，文多脫落。於是，黃小松、武億、桂馥等分別查閱資料做跋加以考證。再如卷二所收《周金距末》，有四人參與考證，沈心醇、孔廣森考證其用途，沈據《戰國策蘇秦說》「疑此為弩飾」，孔亦贊同；翁方綱與阮元考其年代，翁「以商國二字，以為商龜」，但阮元認為從金石顏色和字體上看，皆不肖商金，考杜預注《春秋左傳》等周時宋國常稱自己為商宋，故此應為周龜。

綜上所述，《山左金石志》質量之高，聲譽之高，皆因眾多學人努力的結果。其中畢沅與阮元同是本書編纂的發起者，又親自參與具體問題的考訂和審議，與最終勒定和刊印全書的阮元貢獻相當，成書的署名是符合事實的。需要注意的是：《山左金石志》刊印之際，畢沅已經被清廷嚴屬治罪，刻本面世之時，畢沅已卒。此書仍署畢沅之名與首位，足見其實際參與著述之功。至於錢大昕、阮元在《序言》內不便過多強調畢沅的貢獻，不免有現實時務的考量，近人不應做出否定畢沅著作權的誤解。

三、《山左金石志》的學術意義

（一）《山左金石志》的史料價值

朱劍心在談金石學研究範圍時曰其「上自經史考定、文章義例，下至藝

〔註 93〕畢沅、阮元：《山左金石志》卷七。
〔註 94〕畢沅、阮元：《山左金石志》卷十。

術鑑賞之學也」。〔註95〕錢大昕嘗言道：「文集傳寫久，而唯吉金樂石流轉人間，雖千百年之後，猶能辨其點畫，而審其異同，金石之壽大有助於經史焉。」〔註96〕故「證經典之同異，稽諸史之謬誤，補載籍之缺佚，考文字之變遷」〔註97〕是金石研究的重要史學功能。

《山左金石志》「所可以資經史篆隸證據者甚多」〔註98〕，通過考證書中所錄金石文字，可補充正史記載缺失，訂正史書記載訛誤。典型的如卷三所收元代《長蘆儒學方爐》，其正書銘曰：「元至元乙卯孟冬，長蘆儒學奉大都、河間等路都轉運鹽使司置，監造學工孔克中，姑蘇領匠鍾宗鑄。」對於「長蘆儒學」到底是州學、縣學，還是特殊設置，查閱元大都行政區劃，「大都路領縣六，州十，州領十六縣，河間路領縣六，州六，州領十七縣，並無長蘆。」而《食貨志》鹽法又無指名，因而推斷「曰奉都轉鹽使司置，長蘆似是場名。而大都之場，併入河間，凡二十二場。」接著，通過對於元代儒學官職設置情況進行考證：「元制設儒學官諸路，總管府設教授一員，學正一員，學錄一員。其散府上中州亦設教授一員，下州設學正一員，是縣亦不置校官矣。今日長蘆儒學，似是占籍遵請置山長學錄之例，選商人子弟之秀者，補入爲博士弟子員也。」而這一制度在正史中並無記載，故「即此一銘可補《元史》地理、百官、學校、鹽法之所未備矣。〔註99〕」而對於長蘆儒學的設置時間，「按至元乙卯，當是順帝後至元五年，前至元乙卯乃世祖至元十六年。以《鹽法志》考之，至元二年立河間都轉運使司，單管本路鹽法，至二十二年乃立河間等路都轉運鹽使司，兼理大都，後不復改故也。」對於此金石文字的鐫刻者，查閱《闕里志·聞達子孫傳》，孔子五十五代「克」字輩正當元之末，但其記載「造內有任長蘆學正者，名克修，字久夫，不名克中。然克中之名與字卻相符」，故推斷「殆志亦有誤耶」，這種以金石記載糾正史書之訛的考證，書中隨處可見。就此，阮元感歎：「然則金石所關，豈淺鮮哉？」。〔註100〕

〔註95〕朱劍心：《金石學》，第3頁。
〔註96〕畢沅、阮元：《山左金石志》卷首，錢大昕《序》。
〔註97〕崔樹強：《宋、清兩代金石學對書法的影響及其背景分析》，《書法研究》，2002年第3期。
〔註98〕畢沅、阮元：《山左金石志》卷首，畢沅《序》。
〔註99〕畢沅、阮元：《山左金石志》卷三。
〔註100〕畢沅、阮元：《山左金石志》卷三。

再如李仁煜於城南所得《漢石洛侯黃金印》，對於石洛侯的身份，考漢制，天子與諸侯王皆用璽印，天子用玉璽，諸侯王用金璽。三公、列卿以下具用印，其中太師、太傅、太保、丞相、太尉、列將軍、列侯用金印，其它官職使用銅印或銀印。由此可知，石洛是列侯無疑。而石洛侯到底是何人？查閱《史記.王子侯表》，石洛侯名劉敬，城陽頃王之子，元狩元年由漢武帝所封。而《漢書》將石洛寫成「原洛」，將劉敬寫成劉敢，將元狩寫成「元鼎」，求其原因「蓋傳寫而異」，故此金印「足正班氏之誤，金石之由裨史學如此」〔註101〕。

又如在鄒縣東北董家寨白泉寺中發現的《存留寺碑》，立於金大定二十七年（1187），碑載金世宗大定二十年聖旨「令寺觀無名額及無神佛像者悉令除去，聽易與俗人居住。其有神像者不忍並毀，特許存留。此華嚴堂因有泗州大聖及十六羅漢像，准予存留，給據收執額，所謂敕賜存留者以此」〔註102〕。對於金世宗「敕賜」寺觀名額等活動，毀無名額寺觀宗教政策，史書上無明文記載，此碑所記可補史書對金代宗教政策記載的缺失。

《山左金石志》收錄金石種類繁多，刀布、古鏡、古印、畫像、金、碑刻等等，包羅廣泛，並且，較之《關中金石記》和《中州金石記》，《山左金石志》收錄大量西漢以前金石碑刻，如周代「為人臣所作」的「永年匜」〔註103〕，用來做弩飾的「距末」〔註104〕，造於周平王時期的「宋戴公戈」〔註105〕，通過這些金石，對研究商周時期政治、經濟、宗教、制度、風俗、文字、儀禮等各個領域的文化具有極高史料價值。

（二）《山左金石志》的編纂催化了阮元幕府的形成

畢沅在陝西任上所修《關中金石記》、在河南任上所修《中州金石記》，畢沅、阮元在山東任上所修《山左金石志》，以及翁方綱在廣東學政任上所修《粵東金石略》，謝啟昆在廣西巡撫任上所修《粵西金石略》，這些金石著作的成功，官員的學養固然重要，然而從搜羅、考證到校訂都需要大量人員的共同努力。畢沅撫陝期間，孫星衍等幕賓即有金石之好，「予始與子進、尊甫侍讀君，及張舍人塤、錢刺史坫，依畢中丞於關中節署，訪求古

〔註101〕畢沅、阮元：《山左金石志》卷六。
〔註102〕畢沅、阮元：《山左金石志》卷十九。
〔註103〕畢沅、阮元：《山左金石志》卷一。
〔註104〕畢沅、阮元：《山左金石志》卷二。
〔註105〕畢沅、阮元：《山左金石志》卷二。

刻。」〔註106〕其移撫中州所著《中州金石記》，其中所收《晉劉府君墓誌》、《造須彌塔記》等諸多石刻即是武億所藏；所收《白馬寺造像幢》、《蘇實才造像記》等石刻是錢坫所收集。而《中州金石記》的主編雖是洪亮吉，在對金石考訂的過程中，幕中賓客多有參與。如除有署名「予」的畢沅考證外，署名武億的考證亦很多。而《山左金石志》的成功，對於另一署名編纂者阮元文化幕府的形成和發展意義重大。眾所周知，阮元幕府是乾嘉時期繼畢幕之後又一大型幕府，其幕府的形成和發展就是始自《山左金石志》的編纂。

阮元於乾隆五十八年至六十年任山東學政，駐節濟南。雖此前亦有幕賓，但據尚小明《清代士人遊幕表》統計，人數極少〔註107〕。《山左金石志》的編纂不僅是阮元幕府金石研究的第一次活動，而且是阮元幕府的第一次編書活動。編撰金石著作需要金石搜集和考證人員，故阮元自出任山東學政的乾隆五十八年，即廣泛招募賓客襄助其事。其在《小滄浪筆談序》中言及當時的幕府之盛：「余居山左二年，登泰山，觀渤海，主祭闕里，又得佳士百餘人，錄金石千餘本。朋輩觴詠，亦頗盡湖山之勝。」〔註108〕這裡所言「佳士百餘人」，有相當一部分應為阮元幕賓。而查閱相關史料，阮元此時期的幕賓皆為雅好金石之士。孟凡港對其中朱文藻、段松苓、武億、何元錫、趙魏五位幕賓已做介紹〔註109〕，筆者在此基礎上據尚小明《清代士人遊幕表》等書籍對阮幕山東時期的主要幕賓就入幕時間以及幕中工作做以考證：

朱文藻（1735～1806）：號朗齋。乾隆五十九年至乾隆六十年在幕，《清代士人遊幕表》稱其幕中主要工作是「輯《山左金石志》」。翻閱《山左金石志》，書中不僅記載其多次外出搜訪金石並參加考證，署名朱文藻搜集的碑石達 30 塊，其中很多碑刻如宋代《寶相寺韌修佛殿碑》、《御製謝天書述功德碑》、《普照寺石柱題字》、《濟州金鄉學記》等皆為朱文藻自他處借錄。而《姜三校洪山頂題字》、《程伯常洪山頂題名》、《洪山石佛題名》、《洪山詩刻殘石》等石刻乃是其於嘉祥縣洪山頂上尋得。此外，他還考證《玉清宮詩刻》、

〔註106〕嚴觀：《湖北金石詩》卷首，孫星衍《序》，《楚書 楚史檮杌 湖北金石詩 紫陽書院志略》，湖北教育出版社，2002 年版。

〔註107〕據尚小明《清代士人遊幕表》，阮元幕府在乾隆五十八年以前在幕的幕賓僅有凌霄一人，其於乾隆五十七年在幕。

〔註108〕阮元：《小滄浪筆談》卷首《序》。

〔註109〕見孟凡港：《〈山左金石志〉纂修者述論——兼對「畢沅、阮元同撰」的辨正》。

《太眞觀殘碑》等石刻共 13 處。可見朱氏對《山左金石志》成書的出力不小。

錢大昭（1744～1795）：字晦之。乾隆六十年（1795）入幕，《清代士人遊幕表》稱其爲校士，統計《山左金石志》，書中有 5 處署名錢大昭的考證。如秦金《右軍戈》，其石上刻二十四年，錢大昕認爲建元以前根本沒有二十四年，而建元以後，唯有建武、建安有二十四年，但大昭又考其字篆文奇古，認爲非東漢人所能及，當是秦石。錢大昭又翻閱班固《百官公卿表》，其云前後左右將軍皆周末官稱，而秦因襲這種稱呼，故推測當是始皇二十四年之石刻。

武億（1745～1799）：字虛谷。武億尤精於金石之學，喜好收藏碑版，遊歷所至，「如嵩山泰岱，遇有石刻，捫苔剔蘚，盡心摸拓；或不能施氈椎者，必手錄一本。」〔註 110〕乾隆五十九年（1794）至乾隆六十年（1795）在幕，《清代士人遊幕表》根據阮元對其評價「尤精於金石學，嘗佐予裒輯《山左金石志》」〔註 111〕，稱其幕中主要工作是「輯《山左金石志》」。統計《山左金石志》署名武億搜討金石 1 塊，考證 5 處。

趙魏（1746～1825）：字晉齋。約乾隆六十年（1795）至嘉定二年（1797）在幕，阮元《山左金石志序》所云：「（乾隆）六十年冬，草稿斯定，元復奉命視學兩浙，舟車餘閒，重爲釐訂，更屬仁和趙晉齋魏校勘」，其幕中工作爲校訂《山左金石志》。

段松苓（1745～1800）：字赤亭。《清代士人遊幕表》稱其於乾隆六十年（1795）在阮元幕，搜採金石遺文。其實，乾隆五十九年（1794）二月，阮元即延請段松苓「入督學幕中」〔註 112〕，佐其搜採金石資料，纂修《山左金石志》。該年五月，「先生（阮元——筆者注）命其訪碑於各峰鎭」〔註 113〕，段松苓跋山涉水、風餐露宿，「或舂糧而行，架岩涸水出之，椎脫捆載以歸，雖曰山左古蹟之多，亦求者之勤，有以致之也。」〔註 114〕阮元曾對段松苓評價道：「博洽多聞，淹通經史，著有《益都金石志》，考證精核。予嘗謂東州宿學，無過此人，修輯《山左金石志》時，引之爲助。」〔註 115〕統計《山左金石志》，署名段松苓搜羅的金石有 5 款，考證 10 處。

〔註 110〕江藩：《武億》，《國朝漢學師承記》卷四。
〔註 111〕阮元：《小滄浪筆談》卷一。
〔註 112〕法偉堂：《益都縣圖志》卷三十九。光緒三十三年刻本。
〔註 113〕張鑒等撰，黃愛平點校：《阮元年譜》卷一，中華書局，1995 年，第 13 頁。
〔註 114〕畢沅、阮元：《山左金石志》卷首，阮元《序》。
〔註 115〕阮元：《小滄浪筆談》卷四。

何元錫：字夢華。《清代士人遊幕表》稱其嘉慶二年（1797）後入幕，幕中工作是「參纂《經籍纂詁》，校勘《十三經注疏》」。統計《山左金石志》，署名何元錫搜羅的金石有 13 款，考證 1 處。阮元曾稱讚其對《山左金石志》搜羅之功云：「錢塘何夢華元錫，博治工詩文，尤嗜金石，藏弆最富。年逾弱冠，交遊遍海內。與黃小松司馬同鄉，尤深金石之契，山左碑版，半爲二君所搜得。最後於孔林外得《永壽殘碑》，又於《史晨碑》下截得數十字，及《魯相碑陰》、《竹葉碑》正面，皆舊拓所未見者。」〔註116〕

蔣徵蔚：乾隆五十八年（1793）入幕。《清代士人遊幕表》未記其幕中具體工作，閱《山左金石志》，其幫助搜羅金石一款，表明其亦參與《山左金石志》的金石搜羅工作。

顧述：乾隆五十八年（1793）在幕，《清代士人遊幕表》記其助阮元衡文，並參校金石搜採、金石遺文。

吳文徵：其功書畫，善篆刻，據《墨林今話》、《履園叢話》言其曾「流寓山左」〔註117〕。在山左時爲阮元作「伯元小印」〔註118〕。

此外，《清代士人遊幕表》未提及的重要幕賓尚有：

錢東垣：乾隆五十八年（1793）後入幕。錢東垣爲錢大昭的長嗣，「歷代建元表，孟子解義，小爾雅疏證皆能自抒心得。乾隆癸丑，隨徵君在予幕中，佐閱。」〔註119〕善收藏金石，阮元曾爲其所收金石作跋。

陸繩：江蘇吳江人，阮元至山左，與之有「金石文字交」，阮元《小滄浪筆談》云：「古愚（陸繩字——筆者注）秉承家學，隸書直追漢人。流寓『潭西精舍』，所交皆四方知名士，尤喜金石刻。嘗跨蹇驢、宿春梁，遍遊長清、歷域，山巖古刹，搜得神通寺選像十八種及靈巖寺諸小石記百餘種，皆以裨予纂錄，搜奇之勤，莫能過此。又嘗刻金石款識列爲屏幅，用矴蠟法，較之氈搨施墨者，既速且易，亦巧思也。」〔註120〕統計《山左金石志》署名其搜羅金石有兩款。

馬履泰（1746～1829）：《山左金石志》中有 3 塊金石署名其羅至。

大批金石學者的加入，壯大了阮元幕府的實力，也保證了《山左金石志》

〔註116〕阮元：《小滄浪筆談》卷二。
〔註117〕錢泳：《履園叢話》卷十一下，《畫學》。
〔註118〕阮元《小滄浪筆談》卷二。
〔註119〕阮元《小滄浪筆談》卷二。
〔註120〕阮元《小滄浪筆談》卷一。

高質量完成。從《山左金石志》中眾人考證的記述，可以想見阮元與幕賓經常互相砥礪，以學問相益，濃厚的治學氛圍。賓主共同致力於歷代金石碑版搜羅整理的過程中，積累了豐富的金石研究經驗。《山左金石志》後，阮元又修《兩浙金石志》、《積古齋鍾鼎彝器款識》等優秀的金石著作。其中《兩浙金石志》的修纂是繼《山左金石志》之後的又一次大規模的分地金石著述活動。其體例亦如《山左金石志》，即以時代先後為序，先錄金石文字，後附案語，詳載各金石所在地點、行數、字徑等。參加這次纂修活動的主要幕賓如趙魏、何元錫、陸繩皆是曾參與修撰《山左金石志》的編纂隊伍，他們將《山左金石志》在編纂過程中對於金石搜集、整理、編錄等方面積累的豐富經驗用於《兩浙金石志》的編纂中。

阮元的文化幕府，在清乾嘉時期存續時間甚長，後來做出許多經史文獻的搜集編纂工作，如編撰和校勘《經籍籑詁》、《十三經注疏》、《疇人傳》等等，於學術文化貢獻頗大。而追根溯源，其文化幕府的學術活動實自編纂《山左金石志》起始，是此書在畢沅合作下的啓動，催化了阮元文化幕府的形成。因此，畢沅因政治失意導致其幕府的解體，而隨即阮元幕府興起，二者在宏觀文化意義上是前後承續的關係。

（三）振興區域性金石志的示範意義

在隋代，金石著作本來屬於小學。宋代，金石學興起，《宋史‧藝文志》收金石著作入史部目錄類中，從而確定金石學作為史學的從屬地位。乾隆年間，朝廷對金石研究大力提倡，統治者熱衷金石的搜集和著述，並大力支持金石學研究。清代乾隆年間所修《四庫全書總目》，四庫館臣鑒於金石學在考證經史領域中的重要性，則於史部目錄類專設金石一門，使金石學在史部有了一席之地。朝廷據清宮所藏古物，御纂《西清古鑒》等書，推動了金石研究的復興。由於官方對於金石學的偏愛，許多朝廷大臣加入進來，「惟日夕閉戶親書卷，得間與同氣相過從，則互出所學相質。」〔註121〕於是，在當時形成朝廷命臣樂此不疲，地方百官爭相獻納，內府集中了大量金石古器，這就為金石學者提供了更豐富的研究資料。阮元出任山東學政，就是因「觀乾隆欽頒周器及鼎幣戈尺諸古金」，使其大開眼界，從而萌生編纂金石志書的想法。

〔註121〕梁啓超著，夏曉紅點校：《清代學術概論》，第 65 頁。

「山左聖人故里，秦漢魏晉六朝之刻所在」，自古以來由於歷史傳承與積澱而使金石學興盛發達，入清尤甚，愛好金石成為齊魯上至官員，下自黎民的普遍嗜好。黃易自乾隆五十一年（1786），至乾隆六十年（1795）共十年時間，先後在山左為官。公暇之餘，出門搜訪碑版及金石拓本多達三千餘種，並多加愛護。如山東嘉祥的「漢武梁祠石室畫像」自宋代以後長久埋沒土，黃易「親履其壤」〔註122〕考證其文字，並親臨指導挖掘工作，善加保護。乾隆五十八年（1793），阮元赴山左學政任，時任山東學政的翁方綱在與阮元交接時，即鄭重囑其完成金石搜訪之遺憾——訪拓《琅邪臺秦篆》〔註123〕。而阮元山東為官的二年中，即對金石研究產生了濃厚的興趣。《山左金石志》的主纂幕賓段松苓回憶道：

> 「乾隆癸丑，宮詹阮雲臺元視學山東，試曲阜，謁闕里，讀五鳳以下諸碑，由沂試登道，經琅琊，觀丞相斯篆，乃慨然曰：『秦漢諸刻畢萃於茲土，山東金石記可無著錄乎？』歲乙卯命余搜採志乘，開列其目札，致守土者氈墨郵寄焉。顧山東碑刻之藪，除泰山闕里而外，莫多於長清、臨朐，而靈巖志存亡兼收，殊覺混淆，臨朐志更無及碑版之一語，於是宮詹又命余率拓功親詣長清，果得碑一百一十九種。又走濟寧偕黃司馬易拓武宅山漢畫像，便道過東阿拓陳思王墓及黃石公祠碑，過肥城拓孝堂山郭巨石室漢畫及隴東王感孝頌並搜泰山諸刻，亦間出聶劍光《泰山金石考》之外，屬錢塘江上舍鳳彝代董其事。即至淄川，偕高明經延謨訪歐陽，率更李北海諸殘刻。孟夏，抵臨朐歷東鎮仰天諸山，得天寶以下金石刻百餘種，端陽還歷下。」〔註124〕

通讀這段文字，阮元修纂金石書的志向，調動段松苓、黃易、高延謨、錢鳳彝等學士共同搜討金石之活動，燃起山東學者的金石研究熱情，統計《山左金石志》，參與金石搜羅工作的竟達45人，山東的金石研究再現高潮。

〔註122〕黃易：《修武氏祠堂記略》，見翁方綱《兩漢金石記》卷十五。清乾隆五十四年南昌使院翁氏原刊本。

〔註123〕翁方綱《復初齋文集》卷二十載：「《琅邪臺秦篆》世皆稱存十行耳，予以壬子夏按試青州，訪諸學官、弟子，此篆刻在諸城縣海濱懸崖，極難拓，有段生松苓善氈蠟，諾為予拓之，時以夏秋，海水盛長不可往，明年予北歸，以語學使阮梁伯。」

〔註124〕段松苓：《山左碑目》卷首，自序。《石刻史料新編》第2輯，第20冊。新文豐出版公司。

在「國朝右文稽古，度越前代」〔註125〕的文化背景下，有清一代，分地金石撰著極爲發達，朱劍心先生據容媛《金石書錄目》中《地志類》所載進行統計，有清一朝著分地金石著作共一百五十六部，而清以前所著分地金石著作，僅三部而已。方志中所錄分地金石志目，凡二百九十七部，而清以前之作僅一部而已。更值得注意的是，清代乾嘉時期開有清一朝分地金石著作的先河。畢沅《關中金石記》、《中州金石記》是最早有影響的這類著述，而《山左金石志》是繼後又一部成功的分地金石著作，對山左金石進行一次大清理和大總結，成書部帙遠大於《關中金石記》、《中州金石記》，起到更大的示範作用。段松苓於嘉慶元年成書的《山左碑目》，在阮元「山東金石訖可無著錄乎」的號召下搜遍山東諸石刻，在阮元調任浙江巡撫之際，因不知「宮詹之書幾時完而授梓」，「懼其目之散佚」，故將「曩所搜探於志乘及州縣所拓寄之目」〔註126〕，成《山左碑目》四卷。此後，光緒年間法偉堂所成《山左訪碑錄》，其在編纂《山左訪碑錄》前，曾經將《山左金石志》逐字逐句一一校訂，「訂正舛誤，無慮數百事」，其所著《山左訪碑錄》「乃就阮氏金石志及孫趙二家寰宇訪碑錄關於山東者最錄其碑目而略加考訂。」〔註127〕這些都是隨後興起的撰述活動，足以證明《山左金石志》的學術文化影響。

綜上所述，畢沅《關中金石記》開了一方金石總錄之先，而《山左金石志》是畢沅倡導、阮元承續、多人合作，質量、數量大有提高的撰述。乾嘉時期，官方修史活動規模之大、類別之多、資料之豐、實力之強皆超過私家，從而擠壓私家修史空間，在這種「官方與私家不平衡的狀態」〔註128〕下，催生官員幕府的修史活動，地方大員延攬幕賓編書、校書。幕府修史雖屬私家修史範圍，但因其利用官職提供經濟上的支持和材料上的優勢，汲取官方修史活動多人參與、分工合作的組織形式，因此，其有單純私家修史在人力、物力上無法超越的優勢，而修纂《山左金石志》乃是畢沅與阮元兩個幕府史學活動的承續，是幕府修史更典型的例子，爲此種學風大長聲勢。此外，《山左金石志》的纂修，本質上雖然屬於私家文化事業，但參與者有作爲地方大員的幕主畢沅、阮元，有幕賓朱文藻、段松苓諸君，有錢鳳彝、高延謨等雅古之士，還有山東爲官的黃易和孫星衍等諸多官員，整個編書

〔註125〕畢沅、阮元：《山左金石志》卷首，錢大昕《序》。
〔註126〕段松苓：《山左碑目》卷首，自《序》。
〔註127〕法偉堂：《山左訪碑錄》卷尾，羅正鈞《跋》。宣統元年刊本。
〔註128〕喬治忠：《中國史學史》，299 頁。

過程官民互動，官私纏繞，從而為乾嘉時期官私互動的修書事業提供又一成功範例。

第五節　湖北金石詩

　　乾隆五十二年（1787）畢沅任湖廣總督，委幕中賓客嚴觀、馬紹基等訪求各路金石拓本，準備撰寫湖北一地的金石著作。嘉慶二年（1798），嚴觀搜考湖北金石自隋至元，「獲讀湖北現存金石文字七十八種」〔註129〕，為之題詠，成《湖北金石詩》1卷。畢沅「契賞其清雅，屬為開雕，以備一方文獻」〔註130〕，並編有《三楚金石記》3卷。不久，畢沅病卒，楚中戰亂頻繁，金石書卒以未能刊刻傳世，但因有嚴觀此詩，湖北的金石史料也得以流傳一二。

　　《湖北金石詩》所成詩作凡七十七首，所詠隋唐以降歷代幸存鍾鼎碑刻，頗具史料價值。唐貞觀十年《金枝寺殘碑》，碑久湮沒，乾隆五十七年（1792）冬，於湖北江陵縣東南百二十里，世人掘地得殘碑七小塊。碑中所云人物梁胡太后，考《梁書》、《南史》都無記載，利用此一碑刻可補充史書空白。唐張說所撰《大通禪師碑》，考《舊唐書·方技傳》，大通禪師乃神秀之諡號。當時岐王李範、中書令張說、徵士盧鴻一皆為其碑文，而只有張說碑文巍然獨存，甚為可貴。對此，嚴觀作詩道：

　　　　唐代有禪師，英風接往古。

　　　　生為宰相尊，死荷則天祐。

　　　　諡法得「大通」，用心亦良苦。

　　　　一人立數碑，榮遇比良輔。

　　　　但獨善其身，儒林所不取。

　　　　豐碑在度門，兵燹昨曾侮。

　　　　心祝夢遊仙，逍遙達玉府。

　　　　丈玉必重扣，魂歸跨攉羽。

詩中所述許多碑石是前人所從未見的，具有很高的藝術價值。如宋嘉熙四年的「鐵佛寺鐘」，明洪武末，楚昭王獵於馬跑泉，見兔起，射之，不見兔，遂

〔註129〕嚴觀：《湖北金石詩》卷首，嚴觀《識語》。
〔註130〕孫星衍：《湖北金石詩序》，《五松園文稿》卷一。

掘地，得此鐘，因此鐘直到明代才出土，故以前「著錄家都未之及也」〔註131〕，很是珍貴。《宣聖像吳道子畫》，歷年持久，埋沒於荒階斷礎中。乾隆四十七年（1782），宜人修郾郢書院，於堰道中掘出。自宋保祐元年所刻《李曾伯淳祐十一年四月紀功銘》至乾嘉年間已有五百餘年，而碑文僅缺末一字，爲宋碑中所難得者，此碑數年前失之，嚴觀得拓本在張生員家。並且，《湖北金石詩》中所錄金石雖所記載人物和史事源於楚地，但對於這些金石的搜集不僅限在楚地，《寶陀岩李伯紀建炎三年六月正書題名》就是馬紹基於京師琉璃廠市上得之。

　　《湖北金石詩》的最大遺憾是，嚴觀只是以詩歌的形式簡單記述碑石名稱、獲得地點、碑石外觀、建造時間及碑文大致內容，而未錄碑刻原文。而且每一首詩的內容記述側重不同，如《天寧寺鐘》側重描寫天寧寺鐘的聲音，《皇慶二年鐵井欄》側重描寫其井水的水質，《景德禪寺廢鐘》主要記述景德禪寺中在古代的功用。幸於詩下有馬紹基、嚴克案語，不特詳載金石原文，記述碑石形狀及保存情況，且對許多碑石內容爲之考釋。其考據或補正史之闕，或糾方志之失，或搜集佚遺，或捃摭典故，涉及史實、人物、官職、年代、地理、文物、典制等等，旁證側引，闡幽表微。如嚴觀《武安靈溪二堰記》詩後有馬紹基案語云：

　　　　武安堰，即子固所記長渠之源。水出荊山、康狼山之間，《左傳》稱鄢水，《水經注》曰夷水，晉改曰蠻水者是也。堰始於秦白起，故稱武安靈溪。堰首受清凉河，下通木渠。二堰溉田將萬頃，蓋楚北水利之大者。大德六年，中政院同簽李英奉旨出內府金修築。迄延祐四年，文淵乃爲之《記》。其載一時官職頗詳。考《元史》，至元八年立護國仁王寺鎮遏提舉司，即《記》所云「作恒業於仁王寺，爲隆福宮焚修之資官以提領歲課所入之租」者也。《史》稱至元十九年改鎮遏提舉司爲鎮遏所，又改諸色人匠提領所，後改仁王營膳司，今《記》云大德三年改營田提舉司，則知《元史》失載此制也。又至大中，升都總管府爲會福院，置院使五員，掌仁王寺及昭應宮事；天曆後改爲會福總管府，定置達魯花赤一員、總管一員、同知一員、治中一員、府判一員、經歷、知事、提控案牘各一員。今《記》所載「經歷一人、提控案牘一人」與《史》制同，其「同知二人」與

《史》制「同知、府判各一員」者異。又有僉事、提舉、都目之類，
皆《史》文所無。蓋《史》僅據天曆以後之制，延祐中亦僅載院使
而不及其屬。得此《記》，足以補元代會福院官秩矣。

又如，嚴觀作《寶曆四年惠泉詩碣》後的馬紹基案語：「鄭漁仲《金石略》載
荊門軍有宗文鼎《惠泉詩》，新、舊《唐書》無文鼎傳，《全唐書》亦未之及。
是刻雖闕其名，然以年號與鄭氏所載證之，詩為文鼎作無疑。」對此，馬氏
感歎道：「唐代詩人湮沒無聞者正復不少，今荊門象山石壁留此《惠泉詩》刻
以傳文鼎之名，不可謂非幸矣。」

再如，嚴觀《李曾伯淳祐十一年四月紀功銘》後，馬紹基錄該銘之原文：
「宋淳祐十一年四月二十有七，京湖制置使李曾伯奉天子命，調都統高達、
幕府王登，提兵復襄樊兩城。越三年正月元日，銘於峴。……」考證《宋史‧
理宗紀》載，淳祐十一年十一月丙申，京湘制司表都統高達等復襄樊，詔立
功將士三萬二千七百有二人，各官一轉，以緡錢三百五十萬犒師。此功實為
李曾伯表上，而《宋史》缺載李氏，並且幕府王登與高達同功，史亦不記其
名，因此利用此碑刻補史之闕。

此外，《湖北金石詩》中有錢大昕的考據兩條，[註132] 說明作為乾嘉著
名史學家和漢學大師錢大昕亦參與該書的考校，從而使該書考證更加嚴謹詳
實。

從事金石研究，實為清人的一種雅好，畢沅於官事之暇熱衷金石研究，
廣為搜羅，著書立說，不只是藝術上的欣賞，並且以金石碑刻考史，澄清史
實，為其幕府的修史活動提供了豐富的史料和以金石證史的治學方法。更重
要的是，影響了幕中學士的治學取向，推動一代金石學的發展。

〔註132〕文中「錢辛楣先生云」的考據，共二處。一處於《鄂州重修北榭記》（李埴撰），
　　　　錢大昕云：「李埴，燾之子。」一處於《李曾祐淳祐十一年四月紀功銘》，錢
　　　　大昕云：「復襄樊在淳祐十一年，又三年而刻碑，當為寶祐元年。」

第六章　地理典籍的纂修和整理

第一節　乾嘉時期的地理學

在中國古代，「地理」一詞最早出現於先秦著作《易・繫辭》中，主要是指地球表面的自然環境，即地球上山川、陵陸、水澤等的分佈和特點。自班固將「地理」作為著作的名稱——《漢書・地理志》，地理一詞的涵義有了很大的擴展，延用至今，「地理學已由單純記述地理分佈擴大成關心山川、物產、氣候等自然地理和人文現象的一種學問」〔註1〕。並且，自《漢書》以後的史書若立典志，都要設「地理」一門。《隋書・經籍志》在記述有關地理類著述時曾曰：「齊時，陸澄聚一百六十家之說，依其前後遠近編而為部，謂之《地理書》。任昉又增陸澄之書八十四家，謂之《地記》。陳時，顧野王抄撰眾家之言作《輿地志》。……今任、陸二家所記之內，而又別行者，各錄在其書上，自餘次之於下，以備地理之記焉。」由此可見，隋時，地理志、地方志都屬於地理學的內容。《四庫全書總目》史部地理類分九門，方志屬於地理中的一門。而近代梁啓超把乾嘉學者稱作「科學的古典學派」，把其所作的工作分為十三項。其中把地理和方志各為一項。因此，本書亦依此觀點，把畢沅及其幕府在方志編修和整理上的成就專闢章節，前面已論述。本章主要闡述畢沅及其幕府在地理書的纂修、校正以及輯佚等方面的成就。

乾隆時期，地理學上的成就主要包括地理書的著述和整理。地理撰著，主要是專述河渠水利，以及河流狀況的著作，如齊召南《水道提綱》、王太岳

〔註 1〕趙榮、楊正泰：《中國地理學史》（清代），商務印書館 1998 年版，第 172 頁。

《涇渠志》、趙一清《直隸河渠志》、戴震《直畿河渠書》、程瑤田《水地小記》、李元《蜀水經》、陳揆《六朝水道疏》等，這些都是乾隆時期創作的質量較高的地理著作。如齊召南《水道提綱》，以巨川爲綱，以巨川所會支流爲目，書中以清初時的水道爲主，首列海水，其次爲直隸諸水，再次爲西藏、漠北諸水和西域諸水。齊召南認爲，酈道元《水經注》詳北略南，黃宗羲《今水經》又知南而不知北，撰寫此書，可補兩書之不足，故該書的史料價值極高。除以上這些著述外，畢沅的《關中勝蹟圖志》則是一部記述關中山名水道、名勝古蹟的著作，其書「以郡縣爲經，以地理、名山、大川、古蹟四目爲緯，」「考據本末，薈萃諸書」〔註2〕，簡而有要，博而不繁，是研究陝西歷史地理及文物古蹟，尤其是周秦漢唐史蹟的重要文獻，在學術界有「孤本難觀」之歎〔註3〕。該書因材料豐富、考證詳實，乾隆四十一年（1776）撰成後，經乾隆皇帝批准，收入《四庫全書》。

　　對於地理著述的整理是乾嘉時期地理學的主要特點。中國古代許多地理著作，成書時間很早，在長時間中，主要靠相互傳抄、翻刻流傳，因此，到清代時，各種古代地理著作的版本就比較多。但它們相互之間都有缺漏、差異，甚至造成意思上的矛盾，加之中國上古、中古語言、文字變化較大，後人對古人著作的理解因時代不同，文字的解釋上也各有差異，思想上的理解更是各有見解。這些都爲後代閱讀造成極大的困難。乾隆時期，考據之風盛行，在窮考經史的過程中，學者對這些地理典籍進行文字、版本上的整理、校勘和內容上的注釋、補證等。規模最大的是由官方組織對地理著述彙集、校訂、編寫提要，成《四庫全書》史部地理類。官方對於地理學的重視，更加推動了私家地理學的發展。學者用力最勤、成績最顯著者是對《禹貢》、《水經注》、《山海經》，以及正史《地理志》的校勘、注釋、補正、輯佚。

　　清代是地理學發展的高峰，但誠如梁啓超先生所言：「清儒之地理學，可稱爲『歷史的地理學』。蓋以便於讀史爲最終目的，而研究地理不過其一種工具爾。」〔註4〕他認爲，清初地理學「好言山川形勢阨塞，含有經世致用的精神」，道咸間「以考古的精神推及於邊徼，浸假更推及於域外，則初期致用之精神漸次復活」，而乾嘉時期的地理學，則「專考郡縣沿革、水道變遷等，純

〔註2〕　見畢沅著、張沛校點《關中勝蹟圖志》卷首《四庫全書》館臣《案》。
〔註3〕　見畢沅著、張沛校《關中勝蹟圖志》卷末《關中叢書本跋》。
〔註4〕　梁啓超：《中國近三白年學術史》十五，《清代學者整理舊學之總成績》（三），
　　　　第301頁。

粹的歷史地理矣」〔註5〕。梁啓超所言未免有其片面之處，地理學作爲一門學
問，雖然常被視爲歷史學之附庸，但講求實學者還是頗爲之矚目。畢沅於地
理之書，即頗究心。畢沅重地理之學，認爲它有益於「實事實學」〔註6〕，「有
裨民生事實」〔註7〕。史善長《弇山畢公年譜》記載乾隆御賜畢沅《御製淮源
記》〔註8〕，其中言及畢沅任陝西巡撫時，豫得水於夏末，清口有倒灌之患，
只有找到淮水之源，及時疏導，才能制止水患。河南布政使江蘭認爲禹廟東
的三大井是淮源，畢沅按桑欽《水經》記載，親自登上胎簪山頂，得到淮水
之眞源──桐柏，從而考證了桑欽《水經》記載的眞實性，並根據酈道元《水
經注》記載淮水和濊水同源，按圖求出淮濊的分水嶺在胎簪峰下，是淮源起
於桐柏的又一佐證。此事得到清廷的表彰，亦表明畢沅經世致用的治學傾向。

畢沅認爲「史學必通地理」〔註9〕，並且認爲利用古代地理典籍可「原原
本本闢方言三井之訛，是是非非援酈注雙流之證」，因此十分注重歷史地理文
獻的編寫、整理和歷史地理沿革變化的研究，故在「官事之暇，於地理尤所
究心」〔註10〕，據畢沅所集《晉太康三年地志》卷首洪亮吉《晉太康三年地
志王隱晉書地道志後敘》稱：「靈巖山館叢書大類有三：小學家一，地理家二，
諸子家三。」洪氏所云「地理家」之屬即指畢沅主持編纂《關中勝蹟圖志》，
校正《山海經》，補正《晉書地理志》，輯佚《太康三年地記》、《晉書地道記》
等地理學成就。

第二節　關中勝蹟圖志

一、《關中勝蹟圖志》的編纂特點

（一）設計宏偉，圖文、詩文並茂

關中之名始於戰國時期，因其西有散關（大散關），東有函谷關，南有

〔註5〕　梁啓超：《中國近三白年學術史》十五，《清代學者整理舊學之總成績》（三），
　　　　第301頁。
〔註6〕　畢沅輯佚：《晉太康三年地志王隱晉書地道記》卷首《總序》，清光緒十三年
　　　　刻本。
〔註7〕　趙一清：《水經注釋》卷首，畢沅《序》。乾隆五十九年趙一清小山堂刊本。
〔註8〕　史善長：《弇山畢公年譜》，乾隆五十年五十六歲條。
〔註9〕　錢大昕：《畢公墓誌銘》，《潛研堂文集》卷四十二。
〔註10〕畢沅：《晉書·地理志新補正》卷末，洪亮吉《後序》。

武關，北有蕭關，故取意四關之中。四方的關隘，再加上陝北高原和秦嶺兩道天然屏障，使關中成為自古以來的兵家必爭之地。在《禹貢》中，關中為「雍州舊壤黑水西河」，土地肥沃，河流縱橫，氣候溫和，古稱「神皋陸海」〔註11〕。自西周起先後有 12 個王朝在此建都，歷時 1100 多年。作為古帝王所居之州，關中有著豐富的歷史文化遺存，宮廷苑囿，墓冢陵寢，文物古蹟，隨處皆是。乾隆三十七年（1772），畢沅任陝西巡撫，深切感受到「陝省外控新疆，內毗隴蜀，表以終南、太華，帶以涇渭、洪河，其中沃野千里，古稱天府四塞之區。粵自成周而後，以乞秦、漢、隋、唐，代建國都，是以勝躅名蹤，甲於他省」〔註12〕，於是「行部川原，詢求舊蹟，訂訛釐並」〔註13〕，將陝西的西安、同州、鳳翔、漢中、延安、榆林、商州、乾州、邠州、興安、鄜州、綏德十二個直隸州府及七十七個縣的地理沿革、名山大川、宮闕苑囿、祠宇郊邑等，作了全面勘察、記述、考證及整理，成《關中勝蹟圖志》。全志三十卷〔註14〕，共七十萬字，在當時所修地理書中可以堪稱巨著。其體例上「以郡縣為經，以地理、名山、大川、古蹟、舊事四目為緯，而以諸國附於後，援據考證，各附本條，俱有始末」，一改以往諸書「體例各殊，純駁互見」〔註15〕之舊觀。

「圖籍之關乎民治，自古迄今弗可易也。」〔註16〕早在周代，周官中的大司徒和職方氏皆掌天下之圖以掌天下之地。以天下土地之圖周知九州島地域廣輸之數，辨其山林、川澤、丘陵、墳衍、原隰之名物土訓，掌地道圖以詔地事誦訓。漢高祖入關，蕭何首先收集秦的圖籍以便瞭解天下要塞、戶籍等情況，因此，圖籍使「儒者不出戶庭而能周知方域。」〔註17〕《關中勝蹟圖志》篇前為圖〔註18〕，附以各府州疆域、山水、寺宇樓觀、陵墓、河橋之圖，形象表明地理方位、建置原貌，全書共六十三幅圖。四庫全書收錄時將

〔註11〕見畢沅著、張沛校點《關中勝蹟圖志》卷首《四庫全書》館臣《案》。
〔註12〕畢沅進奉《關中勝蹟圖志奏文》，乾隆四十一年六月初十日。見畢沅著、張沛校《關中勝蹟圖志》卷首。
〔註13〕畢沅進奉《關中勝蹟圖志奏文》。
〔註14〕《清文獻統考》和張之洞《書目答問》皆言三十二卷，今按關中本三十卷。
〔註15〕見畢沅著、張沛校《關中勝蹟圖志》卷首，《四庫全書》館臣《案》。
〔註16〕重印宋敏求《長安志》卷首，民國陳子堅《序》，民國十二年重印本。
〔註17〕畢沅：《長安志新教正》卷首，王鳴盛《序》。清嘉慶四年經訓堂刻本。
〔註18〕《清文獻統考》謂圖附後，抑或為其它刻本，今依《關中叢書本》為圖列於府、州前方之說。

圖集爲兩卷，附於書末。而 2004 年由三秦出版社出版張沛校點的「關中本」，以《關中叢書》本爲底本，依其體例編排，將圖置於相關卷目之前，更有利於讀者查閱。

　　《關中勝蹟圖志》在記載地理文物、名勝古蹟的同時，並附有歷代文人的詩文。據統計，《關中勝蹟圖志》共附詩文約 480 篇。凡是涉及某山、某水、某地、某物的歷代詩作，盡搜羅全文詳載於其下。如在西安府南五十里的終南山，千峰碧屏，深谷幽雅，令人陶醉，吸引了古今文人騷客駐足吟詠。志中就搜集自漢代至宋代的六篇詩賦俱加詳載，在記述地方歷史風物的同時，爲後人提供欣賞陝西風物的文學視角。

　　總之，畢沅將各處地理沿革之典故，名山造化之勝蹟，大川流勢之豐裕，名勝古蹟之富饒聯結起來，並且圖文並茂，詩文並茂，統稱「勝蹟」，是一部詳瞻關中風物的大成之作。

（二）詳實確鑿的考證

　　深感「故宮舊苑，廢剎遺墟，憑弔所經，率多淹沒」〔註19〕，作爲地方治理者，看到這些衰敗的景象，甚爲痛心。循覽前人的編著，群言畫一，未易一二，實繁而未有薈萃者，「關中地大物博，宜有善志」〔註20〕。只有注入史冊，才能使這些文物古蹟得到很好的整頓和治理，宋聯奎在《關中叢書本跋》中曰：「畢氏蒞陝最久，書中敘述多本親歷，間有考證，率皆精審。」〔註21〕誠然，畢沅對於關中名勝古蹟的考證，不僅參閱典籍，亦多親自走訪，其曰：「臣自蒞任以後，每因公經過各州府縣，凡有陵墓所在，必爲下車瞻拜咨訪」〔註22〕，「名山大澤，每因公車塵馬迹，大半經行」，因此，他踏勘關中名勝古蹟，咨詢舊剎遺墟，博覽群書，詳加考證。與畢沅同時代的清朝著名史學家錢大昕曰：「畢公按部所及，踰河隴，度伊凉，跋涉萬里，周爰咨詢」，然後「公以政事之暇，詢稽經史，決摘異同」。〔註23〕其廣泛徵引各史、志、記、傳、圖、錄、文等書目，如《史記》、《三輔黃圖》、宋敏求《長安志》、呂大防《長安圖志》、程大昌《雍錄》、李好文《長安圖志》，及歷代詩文等，全書之考證可謂精細。統計書中案語，全書 30 卷共有 1023 個考證，其中署

〔註19〕畢沅進奉《關中勝蹟圖志奏文》。
〔註20〕畢沅：《關中金石記》卷首，自《序》。
〔註21〕畢沅著、張沛校《關中勝蹟圖志》卷末《關中叢書本跋》。
〔註22〕畢沅：《關中勝蹟圖志》卷八。
〔註23〕畢沅：《關中金石記》卷首，錢大昕《序》。

名「臣」的畢沅的考證有 48 個。如對於終南山名稱由來，畢沅從各種書籍進行考證：「終南之名，於書見諸《禹貢》，於詩見諸《秦風》，而《小雅》之言南山，不一而足。」〔註 24〕關於其所在的位置，畢沅首先考證了胡三省《通鑒注》、胡渭《禹貢錐指》、柳宗元《終南山祠堂記》、程大昌《雍錄》等十六種典籍對於終南山的記載情況，並且親自進行實地勘察。他說：「臣備位斯土，六歲於茲，審視地形，旁徵圖籍，竊謂關中迤南一帶，自古統號南山。」綜合典籍和實地勘察進行分析，畢沅得出結論：「終南一山，綿亙甚遠。」並且對終南山所屬山、谷、嶺，一一羅列，共計 106 個，可謂詳盡至極。對於西安府城西南八十里的太一山，古人常認爲其爲終南山，「自《禹貢》、孔《傳》而後，漢《地理志》及《括地志》並以終南當之」。畢沅在省視田畝之時，「周行南山北麓，由留村入山，登陟五臺絕頂。南望終南，如翠屏環列，芙蓉萬仞，插入青冥。旁若巨壑，深肆無景，與終南不相犖屬。則太乙（即太一——引者注）自當專屬之，五臺不得謂之爲終南矣。」〔註 25〕從而糾正古人訛誤。正因爲畢沅重視實地考察，考據確鑿，故所成《關中勝蹟圖志》對研究陝西地方史志具有重要參考價值。

畢沅把搜集所得加以整理，「考據本末，薈萃諸書」，成《關於勝蹟圖志》30 卷，學界益爲「徵求古蹟的淵藪」〔註 26〕。

二、《關中勝蹟圖志》的經世價值

有清一朝，考據極爲發達。作爲乾嘉學者，畢沅曾經和當時著名的考證大家求學問教，〔註 27〕其所著《經典文字辯證》、《夏小正考注》、《釋名疏證》等皆體現其深厚的考證功底。但畢沅並不沉溺於單純繁瑣的考據，而是以此作爲治學的方法和路徑，目的在於致用。乾隆四十九年（1784），清高宗曾親自命題，以通經致用相號召〔註 28〕，策試天下貢士於太和殿。鼓勵士人學以致用。畢沅所著《關中勝蹟圖志》就是把治學與致用完美結合的範例，體現

〔註 24〕 畢沅：《關中勝蹟圖志》卷二。

〔註 25〕 畢沅：《關中勝蹟圖志》卷二。

〔註 26〕 見畢沅著、張沛校《關中勝蹟圖志》卷末《校點後記》。

〔註 27〕 畢沅《經典文字辯證敘》曰：「余少居鄉里，長歷大都，凡遇通儒，皆徵碩學。初識故元和惠徵君棟，得悉其世業。繼與今嘉定錢詹事大昕、故休寧戴編修震交，過從緒論，輒以眾文多誣，糾辨爲先。既能審厥時譌，必當紹其絕詣。」清光緒十三年經訓堂刻本。

〔註 28〕 據《高宗實錄》卷 1205，乾隆四十九年四月庚戌條記。

其經世致用思想。《關中勝蹟圖志》在考證文物古蹟、名山大川的同時，記載畢沅保護文物、疏通水利的事蹟。

（一）在考證關中風物的同時保護了大量名勝古蹟

西安自古聖帝、明王、哲臣、往勝眾多，但至清代，「存樹風猷，沒隨陵谷」，畢沅蒞任陝西，每因公經過各府、州、縣，凡有陵墓、廟宇所在，必親自下車，瞻拜咨訪。看到古蹟的敗落，不無神傷，曾作詩感歎：

> 突兀三間屋，陰廊瘞斷碑。
>
> 溪迴雙板閣，院僻一松奇。
>
> 香火妖狐據，靈風巫女爲。
>
> 豐年多報賽，衰草紙錢吹。〔註29〕

《關中勝蹟圖志》各州府下設「古蹟」一門，廣泛記載了陝西境內的斷碑殘碣、石刻造像、故宮故城、城邑名勝等。對於已經不存在的遺蹟，淹沒的名勝，畢沅也都千方百計或佐以文獻，或親自勘查以志之，而對於尚存的名勝則詳加描繪。《關中勝蹟圖志》共列述 136 座宮闕殿堂，150 座宅第苑圍，190 座祠宇寺觀，53 座帝王陵寢，120 多個有名墓冢。許多文物古蹟，前人的史志未詳，畢沅就親臨實地加以辨識判明。不僅考證校注了其歷史主人、所在方位、形狀範圍、時序變遷等情況，且借訪察地理、撰修方志之機，「因以灌溉之利，通山谷之遂，修明疆界，釐正祀典」〔註30〕，將西安古城修葺一新。

畢沅在對許多陵墓進行實地勘察之後，認爲大多陵墓遭受破壞的主要原因是管理不善，「大抵爲陵戶侵漁所致」〔註31〕。對於如何保護陝西境內的古陵園，他召集省部開會計議，決定「各守土者，及其邱平塋兆，料量四致，先定疆域，安立界石，並築夯牆，牆外各拓餘地，守陵人照戶給單，資其口食，春秋享祀，互相稽核，庶古蹟不就淹蕪」〔註32〕。

位於陝西禮泉九嵏山上的唐太宗李世民昭陵，碑石眾多，當時陪陵臣工皆樹神道碑石。但由於「朱、梁盜發，而後再歷千年，不但冢墓無存，即金石文字，亦多剝蝕」〔註33〕，至清代僅剩十九所。爲保護昭陵，畢沅「因飭

〔註29〕畢沅：《野廟》，《靈巖山人詩集》卷二十四。

〔註30〕畢沅：《關中金石記》卷末，洪亮吉《跋》。

〔註31〕畢沅：《關中勝蹟圖志》卷六。

〔註32〕畢沅：《關中勝蹟圖志》卷八。

〔註33〕畢沅：《關中勝蹟圖志》卷八。

屬重加修飾，並爲清釐封域，樹以宰木，諸刻亦建立碑亭，庶令樵牧牛羊，知所禁避，而先烈前徽得以貽諸永久云」〔註34〕。

建於北宋的西安碑林。宋代時，由於無人管理，珍貴的漢唐碑碣有的被人用做磚甓，有的用於修橋，遭到人爲的破壞。元代時，碑林的碑石曾兩次全部跌倒。明嘉靖三十四年（1555），陝西發生八級大地震，碑林裏的大量碑石因摔碰而斷裂。畢沅巡撫陝西，把自宋元以來，郊野寺觀所有碑題石刻，皆至搜羅，約計七十種〔註35〕，放置於西安府學〔註36〕，並且，畢沅飭有司增亭建立，對其排列有序，以加強對這些碑刻保護，免受風雨所侵。這樣大型的系統的文物保護行動是在其以前所未有的。

關中作爲中國歷史上很多朝代的都城，古蹟中祠宇盛多。畢沅根據《史記》、兩《漢書》及《三輔黃圖》、《西京雜記》、《關中記》、《長安志》、《雍錄》、《雍勝略》諸書，考其前後方位，謹備錄之，並及時進行修繕重建。華嶽廟位於華陰縣東五里，相傳爲漢武帝時期所建，是一座規模宏偉的古建築群，廟內碑石頗富。然年久失修，殿宇牆垣，多有朽滲傾圮之處。乾隆四十一年（1776），畢沅上諭請求修繕，得到乾隆的大力支持，於乾隆四十四年（1779）竣工。畢沅在《關中勝蹟圖志》中記述整個修繕過程：「廟制，舊正殿六楹，寢殿四楹，前爲金天門，再爲靈星門，再爲五鳳樓，樓前爲穎靈門，殿後爲萬壽閣。臣於乾隆四十一年（1776）七月入見，面奉諭旨修建。今正殿廊八楹，寢殿六楹，萬壽閣前設碑樓一座。凡兩翼司房，以及穿堂配殿牌坊、鐘樓鼓樓、香亭碑亭、石欄界牆等處，無不重事增飾。於乾隆四十四年三月以工屆垂成。……兩廟勝蹟掩映後先，銀榜煥彎霄之彩，麗燭雕贅，奎章敷大地之文，光增翠淡，靈宇於此輝」〔註37〕。畢沅爲勝蹟生輝而修繕的華嶽廟，後即成爲人們觀賞的勝地。華嶽廟重修後，畢沅作《華嶽廟落成詩以記其事》：

> 萬仞連話接昊蒼，金天灝氣障西方。
> 紫雲蓋冠三霄上，白帝源通一氣傍。
> 漢代集雲崇展祀，虞廷望秩記巡方。
> 金函玉節遺徽遠，月殿雲窗奕葉荒。

〔註34〕畢沅：《關中勝蹟圖志》卷八。
〔註35〕畢沅：《關中勝蹟圖志》卷六。
〔註36〕清代西安府學即唐代國子監。
〔註37〕畢沅：《關中勝蹟圖志》卷十三。

聖代即今崇肸饗，備員於此護封疆。

一封章奏陳丹陛，億貫金錢資玉皇。

巨礎直思移碣石，宏才真欲戡扶桑。

役夫雜沓晨昏聚，暮鼓琤琮遠遍楊。

……〔註38〕

西安府大崇仁寺，因其寺在長安縣之勝金鋪，俗呼為勝金寺。考秦藩長史趙德輝碑記，記述該寺有著神奇的傳說，寺在長安之西，補長安之金氣也。由於明天順年間，寺東光彩浮騰，掘地得藥師佛玉像，築基作殿以祀。但直到乾隆年間，一直未得到徹底的修繕。乾隆四十年（1775），在畢沅的主持下，令該寺修建鼎新。位於長安縣西四十里的靈囿，中有靈臺，明時已改為佛寺，畢沅於乾隆三十九年（1774），親往相度，加以修茸；長安縣城西五里的崇聖寺，畢沅於乾隆四十年（1775）重新修建。此外，畢沅還主持重新修建韓城的司馬遷祠、西安的古慈恩寺等古蹟。

　　畢沅重修、保護這些古蹟的目的是為了祈雨。《關中勝蹟圖志》中記載乾隆三十九年（1774）春三月，因陝西省雨澤愆少，畢沅於是率下屬至太白廟祈禱祭拜，並奏請乾隆，為廟宇特加封號，重修祠宇，「山神感沐懷柔，凡有祈禱，益昭丕應。」〔註39〕畢沅認為「華嶽距中土西偏，七宮正位，少陰用事，萬物昇華」。於是，畢沅率部下登山至頂，虔誠祈禱，「即時甘霖大沛，連三晝夜，遍數千里。入土透足，報謝下山」。〔註40〕透過這些文字我們看到一個為關中民眾疾苦奔波、勞苦的古代官員形象。

（二）在考察山川河流的同時加強水利的興修

　　「農田為民生之本計，而灌溉所資，必需水利」〔註41〕，因此，畢沅極為重視對關中大川的記述。《關中勝蹟圖志》記述西安等府州所屬 77 個縣，共渠 1171 道，灌田 6450 餘頃。書中多處記載畢沅親自走訪大川，考察水利，並且以走訪所得和古代典籍互校，從而考證出古今水流分佈狀況之變化。如《關中記》中所記載的「關中八川」，自西漢至隋唐，已經「津梁交午，離合不常」〔註42〕，今日之「關中八川」雖尚沿襲舊名，但於《禹貢》中所記載

〔註38〕畢沅：《靈巖山人詩集》卷三十一。
〔註39〕畢沅：《關中勝蹟圖志》卷七。
〔註40〕畢沅：《關中勝蹟圖志》卷十一。
〔註41〕畢沅：《關中勝蹟圖志》卷三。
〔註42〕畢沅：《關中勝蹟圖志》卷三。

的八川，大半已遷流紛錯。於是，畢沅通過親自考查，得出「關中八川」水地經流現行脈絡。

考證這些大川的地理位置，水路流經狀況，就是為了更加有針對性地進行地方水利治理。畢沅身體力行，親自制定治理方案，採取治理措施。位於西安省城之西的永濟渠，不僅為田畝灌溉所資，而且用於城中百姓日常用水，利賴實殷。但自明代成化元年開通以來，只在康熙六年重修一次，旋復堙塞。畢沅自莅任以來，以茲渠為會城日用所關，議加濬治，並委大員專司督辦。將繞城壕溝挑挖寬深，現今水勢疏通，長流不竭，既足以利田功，更可以資汲取，滿足當地人們用水需求。

古來被稱為「秦民衣食之源」的龍洞渠，經畢沅考證即秦時鄭國渠，漢泰始二年，趙中大夫復請開鑿，故又稱白渠。後漢遷都洛陽，兩渠之利漸廢。晉代後，由於戰爭，河渠失修幾廢。自後周以後，渠堰之利復起，唐、元、明都十分重視對河渠的治理，尤其有清一朝，自順治起，歷代都十分重視對白渠的修治。乾隆就曾發動一次大修，但由於「涇水在山，勢甚洶湧，木石囷堰，旋設旋沖，兼之石渠狹隘，涇水泥多，司事者又以視為故事奉行，以致閱年既久，滓泥積疊，渠底既高，水源必致旁溢」。針對這種狀況，畢沅察閱近今冊籍志乘，所灌下流田畝僅稱五百六十餘頃。倘再不為經畫，必至淤塞斷流，使數千年之利漸至湮沒。於是，畢沅「於乙未三月親赴涇陽，牽同屬令，由趙家橋躡履沿堤行二十餘里，直至仲山洪口，周覽情形，始悉古今時勢異宜，引涇入渠之說斷不能行。歸與司、道集議，先為疏濬下流，務令渠底深通，自龍洞至王屋一斗，計開通二千三百九十四丈，放入民渠，水行一百三十四里，分灌醴泉、涇陽、三原、高陵地畝，計得一千餘頃。將來增高培薄，盡收兩岸之泉，漸次開道鑿山，再引上流之水，則浸灌之澤，無難超軼宋、元。」〔註43〕在書中，畢沅既肯定了此渠的歷史作用，又記述了歷次修復及現狀。書中關於「龍洞渠」的記述，對於今天的文物保護單位——鄭國渠遺址的建檔，亦有一定的史料價值。

在對關中河渠的治理方案中，畢沅設立一個定例：對於各屬渠堰，每年俱於入春以后土膏萌動，督飭各州縣詳加相度，各就本境起覓民夫，分別修濬。復令地方大員親履察勘，務令堙廢者漸次興修，而流通者益加暢達。對

〔註43〕畢沅：《關中勝蹟圖志》卷三。

於時下尚未得到徹底疏通治理的渠堰，如西安府城東南咸寧縣界的龍首渠，其入城故道，尚待集議，俱納入修復日程。

「灞水會合藍田、庫谷諸川，其流浸盛，且爲活沙所湊，每難以置橋。」〔註44〕畢沅因公往返華、渭，每次經過灞水，只能靠渡船。畢沅曾於乾隆三十九年（1774）、四十年（1775）兩年間，在舊基的基礎上修輯，但不久就被傾圮。乾隆四十六年（1781），畢沅奉旨重修灞橋。這次，他廢棄舊基，重選新址，以石塊砌造，並注意恢復唐宋濡橋舊觀。重建灞橋，「既濟行人，復通車馬」，方便了人們的出行，並且成爲遊人覽勝之地。登上灞橋，畢沅作詩描寫灞橋美景：

> 碧柳千株惹客愁，日斜風細灞橋頭。

> 竭來自笑無詩思，走馬匆匆向隴州。〔註45〕

通覽《關中勝蹟圖志》，這些爲官利民之記載比比皆是。

三、畢沅著《關中勝蹟圖志》的史學意義

畢沅作爲撫陝官員，以私家身份著《關中勝蹟圖志》，其意義有二：

（一）體現官方對私家修史活動的促動

乾隆中期，「茲值國家治定功成，百廢修明之日，兼以秦中六載以來，雨陽時若，年穀順成，民力寬舒，廢墜堪以具舉。」安定的社會環境對文化事業的發展提供有力保障。因此，有清一朝極爲重視文化建設，「竊惟我皇上法健順於乾坤，協智仁於山水。翠華遙泝，則翁河喬嶽盡被懷柔；丹詔新頒，雖漢闕唐陵咸邀保護。」〔註46〕社會政局穩定及官方對文化事業的支持，爲畢沅《關中勝蹟圖志》的成書提供良好的學術環境。

畢沅著《關中勝蹟圖志》之際，官方也收集天下書籍，招賢納士開館進行各種官方史籍的編纂，這無疑調動私家從事史學研究的熱情。而朝中官員因其官員身份，得以看到普通士人所不及的大量官方史籍和史料。時任陝西巡撫的畢沅就曾以「幸《大清一統志》及《陝西通志》堪以據依」作爲《關中勝蹟圖志》得以成書的重要的資料來源。此外，書中考證參考《元和郡縣志》、《太平寰宇記》、《三輔黃圖》、《西京雜記》、宋敏求《長安志》、呂大防

〔註44〕畢沅：《關中勝蹟圖志》卷八。

〔註45〕畢沅：《灞橋》，《靈巖山人詩集》卷二十一。

〔註46〕畢沅：《奏進關中勝蹟圖志原疏》。

《長安圖志》、程大昌《雍錄》、何景明《雍大記》、李好問《長安圖志》等書，這些古籍也是民間無以得覽的重要參考資料。

而畢沅的官僚身份，爲他親自實地考證關中風貌提供有利的條件和機會。在談及著述緣由和經過時，畢沅曾曰：「……臣以樗櫟庸材，仰承恩命，簡任封圻，計今六歲於茲。其間名山大澤，每因公務，車塵馬迹，大半經行。」〔註47〕又曰：「臣自蒞任以後，每因公經過各州府縣，凡有陵墓所在，必爲下車瞻拜咨訪」〔註48〕，「凡自潼關以西，玉門以東，其道路險易，川渠通塞，及郡縣之興廢，祠廟之存否，莫不畫然若萃……修明疆界，釐正祀典……所得實多」〔註49〕。泛覽全書，「其所記載，皆其行部所經，或停車駐節，憑弔遺墟，或郵亭候館，咨詢勝蹟，而於往聖前哲之製作發明、英風偉烈，尤多致意，以視閉門面壁，於斷碣殘碑之研索者，不可以道里計也。」〔註50〕

（二）從此開始畢沅的關中系列研究，成關中系列著作

乾隆四十一年（1776），畢沅《關中勝蹟圖志》成書並進獻朝廷，因其「披尋於斷碑碎碣之間，研索於斷簡殘編之句者，其廣狹固有殊矣」〔註51〕被收入《四庫全書》。著述的成功，無疑對畢沅是極大的鼓舞。《關中勝蹟圖志》是畢沅入職陝西後的第一部著作，也是畢沅關於關中歷史風物的第一部著作。就在《關中勝蹟圖志》成書之際，畢沅聘請幕賓嚴長明，主持編修《西安府志》。方志纂修本是官方活動，作爲省級高官的畢沅主持所屬一府方志，在開創中國方志史上編修先例之餘，體現畢沅對於關中地區研究的學術旨趣。此後，畢沅編撰《關中金石記》、校訂《長安志》、重刊《三輔黃圖》等關中系列研究，而《關中勝蹟圖志》的成功爲其後的關中著述提供了豐富的資料、經驗以及動力。

第三節　校注《山海經》——《山海經新校正》

《山海經》這部中國古代文化典著，「作於禹益，述於周秦，其學行於漢，明於晉，而知之者魏酈道元也。」「酈道元作《水經注》，乃以經傳所記

〔註47〕畢沅：《奏進關中勝蹟圖志原疏》。
〔註48〕畢沅：《關中勝蹟圖志》卷八。
〔註49〕畢沅：《關中金石記》卷末，洪亮吉《跋》。
〔註50〕郭英夫：《關中勝蹟圖志》重排印本《序》。
〔註51〕畢沅著、張沛校點《關中勝蹟圖志》卷首《四庫全書提要》。

方土舊稱，考驗此經山川名號，案其途數，十得者六，始知經云東西道里，信而有徵，雖今古世殊，未嘗大異，後之撰述地理者多從之……」〔註52〕此後，對於《山海經》的研究不斷。乾隆時期，「天子右文稽古，三通四庫諸館依次而開」〔註53〕，天下秘聞要集皆呈於世，考據學得到空前發展發展，在這樣的學術氛圍下，畢沅所校《山海經》一改清初吳任臣注《山海經》時濫引《路史》、六朝唐宋人詩文以及三才圖會駢雅字叢以證經文之做法，大量運用《水經注》、《元和郡縣志》、《太平寰宇記》等歷史地理文獻以及傳注、類書及各種方志。並且，他並不拘泥於這些書籍，查閱文字記載之餘結合實地勘察考證山川水道，古今相通，考證精當確鑿，「誠考究《山海經》之津梁也」〔註54〕。其所成《山海經新校正》將《山海經》的研究推向高潮。是書於《山海經》篇目、文字、山名、水道等的考證皆有新的發明。並且通過考證，肯定了《山海經》的地理價值。

一、考訂《山海經》古今篇目

作爲先秦古籍，《山海經》在流傳過程中篇目產生很大變化。後人讀之，「欲追山脈，尋水道」，但「覺非先整理其篇次，而定山川之位置，莫從著手。」〔註55〕考辨《山海經》篇目之變遷，追溯歷史，亦成爲畢沅校訂《山海經》的首要任務。其在《山海經新校正》開篇即設古今篇目考。

其一，對於《山海經》三十四篇本，畢沅考察唐代以前的史料得出「《五藏山經》三十四篇，實爲禹書。」一考《列子》中記載夏革的說法，「《列子》按夏革以爲夷堅所志」。並且，《列子》中所記夏革曰「大禹曰，地之所載」等四十七字，皆出自《山海經》之《海外南經》。二考《呂氏春秋·本味篇》中「伊尹說」多取《山海經》。《列子》、《呂氏春秋》皆秦人作，「夏革、伊尹皆湯時人」〔註56〕，由此推知《山海經》當爲湯之前書，故而「爲禹書無疑」〔註57〕。三考劉秀所奏、王充《論衡》、趙曄《吳越春秋》，皆以爲禹益所作。

〔註52〕畢沅：《山海經新校正》卷首，畢沅《序》。清光緒十三年經訓堂刻本。

〔註53〕章學誠：《答沈風墀論學》，《文史通義·外篇三》，中華書局，1956年，第308頁。

〔註54〕（日）小川琢治：《山海經篇目考》，《中央研究院語言歷史研究所周刊》，1929年第9期。

〔註55〕（日）小川琢治：《山海經考》，《先秦經籍考》下冊，第2頁。

〔註56〕畢沅：《山海經新校正》卷首，畢沅《山海經古今本篇目考》。

〔註57〕畢沅：《山海經新校正》卷首，畢沅《序》。

四考西晉時期的《博物志》云：「太古書今見存有《神農經》、《山海經》，《水經注》曰：禹注《山經》，淇出沮洳。又曰：《山海經》創之大禹，記錄遠矣。」此外，畢沅還查閱《夏書·禹貢》、《爾雅·釋地》中記載，「禹與伯益主名山川，定其秩祀，量其道里，以類別於草木鳥獸。」〔註58〕並且，對於《爾雅》中記載由禹所命山名，《夏書》中記載「奠高山大川」之禮，《山海經》皆有記載。畢沅通過考證唐代以前各種典籍，從而證實《山海經》三十四篇為禹益所作的最古之本。

其二，對於《山海經》十三篇本，畢沅認為是漢時劉向所合，並指出劉向對篇目整理過程，「向合《南北經》三篇以為《南山經》一篇，《西北經》四篇以為《西山經》一篇，《北山經》三篇以為一篇，《東山經》四篇以為一篇，《中山經》十二篇以為一篇，並《海外經》四篇、《海內經》四篇，凡十三篇。」〔註59〕，考班固作《藝文志》取之於《七略》，即為此十三篇，無《大荒經》以下五篇。並且，對於《海外經》四篇、《海內經》四篇的成書，畢沅考「禹著鼎象物」，鼎上刻文，內容有國名、山川及神靈奇怪之所際，而此鼎亡於秦，「故其先時人猶能說其圖以著於冊」。故而得出此八篇為周人、秦人所述，並且畢沅認為此八篇「多雜劉秀校注之辭」，「今率細書以別之」。〔註60〕

其三，對於《山海經》十八篇本，畢沅查閱明《道藏》本目錄，其下有注，云：「此《海內經》及《大荒經》本皆進在外。」畢沅就此推斷「劉秀又釋而增其文，是《大荒經》以下五篇也。《大荒經》四篇釋《海外經》，《海內經》一篇釋《海內經》，當是漢時所傳。」〔註61〕在校定《山海經》過程中，畢沅發現《大荒經》末無建平校進款識，「又不在《藝文》十三篇之數，惟秀奏云今定為十八篇，詳此經文，亦多是釋《海外經》諸篇，疑即秀等所述也」〔註62〕。於是畢沅斷定「按《大荒經》四篇似釋《海外經》四篇，《海內經》一篇似釋《海內經》四篇，當是秀所增也。」〔註63〕這裡，畢沅認為《海內

〔註58〕畢沅：《山海經新校正》卷首，畢沅《序》。
〔註59〕畢沅：《山海經新校正》卷首，畢沅《山海經古今本篇目考》。
〔註60〕畢沅：《山海經新校正》卷首，畢沅《序》。
〔註61〕畢沅：《山海經新校正》卷首，畢沅《序》。
〔註62〕筆者查閱《海外四經》、《海內四經》之末，兩處均有「建平元年四月丙戌待詔太常屬臣望校治、侍中光祿勳臣龔、侍中奉車都尉光祿大夫臣秀領主省」等三十九字，是劉秀等校經完畢後的識語，《大荒經》以下五篇則無此識。
〔註63〕畢沅：《山海經新校正》卷首，畢沅《山海經古今本篇目考》。

經》及《大荒經》的作者是劉秀未免武斷，但「此《海內經》及《大荒經》本皆進在外」的觀點卻得到後來學者的肯定。〔註64〕

　　其四，關於《隋書·經籍志》、《舊唐書·經籍志》皆於《山海經》末注《水經》，畢沅推斷此《水經》乃海內經中文。《隋書·經籍志》云《水經》3卷，郭璞注，而《舊唐書·經籍志》云《水經》2卷，郭璞撰。之所以出現這兩種說法，畢沅通過考證，得出是因「《海內東經》篇中自岷三江首至漳水入章武南，多有漢郡縣名。」於是「世疑《山海經》非古書，特以此一篇有漢郡縣名耳。」〔註65〕畢沅隨即查閱古人對此事的觀點，「顏之推《家訓》云：《山海經》禹及益所記，而有長沙、零陵、桂陽。諸暨皆由後人所屬，非本書也。之推不以之病全經，而不能定其何時所屬。宋陳振孫等以爲古今說《天問》者皆本《山海經》、《淮南》二書，疑此書皆緣《天問》而作。」畢沅贊同顏之推的觀點，而對於陳振孫等推斷詭異反駁，「如言，則古今說經皆本《爾雅》，豈五經皆爲解《爾雅》而作乎？必不然矣。　是知劉秀校時所釋也」。畢沅認爲杜佑不知郭注的是《海內東經》中的《水經》，而對於酈道元《水經注》40卷「皆不詳所撰者名氏，亦不知何代之書」，「而責景純注解疏略，是以郭璞爲注桑氏之書，其謬甚矣。」〔註66〕由此，畢沅最終得出結論：「《水經》二卷，撰人闕，郭璞注。」〔註67〕畢沅對於《水經》乃海內經中文的說法及郭璞曾爲《水經》作注的觀點皆被後人所證實。〔註68〕

　　其五，畢沅通過翻閱典籍，得出《山海經》有古圖，有漢所傳圖，有梁張僧繇等圖，「十三篇中海外海內經所說之圖當是禹鼎也，大荒經以下五篇所說之圖當是漢時所傳之圖也。……《中興書目》云《山海經》圖十卷木，張僧繇畫，咸平二年校埋……《玉海》云書目又有圖十卷，首載郭璞序，節錄經文而圖其物如張僧繇畫本，不著姓名。」〔註69〕此外，畢沅據《隋書·經籍志》及明《道藏》本考證出《山海經》有郭璞圖讚，成《山海經圖說》〔註70〕，後來郝懿行作《山海經箋疏》就根據畢沅的圖說，通過考證明《道

〔註64〕如郝懿行《山海經箋疏》在第十四卷首考證大荒經以下五篇的著者，認爲「非一手所成」。巴蜀書社1988年影印本。

〔註65〕畢沅：《山海經新校正》卷首，畢沅《山海經古今本篇目考》。

〔註66〕畢沅：《山海經新校正》卷十三終「沅曰」。

〔註67〕畢沅：《山海經新校正》卷首，畢沅《山海經古今本篇目考》。

〔註68〕見張莉《郭璞注〈水經〉考釋》，《晉陽學刊》2008年第3期。

〔註69〕畢沅：《山海經新校正》卷首，畢沅《山海經古今本篇目考》。

〔註70〕畢沅：《山海經箋疏圖說》，圖書集成局印，1897年版。

藏》本，補其文字，訂其舛誤，補成《山海經圖讚》1 卷。

當然，畢沅對於《山海經》古今篇目的考證，有時未免疏忽，如對於「《隋書‧經籍志》云：《山海經》二十三卷，郭璞注」的說法就採取置之不顧的態度。有時未免主觀，如劉秀《上〈山海經〉表》：「侍中奉車都尉光祿大夫臣秀領校、秘書言校、秘書太常臣望所校《山海經》凡三十二篇，今定爲一十八篇，已定。」〔註71〕其實，今傳郭注本 18 卷三十九篇，除去逸在外的《大荒經》和《海內經》五篇，爲三十四篇，與古經三十二篇之目不符。畢沅則簡單論斷劉秀所言中「二」是「四」的誤文，「未見其別有根據，是可謂近於大膽之臆定而已。」〔註72〕然而，畢沅對《山海經》篇目的考訂，「此與他之前者，有《四庫全書總目》者《山海經解題》，在他之後者，有郝懿行之《山海經箋疏自敘》，然關於古今篇目之說，要以畢沅考證最爲精透。」〔註73〕畢沅對於《山海經》古今篇目的考證爲今人《山海經》研究提供豐富的理論依據。

二、考訂《山海經》之文字

畢沅在校注《山海經》的過程中，發現「此書多偏旁相合之字，篆文所無，詳郭即有，音則自晉時已爾。其據書傳所引灼知俗寫者，改正經文，餘則證以《玉篇》、《廣韻》，然二書所見亦取俗本，經文實不足據。」孫星衍亦云：「先秦簡冊，皆以篆書，後乃行隸，偏旁相合，起於六代，六書之義，假借便亡。此書甚者，大苦山之䳭，㪋㪋之㪋，蒲鸒之鸒，遍檢唐宋字書，都無所見。……後世字書乃遂取經俗寫以廣字例，其有知者反云依傍字部改變經文，此以不狂爲狂。」〔註74〕爲此，畢沅對於《山海經》中文字運用小學方法，通聲訓、明假借，進行大量的考證，使一些地理問題豁然解釋。

如《山海經‧海內北經》「陽汙之山」條中之「陽汙」，畢沅遍覽古籍，指出：

> 即潼關也，河出其下。《中山經》云楊華之山，《周禮》作楊紆，
> 《穆天子傳》作陽紆，《爾雅》作楊陓。《呂氏春秋‧九藪》云：秦

〔註71〕劉秀：《上〈山海經〉表》，郝懿行《山海經箋疏》卷首引劉秀表。
〔註72〕（日）內藤虎次郎著，江俠庵編譯：《山海經考》，《先秦經籍考（下）》。國家圖書館出版社，2010 版，第 7 頁。
〔註73〕（日）小川琢治：《山海經考》，《先秦經籍考》下冊，第 4 頁。
〔註74〕畢沅：《山海經新校正》卷末，孫星衍《後序》。

之華陽。高誘曰：桃林縣西長城是也。《晉地道記》曰：澄關是也。
《淮南子》云：禹治水以身解於楊盱之河。高誘注云：楊盱河蓋在
秦地，皆即此山耳。酈道元《水經注》反以誘説秦地爲非，疑其域
外，是以不狂爲狂也。〔註75〕

這裡畢沅從聲訓入手，認爲「陽汙」與「楊紆」、「楊鄩」，「楊盱」古聲對轉，
從而推知「陽汙」與「楊紆」、「楊鄩」、「楊盱」爲同一地，從而肯定了高誘
注的正確性，糾正了酈道元以來，不知聲轉，誤「陽汙」爲域外之誤。

　　再如《山海經・西次三經》中翼望山上「三首六尾而善笑」之「鵸䳜」，
畢沅考曰：

《周書》王會曰：奇榦善芳。善芳者，頭若雄雞，佩之令人不
眛。孔晁曰：奇榦亦北狄善芳鳥名。案：此鳥與此略同，疑奇榦即
鵸䳜鳥，字或當爲奇榦。《周書》云善芳，當爲善笑，形相近，字之
僞，孔説非也。又案《説文》有雖度鳥，或當是鵸䳜。

這裡畢沅認爲「善芳」即「善笑」，「奇榦」當「鵸䳜」，從字形上進行了大膽
的推測。

　　經畢沅考證後的《山海經》，孫星衍贊曰：「星衍夙著《經子音義》，以
補陸氏德明《釋文》；有《山海經音義》2卷，及見先生，又焚筆硯。……」
〔註76〕

三、考訂《山海經》中所載山名水道

　　談到畢沅對於《山海經》的校訂，阮元曰：「畢氏校本，於山川考校甚精」
〔註77〕。畢沅對於《山海經》中山川河流皆一一考證，其曰：

《南山經》其山可考者，惟䧅山、句餘、浮玉、會稽諸山；其
地漢時爲蠻中，故其它書傳多失其跡也。《西山經》其山率多可考，
其水有河、有渭、有漢、有洛、有涇、有符禺、有灌……是皆雍、
梁二州之水，見於經傳，其川流沿注，至今質明可信者也。《北山經》
其山皆在塞外，古之荒服，經傳亦失其跡，而有渤澤及河原可信者
也。《北次山經》以下，其山亦多可考；其水有汾、有酸、有晉、有
滕……是皆冀州之水，見於經傳，其川流沿注，又至今質明可信者

〔註75〕畢沅：《山海經新校正》卷十二，《海內北經》。
〔註76〕畢沅：《山海經新校正》卷末，孫星衍《後序》。
〔註77〕郝懿行：《山海經箋注》卷首，自《序》，巴蜀書社，1985年版。

也。《東山經》其山水多不可考，而有泰山、有空桑之山，有濼水、有環水，是為青州之地也。《中山經》起薄山，是禹所都，故其山水之名尤著；水有渠豬、有澇、有滍、有水……，是皆豫州之水。《中次八經》起景山，有睢、有漳、有洈。《中次九經》有綿洛之洛、有岷江、南江、北江，有湍、漁……是皆荊州之水，見於經傳。其川流沿注，又至今質明可信者也。〔註78〕

此對書中所涉山川、水道名稱，地理沿革的考釋，皆是在翻閱大量典籍的基礎上。「《中山經》有密山，而取新安密山，不取密縣之山西；《山經》有陰山，而取上郡雕陰山，不取塞外陰山；又《西山經》有洛，則以為雍州渭洛，《中山經》有洛，則以為豫州滎洛，女兒山之洛，則以為成都綿洛，率皆證以書傳，非由附會前人未之及也。」〔註79〕並且畢沅考證《山海經》，不僅翻閱大量典籍，而且堅持「道里不合，俱所不取」的原則，對於書中所涉山、水之逕都進行實地勘察，力圖詳實可信，使書中地名皆鑿鑿可考。

遍覽全經，文中記述的山名水道，大多皆考出現今地理方位。如《山海經·西次四經》烏山之辱水，畢沅經過實地勘察考證得出：「今水出陝西安塞縣北王家掌東北，流入安定縣界，經泰重嶺北，又東南經綏德州清澗縣西，又南至延川縣入河。」從而確實辱水之源頭和流向。又如對於《山海經·西次三經》的崑崙之邱，畢沅考證到：

「山在今甘肅肅州南八十里，《爾雅·釋地》云三成為崑崙邱。《地理志》云：金城臨羌西北至塞外有西王母石室、崑崙山祠。又云：敦煌廣至縣有崑崙障。《十六國春秋》云：涼張駿酒泉守馬岌上言，酒泉南山即崑崙之體，周穆王見西王母，即謂此山有石室王母堂。又刪丹西河名，云弱水，《禹貢》崑崙在臨羌之西，即此明矣。《括地志》云：崑崙山在肅州酒泉縣南八十里，俱見《史記正義》。崑崙山，漢武帝案古圖書又以為在于闐，唐以為在吐蕃，云即紫山，元以火敦腦兒為河原，云是朵甘思，東北大雪山皆非此崑崙也。經曰：槐江之山南望崑崙東，望恆山，明崑崙去恆山不甚遠，若在于闐，何由相望。又古言崑崙皆是西北，去中國亦止數千里耳。《海內西經》云：海內崑崙之墟在西北，鄭君注《尚書》引《禹所受地說》，

〔註78〕畢沅：《山海經新校正》卷首，畢沅《序》。
〔註79〕畢沅：《山海經新校正》卷首，《山海經古今本篇目考》。

書云：崑崙地方五千里，名曰神州。《說文》云：邱字從北一，中邦之居，在崑崙東南，《漢書》云：皇帝使泠倫，自大夏之西，崑崙之陰，取竹之解谷大夏者，《春秋傳》所言實沈之遷，在山西境，崑崙陰，《呂氏春秋》作阮隃之陰。案：阮即代郡，五阮關隃即西隃雁門，見《說文》亦在今山西。山西西接陝西，以至甘肅，皆在西北，以知此之崑崙在肅州，其非于闐、吐蕃之山，明矣。又，張守節云：肅州，即小崑崙，非河源出者，後世皆仍其誤，考《博物志》云：漢使張騫渡西海至大秦國，西海之濱有小崑崙，則古以小崑崙爲是，大秦國之山肅州之山爲夏書《山海經》，崑崙亡疑也。自《十洲記》、《遁甲開山圖》以下多有異說，故《水經》亦云去嵩高五萬里，無稽之談，蓋不取云。」

在這裡，畢沅廣考典籍，結合實地考察，考證山川地理位置的演變過程，得出時下崑崙山的確切位置。

畢沅校注《山海經》，並不是一貫沿襲郭璞對《山海經》的注釋，而是對其中的訛誤給以校正，他說：「郭璞之世，所傳地理書尚多，不能遠引，今觀其注釋山水，不案道里，其有名同實異，即云今某地有某山。」《山海經‧中山經》中有牛首之山及勞、潏二水，郭璞注釋爲長安牛首山及勞、潏二水，畢沅考證《太平寰宇記》、《長安志》諸書，二書皆認爲是雍州鄠縣之牛首山。畢沅認爲「此是《中山經》，則山當在山西浮山縣境霍太山之南」，並且，畢沅親自勘察，「案其道里皆合」，於是斷定《中山經》中牛首之山在山西浮山縣境內。《山海經‧中山經》「霍山」條，郭璞注曰：「今平陽永安縣、廬江潛縣、晉安羅江縣、河南鞏縣皆有霍山，明山以霍爲名非一矣。」郭璞對於霍山具體位置的考釋不能確定，於是，畢沅考證《夏書》、《周禮》、《爾雅》、《史記》、《元和郡縣志》等古今史志文獻，最後得出霍山在山西霍州東南，並指出《元和郡縣志》中所載洪洞縣霍山、霍邑縣霍山、沁源縣霍山皆爲同一霍山。〔註80〕

畢沅對於郭璞注釋《山海經》未及之處，給以補充。如《山海經‧中次八經》「荊山」條，畢沅考證道：

山在今湖北南漳縣西北。《地理志》云：南郡臨沮，《禹貢》南條荊山在東北。《荊州記》云：臨沮西北三十里有青谿，谿北即荊山，

首曰景山，即弁和抱璞之處，見劉昭注《郡國志》。《水經注》云：
荊山在景山東一百餘里，新城獂鄉縣界。《括地志》云：荊山在襄州
荊山縣西八十一里，見《史證正義》。〔註81〕

在這裡畢沅廣引《漢書·地理志》，劉昭注《郡國志》、《水經注》，張守節的
《史記正義》中關於荊山的記載，確定「荊山」應當在湖北南漳縣西北，材
料確鑿，令人信服。又如《山海經·西次四經》中有「弱水注洛」，畢沅考曰：

水即吃莫川也。《太平寰宇記》云：保安軍吃莫河在軍北一十里，
原出蕃部吃莫川南流在軍北四十里，入洛河，水不勝船筏。案其川
流道里，又云不勝船筏，即此經弱水也。《晉書·符堅載記》堅遣安
北將軍幽州刺史符洛討代王涉翼犍，翼犍戰敗，遁於弱水，符洛逐
之，退還陰山。既與陰山近，當亦此水。

此外，《山海經·西次四經》中還有「陰水注洛」、「洱水注洛」，凡此等等，
皆郭璞、酈道元所未載，畢沅翻閱大量典籍後的獨到發現。

孫星衍嘗稱：「先生（畢沅——引者注）開府陝西，假節甘肅，粵自崤函
以西、玉門以外，無不親歷。又嘗勤民灑通水利，是以《西山經》四篇，《中
次五經》諸篇疏證水道爲獨詳焉。常言《北山經》泑澤涂吾之屬，聞見不誣，
惜在塞外，書傳少徵，無容附會也。其《五藏山經》，郭璞、道元不能遠引，
今輔其識者，奚啻十五，恐博物君子無以加諸。」即此一端，可知畢沅注重
實學、多聞闕疑的治學取向。

四、肯定《山海經》的地理價值

古來對《山海經》學術地位及學術價值的認識經歷了一個漫長的進程。
司馬遷寫《史記》時，對於《山海經》中的記載就未予採納，他以爲「言九
州島山川，《尚書》近之矣。至《禹本紀》、《山海經》所有怪物，余不敢言之
也」〔註82〕。而後，「……班固著《地理志》用《禹貢》、桑欽說，而皆不徵
《山海經》」〔註83〕。即使是東漢劉秀時期在「文學大儒」中興起讀《山海經》
的熱潮，也不過是「學以爲奇」，用以「考禎祥變怪之物耳」〔註84〕。因此，
從漢代開始只有在詩賦中引《山海經》中事以爲文學典故。起初，西漢劉歆、

〔註81〕畢沅：《山海經新校正》卷五，《中次八經》。
〔註82〕司馬遷：《史記·大宛列傳》。中華書局，1982年標點本，第3179頁。
〔註83〕畢沅：《山海經新校注》卷末，孫星衍《後序》。
〔註84〕畢沅：《山海經新校注》卷末，孫星衍《後序》。

劉向的《七略》，把《山海經》置於「術數略」的「形法家」。班固在《漢書‧藝文志》裏仍沿襲這種說法。直到東漢明帝引見水利專家王景，「賜景《山海經》、《河渠書》、《禹貢圖》」〔註85〕，才使後人看到其地理實用價值。後來，《隋書‧經籍志》、《唐書‧藝文志》皆把《山海經》列史部地理類，標誌《山海經》在學術史上的地位有了很大提高。此後各代官私目錄多隨之。因此，孫星衍「自漢以來未有知《山海經》爲地理書」〔註86〕的觀點未免武斷。但由於《山海經》「多奇怪俶儻之言」，「世之覽《山海經》皆以其閎誕迂誇，多奇怪俶儻，莫不疑焉」〔註87〕，清人修《四庫全書》，四庫館臣認爲其「以耳目所及，百不一眞，諸家並以爲地理書之冠，亦爲未允。核實定名，實則小說之最古者爾。」〔註88〕，遂改列《四庫全書》子部小說家類異聞之屬。

　　作爲乾嘉學者，畢沅和當時官方的觀點不盡相同，其曰：「劉秀之表《山海經》，云『可以考禎祥變怪之物，見遠國異人之謠俗』，郭璞之注《山海經》，云『不怪所可怪，則幾於無怪矣；怪所不可怪，則未始有可怪也』」，由此畢氏懷疑《山海經》並非如很多人所言，是一部志怪之書。他進一步指出：「秀、璞所言，足以破疑《山海經》者之惑，而皆不可謂知《山海經》，何則？《山海經》，《五藏山經》三十四篇，古者土地之圖，《周禮‧大司徒》用以周知九州島之地域廣輪之數，辨其山林、川澤、丘陵、墳衍、原隰之名物；《管子》凡兵主者，必先審知地圖，……皆此經之類。故其書世傳不廢，其言怪與不怪皆末也。」因此，面對《山海經》怪誕的說法，畢沅認爲「《山海經》未嘗言怪，而釋者怪焉」〔註89〕。畢沅對於《山海經》地理價值的肯定，表明乾隆時期史家在史學思想上並不是簡單附會官方。

　　爲此，畢沅考證了《山海經》中許多歷來認爲怪異的事物。畢沅曰：「孔子曰：多識於鳥獸草木之名，多莫多於《山海經》。」他舉例道：「《經》說鴟鳥及人魚皆云人面，人面者，略似人形。譬如《經》云：鸚母狌狌能言，亦略似人言，而後世圖此，遂作人形。此鳥及魚，今常見也。又崇吾之山有獸焉，其狀如禺而文臂，豹虎而善投，名曰舉父，郭云：或做夸夫。桉之《爾雅》有玃父善顧，是即猿猱之屬。『舉』、『誇』、『玃』三聲相近，郭注二書不

〔註85〕范曄：《後漢書‧王景傳》。中華書局，2011年版。
〔註86〕畢沅：《山海經新校注》卷末，孫星衍《後序》。
〔註87〕郭璞：《山海經注》卷首，《序》。
〔註88〕《四庫全書總目提要》卷一百四十二，子部五十二。
〔註89〕畢沅：《山海經新校正》卷首，畢沅《序》。

知其一，又不知其常獸，是其惑也。」〔註 90〕在《山海經·南山經》中「猨翼之山」條下，「其中多怪獸，水多怪魚」的說法，畢沅指出：「凡言怪者皆爲貌狀倔奇不常也。尸子曰：徐偃王好怪，沒深水而得怪魚，入深山而得怪獸者，多列於庭。」〔註 91〕《南山經》中記載「其狀如牛」的怪魚，畢沅考《博物志》云其爲「牛魚，目似牛形，如犢子剝皮懸之。潮水至則毛起，去又楊孚臨海。」又考《水上記》云：「魚牛象獺，大如犢子，毛青黃色，其毛似瓊，知潮水上下。」畢沅據兩書相近的記載進行分析，從而斷定此魚種的存在。《山海經·西次三經》中之玉山，歷來皆認爲「是西王母所居也」。對於西王母其人，皆以其爲神話人物。畢沅對此進行考證，明確指出：

> 俗以西王母爲神人，非也。西王母，國名。爾雅四荒有西王母，
> 尚書大傳，西王母來獻白玉瑱，荀子禹學於西王國是也。莊子云：
> 西王坐乎少廣，淮南子云：西王母在流沙之瀕，其餘傳記所說多謬，
> 蓋無取云。

畢沅不僅利用考據學的優勢發前人之所未發，且能用樸素的求實精神認識事物。經過畢沅的考證，《山海經》中那些歷來被認爲荒誕的事物得到澄清，眞實面目浮出水面，使後人重新認識《山海經》的學術地位與地理價值。

孫星衍在《山海經新校正》後序中稱：「秋帆先生作《山海經新校正》，其考證地理則本《水經注》，而自九經箋注、史家地志、《元和郡縣志》、《太平寰宇記》、《通典》、《通考》、《通志》及近世方志無不徵也。」〔註 92〕豐富詳實的材料，嚴密的邏輯分析，加上畢沅的實地考察，增強了地理考證的嚴謹性和準確性。經過畢沅對《山海經》的篇目、文字、山川水道、動物植物的詳細考證，澄清了歷代校注者懸而未解的許多問題，肯定了《山海經》的地理價值。畢沅在《山海經新教正》自序中曰：「沅不敏，役於官事，校注此書，凡閱五年，自經傳子集，百家傳注，類書所引，無不徵也。其有闕略，則古者不著，非力所及矣。既依郭注十八卷，不亂其例，又以考定目錄一篇附於書。其云新校正者，仿宋林億之例，不敢專言箋注，將以俟後之博物也。」〔註 93〕畢沅此言過於自謙，其實，畢沅《山海經新校正》對後世治《山海經》者具有極大的啓示作用，孫星衍論起畢沅校正《山海經》，無不讚佩：「常言

〔註 90〕畢沅：《山海經新教正》卷首，畢沅《序》。
〔註 91〕畢沅：《山海經新教正》卷一，《南山經》。
〔註 92〕畢沅：《山海經新校正》卷末，孫星衍《後序》。
〔註 93〕畢沅：《山海經新校正》卷首，畢沅《序》。

《北山經》泑澤涂吾之屬，聞見不誣，惜在塞外，書傳少徵，無容附會也。其《五藏山經》，郭璞、道元不能遠引，今輔其識者，奚啻十五，恐博物君子無以加諸。星衍嘗欲爲《五藏經圖》，繪所知山水，標今府縣，疑者則闕，顧未暇也。」〔註94〕郝懿行在《山海經箋疏自序》中云：「今世名家，則有吳氏、畢氏，吳徵引極博，泛濫於群書；畢山水方滋，取證於耳目。二書於此經，聞功偉矣。」郝懿行《山海經箋疏》較畢沅《山海經新校正》晚十七年，據筆者統計，其案語中有28處引用畢沅的考證觀點，書中對於現今山川方位等論證，多與畢沅相同。由此，畢沅的《山海經新教正》是一部使我們正確認識《山海經》的津梁之作，爲後人研究《山海經》提供了豐富的理論依據。

第四節　補正《晉書·地理志》——《晉書·地理志新補正》

二十五史是中國史書中最基本也是最重要的文獻，而其中之地理志又是二十五史中重要組成部分。但二十五史中，只有17部有地理志，而17部地理志亦因當時作者的疏忽以及後世傳刻的錯誤，存在種種問題，因而後人增補、注釋、考訂、校勘地理志的著作頗多，尤以清人最富。據趙榮、楊正泰所著《中國地理學史》統計，清人補校二十五史之《地理志》共有25部，其中屬乾隆時人所作就有9部〔註95〕，包括吳卓信著《漢書地理志補注》，錢坫撰、徐松集釋《新斠地理志集釋》，洪頤煊著《漢志水道疏證》，謝毓英著《三國疆域表》，洪亮吉撰、謝毓英補注《三國疆域志補注》，謝毓英著《三國疆域志疑》，畢沅著《晉書地理志新補正》，方愷著《新校晉書地理志》，洪亮吉著《十六國疆域志》。在這些地理著作中，有疏證，如錢坫撰、徐松集釋《新斠地理志集釋》，洪頤煊《漢志水道疏證》；有對正史《地理志》的考訂之作，如謝毓英著《三國疆域志疑》，方愷撰《新校晉書地理志》；有對正史所缺地理志的續補，如洪亮吉著《十六國疆域志》。還有對正史地理志的考訂、校正、補充同時進行的著作如吳卓信以畢生精力撰成的《漢書地理志補注》，於正文注文無不胲引，釋古今沿革之迹，於牴牾疑滯處無不加以博辨考證，有糾班氏之脫誤者，有辨前人之是非者，有補史書之闕載，李兆洛評價曰：「此書搜

〔註94〕畢沅：《山海經新校正》卷末，孫星衍《後序》。
〔註95〕見趙榮、楊正泰著《中國地理學史》（清代），第125～126頁。

集賅博，大致備矣」〔註96〕。乾隆四十六年（1781），畢沅所成《晉書‧地理志新補正》也是一部集考訂、疏證、補充爲一體的力作。

《晉書‧地理志》原書2卷，《新唐書》與《舊唐書》皆言爲房玄齡等二十人撰。

晉代的版輿，上承三國之瓜分，下值南朝之僑置，建置沿革，紛紜複雜，「所繫非輕」〔註97〕。但遺憾的是，「馬彪撰郡國，既不詳安順以後；沈約志州郡，又難究徐兗以西」，加之唐初房玄齡諸儒，多不擅長地理之學，「蓋欲據西晉一統之日，然亦當以惠帝永康永興爲斷。而今之州縣登降僅及太康」〔註98〕，「自惠帝時已略焉，至東晉則尤略。」〔註99〕並且「與《太康地志》抵悟者十復得五，則前後失據之甚者焉」〔註100〕。究其原因，乃是因爲唐人「不特不旁考諸書，即王隱地道之編，沈約州郡之志，亦近而不采，殊可怪矣」〔註101〕，因而，此志闕漏舛誤頗多。《晉書‧地理志》由於眾多的失誤，給讀史帶來了很大的困難，清代很多學者對《晉書‧地理志》的內容給以考訂校補。如錢大昕在進行政區地名沿革的考證中，對於《晉書‧地理志》所載晉僑置州郡前所冠「南」字產生懷疑，他在深入鑽研東晉南朝僑置政區的基礎上，發現晉室南渡後在南方僑置的州郡並非如《晉書‧地理志》所說的那樣冠有「南」字，僑置政區地名前加「南」字實始於永初受禪（公元 420年 6 月）以後。對此，錢大昕感歎道：「唐初史臣誤認宋代追稱爲晉時本號，著之正史，沿訛者千有餘年，至予始覺其謬」，從而認爲「史家昧於地理，無知妄作，未有如《晉志》之甚者」〔註102〕。從有裨實學的思想出發，畢沅對《晉書‧地理志》進行了全面的考辨補正。

梁啓超先生認爲，「注校舊史用功最巨而最有益者，厥爲表志等單篇之整理。蓋茲事屬專門之業，名爲校注，其難實等於自著也。」〔註103〕爲了校注《晉書‧地理志》，畢沅「乃據晉世冊籍見於沈約《宋書》如《太康地志》、《元

〔註96〕《二十五史補編》第一冊，《漢書地理志補注‧序》，中華書局，2006 年版。

〔註97〕畢沅：《晉書‧地理志新補正卷一併序》，光緒十三年經訓堂刻本。

〔註98〕畢沅：《晉書‧地理志新補正》卷末，洪亮吉《後序》。

〔註99〕畢沅：《晉書‧地理志新補正卷卷一併序》。

〔註100〕畢沅：《晉書‧地理志新補正》卷末，洪亮吉《後序》。

〔註101〕畢沅：《晉書‧地理志新補正卷一併序》。

〔註102〕錢大昕：《廿二史考異》卷十九，《晉書》二，鳳凰出版社，2008 年版。

〔註103〕梁啓超：《中國近三百年學術史》（十五），《清代整理舊學之總成績》（六），《史學》。

康定戶》、《晉世起居注》等，見於酈道元《水經注》如王隱《晉書地道記》、不著姓氏《晉書・地理志》與《晉地記》，類皆搜采廣博，十倍今書」〔註104〕。此外，對於虞預、臧容緒、謝靈運、干寶諸家所撰《晉書》，《郡國縣道記》、《聖賢冢地記》，黃義仲、闞駰之《十三州記》，以及杜預、京相璠注經、徐廣之注史，「皆引近世州郡，以證古名者，多可採擇」〔註105〕，通過廣徵博考，是正訛舛，補正闕失，匡前人之不逮，還舊史之真實。補正後的《晉書・地理志》「嗜博觀史籍，間以所見，校正此志譌漏凡數百條，又采他地理書可以補正聞失者，皆錄入焉，分為五卷。」〔註106〕書中署名「沅」的考證共有531條之多，不但對晉時州郡縣之建置沿革給以詳細的考證，對闕載的史事亦考訂補充。書成之後，洪亮吉感歎：「自是晉史地志始為完書，非僅劉昭注《郡國志》第矜該博已也。」〔註107〕具體說來，畢沅補正《晉書・地理志》所作工作如下：

一、校正《晉書・地理志》中之訛誤

畢沅校正《晉書・地理志》訛誤主要從以下三方面進行：

（一）校正此志對於州郡建置時間記載的失實。《晉書・地理志》記載漢時置郡國的情況。對於其中「廣平乃文帝時所置」的說法，畢沅考證《諸侯王表》記載漢文帝所置有城陽、淄川、濟南、膠西、膠東、衡山、濟北、河間。《地理志》記載，文帝又置廬江郡，而《太平寰宇記》、《通典》記載，漢高帝分置廣平國，從而考證出廣平乃高祖所置，因此，文帝所置九個郡國，「有濟北，無廣平」〔註108〕。對於「景帝時又加四」的說法，畢沅據《諸侯王表》記載：「文帝二年，封齊悼惠王子東牟侯興居為濟北王。二年，謀反，誅。景帝四年，復徙衡山王勃為濟北王」，因此，濟北國為文帝始置。畢沅又考證《諸侯王表》，「景帝所置有濟川、濟東、山陽、濟陰、江都、廣川，其中濟川國，景帝六年置，至武帝建元三年廢，《漢書・地理志》記載景帝所置有北海，凡置郡國七，此言四，誤。」對於「宣帝改濟北曰東平」的說法，畢沅據《漢書・地理志》東平國下注曰：「故梁國，景帝中六年，別為濟東國，武帝元鼎

〔註104〕畢沅：《晉書・地理志新補正卷一併序》。
〔註105〕畢沅：《晉書・地理志新補正卷一併序》。
〔註106〕畢沅：《晉書・地理志新補正卷一併序》。
〔註107〕畢沅《〈晉書・地理志〉新補正》卷末，洪亮吉《後序》。
〔註108〕畢沅：《晉書・地理志新補正》卷一，總序。

元年，爲大河郡，宣帝甘露二年，爲東平國。」從而考證出宣帝改稱東平的爲濟東國，非爲濟北。再如，《晉書·地理志》卷二記載司州轄下之燕國，乃漢置。畢沅考證《通典》記載曰：「漢高帝分置燕國，又分燕置涿郡及廣陽國，後漢爲涿、廣陽二郡地，魏更名范陽郡，晉爲燕、范陽二國，自此，燕國，晉所復置，非漢之舊矣。」最後得出結論「此志云漢置，微誤。」〔註109〕

（二）辨析地志中對於州郡建置沿革記載的訛誤。如青州轄下之濟南郡，《晉書·地理志》記載，魏平蜀後，徙其豪將家於濟河北，故改濟南郡爲濟岷郡。畢沅考證《沈志》，其曰濟南郡爲晉安帝義熙中，土斷並濟南，由此畢沅推斷，晉蓋分濟南立濟岷，「改爲濟岷郡」的說法是錯誤的。〔註110〕。再如，《晉書·地理志》記載，徐州之武寧郡建置乃是「桓溫分南郡立武寧郡」。畢沅考《桓溫傳》，其中記爲「移沮漳，蠻三千戶於江南，立武寧郡」；考《太平寰宇記》記載「晉安帝隆安五年，刺史桓元立武寧郡於故編縣城」；又考《沈志》「武寧郡有樂鄉令長林男相，俱晉安帝立」〔註111〕，最後，畢沅綜合眾家之記載，從而得出《晉志》「桓溫分南郡立武寧郡」說法錯誤。又如，揚州之建業，《晉書·地理志》記載：「武帝平吳，以爲秣陵，太康三年，分秣陵北爲建業。」畢沅考《建康圖經》記載，西晉太康元年，平吳，分地爲二邑，自淮水南爲秣陵，淮水北爲建業，從而校正《晉書·地理志》記載之訛誤。

（三）考證地志中地名記載的舛誤。《晉書·地理志》卷三記載并州京兆郡轄下的九縣，包括「長安，杜陵，霸城，藍田，高陸，萬年，故櫟陽縣，新豐，陰般」，其中，「杜陵」一縣，畢沅考證《地形志》，其在晉時改名「杜城」，「霸城」亦於晉時改名。而《晉書·地理志》在記載「霸城」是用晉改後之名，「杜城」仍用晉改名前的「杜陵」，畢沅指出「一改一不改，作志者之失也。」

此外，畢沅在考證《晉書·地理志》的同時，對所參閱的其它地理典籍中記載失實情況亦進行考證。如，涼州之巴西郡，畢沅考證譙周《巴記》記載：建安六年，劉璋分巴郡墊江以上爲巴西郡。據此，巴西郡爲劉璋時分置。從而指出《徐志》以爲晉武帝時立的說法錯誤。再如，畢沅對於汶山郡的考證：「《晉太康地志》記載，漢武帝時立。孝宣地節三年，合蜀郡，劉氏又立，

〔註109〕畢沅：《晉書·地理志新補正》卷二，燕國條下。
〔註110〕見畢沅《晉書·地理志新補正》卷四，濟南郡條下。
〔註111〕畢沅：《晉書·地理志新補正》卷四，武寧郡條下。

而《後漢冉駹夷傳》記載，靈帝時，復分蜀郡北部爲汶山郡，則汶山郡靈帝時置，而《太康地志》以爲蜀漢復立，恐非。」又如，《晉書・地理志》中青州轄下之武昌郡，《晉起居注》記載爲太康元年，改江夏爲武昌郡，畢沅考《吳志》，孫權分江夏，立武昌郡，晉平吳後，江夏、武昌二郡亦並立。因此，《晉起居注》的記載錯誤。這些皆體現畢沅求實闕疑的治史態度。

二、補充《晉書・地理志》記載的闕失

　　一是補充對州郡建置沿革的記述。《晉書・地理志》對於州郡沿革的記載有很多缺失，畢沅翻閱大量典籍，給以充分的補充。如《晉書・地理志》并州之敦煌郡條下，畢沅考證會稽郡、廣夏郡及涼興郡之建置沿革並補充道：「《太平寰宇記》苻堅時，徙江漢流人萬餘戶於敦煌，又徙中州不闚田疇民七千餘戶於此。涼武昭王遂以南人置會稽郡，以中州人置廣夏郡。《十六國春秋》涼武昭王元年，分敦煌之涼興、烏澤，晉昌之宜禾三縣，置涼興郡。」〔註112〕對於《晉書・地理志》并州雁門郡之馬邑，畢沅考證《元和郡縣志》記載曰，其爲曹操所立，名爲馬邑縣，屬於新興郡，至晉時改爲雁門郡；又考《太平寰宇記》記載曰：「晉亂，其地爲猗盧所據。懷帝時劉琨表猗盧爲大單于，封代公，徙馬邑縣，即其地也。」〔註113〕這樣通過考證史籍，把馬邑縣從置縣到所發生的重大史事皆詳實地給以補充。

　　對於各史書都沒有明確記載的郡縣沿革，畢沅綜合各種記載，一步步求索，進行大膽的推測。晉時涼州下之寧浦郡，畢沅查閱《廣州記》僅記：「建安二十三年，吳分鬱林立，治平山縣。」順著其所提供的「平山縣」，畢沅考《吳錄》，其中記載，「孫休永寧三年，分合浦，立合浦北部尉，領平山、興道、寧浦三縣」。畢沅遍考諸志中關於吳所置郡記載，都沒有寧浦郡，只在《晉太康三年地志》中發現一條記載武帝太康七年，改合浦屬國都尉立。遍查典籍後，畢沅推斷，寧浦郡當是孫休時所立合浦北部的尉，至太康中改作郡。〔註114〕畢沅還採用這種層層推理的方法考證司州之戈陽郡：《晉書・地理志》記載「魏置，統縣七」；《沈志》記載「晉惠帝又分戈陽爲西陽國」；《陶侃傳》記載，陶侃爲荊州刺史，領西陽、江夏、武昌。由此推之，西陽國又曾屬荊州。又考《陳頵傳》、《庾亮傳》、《庾翼傳》，傳中三人皆曾做過

〔註112〕畢沅：《晉書・地理志新補正》卷三，敦煌郡條下。
〔註113〕畢沅：《晉書・地理志新補正》卷三，雁門郡條下。
〔註114〕參見《晉書・地理志新補正》卷五，寧浦郡條下。

西陽太守。而考證西陽，於王莽咸和初年降爲戈陽縣，其國廢後，西陽復爲郡，畢沅由此懷疑，此郡自惠帝置後，未嘗廢置，從而推斷此爲「《地理志》失載也。」〔註115〕

二是在對於郡縣的建置沿革補正的同時，把發生在郡縣的重大歷史事件考證出來。如對於涼州隴西郡，「《通典》前涼張寔置廣武郡，又分置武始郡，西秦乞伏國仁都苑川，南涼禿髮烏孤都廣武，皆此地也。王隱《晉書》蘭池縣屬隴西郡。」〔註116〕對於涼州武都郡，「《太平寰宇記》記載，漢愍帝末，劉曜入長安，氏羌相率降伏。其後有氏豪茂搜勇健，爲群氏所推，王於武都之地。自茂搜之元孫盛立，乃分諸氏羌爲立，轄十二部護軍，各爲鎮戍。不置郡縣」。

三是考證並補充史書中「未之詳」處。青州轄下之濟南郡，《太康地理志》無此郡名，於是史官著《晉書·地理志》，未加詳考，於此條下署上「未之詳」。對此，畢沅查閱《太康地理志》，發現書中記載濟南郡所領五縣中的下密、膠東、即墨三縣，皆屬北海祝阿，考兩漢時濟南郡本屬北海，則《太康地志》無濟南郡可知。據此，畢沅疑武帝以後始改北海爲濟南。雖無明文可據，亦可見畢沅考證史實上的求索精神。

四是考證補充州郡名稱之演變過程。如荊州武昌郡之沙羨名稱的沿革，畢沅考證曰：「《太平寰宇記》，晉太康元年改沙羨爲沙陽縣。沈約《宋志》記載，此後又立沙羨，而沙陽徒今所治。《通典》記載，東晉汝南郡流人寓於夏口，因僑立汝南郡，此又爲汝南縣。晉末，改爲江夏縣。」〔註117〕又如，《晉書·地理志》揚州吳郡下之嘉興縣，畢沅考《吳志》記載，黃龍四年，由拳縣之嘉禾生，改曰「禾興」，此與三國吳帝孫皓其父名和，於是爲避其諱，改爲「嘉興」沿用至今。

畢沅在考證的過程中，態度極爲客觀謹愼，層層推斷的同時，從不主觀臆斷，如《晉書·地理志》揚州宣城郡下寧國縣，《元和郡縣志》記載後漢末，分宛陵南鄉置，而《沈志》以爲吳立，《水經注》又云，晉太康元年，分宛陵立。畢沅面對眾說紛紜，採取「未知誰是」的謹愼態度，不加以主觀推斷。《晉書·地理志》揚州臨海郡之永寧縣，畢沅考《沈志》曰，晉孝武康寧三年，

〔註115〕畢沅：《晉書·地理志新補正》卷一，戈陽郡條下。
〔註116〕畢沅：《晉書·地理志新補正》卷三，隴西郡條下。
〔註117〕畢沅：《晉書·地理志新補正》卷四，武昌郡條下。

分永寧縣置樂城縣，《太平寰宇記》作元康二年，而《宋志》言晉康帝分始豐置安樂縣。畢沅考樂城、安樂二縣縣志俱不載，《輿地志》云晉惠帝永和三年，分始豐南鄉置安樂縣，又與《宋志》不同。畢沅未敢妄加決斷，以「未知誰誤」留待後來博文者考之。

畢沅在考證的同時，注重古今結合，以今證古，力求使古代郡縣在時下都能找到確切的地理位置，如《晉書·地理志》并州所轄北地郡之富平縣，畢沅據《長安志》記載，又結合現今地理建置，判斷其在距今富平縣西南十一里地懷德城。

畢沅補正《晉書·地理志》，亦影響幕中賓客治學取向。洪亮吉曰：「亮吉從先生久，又舟輪所周，殆半區宇，每興焉眺覽，方冊必俱，資於見聞，藉證今昔。因先生此書，遂續爲《東晉區宇》、《十六國區宇》二志。於實土僑置星離豆剖者，庶不至理亂絲而棼。」洪亮吉有感於歷代正史《地理志》中「其最舛者則惟《晉史·地理志》」，他認爲該志「惟詳泰始、太康，而永嘉以後僅掇數語」，所以「止可稱西晉之地志，而於江左則尚無預焉，此東晉疆域之不可不作也」，因而用了兩年時間，於乾隆五十一年（1786年）在畢沅幕中纂成了《東晉疆域志》4卷。而此後所著《十六國疆域志》，則又是在著《東晉疆域志》過程中的有感而作。

第五節 輯佚《晉太康三年地志》、《晉書地道志》

在對地理書的編纂、校對、補正過程中，畢沅還十分重視對歷史地理著作的輯佚，洪亮吉在《晉書·地理志新補正》後序中稱：「先生（畢沅——引者注）官事之暇，於地理尤所究心，既成此書，又以黃義仲、闞駰《十三州記》，《晉太康地志》，魏王泰《括地志》等散佚已久，更從諸書綴出之，弟其先後，證其闕失，彙爲若干卷，行將鋟本，以廣其傳。」由此可知，畢沅在整理研究《晉書·地理志》過程中遍涉經史，究心於地理之學，於是輯佚而成諸多亡書佚本。今畢氏所輯地理書中惟不著撰人之《晉太康三年地志》和王隱所著之《晉書地道志》流傳下來，餘皆不傳。

《晉太康三年地志》、《晉書地道志》是兩部重要的地理著作，「二書作於晉，而盛行於齊、梁、北魏之時。沈約撰《宋書》，劉昭注《續漢書》，魏收述《魏史》，所徵輿地之書不下數百，然約之州郡，惟準《太康》；昭之注

郡國，收之述地形，則一本《地道》。他若酈道元等，又皆懸其片言，視若準的。今觀沈約之論曰：『州郡一志，唯以續漢郡國校《太康地志》，參伍異同，用相徵驗。』魏收之序曰：『班固考地理，馬彪志郡國，魏世三分，晉又一統，《地道》所載，又其次也。』足知當時言地理者，自兩漢地志之外，於三國及泰始之際，則徵《太康》；於晉之東西，則徵《地道》，不以別書參之，亦信而有徵者矣。」〔註118〕然而，令人歎惜的是「至唐而《藝文類聚》、《史記注》、《文選注》所徵引，始覺寥寥，則是書已不顯也。宋初修《太平御覽》，尚述是書，故樂史《寰宇記》亦間引之。厥後闕如，蓋亡失可知矣」〔註119〕，此言表明，至唐代此二書已流傳稀少，只是由於當時或稍後時代的人著書的徵引，許多內容得以保留下來。為彌補此一遺憾，畢沅在校補《晉書・地理志》的同時，對劉昭《後漢書》注、沈約《宋書・州郡志》、魏收《魏書・地形志》，酈道元《水經注》中所引二書條目一一輯出，對後世《長安志》、《太平御覽》、《太平寰宇記》等書中「所引亦詳加搜討，「其《元康地志》及不著姓氏《晉地志》、《晉書地理志》數條，亦附錄焉」〔註120〕，輯佚編定成冊，並且委託洪亮吉對於《晉太康三年地志》、《晉書地道志》主持校讎考訂〔註121〕，「各分為卷，付之剞劂」。是以發起刊刻此兩書，以為徵實者之資。洪亮吉為《晉太康三年地志》、《晉書地道志》作後敘，贊溢畢沅的學術貢獻，稱「先生才為命世，學既專家，每集一編，期乎匝月煥綠赤文之採，補蘭臺石室之藏，茫乎莫測，興望若之。驚疑者勿言，守闕如之義。」畢沅輯佚此二書，主要成績如下：

一是考證二書成書情況。

《晉太康三年地志》，不署撰人。對於《晉太康三年地志》的成書情況，畢沅給以詳細考證：首先考證該書成書時間。畢沅考證《晉書》，其中記載武帝太康四年徙遼東王蕤為東萊王，考《晉太康三年地志》對於東萊尚稱為郡，考《水經注》記載太康五年改信都曰長樂，而《晉太康三年地志》只記載信都，說明《晉太康三年地志》的成書是在太康四年之前。又考《晉書・地理

〔註118〕畢沅：《晉太康三年地志 王隱晉書地理志總序》，清光緒十三年經訓堂刻本。
〔註119〕畢沅：《晉太康三年地志 王隱晉書地理志總序》。
〔註120〕畢沅：《晉太康三年地志 王隱晉書地理志總序》。
〔註121〕洪亮吉：《晉太康三年地志王隱晉書地道志後敘》中說道：「先生以亮吉麤知湛濁，梢別廣輪，成志地之書，輒預校讎之役。閼逢執徐歲壯月所校《太康志》、《地道志》二卷刊成，授簡賓筵，命書後序。」

志》記載於太康三年罷秦州，而《晉太康三年地志》中仍列秦州，就此畢沅推斷此志即爲太康三年所撰，並且是在秦州被廢之前的晉初。其次對於此志的作者，各史書皆未記載，畢沅推測：「晉初，輿地之學最著者裴司空秀，繼之以京相璠、摰虞，是書或成於數君之手」。對於該書的書名和卷數，流傳中有不同版本。《舊唐書・經籍志》著錄「地記」5 卷，太康三年撰；《新唐書・藝文志》著錄《晉太康土地記》10 卷；《宋書・州郡志》、裴松之注《三國志》，稱其爲《太康三年地記》；《通志・藝文略四》沿襲此書名著錄《太康三年地記》6 卷。畢沅對於此志的書名給以統一，雖然著錄書名、卷帙均不同，其實皆指同一部書，「今復其舊名，曰《太康三年地志》。若沈約止稱之爲《地志》，酈道元稱爲《地記》，司馬貞、張守節稱爲《地理記》，《新唐書》稱爲《土地記》，其實一也。」〔註 122〕

　　《晉書地道志》，晉王隱撰，不知卷數。關於該書作者王隱，畢沅曰，在《晉書》卷九十三之中記載王隱其人。但筆者查閱《晉書》，當在《晉書》卷八十二，列傳第五十二有《晉書・王隱傳》。對於該書成書時間，畢沅考《晉書・王隱傳》，當成書於成帝時〔註 123〕。該書亦是一部記載晉時地理沿革的重要典籍。畢沅輯出該書，稱讚其「姑臧、谷遠，辨方語之訛；大夏、令支，補職方之闕。采聲罔實，或見誚於酈元；緗籍陳圖，庶亟登於劉氏矣。以此編摩，推其紹述，則仲遠一記，既導美於《太康》；彥季全編，殊有功於處叔。飲水知源，撫柯求葉，亦沈約、魏收之祖也」〔註 124〕，具有極高的學術價值。

　　因二書久佚，其體例已不可詳。畢沅輯佚二書，採《晉書・地理志》舊例，分天下爲十三州：司州、袞州、豫州、冀州、幽州、平州、并州、雍州、涼州、秦州、梁州、益州、寧州，每州下列出所屬郡國州縣，脈絡清晰，條理分明。輯佚內容較爲豐富，包括地理位置、建置沿革、地名由來、歷史人物、歷史事件、民風民俗、名勝古蹟、地方文化、神話傳說、宮闕陵墓、名山大川等。如對於晉代交州之地，畢沅從《藝文類聚・地部》輯出其歷史沿革：「交州，本屬揚州，取交址以爲名。虞之南極也。周有天下，越裳氏慕聖人之德，重九譯貢白雉。秦滅六國，南開百越，置桂林、象郡。以趙佗爲龍

〔註 122〕畢沅：《晉太康三年地志　王隱晉書地理志總序》。
〔註 123〕畢沅輯，王隱撰《晉書地道志》梁州下漢中郡孝武太元十五年條下案載：「《晉書・王隱傳》，隱傳《晉書》，當成於成帝時。」
〔註 124〕同註 122。

川令。因秦之末，自擅南裔。漢高革命，加以王爵，始變椎髻，襲冠冕焉。」
〔註125〕再如，對於司州河南郡所屬「屍鄉」，畢沅從《水經注》中陽渠水下輯
出其地名之由來：「故殷湯所都者也。亦曰『湯亭』，田橫死於是亭，故改曰
『屍鄉』。」〔註126〕又如，從《文選注（一百六十五條）》及《太平御覽‧州
郡部四》輯出豫州之地民風：「豫州之分，其人得中和之氣，性安舒，其俗阜，
其人和，今俗多寬慢。」〔註127〕從《水經注‧潕水下》及《史記‧案隱列傳
九》輯出汝南郡所屬西平縣龍泉水：「汝南西平有龍泉水，可以淬刀劍特尖利，
故有龍泉水之劍，楚之寶劍也。以特尖利，故有堅白之論云。」〔註128〕

　　畢沅不但從典籍中輯出二書，而且對其州縣地理沿革給以考證。如《晉
書地道志》中雍州安定郡的建置沿革，畢沅考《郡國志》得，晉初，安定、
北地二郡從涼州移至雍州。畢沅還利用《晉太康三年地志》、《晉書地道志》
考證出《晉書‧地理志》中之訛誤。如，《晉書地道志》青州下北海郡有都昌、
安邱諸縣，西河郡下有穀遠縣，義興郡下有陽羨縣，皆與《晉書‧地理志》
記載不同。因此，畢沅曰：「準是數條，則處舒所編，足正唐人撰述之謬，非
僅與《太康地志》相爲發明已耳。」〔註129〕並且，《晉太康三年地志》、《晉書
地道志》補充了《晉書‧地理志》記載之缺。如《晉書地道志》梁州下北海
國，即爲《晉書‧地理志》所不載，北海國有鄧城、安邱二縣，《晉書‧地理
志》亦皆無。《晉太康三年地志》秦州下寧浦郡始定縣，亦《晉書‧地理志》
之缺載。

　　綜上所述，畢沅之於地理學，在撰著、校注、補正、輯佚等方面皆有突
出的成績，並且各項研究交錯進行，互爲促進，所涉領域之廣，所著質量之
高，成爲古代學者治地理學研究的佼佼者。

〔註125〕畢沅輯：《晉太康三年地志》，交州條下。
〔註126〕畢沅所輯《晉太康三年地志》，司州河南郡屍鄉條下。
〔註127〕畢沅輯：《晉太康三年地志》，豫州條下。
〔註128〕畢沅輯：《晉太康三年地志》，汝南郡條下。
〔註129〕畢沅：《晉太康三年地志　王隱晉書地理志總序》。

第七章　畢沅及其幕府的其它成就

　　畢沅傳世之作，刊行的約二十餘種，大多收在他刊印的《經訓堂叢書》中。畢沅自稱：「訓詁好信雅言，文字默守許解，經禮則專宗鄭學。」因此，《經訓堂叢書》所收經部七種，其中《傳經表》（附《通經表》）為群經授受源流之屬，《夏小正》為《大戴禮記》中的一篇，餘則小學之書。另有校注先秦諸子之書如《老子》、《墨子》、《呂氏春秋》、《晏子春秋》等。在乾嘉時期窮究經史的學術背景下，畢沅於小學、經學，以及諸子之學的扶持和表彰，不惟體現出其為學門徑的廣闊，還體現出其對時代學術潮流的敏銳洞察力。

第一節　小學

　　小學是漢字學的古名，主要研究漢字的起源和意義。清代是我國字書發展的成熟期，到乾隆時期，小學受到前所未有的重視，惠棟稱治學必須「識字審音，乃知其義」〔註1〕，戴震論「自昔儒者，其結髮從事，必先小學」〔註2〕，錢大昕稱「六經皆載於文字者也，非聲音則經之義不正，非訓詁則經之義不明」〔註3〕，王鳴盛稱「無小學自然無經學」〔註4〕，段玉裁言「治經莫重乎得義，得義莫切於得音」〔註5〕，凡此種種，都說明小學在乾隆時

〔註1〕惠棟：《九經古義·述首》，《九經古義》。清道光九年刻本。
〔註2〕戴震：《六書論序》，《戴東原集》卷三。民國21年至26年影印安徽叢書本。
〔註3〕錢大昕：《小學考序》，《潛研堂文集》卷二十四。
〔註4〕王鳴盛：《蛾術篇》卷一。吳江沈氏世楷堂。清道光二十一年（1841）本。
〔註5〕段玉裁撰，鍾敬華校點：《經韻樓集》卷八，《王懷祖廣雅疏證序》。上海古籍出版社，2009年版。

期受重視之程度。總之，受考據思潮的鞭策和推動，乾隆時期小學進入了一個空前的發展時期。畢沅一生的學術交遊中，很多師友都精於小學：「余少居鄉里，長歷大都，凡遇通儒，皆徵碩學。初識故元和惠徵君棟，得悉其世業。繼與今嘉定錢詹事大昕、故休寧戴編修震交，過從緒論，輒以眾文多誣，糾辨爲先。既能審厥時譌，必當紹其絕詣。門生嘉定錢明經坫，向稱道吳江處士聲能作通證書，欲以《經典》異文盡歸許君定字，是猶餘之志也。」〔註 6〕據是可見畢沅之爲小學之書，多受惠棟、錢大昕、戴震、江聲諸儒之影響，此亦反映當時的學術崇尚。

一、著《說文解字舊音》

清代小學，絕重音韻之學。從嚴格的意義上說，音韻學是小學的一個分支，由於受梵音學理的衝擊，六朝唐代以後，「聲訓」即音讀逐漸成爲一種獨立的語言現象，恰如梁啓超所云：清代「小學本經學附庸，音韻學又小學附庸」，而使讀書人朝「這方面用力最勤」，久已「蔚爲大國」矣！〔註 7〕許慎曰：「字書音韻是經中第一事。」〔註 8〕而許慎所撰《說文解字》無疑是這方面的入門書。朱筠任安徽學政時，即曾刊刻是書以引導士子，使知向學之方。接武其後，畢沅更刊《說文解字舊音》，以暢其說。

《說文解字》是一部怎樣的書呢？畢沅曰：「許君之書，大略皆以文定字，以字定聲。其立一爲端者，皆文也；形聲相益者，皆字也。故云：『文，物象之本；字，言孳乳而生。』」〔註 9〕此一論述揭示許書之旨。《說文解字》解釋字音採用「有云從某某聲，從某某省聲，從某從某某亦聲，又云讀若某」兩種方式。許慎以後的學者如鄭眾、鄭興、杜子春及康成之徒注諸經禮，高誘注呂不韋《呂氏春秋》、淮南王《淮南子》等書皆運用這兩種方法。因此，畢沅認爲音韻學的發展，是以《說文解字》爲基礎。如由「讀若之例」演變而成的「反音」，「反音倣自孫炎，李登作《聲類》亦用之。晉呂忱依託許書，又作《字林》，其弟靜因《聲類》則作《韻集》，韻書實始焉。是編《隋志》次在忱書之下，但云有 4 卷，而不詳撰著姓名及時代。……則是編爲沈以前

〔註 6〕畢沅：《經典文字辯證書》卷首，自《序》。清光緒十三年經訓堂刻本。

〔註 7〕梁啓超：《中國近三百年學術史》，（十三）清代學者整理舊學之總成績，（二）小學及音韻學，第 200 頁。

〔註 8〕朱熹：《答楊之範》，《晦庵先生文集》卷四十二。北京圖書館出版社，2004 年版。

〔註 9〕畢沅：《說文解字舊音》卷首，自《敘》。清光緒十三年經訓堂刻本。

人所作無疑」〔註10〕。

　　但該書之價值並沒爲世人所注目，「唐世言文字聲音者，每兼采許及忱，惟顏籀則文字用許，聲音用《聲類》，故所著《漢書》、《急就章》注及《匡謬正俗》，皆無許書音」，致使該書流傳甚罕。衍及清代，許愼之書所存者，「有徐鉉等校定，音並唐韻也；有徐鍇《繫傳》，音朱翺所加也；有《五音韻補》，音則鍇所加也，然皆唐以後所改更。唐所用解字書既不行，其音僅一見於戴侗《六書故》，『木寺』字訓注，及宋罍說之《芥絕之荃》，荃字論下，亦於古音無涉。」〔註11〕有鑒於此，畢沅認爲抉發該書之價值確有必要。

　　畢沅把唐人典籍中「說文音某」、「說文某某反」的話彙集起來，按《說文》的次第加以編排，成《說文解字舊音》（以下簡稱爲《舊音》）。《舊音》彙集了陸德明《經典釋文》、李善《文選注》、章懷太子《後漢書注》、徐堅《初學記》等 17 種唐人傳注中有關《說文音注》的稱引，共考出 117 個偏旁文字讀音，共錄 437 個字，搜討頗爲詳盡。同時，校出各典籍記載上的錯誤，並考證字的歷史發展沿革。如，「峻」字，今本《釋文老子音義》無此字，宋本改「血」從「肉」，因附其於「肉」部，畢沅推測後字似唐以前本。因此，要窺探唐以前《說文》音切，畢沅的《舊音》就是一部很重要的材料。

　　畢沅認爲，《舊音》很可能就是《隋書·經籍志》上記載的《說文音隱》，並斷定是沉重以前南方人所作，其特點主要如下：

　　一是古無舌頭、舌上之別。

　　今考其音，「荼」爲「徒」，「抵」爲「紙」，「掇」爲「豬劣反」，「窒」爲「都節反」，「戡」爲「竹甚反」，「抶」爲「丑乙反」，「肇」爲「大可反」，「摧」爲「奴回反」，⋯⋯此皆舌音之正。今閩人猶「貂」與「朝」、「知」與「低」、「徹」與「鐵」、「纏」與「田」不分，衆音並歸於舌，故曰古獨舌音，亦其俗然也。

　　一是古唇音無輕重之分。

　　其音「剽」爲「數妙反」，「擎」爲「方結反」，又皆唇音之正。古者唇音不分輕重，故《詩》之「匍匐」，《禮記》引爲「扶服」；今沙門依舊讀「南無」爲「那麻」，「無」屬輕唇音，而「麻」屬重唇，唐時「陀羅尼」（《佛經》中

〔註10〕畢沅：《說文解字舊音》卷首，自《敍》。
〔註11〕畢沅：《說文解字舊音》卷首，自《敍》。

的梵語咒語）讀作「囊謨」，或作「囊莫」，「謨」「莫」亦屬重唇，合之「麻」音爲近，「囊」「南」「那」舌音之轉，「謨」「莫」「麻」「無」唇音之同耳。

一是聲音有出、送、收之別。

始發曰「出」，縱曰「送」，終曰「收」。有「出」，則「送」、「收」兩聲隨之而盡，此得於天，而不可強假者也，人生而有形，喉、顎、舌、齒、唇五物，由此必備五聲，因而聲音有輕與重，清與濁之分：「其輕且清者曰『出』；重且濁者曰『收』，由輕而漸重，由清而漸濁，重分其若輕，濁分其若清，皆爲『送』。」〔註12〕

此外，古代讀音和地區有關。

緩土之民其聲抒，急土之民其聲急。因此，北方人呼「琴」爲「欽」，呼「同」爲「通」，呼「盤」爲「潘」，爲緩急之殊俗。故「巨乞」、「達鼎」爲南音之分，而亦得北音之合。因此，畢沅認爲「古今語有所殊，或致音有所別，然推厥由來，皆可究知其義，故學貴考其原」〔註13〕的道理。

畢沅對《說文解字》成書時許慎的官職進行了詳細的考證。許慎《說文解字》成書後，其子許沖於安帝建光元年上書獻之，並稱其父官職爲「太尉南閣祭酒」，畢沅考《後漢書‧許慎傳》，其官職不及「太尉祭酒」。又考《漢舊儀》曰，丞相設四科之辟，第一科即補西曹南閣祭酒。又曰，太尉，東西掾秩比四百石，餘掾秩比三百石。畢沅由此推知，南閣祭酒爲太尉西曹掾，《百官志》、《漢書》、《玉海》亦有太尉爲祭酒的說法，則確定許慎成《說文解字》時爲「西曹掾史」。

當然，畢沅的有些結論未免武斷。如，畢沅在《舊音》序裏斷定：「是編爲（沈）重以前人所作無疑。」根據是沈重音「嘴」爲「雉皎反」，而《舊音》則是「以水反」，晉呂忱是「於水反」，「於水」與「以水」適合。並推測：「水」誤爲「小」，「小」又寫爲同韻字「皎」。僅就一個字來斷定一部書的產生年代，尤其是《舊音》這樣一部彙集性的典籍，證據未免單薄。再如，畢沅認爲，《舊音》爲南人所定，因爲《舊音》不分舌頭舌上，不分輕重唇。這一說法也太絕對，以今音來推斷古字的讀法有失科學。但《舊音》對於研究《說文》古音的史料價值不應因此而降低。

〔註12〕以上引文自畢沅《說文解字舊音》卷首，《序》。
〔註13〕見畢沅《說文解字舊音》卷首，自《敘》。

二、著《經典文字辯證書》、《音同義異辨》

畢沅鑒於《司馬相如》「《艸木篇》多變舊文」，《爾雅》十九篇多俗字，因而「究思古籍」，成《經典文字辯證書》5卷。

按是書凡為五例：一曰正，皆《說文解字》所有者；二曰省，筆迹稍省於《說文解字》；三曰通，變易其方而不盭於《說文解字》；四曰別，經典之字為《說文解字》所無者也；五曰俗，流俗所用，不本前聞，或乖聲義，鄉壁虛造，不可知者是也。

依此五例，畢沅乃「從五百廿部，窮九千餘言，遍討別指，以示專歸」，其義取之魏江式、齊顏之推，其文則較之唐陸德明、顏元孫、張參、唐元度，周郭忠恕，宋張有諸家為正，但不是一味盲從，畢沅在其體考證時發現，顏元孫自謂能參校是非，較量同異，立俗、通、正三例定字，而舛失偏多。張有則以宋徐鉉刊定《說文解字》為真本，凡徐所參入及新附字，概指為許書。畢沅於是詳細考證其舛失。具體考證內容如下：

一是辯證字體的錯寫。

由於文字八體的產生，致使「乳生蕪穢，卅五篇故多殊觀。十三冊式增逸體，聯邊詭異，識者誚焉。至於圖俗常譚，譏候別釋。馬頭人、黃頭人詎人滋戾十日卜、十一口，論十始乖。」如「昱」誤寫為「翌」，「修」誤寫為「脩」，「剎」誤寫成「剎」，或因仍而改，或卓見而離。蓋舉一以概餘，勿兼該而爭辨矣。

二是辯證假借字的錯寫。

對於經籍之文，常有異傳異寫之現象，畢沅指出：「假借之旨不明，偏旁之義遂晦」，否則會造成「冑冑莫析，陜挾不殊」的現象。這些誤寫「雖非馬豕之訛或至兗戓之謬，是貴於考之詳而審之諦也。」

書成之後，畢沅讚歎道：「舉綱舉目，願無背於往制；去泰去甚，事始契於宿懷。引之能伸，用亦無爽。」〔註14〕

畢沅又考慮到「《經典》之文，多通假借之道，非必古人字少，以一字而兼數義之用，皆緣隸寫轉訛，避緐文而趨便易所成。《說文解字》所有其音同、其義異者，據形著訓，雜而不逮；分觀並舉，式鏡考資」〔註15〕，因著為《音同義異辨》一書，附於《經典文字辯證書》之後，以便考覈。書中共收集293

〔註14〕見畢沅《經典文字辯證書》卷首，自《序》。
〔註15〕畢沅：《音同義異辨》卷首，自《序》。清光緒十三年經訓堂刻本。

組音同義異字，並對其本義、引申義及今所通用字進行詳細考證。此外，書中搜集七組古代一字，而今別爲二字，如「求」與「裘」，「裳」與「常」，「祀」與「禩」，「昔」與「臘」等。《音同義異辨》一書對於研究古今字形的演變具有極高的價值。

三、考證《釋名》——《釋名疏證》

《釋名》是一部探求日常生活中各種用品命名來源的詞源學專著，「熙以爲自古造化製器立象，有物以來，迄於近代，或典禮所制，或出自民庶，名號雅俗，各方多殊。……夫名之於實，各有義類，百姓日稱而不知其所以之意。故撰天地、陰陽、四時、邦國、都鄙、車服、喪紀，下及民庶應用之器，論敘指歸，謂之《釋名》，凡二十七篇。」〔註16〕《釋名》和《爾雅》、《說文》、《方言》，被稱做我國最早的四部文字訓詁學專書，「其書參校方俗，考合古今，晰名物之殊，辨典禮之異，洵爲《爾雅》、《說文》以後不可少之書。」〔註17〕但是，其它三部書成書後，一直受到學者們的青睞，研究熱潮經久不衰，研究者之眾、成果之豐令人矚目。惟有《釋名》，雖然也被歷代的類書、字書、音義書引用，但研究者卻呈「門前冷落車馬稀」之狀。「清乾隆年間，畢沅始校理及之」〔註18〕。「今分觀其所釋，亦時有與《爾雅》、《說文》異者。……且字體出《說文》外十之三，益信熙之時去叔重已遠，其聲讀輕重，名物異同，與安、順前又迥別也。」如，《爾雅》稱「齊曰營州」，而《釋名》則稱「營州，齊、衛之地」；《爾雅》稱「石戴土謂之崔巍，土戴石爲岨」，《釋名》的解釋正好與之相反，其依毛傳立文曰：「石載土曰岨，土載石曰崔巍」；《說文》中對「錦」的解釋是「從帛金聲」的形聲字，並認爲凡是聲部皆無義，《釋名》則以「金」來展開解釋「錦」的屬性和特點，「作之用功，其價如金」，因此「錦」字是「從帛與金」，以諧聲爲特點的會意字；《說文》對「林」的解釋爲「平土有從木曰林」，而《釋名》則稱「山中從木爲林」……此皆異義。於是畢沅「暇日取群經及《史》、《漢》書注，唐宋類書，道釋二藏校之，表其異同，是正缺失，又益以《補遺》和《續釋名》二卷，凡三閱歲而成。」〔註19〕畢沅整理《釋名》主要從以下方面：

〔註16〕劉熙：《釋名》卷首《序》。畢沅《釋名疏證》卷首。
〔註17〕畢沅：《釋名疏證》卷首，《序》。清光緒十三年經訓堂刻本。
〔註18〕王先謙《釋名疏證補》書前出版者所寫「出版說明」，上海古籍出版社，1984年。
〔註19〕畢沅：《釋名疏證》卷首，自《序》。

（一）對於作者的考證

關於《釋名》的作者，《後漢書・文苑》言為劉珍撰三十篇。但韋昭和顏之推皆言劉熙作《釋名》二十七篇。對於《釋名》之作者及成書過程，畢沅進行了反復考證。

首先，畢沅考證古代史書和志書。通過《三國志・吳志》中《韋昭傳》中提到的「見劉熙所作《釋名》……而爵位之事，又有非是」之語，得出劉熙之書，在吳末已然流佈，劉熙距離韋昭，年代當為不遠；舊本所題「安南郡守劉熙撰」，考劉昭注的《續漢書》和《元和郡縣志》中「南安郡」的設置，畢沅由此推斷，「南安」或云當作「安南」，從而推知在漢末已置該郡。其次，畢沅考《釋名》中《釋州國篇》有「司州」，而《魏志》和《晉書・地理志》均言及魏置司州，則推知劉熙可能為漢末或魏受禪以後之人；《釋名》中《釋州國篇》有「西海郡」，而劉昭注云，西海郡為獻帝於建安末所立；《釋名》中《釋天篇》對光武列宗之諱不避，從而推知，劉熙為漢末或魏受禪以後之人無疑。此外，畢沅根據劉熙自序中所述《釋名》共計二十七篇與《後漢書・文苑傳》所述《釋名》共計三十篇，篇目不甚相遠，由此推斷《釋名》成書過程為肇於劉珍，踵成於劉熙，韋昭又補其釋「官職」之闕。

錢大昕對於畢沅考證劉熙生活時代持不同意見，他從《三國志・吳志》中找出三條史料，一是《程秉傳》中記載「程秉避亂交州，與劉熙考論大義，遂博通五經」，一是《薛綜傳》記載薛綜「避地交州，從劉熙學」，一是《韋昭傳》記載「因獄吏上書言劉熙所作《釋名》信多佳者」，由此推知劉熙為漢末人。〔註20〕對此，畢沅對自己一年前的考證進行重新修訂、補充。首先，對於劉熙的籍貫，畢沅查閱《隋書・經籍志》提到劉熙著《釋名》，在《大戴禮記》卷十三下注有「後漢安南太守劉熙」，但檢閱《後漢書》無《劉熙傳》，《郡國志》中亦未記載「安南郡」，只是在《漢陽郡》注下有「南安郡」，至於「安南郡」是否為「南安郡」的誤寫，畢沅對此產生懷疑。其次，對於劉熙的具體情況，晉李石《續博物志》云為漢博士劉熙，而宋陳振孫《書錄解題》和元馬端臨《文獻通考》俱稱劉熙為漢徵士北海劉熙，對於這兩種說法，皆無明文可證。再次，對於今本《釋名》30 卷本與劉珍《釋名》30 卷本的關係，是劉珍本，還是劉珍另有《釋名》而已亡，亦無從考得。畢沅亦利用《三國志・吳志》中《韋昭傳》、《程秉傳》、《薛綜傳》這三條史料，其中《韋昭

〔註20〕見錢大昕《潛研堂文集》卷二十七，《跋釋名》。

傳》中，昭言劉熙所作《釋名》。《三國志·吳志·程秉傳》中程秉，《薛綜傳》中薛綜都言及於吳地交州見過劉熙，畢沅計算吳立國僅五十二年，韋昭下獄時年已七十，韋昭是否見過劉熙，已無從考據。因此，《釋名》是否為劉熙所作，應再詳加考訂。從畢沅考證《釋名》之作者的過程可見其虛心嚴謹的治學精神。

（二）對內容的考證

畢沅引用大量典籍，採取其合理之處，利用這些異文校正了今本《釋名》的多處錯誤，使之盡量趨於完善，接近原貌，順便指出參閱文獻的訛誤。筆者對《釋名疏證》中引用重要文獻與《釋名》互校的情況做了初步統計，現列表如下：

表 7.1 《釋名疏證》引用主要文獻情況統計表

數目　　項目　典籍	增補、刪改、訂正《釋名》	以《釋名》考證文獻訛誤	列出文獻內容以供參考	合　計
說文解字	16	9	330	355
太平御覽	92	39	205	336
爾雅	2	1	124	127
一切經音義	35	2	64	101
初學記	37	5	48	90
廣韻	31	4	23	58
藝文類聚	14	1	29	44
禮記	1	0	41	42
北堂書鈔	13	7	21	41
白虎通	0	0	38	38
玉篇	2	0	27	29
考工記	2	1	24	27
齊民要術	2	1	13	16

從上表可以看出，畢沅校證《釋名》是比較科學、詳實的，主要從以下三方面進行：

一是對於古代語音的考辨。《釋名》的最大特點是從語言聲音的角度來推求字義由來，它就音以說明事物得以如此稱名的緣由，並注意到當時的語音

與古音的異同，對後代訓詁學因聲求義的影響很大，畢沅高度肯定《釋名》在訓詁學上的價值。「爰自書契之作，先有聲音，而後有訓詁，《易》曰：『乾，健也。坎，陷也。兌，說也。』《禮記》曰：『仁者，人也。義者，宜也。』皆以聲音相近為訓。《釋名》一書，盡取此意……」畢沅認為《釋名》之於小學，裨益甚多，「……今之學者，聲音訓故之不講，名物象數之不知，藉是足以明古字之通借，音韻古制之規模儀法，其可忽乎哉！」〔註21〕如，《釋名》中對於「江」、「能」、「巳」的訓詁：「江，工也，諸水流入其中，所公共也。」從而知道古人讀「江」如「工」；「能，該也，無物不兼該也。」因此知道古時讀「能」為「臺」；「巳，已也，陽氣畢布已也」；「辰巳」之「巳」與「已止」之「已」通用。如《釋名疏證》卷四《釋首飾》中「梳，言其齒疏也。數言比，比於梳其齒差數也。比言細相比也。」畢氏就對「比」字注明反切，第一個「比」字注明為「貧界反」，第二個「比」字注明為「必履反」。「下二『比』字皆貧界反。」〔註22〕

　　二是對於文字的校勘。畢沅在校勘《釋名》文字時，參考了大量古籍，他羅列《初學記》、《太平御覽》、《藝文類聚》、《北堂書鈔》、《一切經音義》諸書中引用《釋名》文字的情況進行比較，選以《說文》、《爾雅》、《廣韻》、《玉篇》、《白虎通》等書的相關闡釋，並且參稽《經典釋文》、《爾雅疏》、李善《文選注》等，採用了對校、內校、他校、理校諸法進行考證以得出結論。如對「雨，水從雲下也。雨者，輔也，言輔時生養也」，畢氏校曰：

> 自「雨水從雲下」以下今本無之。《初學記》、《御覽》引皆有，據補。《說文》云：「雨，水從雲下也……」案此條當與霜、露、雪、霰等為類，不應在此。上言「熱」，疑必有「冷」一條為之配。後人因文脫，遂移此以補之，而亦文不能全，此痕迹之不能盡掩者也。
> 〔註23〕

又如《釋名疏證》卷三《長幼》中「弟弟也，相次弟而生也」條，畢沅考《說文》云：「弟，韋束之次弟也。」畢沅就此論斷「然則本誼為次弟，假藉以為兄弟，取次弟之誼以為後生者之稱，故云弟弟也，相次弟而生也。」他認為「次弟」之「弟」即為「弟弟」之「弟」，寫作「第」乃俗字也。「顧俗本流傳，魯魚亥豕，學者不察，轉生駁議。如『羹，汪也，汁汪郎也』，『羹』誤

〔註21〕畢沅：《釋名疏證》，又序。
〔註22〕畢沅：《釋名疏證》卷四，《釋首飾》。
〔註23〕畢沅：《釋名疏證》卷一，《釋天》。

爲『歎』遂疑《釋飲食》不當缺羹。……」。〔註 24〕

三是從史學的角度考證。畢沅校《釋名》，不但注重從語音和字形的角度來推求字義由來，並且注重運用史書進行考證，如《釋名》卷二《州國》中「司州，司隸校尉所主也」條，畢沅考證《續漢書・郡國志》中記載司隸校尉所部的七個郡未有司州名目，又考《晉書・地理志》云：「魏氏受禪即都漢宮司隸所部河南、河東、河內、宏農，並冀州之平陽，合五郡置司州。」因此，後來學者都認爲司州是在魏時所立。畢沅則認爲，《釋名》作者劉熙乃東漢時人，此時已知有司州，因此斷言司州並非魏所置。

四是對於他書所引，而今本闕漏的條目，畢沅採取了三種方法來處理：一是補在校語中，比如在《釋名疏證》卷一《釋天》中「雲，猶云云衆盛意也。又言運也。運，行也」條下，畢氏校曰：「案《御覽》引有『霞』一條云：『霞』，白雲映日光而成赤色，假日光之赤色而成也。故字從叚，遐聲。』似應在此下。今書無之，姑附見於此。」一是另作《釋名補遺》，在「檢閱群書輒見有引《釋名》，而今《釋名》缺者輯錄」〔註 25〕，以爲《釋名補遺》附於卷末。如，今《釋名》二十七篇，無釋爵位之目，於是《釋名補遺》中加上韋昭《釋爵位》。《釋名疏證》卷一《釋天》中因無「霞」字，於是畢沅在《釋名補遺・釋天》中錄入「霞」字：「霞，白雲映日光而成赤色，假日之赤光而成也。故字從雨叚聲」，並曰：「亦引見《御覽》。『假』誤『暇』，『從雨叚聲』誤引作『從假遐聲』。案《說文》無『霞』字，《史記・天官書》云『雷電蝦虹』，則古者借用『蝦』字，從蟲叚聲」，從而對《釋名疏證》卷一《釋天》給以補充。一是輯佚而成《續釋名》。《續釋名》是「《風俗通》未有律呂所引，律呂之誼惟《白虎通・五行篇》有其文，且十二律具備。其文法正與《釋名》相類，或所引實《白虎通》，茲不忍棄置，又不敢摻入」，於是就「其所引正之以《白虎通》參之，以《史記》、《漢書》別纂一篇，不以列於《補遺》，而別爲《續釋名》云」〔註 26〕。

總之，《釋名疏證》是一部比較接近原貌的校勘之作。王先謙曰：「舊本闕訛特甚，得鎮洋畢氏校訂，然後是書可讀。」〔註 27〕畢沅整理校注《釋名》，從乾隆五十一年始，「凡三閱歲而成」，初稿完畢又囑江聲審正其字，

〔註 24〕畢沅：《釋名疏證》卷首，《序》。
〔註 25〕畢沅：《釋名補遺》卷首，《序》。
〔註 26〕畢沅：《續釋名》卷首，《序》。清光緒十三年經訓堂刻本。
〔註 27〕王先謙：《釋名疏證補》卷首，自《序》。光緒二十一年刻本。

江聲認為用篆文字付刻更好，畢沅卻以為「此二十七篇內俗字較多」，故依照以前，仍用隸書。但書成後，畢沅仍不滿書中考證內容，「輒復刪改」，此時江聲又以書請求篆刻。江聲認為：「制府畢公纂《釋名疏證》，薈萃群書以校正其文，援引經傳子史以證明其說，並補其遺，續其未有。……聲翻閱其書，歎其精確淵博，洵足垂範將來。謂『若用許叔重《說文解字》之字體重刊行世，俾有志者得藉此書以識字，則嘉惠後學之功豈不益大？』因修書以請於制府，願任抄寫之勞，董剞劂之事。」〔註28〕於是，畢沅「以刪改定本屬之抄寫」〔註29〕，重新錄之，別刊一本，三月而竟，故有《篆字釋名疏證》8卷。

畢沅整理《釋名》，體現其學以致用的思想。因為從《釋名》的性質看，《釋名》所側重的不是文獻語言，而是重於日常名物事類，涉及社會生活。《釋名》對於民俗詞源的探討，可以從中尋求某些俗詞源產生和發展的線索。而其中的用字，體現了俗文化與雅文化的差異。畢沅在對《釋名》一書進行全面疏證時，有104處提到「《釋名》今本俗字」，也是其經世致用思想的體現。

畢沅在考證的過程中極尊重參與其中的幕賓的意見，如《釋名疏證》卷三「釋親屬」中「妻之父曰外舅，母曰外姑，言妻從外來謂至己家為歸」條，其中「歸」字，原文為「婦」，段玉裁以為「婦」在文中詞義不通，「歸」字似更符合本義，於是畢沅在《釋名疏證》中採納段玉裁的意見，把「婦」改作「歸」。因此，《釋名疏證》的成書吸取了眾家所長，是其與幕府成員合作的又一共同學術成果。

古代典籍，流傳中常被竄亂，畢沅「糾辯為先」以求其真的精神，無疑是一種真知卓見，也是他在學術上取得相當成就的原因之一。當然，他的「糾辯」墨守漢學，有時達到迷信地步。畢沅說：「字不從《說文解字》出，不審信也。」〔註30〕畢氏基本上是依據《說文》來判定正俗字的，他認為《說文》有的就是正字，沒有的字就是俗字。這一處理俗字的依據，反映了清人的墨守成規的尚古思想。但畢沅對於《釋名》考證之功不可歿，繼畢沅之後，王先謙所撰《釋名疏證補》即是在畢沅《釋名疏證》的基礎上，繼續補充考證，成為清代整理研究《釋名》之集大成著作。

〔註28〕畢沅：《釋名疏證》卷末，江聲《跋》。
〔註29〕畢沅：《釋名疏證》，又《序》。
〔註30〕畢沅：《老子道德經考異》卷首，《序》。

第二節　經學

對儒家經典的校勘、注釋與疏解，是古代學術研究的重要方面。自漢代儒學取得獨尊地位以來，歷代都有學者窮經皓首於此。近兩千年的研究，取得了豐碩的成果，但也出了不少問題。且不說對儒家經義的闡釋歧義紛出，就連經典本身也在經過多次輾轉翻刻之後，訛謬百出。清代學者推崇訓詁考據之學，在乾嘉時期將它發展到極致。乾嘉學者不僅對前代學者的研究成果進行了清理，而且運用比漢儒更為嚴密的考證方法，對儒家經典進行訓詁、考據，取得了超越古人的成績。

一、校注《夏小正》——《夏小正考注》

《夏小正》是我國古代流傳下來的一部古老的文獻典籍，是中國現存最早的星象物候曆。「《夏小正》一書，原載《大戴禮》中，自《隋志》始別為一卷」〔註 31〕。因其於天象、時制、人事、眾物之情無不具紀，故向來為諸儒所注目。自北宋末到清代以前，研究考證《夏小正》已有十多家。自戴德傳之作於前，北周盧辯注之於後，至宋傅崧卿則分別經傳而為之注。其後，宋之朱子、關澮、付松卿、王應麟，元之金履祥，清之黃叔琳、秦蕙田、戴震、盧文弨、孔繼涵等，皆有專本，而分別經傳，亦並有異同；他如鄭康成、郭璞、孔穎達、歐陽詢、徐堅、李善、一行諸人，亦皆有所稱引。然因「經既殘破，傳復訛亂，辯注又不傳，若據考不精，各以私意類分互證，是誣之矣」〔註 32〕。有鑒於此，畢沅乃參校眾家，為之疏通考釋，以期於正。至於對正統的十三經，畢沅只拿原在《大戴禮記》中的與人們日常生活密切相關的《夏小正》作考注，也是很顯示出他在治學上講求致用的特點。

畢沅對《夏小正》的校注，主要有以下特點：

其一，把經與傳，經與注區分開來。

由於《夏小正》言辭簡要，後儒為之訓注，造成「經注不分，則習之或誤」，畢沅舉例闡述經與注之區別：如《周書・王會解》「稷人前兒，良夷在子，揚州禺，……」，此語為經，而其下「前兒，若獼猴，立行，聲似小兒。……」此語則注也。「《小正》經為禹啟所制，歷二千餘年，而戴德始作傳。不加之

〔註 31〕黃叔琳：《夏小正注》卷一，《四庫全書總目》卷二十四，《禮類存目二》，《經部》。
〔註 32〕畢沅：《夏小正考注》卷首《序》。清光緒十三年經訓堂刻本。

條晰，必有以傳爲經，以經爲傳之弊」。「《小正》有戴氏傳之於前，又有北周盧辯注之于後，今經既殘破，傳復訛亂，辯注又不傳，若據考不精，各以私意類分互證，是誣之矣」〔註33〕。因此，畢沅以行世諸本互校之，以篆、隸二體分寫經、傳，「示經爲小正本書，傳爲戴氏所撰也。」〔註34〕

其二，參閱典籍，對經典內容進行全面考證。

畢沅嘗稱：「沅於詁訓，信好雅言，文字默守許解，經禮則專宗鄭學。」〔註35〕此可見畢沅之爲學崇尙。前述小學類即體現出畢沅「文字默守許解」的努力，而《夏小正考注》，則是其「經禮則專宗鄭學」的一種表現。畢沅之於是書，其「戴之說是，必曲證以申明之；偶得一間，又求之諸經，以附合本旨，庶得尊經後傳之義」。畢沅對於《夏小正》的考注幾乎全在小學——文字、音韻、訓詁。以許愼《說文解字》爲宗，泛覽眾籍，如徐堅《初學記》、歐陽詢《藝文類聚》、王應麟《玉海》、高誘《呂氏春秋注》，尙有《爾雅》、《周書》、《史記》、《漢書》等，對文字演變、四時作物、飛禽走獸、天時農事等進行詳細考校。其失傳之處，也明確標出。《夏小正》共錄221條內容，每條後皆有署名「沅曰」的考證。可見畢沅用力之深。如「韋，束也。束其朱云爾。用是見君之亦有朱也」條下畢沅考證曰：

> 舊本『韋』作『緯』，『昏』作『厥』，許愼曰：韋，相背也。獸皮之韋可以束枉戾。緯，織橫絲也。昏，塞口也。厥，發石也。應用『韋』、『昏』字。君之亦有朱者，耕耤之禮用之也。詩曰：三之日於耜。

在此條考證中，畢沅用文字、訓詁之法考證「韋」字的字義，並且對於古代農耕習俗進行考證。

經此一番考辨，畢沅不無感慨地說：「夫由今以溯傳，既二千年矣，由傳以溯經，又二千年，歷四千餘年之久，而通之者卒不多見其人，蓋信古者少矣，可不深歎哉！」其篤好古學之志，於此可見一斑。

其三，注重經世致用。

畢沅考注《夏小正》，注重古代觀象授時諸事的變化。其曰：

> 今見「正月啓蟄，鞠則見，初昏，參中，枓杓懸在下。三月，

〔註33〕畢沅：《夏小正考注》卷首《序》。
〔註34〕畢沅：《夏小正考注》卷首《序》。
〔註35〕畢沅：《夏小正考注》卷首《序》。

參則伏。四月，昴則見，初昏，南門正。五月，參則見，初昏，大火中。六月，初昏，科枓正在上。七月，漢案戶，初昏，織女正東鄉，科枓懸在下則旦。八月，辰則伏，參中則旦。九月，內火，辰繫於日。十月，初昏，南門見，織女正北鄉則旦」云云，與《尚書·堯典》「日中星鳥」，「宵中星虛」，「日短星昴之旨合。」稽之《明堂月令》，則三月日在胃，參不必伏；五月昏亢中，非大火中；八月日在角，辰亦未伏，有所不同。以宋何承天、隋袁充之說考之，知堯時冬至日在須女十度。劉歆《三統》、楊雄《太玄》又推周時冬至日在牽牛初度。賈逵云：「初度者，遷牛中星也。」然則其間實差十度有奇。又《大衍》推《小正》三月日在昴，五月日在鬼。天行遲速，今古不能相同，後世歲差之論，當有所自矣。《三統》記十二次，諏訾立春節驚蟄中，降婁雨水節春分中，大梁穀雨節清明中，《太初·後術》則云：「諏訾立春節雨水中，降婁驚蟄節春分中。大梁清明節穀雨中。」《月令》曰：「正月蟄蟲始振，二月始雨水，」不符於《小正》耶？……《月令》十二月有雉雊、雞孚卵，《小正》則在正月；二月有雁化爲鳩、桃始華，《小正》亦在正月；五月有遊牝別其群、執騰駒、班馬政，《小正》則在四月；九月有豺祭獸，《小正》則在十月。天行有不同，物候亦因之換耶？〔註36〕

此段論述表現畢沅注重考證，但不完全拘泥於古的辯證思想。

二、編撰《傳經表》（附《通經表》）

經學是中國古代學術的主體，其產生於西漢並在漢代發展至極盛，自此，「五經」成爲士子必讀的寶典，探尋經學傳承情況也成爲歷代學者所矚目：南朝末年陸德明著《經典釋文序錄》，敘述五經次第及兩漢五經授受源流，宋代章俊卿《山堂考索》中作《考索圖》，明代朱睦㮮在此基礎上作《授經圖》，「首授經世系，次諸儒列傳，次諸儒著述歷代經解」〔註37〕；清代，朱彝尊著《經義考》，把師承單獨列爲一類。有清一代學者受其啓發，湧現了一批探尋歷代或者斷代經學傳承情況的著作，如萬斯同《儒林宗派》，趙繼序《漢儒傳經記》，吳之英《漢師傳經表》等等，這些著作或從輯佚經師入手，或從經

〔註36〕畢沅：《夏小正考注》卷首，自《序》。
〔註37〕王士禎：《池北偶談》，卷十七，《談藝》七。齊魯書社，2007年版。

學著作入手，或記載經師事蹟，因其豐富了漢儒的傳記內容，條理了經學發展脈絡，對於後人研究考證經學興衰的歷史具有重要的史料價值和學術價值。

　　繼朱彝尊《經義考》承師類之後，乾隆四十六年（1781），畢沅《傳經表》、《通經表》成，雖出自洪亮吉之手，但亦可見畢沅對經學傳授源流的認識。畢沅在《傳經表》序中闡述成書宗旨曰：「六經權輿於孔子，六經之師亦權輿於孔子。……上自春秋，迄於三國，六百年中，父以傳子，師以授弟，其耆門高義，開門授徒者，編牒不下萬人，多者至著錄萬六千人，少者亦數百人，盛矣！自典午則無聞焉。豈非孔氏之學，專門授受，逮孫炎、王肅以後始散絕乎？」有鑒於此，畢沅「暇日采綴群書，第其本末，校正訛漏，作《傳經表》一卷。其師承無可考者，復以《通經表》一卷綴之，而通二經以上至十數經者，咸附錄焉。……蓋周秦漢魏經學授受之原，至此乃備也。」〔註38〕這樣的自定義是較爲中肯的。

　　《傳經表》分《易》、《書》、《詩》、《春秋》、《禮》五格，上溯五經始祖孔子，下迄於三國。畢氏從古書中把看到的有明確師承關係的列出表來，可以很清晰地看到五經的傳授：《易》由孔子十五傳至劉軼，《尚書》家學二十一傳至孔昱，《今文尚書》伏勝十七傳至王肅，齊《詩》轅固七傳至伏恭，魯《詩》十五傳至許晏，毛《詩》十六傳至賈逵，韓《詩》韓嬰六傳至張就。《左傳》十九傳至馬嚴，《公羊》十三傳至孫寶，《穀梁》十一傳至侯霸，《禮》高堂生六傳至慶咸。由此表我們可以看出各經的清晰授受及師法家法的淵源，其中差不多都經過考證，比較可信。當然該書也並非無紕漏之處，但並不影響其整體學術價值。

　　《傳經表》從內容上大體分爲三部分：第一部分錄有師承淵源的經師及專治該經的經師，第二部分錄傳習該經但其師承無可考者，第三部分錄兼通數經的儒者。較明朱睦㮮《授經圖》、清朱彝尊《經義考》無論在體例上還是在內容上都極具完備，繼畢沅《傳經表》之後，趙繼序《漢儒傳經記》、吳之英《漢師傳經表》、周廷寀《儒林傳經表》、汪大鈞《傳經表補正》等探求兩漢經學傳承情況的著作，通覽其內容，其實皆以畢沅《傳經表》爲藍本，對其糾繆和補逸而成。畢沅的《傳經表》、《通經表》給我們整理了材料，可以作爲我們治經之一助，這實在是一種爲人之學。

　　此外，畢沅還校正刊刻惠棟的經學之作：《易漢學》、《禘說》、《明堂大道

〔註38〕畢沅：《傳經表》卷首，自《序》。光緒十三年經訓堂刻本。

記》，收於《經訓堂叢書》中。究其收錄惠棟之作的初衷，從惠棟《易漢學》
卷首自《序》可解其意：

> 漢學之亡久矣，獨《詩》、《禮》、《公羊》猶存毛、鄭、何三家。
> 《春秋》爲獨氏所亂，《尚書》爲僞孔氏所亂，《易經》爲王氏所亂。
> 杜氏雖有更定，大校同於賈、服；僞孔氏雖雜采馬、王之說，漢學
> 雖亡而未盡亡也。惟王輔嗣以假象說《易》，根本黃、老，而漢經師
> 之義蕩然無復有存者矣。……棟曾王父樸菴先生，常閔漢學之不存
> 也，取李氏《易解》所載者，參眾說而爲之傳，天、崇之際，遭亂
> 散佚，以其說口授王父，王父授之先君子，先君子於是成《易說》
> 六卷，又嘗欲別撰漢經師說《易》之源流而未暇也。棟趨庭之際，
> 習聞餘論，左右采獲，成書七卷……嗚呼！先君子即世三年矣，以
> 棟之不才，何敢輒議著述。然以四世之學，上承先漢，存什一於千
> 百，庶後之思漢學者，猶知取證，且使吾子孫無忘舊業云。〔註39〕

由此可知，作爲惠棟的晚學，畢沅重新刊刻惠棟《易漢學》是對惠棟學術的
弘揚，也表現自己的學術取向。

第三節　諸子學

從清初至清末，學者在考證經史之時，大多主張利用先秦諸子的材料。
特別是乾嘉時期，由於考證六經及三代歷史的需要，先秦諸子因其時代與六
經、三代相近而倍受重視，成爲證經、證史的重要他證或旁證。但乾嘉諸儒
並沒有滿足於以子證經、以子證史，而是對子書開始進行大量的整理校勘，「其
結果惹起許多古書之復活」〔註40〕。梁啓超在《中國近三百年學術史》中說：
「關於子書研究的最後目的，當然是要知道這一家學說的全部眞相，再下嚴
正的批評。但是，想瞭解一家學說，最少也要把他書中語句所含意先看得明
白。然而這些先秦古書都是二千年前作品，所用的字義和語法多與今不同，
驟讀去往往不能索解。而且向來注家甚少，或且並沒有人注過，不像那幾部
經書經許多人揣摩爛熟。所以，想研究子書，非先有人做一番注釋功夫不可。
注釋必要所注所釋確是原文，否則『舉燭』、『鼠璞』，動成笑話，而眞意愈晦。

〔註39〕惠棟：《易漢學》卷首，自《序》。上海商務印書館，民國26年出版。
〔註40〕梁啓超：《中國近三百年學術史》，（十四）《清代學者整理舊學之總成績》，（三）
　　　《校注先秦子書及其他古籍》。第219頁。

不幸許多古書，展轉傳抄傳刻，偽舛不少，還有累代妄人，憑臆竄改，越發一塌糊塗。所以要想得正確的注釋，非先行（或連帶著）做一番校勘功夫不可。清儒對於子書（及其它古書）之研究，就順著這種程度次第發展起來。」〔註41〕此話道出清代學者對諸子之學的研究方向及所取得的成績。清代諸子之學，肇端於傅山、王夫之諸儒，至道咸以降而趨於發皇。其間，乾嘉諸儒在經史考證主流局面下，對諸子之書的正訛發微，並在此基礎上或闡發其義理，或重評其價值。正是在乾嘉學者的努力下，不僅子書成為考經證史的重要依據，而且對於子學本身成為專門的研究領域，無疑起著承前啓後的重要作用。其中，畢沅幕府對《墨子》、《道德經》、《呂氏春秋》及《晏子春秋》的校正考訂，皆為代表。梁啓超曾言：「推其考據經學者以及諸子，於是畢氏秋帆一派之子學出。」〔註42〕

畢沅之留意諸子之書，早在其任內閣中書時，即已呈露端倪。在乾隆二十四年（1759）所作《讀諸子詩十八首》中，畢沅道其情形曰：「下直歸，偶於書肆購得子書十數種。因每夜讀兩冊，一書竟，即繫以詩。非有心得也，聊資談助而已。」其所購十餘種書，計有：《老子》、《關尹子》、《列子》、《莊子》、《管子》、《晏子春秋》、《文子》、《孫子》、《吳子》、《墨子》、《商子》、《鬼谷子》、《荀子》、《韓非子》、《呂氏春秋》、《黃石公素書》、《淮南子》、《揚子》。其中，《墨子》詩云：

> 墨子之為人，兼愛乃素檢。
> 世譏《節葬》篇，送終過崇儉。
> 視親不若人，厥過固難掩。
> 而我窺其意，誠奢冀防漸。
> 繡黻須文章，何必悲絲染。

《老子》詩云：

> 道德五千言，厥要在無競。
> 知雄翻守雌，棄智兼絕聖。
> 元牝存谷神，芻狗喻百姓。
> 妙門示元元，上德猶病病。
> 遊龍信非虛，呼馬何妨應。

〔註41〕梁啓超：《中國近三百年學術史》，（十四）《清代學者整理舊學之總成績》，（三）《校注先秦子書及其他古籍》。第219頁。

〔註42〕梁啓超：《清代學術概論》，第105頁。

又《呂氏春秋》詩云：

> 鑒遠而體周，呂覽功用大。
>
> 乾坤窺端倪，古今落欬唾。
>
> 當其著書時，未審誰參佐。
>
> 荀卿韓非間，公然分一座。
>
> 笑語大賈人，眞善居奇貨。〔註43〕

覽讀此三詩，畢沅雖自言非有心得、聊資談助，實已非流俗之見。畢沅此後之能主持校刊此三書，其志蓋始於此。

一、校注《墨子》──《墨子注》

先秦時期，儒墨並稱顯學。《墨子》一書，因《非儒》諸篇，故具有樸素唯物主義傾向的墨家學派，幾千年來，向爲正統儒家所薄，被視爲異端邪說，被排斥壓抑，無人傳其學說。《四庫全書》即將《墨子》歸入雜家類，認爲韓愈「孔、墨互用」的說法「未爲篤論」，只是「特在彼法之中，能自嗇其身，而時時利濟於物，亦有足以自立者，故其教得列於九流，而其書亦至今不泯耳」〔註44〕。畢沅考注《墨子》與四庫本收錄《墨子》幾乎同時，然畢刻本對於《墨子》其書的校訂及對墨子其人的認識和評價遠超於四庫本。

早在西漢時劉向、劉歆父子校理群集，其中就有《墨子》，後來《漢書‧藝文志》著錄《墨子》七十一篇。此後，《墨子》亡佚很多。進入清代，對《墨子》的校勘和研究進入一個新階段。清初傅山《墨子‧大取篇釋》在墨學研究史上第一次注解墨子的邏輯思想。馬驌在《繹史》中列「墨子之言」條，廣泛搜集關於墨子的言行。雍正四年（1726年），陳夢雷等輯《墨子彙考》收歷代書志關於墨子的書目、序跋以及評論文字。而《墨子》一書，至清代已殘缺不全，並且「其注不傳，無可徵也」〔註45〕。進入乾嘉時期，盧文弨、翁方綱、孫星衍等互校《墨子》，略有端緒。畢沅第一個爲《墨子》全書系統作注，他採納眾人成果，「遍覽唐宋類書、古今傳注所引，正其僞謬，又以知聞疏通其惑。」〔註46〕從乾隆四十七年（1782）年至乾隆四十八年（1783年），編成《墨子注》，改正了許多文字脫誤，從塵埋的古籍中整理出清代第一部《墨

〔註43〕 畢沅：《靈巖山人詩集》卷十三，《讀諸子詩十八首》。

〔註44〕 《四庫全書總目》卷一一七，《雜家類》，《墨子》。

〔註45〕 畢沅：《墨子注》卷尾，孫星衍《後序》。清光緒十三年刻本。

〔註46〕 畢沅：《墨子注》卷首，自《序》。

子》讀本，並附《墨子篇目考》。在畢沅《墨子注》之後，孫詒讓的《墨子閒詁》就是在畢沅考釋的基礎上重加整理成書。

畢沅對於子書的整理，雖有不少出自幕府學士之手，如《呂氏春秋》由盧文弨董其事，《晏子春秋》出於孫星衍，不過，《墨子》一書有所不同。畢沅雖然採納了盧文弨、孫星衍等人的校勘成果，但畢氏本人用力亦勤。

（一）對《墨子》流傳中古今篇目和版本的考訂

畢沅對《墨子》的校勘，首先梳理古今對《墨子》一書的研究和整理。畢沅在《墨子注序》中說：

> 「《墨子》七十一篇，見《漢書‧藝文志》。隋以來爲十五卷、目一卷，見《隋‧經籍志》。宋亡九篇，爲六十一篇，見《中興館閣書目》。實六十三篇，後又亡十篇，爲五十三篇，即今本也。本存《道藏》中，缺宋諱字，知即宋本。又三卷一本，即《親士》至《尚同》十三篇，宋王應麟、陳振孫等僅見此本。有樂臺注，見鄭樵《通志‧藝文略》，今亡。案《通典》言兵有守拒法，而不引《墨子‧備城門》諸篇。《玉海》云《後漢書》注引《墨子‧備突篇》，《詩正義》引《墨子‧備衝篇》，似亦未見全書，疑其失墜久也。今上開四庫館，求天下遺書，有兩江總督採進本，謹案亦與此本同。自此本以外，有明刻本，其字少見，皆以意改，無《經上下》及《備城門》等篇，蓋無足觀。」

畢沅在《墨子篇目考》中詳細列出十三種典籍對於《墨子》篇目的記載情況，以及各典籍對於《墨子》篇目的考證。

（二）考訂墨子的生活年代

畢沅在《墨子注序》中曰：

> 書稱中山諸國亡於燕代胡貊之間，考中山之滅，在趙惠文王四年，當周赧王二十年，則翟實六國時人，至周末猶存。故《史記》云：「或曰並孔子時，或曰在其後。」班固亦云：「在孔子後。」司馬貞按：「《別錄》云《墨子》書有文子。文子，子夏之弟子，問於墨子。」如此，則墨子者在七十子後。李善引《抱朴子》亦云：「孔子時人，或云在其後。」今按：其人在七十子後。若《史記‧鄒陽傳》鄒陽曰：「宋信子罕之計，而囚墨翟。」司馬貞云：「《漢書》作

子冉，不知子冉是何人？」文穎曰：「子冉，子罕也。」《荀卿傳》
云：「墨翟，孔子時人，或云在孔子後。」
畢沅就此推斷，墨翟爲六國時人，在七十子後，至周末猶存，而其籍貫爲楚
魯陽，非魯衛之魯。

（三）以發展的眼光評價墨學

首先，畢沅認爲，儒墨之間不存在分歧，只是不同的學術淵源。墨子之
學「其學出於夏禮」，墨子學儒者之業，受孔子之術，但認爲「其禮煩擾而
不說，厚葬靡財而貧民服傷生而害事」，故墨子背周道而用夏令。但「孔子
生於周，故尊周禮，而不用夏制。孟子亦周人，而宗孔故於墨非之，勢則然
焉」〔註47〕。其實，孔子並沒有反對墨子的觀點，其曰「禹非飲食，惡衣服，
卑宮室，吾無間然」，又曰「禮與其奢寧儉」，「道千乘之國，節用」〔註48〕，
這些都是對墨子理論的認可。「孔子之言，多見《論語》、《家語》，及他緯書
傳注，亦無斥墨詞。」〔註49〕而且，墨子，並非全盤否定孔子，「他篇亦稱
孔子，亦稱仲尼，又以爲孔子言亦當而不可易，是翟未嘗非孔。」〔註50〕

其次，畢沅認爲儒墨之不容是由於後學爭鬥。畢沅認爲孔子未曾非墨，
是到了孟子時才闢墨，孟子以其「能言距楊、墨者，聖人之徒」，「楊墨之道
不息，孔子之道不著」啓其攻端。畢沅推斷「蓋必當時爲墨學者流爲橫議，
或類《非儒篇》所說，孟子始嫉之」，「世之譏墨子，以其節葬、非儒說。墨
者既以節葬爲夏法，特非周制，儒者弗用之。非儒則由墨氏弟子尊其師之過，
其稱孔子諱及諸毀詞，是非翟之言也。」〔註51〕並且，他認爲《墨子》中的
《非儒篇》並不是墨子自己寫的，而是其後學弟子所爲，而且是由於太過於
尊其師才會有「稱孔子諱及諸毀詞」的情況。在畢沅看來，墨子弟子的非儒
不能歸咎於墨子本人。他還進一步論證那些對儒家不敬的文字都是墨子的弟
子所作，而不是墨子本人寫的。其曰：

故《韓非子・顯學》云：「墨離爲三，取舍相反不同而皆自遺眞
孔墨。」韓愈云：「辨生於末學。」各務售其師之說，非二師之道本
然其如此也。今惟《親士》、《修身》及《經上》《經下》疑翟自著，

〔註47〕畢沅：《墨子注》卷尾，孫星衍《後序》。
〔註48〕畢沅：《墨子注》卷尾，孫星衍《後序》。
〔註49〕畢沅：《墨子注》卷首，《序》。
〔註50〕畢沅：《墨子注》卷首，《序》。
〔註51〕畢沅：《墨子注》卷首，《序》。

餘篇稱子墨子，《耕柱篇》並稱子禽子，則是門人小子記錄所聞，以是古書不可忽也。

畢沅贊同韓愈的觀點，認為孟子與墨子弟子的互相批評，只是各自「售其師之說」而已，並不能說明「二師之道本然其如此也」。〔註52〕

再者，畢沅還特別指出墨學的價值在於能因地制宜和因時施教。他引《墨子‧魯問篇》：「凡入國必擇務而從事焉。國家昏亂則語之《尚賢》、《尚同》，國家貧則語之《節用》、《節葬》，國家憙音湛面則語之《非樂》、《非命》，國家淫僻無禮則語之《尊天》、《事鬼》，國家務奪侵凌則語之《兼愛》。」畢沅評價說：「是亦通達經權，不可訾議。」明明白白地給以讚揚肯定。又說：「其《備城門》諸篇，皆古兵家言，有實用焉。」〔註53〕闡明了《墨子》一書在軍事上的價值。顯然，畢沅的著眼點在經國致用，而非墨守經典。

此外，協助畢沅校注《墨子》的幕賓孫星衍在為畢沅刻本所作《墨子後序》中對畢沅的主張也基本上給予了肯定，其認為墨家出於夏禮，節葬、節用、明鬼、兼愛等思想都是出於大禹的遺教。

> 墨子有節用，節用，禹之教也。……其節葬，亦禹法也。尸子稱禹之喪法，死於陵者葬於陵，死於澤者葬於澤，桐棺三寸，制喪三日當為月，見《後漢書》注。《淮南子‧要略》稱禹之時天下大水，死陵者葬陵，死澤者葬澤，故節財薄葬，閒服生焉。又《齊俗》稱三月之服是絕衰，而迫切之性也。高誘注云：「三月之服，是夏后氏之禮。」《韓非子‧顯學》稱墨者之葬也，冬日冬服，夏日夏服，桐棺三寸，服喪三月。而此書《公孟篇》墨子謂公孟曰：「子法周而未法夏也，子之古非古也。」又公孟謂子墨子曰：「子以三年之喪為非，子之三日（當為月）之喪亦非也。」云云。然則三月之喪，夏有時制，墨始法之矣。

孫星衍關於墨子之學出於禹的看法，在當時與畢沅的見解也是一脈相承的。

（四）對《墨子》進行詳實的校注，使《墨子》成為可讀之書

書中考證署名除有「盧（盧文弨——引者注）云」，多處為「沅案」，可見畢沅對此書考注用力之深。

畢沅之於《墨子》，洵有闡幽發微之功。《墨子》「十五卷本，自李燾之校，

〔註52〕畢沅：《墨子注》卷首，《序》。
〔註53〕畢沅：《墨子注》卷首，《序》。

已云多所脫誤。明刊本循宋本，無所校讎。至畢校而後，書始可讀。則今日墨學復聞於世者，不可不推畢氏爲首功」〔註 54〕。畢沅校注《墨子》主要從以下方面進行：

一是疏通文意。

對於《墨子》的研究，最大的困難是由於篇章語句的難懂、錯亂，造成的閱讀障礙。畢沅從語句的脫文、異文，各種典籍的注解、典故來源，地理方位等進行了詳細的考證。《墨子》七十一篇中，最宏深而最難度者，莫如《經》上下、《經說》上下、《大取》、《小取》等六篇，其文義古奧，素稱難讀，其內容以邏輯學爲主，並且研究者不多，篇簡錯亂非常嚴重。畢沅於乾隆四十八年（1783）曾寫信給孫星衍，詢問有關墨經注解的情況：「《經》上下，《經說》上下四篇，有似兼白異同之辯，其文脫誤難曉，自魯勝所稱外，書傳頗有引之否？」〔註 55〕孫星衍亦感歎道：「《經》上下略似《爾雅·釋詁》文，而不解其意指。又怪漢唐以來，通人碩儒，博貫諸子，獨此數篇莫能引其字句，以至於今，傳寫譌錯，更難鉤乙。」〔註 56〕他「過晉問盧學士，又抵都問翁洗馬，俱未獲報」〔註 57〕。畢沅對於此六篇，雖稱「不能句讀」，但「惟彼據《經上》篇有『讀此書旁行』一語，於篇末別爲新考，定《經上》篇分上下兩行橫列。最初發現此經舊本寫法，不能不算畢氏功勞。」〔註 58〕

二是對後人在傳抄中的文字錯誤進行校對。

包括：1、後人在傳抄中給原字增加或修改偏旁，如「原」寫作「源」，「益」或「鎰」寫作「溢」，「竟」寫作「境」，此皆傳寫者亂之，非舊文。2、古今文字讀音上的變化，如「叛」爲「殺」字古文，「遂而不反」合於「遂亡」之訓，「關叔」即爲「管叔」，「實足以證聲音文字訓詁之學」。故孫星衍評之曰：「弇山先生於此書，悉能引據傳注、類書，匡正其失。又其古字古言，通以聲音訓故之原，豁然解釋，是當與高誘注《呂氏春秋》、司馬彪注《莊子》、許君注《淮南子》、張湛注《列子》，並傳於世。其視楊倞、盧辯空疏淺略，則偶然過之。時則有仁和盧學士抱經、大興翁洗馬覃溪及星衍三人者，不謀

〔註 54〕樂調甫：《墨子研究論文集》，人民出版社，1957 年版，102 頁。

〔註 55〕畢沅：《墨子注》卷十末《孫星衍記》。

〔註 56〕畢沅：《墨子注》卷尾，孫星衍《後序》。

〔註 57〕畢沅：《墨子注》卷十末《孫星衍記》。

〔註 58〕梁啓超：《中國近三百年學術史》十四《清代學者整理舊學之總成績》，（三）《校注先秦子書及其他古籍》，第 225 頁。

同時共爲其學，皆折衷於先生。」〔註59〕按孫星衍是時在畢沅幕府參與該書之校刊，而其對《墨子》一書的見解亦已融入是書中，其所評斷，當非虛譽。

三是輯佚。

畢沅在校注《墨子》的過程中，又「採摭書傳」，從《荀子》、《史記集解》、《說苑》、《藝文類聚》、《北堂書鈔》、《文選注》、《詩正義》、《太平御覽》等典籍中輯出二十一條，附於第十五卷末，補充「今本所脫」，使《墨子》內容更爲完整。

畢沅對於《墨子》的校注爲後來學者研究《墨子》奠定了基礎，在畢沅研究的基礎上，張惠言《墨子經說解》專門釋《經上》、《經下》、《經說上》、《經說下》四篇；高郵王念孫父子對畢氏《墨子注》進行補充和完善。晚清學者俞樾、孫詒讓、梁啓超等人莫不稱述畢沅之功。俞樾曰：

> 乃唐以來，韓昌黎外，無一人能知墨子者。傳誦既少，注釋亦稀。樂臺舊本，久絕流傳。闕文錯簡，無可校正，古言古字，更不可曉，而墨學塵薶終古矣。國朝鎮洋畢氏，始爲之注。嗣是以來，諸儒益加讎校，涂徑既闢，奧窔粗窺，墨子之書，稍稍可讀。〔註60〕

又孫詒讓曰：

> 墨子既不合於儒術，孟、荀、董無心、孔子魚之倫，咸排詰之。漢、晉以降，其學幾絕，而書僅存，然治之者殊尟。故脫誤尤不可校，而古字古言，轉多沿襲未改。非精究形聲、通叚之原，無由通其讀也。舊有孟勝、樂臺注，今久不傳。近代鎮洋畢尚書沅，始爲之注；藤縣蘇孝廉時學，復刊其誤，覘通涂徑，多所諟正。〔註61〕

雖然畢沅所校《墨子》不無疏陋、訛錯，所依據之書亦頗有限，但其創闢路徑、承前啓後之功，則是不容質疑的。

二、考證《老子》——《老子道德經考異》

《老子》一書又稱《道德經》，是因爲西漢河上公作《老子章句》，分爲81章，前37章爲《道經》，後44章爲《德經》，故有《道德經》之名。後來，道教自稱源出於先秦道家老聃，遂奉《道德經》爲主要經典，又尊稱爲《道德眞經》。《老子》是先秦子書中非常重要的一部典籍，也是諸子典籍中較早

〔註59〕畢沅：《墨子集注》卷尾，孫星衍《後序》。
〔註60〕孫詒讓：《墨子閒詁》卷首，俞樾《序》，中華書局，1986年版。
〔註61〕孫詒讓：《墨子閒詁》卷首，自《序》。中華書局，1986年版。

的一部。其書歷代都有許多人進行傳抄、注解、整理與刊刻，但仍頗為散亂。據《四庫全書總目》所列，清初注解《道德經》者，不下七種，校本中只有畢沅《老子道德經考異》較為可觀。畢沅以唐代傅奕校訂本為底本，參校河上公、王弼、顧歡、陸德明、《永樂大典》、焦竑《老子考異》等本，間有不合者，則折衷眾說，以定所是。其文則依據《說文》，凡不從《說文》出者，不取。畢沅的《老子道德經考異》，詳於宋、元諸本，而忽於唐本，體現了畢沅治子學的取向。

（一）考證老子其人

經過對相關文獻的梳理，畢沅認為：老子、李耳、李聃、周太史儋實為一人，古聃、儋相通；老子與老萊子是二人，老子苦縣人，老萊子楚人；孔子問禮之老子，即著道德書之老子，不得以其或在沛或在周而疑之；老子本黃帝之言，大率多述而不作；道書有太上老君，亦即老子也；老子是人而非神，有生亦有死。「生而為聖，歿而為神，不足為異」〔註62〕，此一論斷，打破世人對於老子的神秘感。

（二）對於《道德經》內容進行詳細考證

畢沅既早究心於是書，故平時比較注意搜集各家注本，據其自稱：「所見老子注家不下百餘本，其佳者有數十本，唯唐傅奕多古字古言，且為世所希傳。」畢沅因「就其本互加參校，間有不合於古者，則折眾說以定其是」。其校注《道德經》從以下兩方面：

一是對於書中文字增減、錯誤的校訂，從而達到文從字順。如《道德經》第二十三章「故從事於道者，道者同於道。從事於得者，得者同於得，從事於失者，失者同於失」，畢沅考訂道：

> 古字『得』『德』通。《史記·項羽本紀》『吾為若德』，《漢書》作『公得是已』；河上公、王弼『德者同於德，失者同於失』俱無「從事」句。陸德明《音義》有『道者於道』四字，云：河上於道者絕句，疑古河上本並無『同』字。又淮南王引作『從事於道者同於道』，義較明絕矣。

二是考證後世對於書中原載語句的增刪。畢沅有感於「近世多讀書君子，然淺近者有因陋而無專辨，或好求異說以討別緒，則動更前人陳迹，在若信若

不信之間」，因此對《道德經》中的語句進行考證。在《道德經》第三十一章，王應麟《困學紀聞》曰：「晁景迁云：王弼注〈老子〉，知『佳兵者不祥之器，至於戰勝以喪禮處之』非老子之言，不知『常善救人，故無棄人，常善救物，故無棄物』獨得諸河上公，而古本無有也。」畢沅通過考證曰：「今所傳王弼本，獨此章無注，故晁云爾。然弼未嘗明指其非是也。深寧爲宋好古之士亦惑於異說耶！」體現出畢沅好古求是的爲學精神，也是對於「宋好古之士亦惑於異說」學術風氣的批判。

三、校注《呂氏春秋》——《呂氏春秋新教正》

《呂氏春秋》，戰國末年「秦相呂不韋輯智略士作」〔註63〕。畢沅談及《呂氏春秋》的創作背景：「周官失其職，而諸子之學以興，各擇一術以明其學，莫不持之有故，言之成理，及比而同之，則仁之與義，敬之與和，猶水火之相反也。最後《呂氏春秋》出，則諸子之說兼有之。」〔註64〕《呂氏春秋》自成書至今，已歷兩千餘年，這期間學人對此書的傳習與研究不斷，從《呂氏春秋新教正》卷首所列「新校呂氏春秋所據舊本」可知有《元人大字本》、《李翰本》、《許宗魯本》、《宋啓明本》、《劉如龍本》、《汪一鸞本》、《朱夢龍本》、《陳仁襲奇賞叢編本》。但由於「原夫《六經》以後，九流競興，雖醇醨有間，原其意旨，要皆有爲而作。降如虞卿諸儒，或因窮愁託於造述，亦皆有不獲已之故焉。其著一書，專覬世名，又不成一家者，實始於不韋。」〔註65〕眞正將《呂氏春秋》作爲研究對象的並不多。從漢末齗現高誘的堪稱完善的注本《呂氏春秋訓解》，歷代只是通過傳習，把《呂氏春秋》本書及高誘注本保存了下來。直到清代，對於《呂氏春秋》的整理與研究取得巨大成績，最突出者是從乾隆時期開始的對《呂氏春秋》文本的校正與訓釋。畢沅的《呂氏春秋新校正》首開清代研究《呂氏春秋》之例。

畢沅以校刻子書著名，而幕府所校子書中，學界又公論以《呂氏春秋》最爲精審。參與此書校正的學者極多，據汪中代畢沅所作《呂氏春秋序》稱：「《呂氏春秋》世無善本，余向所藏，皆明時刻。循覽既久，輒有所是正。於時嘉善謝侍郎（謝墉——引者注）、仁和盧學士（盧文弨——引者注）並好是書，及同學諸君，各有校本。爰輯爲一編，屬學士刻之。」校訂《呂氏春秋》，

〔註63〕畢沅：《呂氏春秋新教正》卷首，自《序》。光緒十三年經訓堂刻本。
〔註64〕汪中：《呂氏春秋序代畢尚書作》，《述學·補遺》，四部叢刊本。
〔註65〕畢沅：《呂氏春秋新教正》卷首，《自序》。

除畢沅和上面提到的謝墉、盧文弨外，據《呂氏春秋新教正》卷首《書內審正參訂姓氏》，還有錢大昕、孫志祖、段玉裁、趙曦明、錢塘、孫星衍、洪亮吉、梁玉繩、梁履繩、臧鏞，幾乎集合了當時最有名的校勘、小學名家。這麼多的一流學者對《呂氏春秋》發生興趣，被吸引到這項工作上來，便意味著研治《呂氏春秋》，不再只是個別學者的特殊癖好，而是獲得學界廣泛關注的一項重要工作。《呂氏春秋新校正》集眾人的成果，包括以下內容：

（一）對於《呂氏春秋》篇目的考證

盧文弨考《玉海》云：「《書目》，是書凡百六十篇。」今書篇數與《書目》同。盧氏發現，這是把《序意》亦放入整部書中之數目。「然《序意》舊不入數，則尚少一篇。」由此，盧氏對《序意》的原創性發生質疑。

首先，盧氏發現，《呂氏春秋》分篇極為整齊，十二紀，紀各五篇；六論，論各六篇；八覽，覽當各八篇，「今第一覽止七篇，正少一」，考《序意》本是要明十二紀之義，而末忽載豫讓一事，與《序意》不類，且舊校云「一作『廉孝』」，與整篇更無涉，即「豫讓亦難專有其名」。於是，懷疑《序意》之後半篇俄空，別有所謂「廉孝」者。而其前半篇亦較原本已簡脫，後人遂強相附合，並《序意》為一篇，以補總數之缺。

其次，《呂氏春秋》十二紀，每一紀之開頭都以文章排列序號表以「曰」的形式，盧氏考《序意》篇首並無「六曰」二字，因此不屬於十二紀中，於是推斷「後人於目中專輒加之，以求合其數，而不知其迹有難掩也」[註66]。

通過以上考證，盧氏認為今本《呂氏春秋》實少一篇，《序意》一篇乃後人整理時妄加矣。此一說法，乃清代學者考訂《呂氏春秋》篇目的新觀點。

（二）對於《呂氏春秋》的內容進行考證

《呂氏春秋新校正》在對高誘的校注進行完善、否定的過程中，又增加了大量新的校注。由於多人參與其中，其考證詳實客觀。文中署名「孫云」的孫星衍的考證有 49 條，署名「盧云」的盧文弨的考證有 15 條，署名錢塘的考證有 1 條，署名錢大昕的考證有 1 條，署名「趙云」的趙曦明的考證有 1條，而對於同一個問題，這些學士共同參與、發表意見的考證有 2 條。如在《呂氏春秋》第十一卷，仲冬紀十一《忠廉》中「故死而操金椎以葬」一句，其中「殼」字，舊本作「穀」，注音「嗀」，作音「瞉」，又作「殻」。段玉裁考

《說文》認爲，「觳」爲「口卓切」，孫星衍和錢大昕認爲「觳」不成字，當爲
「觳」。對於前面所有人的意見，盧文弨考證《廣韻》「觳」、「觳」當爲「苦角
切」。最後雖未定論，但從中可見，在考校的過程中，當遇到意見分歧時，大
家各抒己見，爭論很激烈。尤爲值得注意的是，儘管在《呂氏春秋》的校注
中有這麼多優秀的學者參與，畢沅仍親自進行校訂，以書中署名「余」的畢
沅的考證爲明證。《呂氏春秋》第十八卷，審應覽六《應言》中「白圭謂魏王
曰：市丘之鼎以烹雞。多泊之則淡而不可食。」盧文弨考《昭什年傳》認爲
『沛』音『貝』，「市丘」當讀作「貝邱」，他是從字的讀音進行校注。畢沅考
證「市丘之鼎」這一典故，認爲不論「市邱」還是「沛邱」都不以「大鼎」
著稱，考《史記‧孟荀列傳索隱》引《呂氏春秋》作「函牛之鼎不可以烹雞」，
《蔡邕集》對於「函牛之鼎」具體解釋：「以烹雞多汁則淡而不可食，少汁則
焦而不熟」，「函牛之鼎」即大鼎，「與喻意似更切」。但《蔡邕集》舊本亦注
「市丘之鼎」，故畢沅把它們一起載入，「以俟後來擇也」。表現畢沅客觀的治
學態度。

　　《呂氏春秋》包括《學記》、《樂記》及陰陽家、道家、兵家、農家、墨
家等各種學術，「其所采撫，今見於周漢諸書者，十不及三四。其餘則本書已
亡，而先哲之話言，前古之佚事，賴此以傳於後世，其善者可以勸，其不善
者可以懲焉。亦有閭里小智，一意采奇詞奧旨，可喜可觀，庶幾乎立言不朽
者矣。」〔註67〕畢沅高度評價其書：「今觀其《至味》一篇，皆述伊尹之言，
而漢儒如許愼、應劭等間引其文，一則直稱『伊尹曰』，一則又稱『伊尹書』。
今考《藝文志‧道家》『伊尹五十一篇』，不韋所本，當在是矣。由《上農》、
《任地》、《辨土》等篇述后稷之言，與《亢倉子》所載略同，則亦周、秦以
前農家者流，相傳爲后稷之說無疑也。他如采老子、文子之說，亦不一而足。
是以其書沉博絕麗，從儒、墨之旨，合名法之言，古今帝王天地名物之故，
後人所以探索而靡盡輿！」〔註68〕此言反映了畢沅博通群學的治學取向。由
於《呂氏春秋》包攬學術內容極其豐富，對於本書的校訂要用上經學、小學、
地理學、史學等各方面知識。畢沅校訂《呂氏春秋》，就充分運用以前所整理
過的《說文解字》、《夏小正》、《山海經》等典籍，這也體現畢沅在治學上的
融會貫通。

〔註67〕汪中：《呂氏春秋序代畢尚書作》，《述學‧補遺》。
〔註68〕畢沅：《呂氏春秋新教正》卷首，自《序》。

在校正《呂氏春秋》的過程中，畢沅發現高誘所注諸典籍流傳至今，「唯此書與《淮南王書》注最爲可信」〔註69〕，於是在校注《呂氏春秋》的同時，幕中學士莊炘取《道藏》足本開始校注《淮南王書》，在乾隆五十二年（1787）《呂氏春秋新教正》付梓之時，莊炘校注《淮南王書》已於西安刊刻完畢，此書雖未流傳至今，但亦見畢沅對於古學的扶持和鍾愛。

四、校注《晏子春秋》

在《呂氏春秋》校刻完成的乾隆五十三年（1788），孫星衍受畢沅之託完成對《晏子春秋》的校注。《晏子春秋》又名《晏子》，是記錄春秋末齊國政治家晏嬰思想、言行的一部著作。與其它先秦古籍相比而言，《晏子春秋》在很長的歷史時期內未得到世人的認識。究其原因，一是自唐柳宗元提出「墨氏之徒爲之」〔註70〕後，有關書的眞僞問題一直爭訟不休，影響了對該書本身的研究；二是該書獨特的體例使得學者往往容易忽略對其進行研究。《晏子春秋》題爲「春秋」，記事卻不像史書那麼可靠，「《晏子》文與經史不同者數事」〔註71〕，內容上前後亦有重複矛盾甚至乖異之處，且以敘事爲主的記述手法與先秦子書完全不同，因此雖被列入子書卻不被史家所重視。孫星衍對於《晏子春秋》的研究，觀點如下：

（一）孫氏認為《晏子春秋》為儒家典籍

《晏子春秋》，《史記正義》及《七略》著錄其爲儒家，「善乎劉向之言，其書六篇，皆忠諫其言，文章可觀，義理可法，皆合六經之義，是以前代入之儒家。」但後世對其學派屢有爭論，自柳宗元說它是墨家學說以後，很多學者將《晏子春秋》歸爲墨家。乾隆時期修纂《四庫全書總目》時，紀昀等總纂官乾脆避開爭論，將其歸入史部傳記類。孫星衍則極力還原《晏子春秋》，提出「儒書莫先於晏子」，反對墨家說，他認爲：

> 晏子尚儉，禮所謂國奢則示之以儉，其居晏桓子之喪盡禮，亦與《墨子》短喪之法異。孔叢曰：「察傳記晏子之所行，未有以異於儒焉。」儒之道甚大，孔子言儒行有過失可微辨而不可面數，故公伯僚愬子路而同列聖門，晏子尼谿之阻，何害爲儒？且古人書外篇半由依託，又劉向所謂疑後世辨士所爲者，惡得以此病晏子？

〔註69〕畢沅：《呂氏春秋新教正》卷首，自《序》。
〔註70〕孫星衍：《晏子春秋》卷首，《序》。光緒十三年經訓堂刻本。
〔註71〕孫星衍：《晏子春秋》卷首，《序》。

（二）《晏子春秋》「非僞書」，而且「足補益經義」

孫星衍在《晏子春秋序》中曰：

> 《晏子》文最古質，《玉海》引《崇文總目》十四卷，或以爲後人采嬰行事爲書，故卷帙頗多於前志，蓋妄言矣。《晏子》名「春秋」，見於《史遷》、《孔叢子・順説》及《風俗通》。「春秋」者，編年紀事之名，疑其文出於齊之《春秋》，即《墨子・明鬼篇》所引：『嬰死，其賓客哀之，從國史刺取其行事成書，雖無年月，尚仍舊名。』虞卿、陸賈等襲其號。《晏子》書成在戰國之世，凡稱子書，多非自著，無足怪者。〔註72〕

爲了論證《晏子春秋》不是僞書，孫星衍舉出了兩條理由：

其一，《晏子春秋》與周、秦、漢人所述多有不同，如果是僞書，必然會綜合數家之言，不會有如此多的相異之處。孫氏舉例說：「『《問下》景公問晏子轉附、朝舞，《管子》作『桓公問管子』；昭公問『莫三人而迷』，《韓非》作『哀公』；《諫上》『景公遊於麥邱』，《韓詩外傳》、《新序》俱作『桓公』；《問上》景公問晏子『治國何患，患社鼠』，《韓非》、《説苑》俱作『桓公問管仲』；《問下》柏常騫去周之齊，見晏子，《家語》作『問於孔子』。此如《春秋》三傳，傳聞異辭，若是僞書，必采錄諸家，何得有異？」

其二，唐宋已來，傳注家引用《晏子春秋》多與原文不同，如果是僞書，造假者必然會參照各家引文傳注，而不會有這麼多的異文。孫氏舉例說：「《問上》云『內則蔽善惡於君上，外則賣權重於百姓』，《藝文類聚》作『出則賣重寒熱，入則矯謁奴利』，一作『出則賣寒熱，入則比周』。《雜下》『繁組馳之』，《文選注》作『擊驛而馳』，《韓非》作『煩且』。《諫下》『接一搏猏，而再搏乳虎』，《後漢書注》作『持楯而再搏猛虎』。《問上》『仲尼居處惰倦』，《意林》作『居陋巷』。《諫上》『天之降殃，固於富強，爲善不用，出政不行』，《太平御覽》作『當強爲善』。此皆唐、宋人傳寫之誤，若是僞書，必采錄傳注，何得有異？」〔註73〕

（三）《晏子》之文與經史記載不同，但不能因此貶低其史料價值

「《詩》『載驂載駟，君子所屆』，《箋》訓爲『極』，《諫上》則作『誡』，以箴駕八非制，則當以誡愼之義。《諫上》景公遊於公阜，言『古而無死』，

〔註72〕孫星衍：《晏子春秋》卷首，《序》。

〔註73〕以上引文見孫星衍《晏子春秋》卷首《序》。

及『據與我和』，『日暮，四面望睹彗星』，云『夫子一日而三責我』，《雜下》又云『昔者吾與夫子游於公邑之上，一日而三不聽寡人』，是爲一時之事，《左傳》則以『古而無死』、『據與我和』之言在魯昭二十年；其『齊有彗星』降在魯昭二十六年者，蓋緣陳氏厚施之事，追溯災祥及之耳。此事本不見《春秋經》，然則彗星見，實在昭二十年，齊景之二十六年，《史記・十二諸侯年表》誤在魯昭二十六年、齊景之三十二年，非也。《問下》越石父反裘負薪，息於塗側，曰：『吾爲人臣僕於中牟，見使將歸』，《呂氏春秋》及《新序》則云『齊人累之』，亦言『以負累作僕』，實非攖罪，《史記》則誤云『越石父在縲紲中』，又非也。他若引《詩》『武王豈不仕』，『仕』作『事』；引《左傳》『蘊利生孽』，『蘊』作『怨』；『國之諸市』作『國都之市』，皆足補益經義，是以服虔、鄭康成、郭璞注書多引之。」正因爲《晏子春秋》與其它經史典籍記載多有不同，文辭互異，故孫星衍曰「足資參訂者甚多」。孫星衍的論述，不無過高評價《晏子春秋》的史學價值。惲敬就曾針對孫氏的觀點提出異議，其曰：

> 《春秋》昭公十七年「有星孛於大辰」，《史記・十二諸侯年表》書之於魯。《左傳》昭公二十六年「齊有彗星」，杜注云「不書，魯不見」；年表書之於齊，蓋《史記》之慎也。《左傳》昭公二十年十二月，齊侯至自田，晏子侍於遄臺，景公有「據與我和」之言，飲酒樂，景公有「古而無死」之言，《史記》齊世家、孔子世家及年表俱書「田」，書「入魯境」，在書「彗星」前六年，此事之的然者。今兵備據《晏子》謂遄臺之遊與論禳彗星乃一時事，甚非也。其謂彗星實在昭公二十年，則益非。彗星地氣所騰耳，非如經緯星有行度躔次可推，何以二千載之後，逆知爲二十年之事，非二十六年之事邪？且謂二十六年因陳氏厚施之事追言災祥，陳氏豈至是始厚施邪？古今之書眾矣，當求可依據者而從之，其依據不可考，則視著書之人之德與學與其書之條理明白者而從之，今舍左邱明、司馬遷，信後人采掇之《晏子》，吾不敢云是也。《史記》：「越石父賢，在縲紲中，晏子出，遭之塗，解左驂贖之。」《呂氏春秋新序》云：「齊人累之。」「累」「縲」古通，即「縲紲」也。《晏子》：「越石父反裘負薪息於塗側，曰：『吾爲人臣僕於中牟，見將歸。』」古者惟罪人爲臣僕，爲臣僕之罪皆可贖，史記之言與晏子無異也，今兵備據晏

　　　　子謂越石父未嘗攖罪以非史記，吾亦不敢云是也。〔註74〕

可見，孫氏以《晏子春秋》來證史確有牽強之處。

　　對於《晏子》的校刊，孫氏曰：「今《荀子》有楊倞注，《孟子》有趙岐注，惟《晏子》古無注本。劉向分內外篇，亂其次第，意尚賢之。世俗所傳本，則皆明人所刊，或以外篇爲細字，附著內篇各章，或刪去詆毀仲尼及《問策》諸章，故書不可考矣。惟萬曆間沈啓南校梓本，尚爲完善，自《初學記》、《文選注》、《藝文類聚》、《後漢書注》、《太平御覽》諸書所引，皆具於篇，末章所缺，又適據《說苑》補足。既得諸本，是正文字，又爲音義於後，明有依據，定爲八篇，以從《漢志》，爲七卷，以從《七略》。」孫星衍無不自豪地說：「雖不能復舊觀，以爲勝俗本遠矣。」惲敬曰：「吾州孫兵備星衍爲編修時，常校刊《晏子春秋》，釐正次第，補綴遺失，於是書有功焉。」〔註75〕黃以周曰：「《晏子春秋》以陽湖孫刻、全椒吳（吳鼐——引者注）刻爲取善。」〔註76〕

　　孫星衍在校刊《晏子春秋》之後，又作《晏子春秋音義》2卷，對於書中的秘文奧義及古今文字讀音上變化進行注釋，如《晏子春秋音義》卷下，《問下》第四中「吾欲觀於轉附朝舞」，孫星衍考證道：

　　　　管子作我游猶軸轉斛。尹知章注言：我之游必有所濟，猶軸之轉載斛石。孟子作專附朝舞，趙岐注轉附朝儛，皆山名也。星衍謂當從管子、趙岐以爲山名，蓋因下琅邪推知之。其實無此山也。猶軸轉斛蓋欲如軸艫轉載斛石，是時齊海運，故景公欲浮舟而南觀。

　　　　孟子從流下、從流上益信。〔註77〕

《晏子春秋音義》，雖然不乏脫誤，但自此發起清人對於《晏子春秋》音義的研究，繼其後，盧文弨《晏子春秋群書校正》、王念孫《讀晏子春秋雜誌》等皆就孫本重加校勘，補脫正誤。

　　校注《晏子春秋》雖然署名孫星衍，但孫星衍是受畢沅的委託，畢沅把孫星衍所校《晏子春秋》收入他的《經訓堂叢書》之中，和《墨子注》、《老子道德經考異》、《呂氏春秋》形成諸子典籍研究的系列，可見畢沅對校注《晏

〔註74〕惲敬：《讀〈晏子〉二》，《大雲山房文稿》。上海商務印書館，民國24年影印本。

〔註75〕惲敬：《讀〈晏子〉二》，《大雲山房文稿》。

〔註76〕黃以周：《晏子春秋校勘序》，清光緒二年刻本。

〔註77〕孫星衍：《晏子春秋音義》卷下。

子春秋》的重視，而校注《晏子春秋》署名孫星衍，也體現畢沅對幕賓學術成果的尊重及本人的學術修養。孫星衍校注《晏子春秋》，引起學界對於《晏子春秋》研究的重視，圍繞《晏子春秋》的派別、眞僞、史學價值等問題展開爭論。如，孫星衍把《晏子春秋》歸爲儒家的觀點就引起幕中學士的爭論，章學誠認爲「焦竑以《漢志·晏子》入『儒家』爲非，因改入於『墨家』。此用柳宗元之說，以爲墨子之徒有齊人者爲之，歸其書於墨家，非以晏子爲墨者也，其說良是。」〔註78〕洪亮吉對於孫星衍的觀點更是頗有微詞：「近吾友孫君星衍校刊《晏子》，深以宗元之說爲非，謂晏子忠君愛國，自當入之『儒家』，然試嗣墨氏重趼救宋，獨非忠君愛國者乎？若必據此以爲儒墨之分，則又一偏之見也。惟宗元以晏子爲墨氏之徒，微誤。考墨在晏子之後，當云其學近墨氏，或云開墨氏之先則可耳。」〔註79〕從上可知，章學誠、洪亮吉皆認爲《晏子春秋》應爲墨家典籍。後來，洪亮吉又否定以前的觀點，認爲「晏子獨成一家」：「愚以爲管子、晏子皆自成一家，前史《藝文志》入之『儒家』既非，唐柳宗元以爲墨氏之徒，亦前後倒置，特其學與墨氏相近耳。吾友孫兵備星衍校刊《晏子》，亦深以宗元之說爲非，謂晏子忠君愛國，自當入之『儒家』。是又不然，試思墨子重趼救宋，獨非忠君愛國者乎？若必據此爲儒墨之分，則又一偏之見。……」〔註80〕畢沅在孫星衍《晏子春秋》成書後，未作出任何反應，想必在眾說紛紜面前，亦不能決斷是非。由孫星衍提出《晏子》爲儒家所引起的爭論一直延伸到清末，尹桐陽曰：「桐陽爲之校釋若干條，以補孫氏星衍之不逮，牴書其與墨同轍之處而箸於篇，蓋欲見晏、墨之當爲一貫，而墨學亦藉以不孤云。柳宗元謂墨氏之徒爲之，意以《晏子春秋》爲儒書，則猶非撢本之論。……孫氏迺頡滑解垢，力主晏爲儒家，且斥柳爲文人無學，觀矣。」〔註81〕

並且，在孫星衍的影響下，學者紛紛校注此書，全椒吳鼐重刻《晏子春秋》即受孫氏的影響和鼓勵，其曰：

> 嘉慶甲戌九月十日，鼐犬馬之辰，春秋六十矣，將避人遊焦山，妻兄孫淵如先生遣人以采錦一端影寫元刻晏子春秋八卷爲壽，且曰：『此書傳世尚無善本，足下能刻之，可以嘉惠來者。』先生曾爲

〔註78〕章學誠：《校讎通義內篇二》（十二之十一），《章氏遺書》卷十一。
〔註79〕洪亮吉：《新刻晏子春秋書後》，《卷施閣文集》卷十。
〔註80〕洪亮吉：《論晏子獨成一家》，《曉讀書齋初錄》，《洪北江先生遺集》。
〔註81〕尹桐陽：《晏子之宜入墨家》，《諸子論略》，民國64年刊本。

故尚書吳門畢秋帆前輩校刊是書，今其言如此，足見君子虛心樂善，故能與人爲善也。明年，余與元和顧君千里，同有文字之役在揚州，因請顧君督梓之，一切仍其舊文；又明年，書成，略敘緣起。此書盧抱經前輩舊有定證，及淵如音義分見兩家著錄，又顧君新得具其所撰後敘，予不敢掠美以滋贅文。〔註82〕

而具體擔任重刻工作的顧廣圻曰：

乾隆戊申，孫伯淵觀察始校定之，爲撰音義，發凡起例，綱舉目張矣。嗣是盧抱經先生群書拾補中晏子即據其本，引申觸類，頗復增益，最後見所謂元人刻本者，補二百十五章之目，而觀察亦得從元刻影鈔一部，手自覆勘，嘉慶甲戌九月，以贈吳山尊學士，於是學士屬廣圻重刻於揚州。〔註83〕

可見，吳鼐重刻《晏子春秋》，歸功於孫星衍的熱情鼓勵和材料上的支持。

　　盧見曾幕府的校書活動，主要貢獻在於保存古代稀有典籍和促進考據學的發展方面。畢幕的校注活動則有所不同，畢沅及其幕賓對於子部古籍的校勘，是當時諸子考證興起的重要表現。校勘子部古籍是考據學家「以子證經」的需要，也是經史考證日趨窮盡時，另闢蹊徑的產物。諸子考證的興起，成爲晚清諸子學復興的重要一環。因此，畢沅幕府校勘子書，已經超出校勘學本身，而對清代學術的發展方向產生了影響。

第四節　靈巖山人詩集

　　清代詩派紛紜，畢沅詩歌雖無派性，但因其詩「實原本於性情之眞乃至此也」〔註84〕，受到時人乃至後人的推崇。與沈德潛、袁枚等共領詩壇風騷。〔註85〕畢沅之所以得到乾隆皇帝的重用，不僅因其進士及第，其詩才亦發揮獨特的作用。〔註86〕畢沅一生詩作極爲豐富。據《弇山畢公年譜》記載，畢

〔註82〕 吳鼐：《全椒吳氏刻本敘》，吳則虞《晏子春秋集釋附錄》，《晏子春秋集釋》。中華書局，1962 年版，第 642 頁。
〔註83〕 顧廣圻：《重刻晏子春秋後序》，《思適齋集》卷九。民國 13 年排印本。
〔註84〕 畢沅：《靈巖山人詩集》卷首，張鳳孫識。
〔註85〕 舒位《乾嘉詩壇點將錄》，《三百年來詩壇人物評點小傳彙錄》。中州古籍出版社，1986 年版。
〔註86〕 見畢沅《恭紀四首》，《靈巖山人詩集》卷十八。其四有「彙筆廣揚侍至尊，瓊籤經進荷褒恩。至今秘殿屏風上，名姓猶留御墨痕」詩句。

沅自幼秉承母訓，瞻拜高師，「根底經術，淵雅深醇」〔註87〕，十歲時即會作詩。〔註88〕自此每年皆有詩作，從未間斷，一生詩作達兩千多首。畢沅將其一生詩作收入《靈巖山人詩集》。

一、關於《靈巖山人詩集》刻本情況

《清人別集總目》是第一部全面反映現存清代詩文別集著述、館藏情況的大型工具書。其中記載，《靈巖山人詩集》有 40 卷和 21 卷兩種刻本，40 卷刻本有乾隆五十五年刻本，乾隆五十八年蘇州掃葉山房刻本，嘉慶四年經訓堂刻本，道光十五年刻本。21 卷刻本有乾隆五十五年本和嘉慶四年經訓堂刻本。〔註89〕據此，倪慧穎《畢沅幕府與文學》即斷言：「從留存版本可見其詩集刊刻次數之頻繁。」〔註90〕其實，總目記載情況並不能說明其刊刻次數。筆者據總目提供的各版本在全國各大圖書館的收藏情況進行調查，發現當今全國許多大型圖書館收藏的皆為嘉慶四年經訓堂刻本，乾隆五十五年和乾隆五十八年的 40 卷刻本現今根本不存在，而江西省圖書館所藏嘉慶四年和河南省圖書館所藏乾隆五十五年的 21 卷刻本，其所收詩集只是嘉慶四年 40 卷本中的前 21 卷，明顯是屬於後人的翻刻。

其實，能說明其版本情況的是各種史料中的記載，如袁枚在其《隨園詩話》中有「詩篇三十二卷，曰《靈巖山人詩集》」的說法。〔註91〕王昶《嘉慶直隸太倉州志》言及畢沅成「《靈巖山人詩》三十六卷，門人嘉興王復刻於偃師」〔註92〕的說法，說明當時應曾有 32 卷本和 36 卷本。畢沅於乾隆五十八年由於擔心「精力日衰，思致屢弱，恐不能再有進境」，因此「陶鑄江山泄秘奇，新編四十九年詩」〔註93〕，打算將詩作再次結集，並曰：「編成《靈巖山人集》三十九卷，又聯句一卷，共四十卷。」此乃乾隆五十八年的版本。此後又有新作，因此續編一卷為《繪聲漫稿》〔註94〕。乾隆五十九年，畢沅又

〔註87〕史善長：《弇山畢公年譜》乾隆六年條。

〔註88〕見畢沅《靈巖山人詩集》卷一，《自題慈闈授詩圖有序》。

〔註89〕《清人別集總目》，第 378 頁。

〔註90〕倪慧穎《畢沅幕府與文學》，第 29 頁。

〔註91〕見袁枚《隨園詩話》卷十一。

〔註92〕王昶《嘉慶直隸太倉州志》卷二十八人物，清嘉慶七年刻本。

〔註93〕見畢沅《行年六十有四詩集編成因題長句並柬知音》，《靈巖山人詩集》卷三十九。

〔註94〕見畢沅《行年六十有四詩集編成因題長句並柬知音》及《再題一首並序》，《靈

將巡撫山東時期的詩作編成《海岱驂鸞集》。而再後，畢沅繼有新作，乾隆六十年有《五谿籌筆集》一卷，嘉慶元年有《探芭集》一卷〔註95〕。由此推斷，史善長曾言「公所著《靈巖山人詩集》四十四卷存稿始於是年」〔註96〕，此中「四十四卷」的說法有可能年譜刊刻的筆誤，也很可能存在一種情況，史善長嘉慶三年編訂年譜之時，所見存稿為乾隆五十八年以前詩作加上乾隆五十九年、乾隆六十年、嘉慶元年年詩集，正好總共四十四卷本。這些版本都應存在於畢沅嘉慶二年歿前，甚至是嘉慶四年畢沅被抄家之前，而現在流傳至今的僅為嘉慶四年經訓堂 40 卷刻本。

二、《靈巖山人詩集》嘉慶四年經訓堂 40 卷刻本的體例考辨

嘉慶四年經訓堂 40 卷刻本《靈巖山人詩集》因體例完備，校對最精，《續修四庫全書》即收錄此刻本。通覽該刻本，體現以卷次、成詩年份、結集詩集三種體例編排成書。現列表如下：

表 7.2　《靈巖山人詩集》編纂體例分析表

詩　集	時　期	創作時間	年　齡	數　量	卷　次
硯山怡雲集	家鄉拜師求學，其中乾隆十二年至十四年在硯山書堂	乾隆九年	15 歲	11	卷一
		乾隆十年	16 歲	12	
		乾隆十一年	17 歲	22	
		乾隆十二年	18 歲	41	卷二
		乾隆十三年	19 歲	26	卷三
		乾隆十四年	20 歲	27	
		乾隆十五年	21 歲	9	卷四
		乾隆十六年	22 歲	19	
三山覽勝集	京師求學槐蔭書堂	乾隆十七年	23 歲	24	卷五
白門訪古集				16	
渡江吟草				41	卷六
燕臺遊草				20	

巖山人詩集》卷三十九。

〔註95〕見史善長《弇山畢公年譜》乾隆六十年條，嘉慶元年條。

〔註96〕史善長：《弇山畢公年譜》乾隆九年條。

蓮池吟草	游學保陽	乾隆十八年	24 歲	37	卷七
				33	卷八
		乾隆十九年	25 歲	22	
五湖載酒集	歸故里			59	卷九
		乾隆二十年	26 歲	67	卷十
青鎖吟香集	京師入職軍機處	乾隆二十一年	27 歲	19	卷十一
		乾隆二十二年	28 歲	35	卷十二
		乾隆二十三年	29 歲	20	卷十三
		乾隆二十四年	30 歲	10	
		乾隆二十五年	31 歲	4	
闓風集	翰林院修撰			13	卷十四
		乾隆二十六年	32 歲	14	
		乾隆二十七年	33 歲	29	卷十五
		乾隆二十八年	34 歲	15	卷十六
聽雨樓存稿	寓居聽雨樓樓後二小軒	乾隆二十九年	35 歲	73	卷十七
		乾隆三十年	36 歲	26	卷十八
		乾隆三十一年	37 歲	34	卷十九
		乾隆三十二年	38 歲	31	卷二十
萍心漫草	赴任甘肅鞏秦階道途中			9	卷二十一
		乾隆三十三年	39 歲	63	
龍頭吟	綜理新疆經費局務，兼署按察事務			36	卷二十二
崆峒山房集	調補安肅道	乾隆三十四年	40 歲	17	卷二十三
				10	卷二十四
		乾隆三十五年	41 歲	26	
秋月吟筎集	新疆屯田			41	卷二十五
杏花亭吟草				25	卷二十六
青門集	補授陝西按察使，再補授布政使，授理陝西巡撫印務	乾隆三十六年	42 歲	22	卷二十七
		乾隆三十七年	43 歲	21	
終南仙館集	陝西巡撫	乾隆三十八年	44 歲	36	卷二十八
		乾隆三十九年	45 歲	8	卷二十九
		乾隆四十年	46 歲	12	
		乾隆四十一年	47 歲	9	

		乾隆四十二年	48 歲	11	卷三十
		乾隆四十三年	49 歲	10	
		乾隆四十四年	50 歲	18	
		乾隆四十五年	51 歲	1	
終南仙館續集		乾隆四十六年	52 歲	20	卷三十一
		乾隆四十七年	53 歲	18	
		乾隆四十八年	54 歲	30	卷三十二
		乾隆四十九年	55 歲	16	
玉井騫蓮集				96	卷三十三
嵩陽吟館集	調補河南巡撫	乾隆五十年	56 歲	12	卷三十四
		乾隆五十一年	57 歲	11	
		乾隆五十二年	58 歲	9	
				9	卷三十五
		乾隆五十三年	59 歲	17	
				29	卷三十六
香草吟	湖廣總督	乾隆五十四年	60 歲	11	卷三十七
				37	
				23	卷三十八
		乾隆五十五年	61 歲	6	卷三十九
		乾隆五十六年	62 歲	16	
		乾隆五十七年	63 歲	17	
		乾隆五十八年	64 歲	9	
繪聲漫稿		乾隆五十九年	65 歲	14	卷四十
海岱驂鸞集	山東巡撫			28	

　　綜合分析上表，首先體現所收詩作創作年限。嘉慶四年經訓堂刻本《靈巖山人詩集》於每一年詩作前皆用太歲紀年法標注成詩時間，史善長《弇山畢公年譜》就是以畢沅每年詩歌創作情況為脈絡，逐年梳理其生平經歷。史善長《弇山畢公年譜》乾隆五十八年條曰：「公自訂集四十卷，始於甲子，迄於癸丑。」畢沅於乾隆五十八年所作《行年六十有四詩集編成因題長句並柬知音》中曰：「陶鑄江山泄秘奇，新編四十九年詩」，稱其詩集收錄共四十九年的詩作。故此，後人認為詩集四十卷本的最終編定時間是在乾隆五十八

年〔註97〕。其實，根據詩集中每一年詩作前用太歲紀年法標注的成詩時間，《靈巖山人詩集》嘉慶四年四十卷刻本所收詩作是從乾隆九年即從其 15 歲時起，至乾隆五十九年止，共五十年的詩作。故其編定時間當在乾隆五十九年以後。而據史善長《弇山畢公年譜》，畢沅於乾隆六十年至嘉慶元年仍然有詩歌不斷產生。〔註98〕後來，畢沅於嘉慶二年得病去世，據此，詩歌創作可以說是終其一生。

二是《靈巖山人詩集》所收詩集。畢沅於乾隆五十八年曾言「編成《靈巖山人集》三十九卷，又聯句一卷，共四十卷。」此後又有新作，因此續編一卷爲《繪聲漫稿》〔註99〕。乾隆五十九年，畢沅又將巡撫山東時期的詩作編成《海岱驂鸞集》。而此後，畢沅繼有新作，乾隆六十年有《五谿籌筆集》一卷，嘉慶元年有《採芭集》一卷〔註100〕。而嘉慶四年 40 卷刻本所收詩集截止到乾隆五十九年，並將此後的《繪聲漫稿》和乾隆五十九年畢沅巡撫山東時期的詩集《海岱驂鸞集》合成一卷成爲第四十卷，而聯句一卷因從整體內容上不屬於畢沅個人作品而從詩集中拿出。統計上表，嘉慶四年 40 卷刻本《靈巖山人詩集》，按結集時間先後收錄畢沅各人生階段創作的 23 個詩集，有的詩集成集時間較長，如《硯山怡雲集》包含其 8 年求學生涯詩歌；《青鎖吟香集》包含其在軍機處供職時期 5 年詩作；《終南仙館集》以及續集收錄其在陝西巡撫任長達 12 年的詩作；《香草集》收錄其做湖廣總督時期 5 年的詩作。而有些詩集成集時間較短，如《三山覽勝集》、《白門訪古集》、《渡江吟草》、《燕臺遊草》這四部詩集皆成於乾隆十七年，乃畢沅於京師槐蔭書堂求學時期遊歷之作。但無論長短，每個詩集都記錄著畢沅在不同人生階段的經歷、見聞。

三是《靈巖山人詩集》所分卷次。上表中所顯示的詩集的卷數，有的卷次所收詩作很多，如卷二十二所收詩包括乾隆三十二年 9 首和二十三年 63 首，共 72 首；卷三十三，所收詩作達 96 首，包含整部《玉井搴蓮集》。有的卷次所收詩作數量很少，如卷十四 27 首，卷十五 29 首，而卷二十三僅 17 首。究其卷次分配原則，有的卷次可能根據詩歌所屬詩集情況分，盡

〔註97〕倪慧穎：《畢沅幕府與詩歌》，第 210 頁。
〔註98〕見史善長《弇山畢公年譜》乾隆六十年條，嘉慶元年條。
〔註99〕見畢沅《行年六十有四詩集編成因題長句並柬知音》及《再題一首並序》，《靈巖山人詩集》卷三十九。
〔註100〕見史善長《弇山畢公年譜》乾隆六十年條，嘉慶元年條。

可能把同一詩集詩作分成一卷。統計上表，整部詩集所有卷次中所包詩作皆爲同一詩集之作品。有的卷次可能根據作者的情感變化所分，如，成於乾隆三十四年、三十五年的《崆峒山房集》，其中乾隆三十四年作 27 首，乾隆三十五年作 26 首，卷二十三收入乾隆三十四年的 17 首，是以畢沅正室汪夫人病歿爲界，卷二十四所收乾隆三十四年剩下的 10 首和乾隆三十五年的 26 首，皆爲汪夫人歿後所作，很多詩作表現畢沅對於汪氏的思念。有的卷次根據詩歌所詠景物地點分，如乾隆十七年畢沅創作四部詩集《三山攬勝集》、《白門訪古集》、《渡江吟草》、《燕臺遊草》，其中《三山攬勝集》、《白門訪古集》因其所詠景物皆在江蘇境內，故收在第五卷，而《渡江吟草》、《燕臺遊草》所記皆爲畢沅京師求學途中及京師附近所見，故分在一卷。

三、關於《靈巖山人詩集》嘉慶四年 40 卷刻本校訂者

畢沅愛作詩，並且經常把詩作與時人切磋。畢沅從 15 歲開始作詩，至撫陝時期，已經創作大量詩作，乾隆四十二年，畢沅舅父張鳳孫遊畢沅西安官署，畢沅呈其詩作，張爲之作序〔註101〕，此序現附於嘉慶四年 40 卷刻本卷首。序中張氏就詩集的題材、藝術風格、詩歌意境、語言特色等進行高度評價，雖不無溢美之辭，但可以看出張氏是研讀其全部詩作後的「爰書所見，於簡端以質天下後世之知言者」。此後，袁枚有「詩篇三十二卷，曰《靈巖山人詩集》」〔註102〕的說法，想必畢沅也可能曾將詩作呈與袁枚指點。而作爲畢沅平生好友的王昶曾言：「《靈巖山人詩》三十六卷，門人嘉興王復刻於偃師。」〔註103〕王昶此說出於其所修《直隸太倉州志》嘉慶七年刻本，此時，王昶很可能未見嘉慶四年經訓堂刻本。乾隆五十五年四月，王文治遊畢沅幕，畢沅「盡出所爲詩，以相質證」，王文治爲之慷慨作序並親自校訂〔註104〕。可以想像，《靈巖山人詩集》的成功結集確實有眾多詩友批評交流的功勞。

此外，《靈巖山人詩集》還得到眾多幕賓的校訂。畢沅擁有乾嘉時期最大的文化幕府組織。畢沅喜愛詩歌，因此，其幕中大多幕賓皆與其旨趣相投，

〔註101〕見畢沅《靈巖山人詩集》卷首，張鳳孫序。
〔註102〕見袁枚《隨園詩話》卷十一。
〔註103〕王昶《嘉慶直隸太倉州志》卷二十八人物，清嘉慶七年刻本。
〔註104〕今南京圖書館藏有王文治批《靈巖山人詩集》2 卷（清抄本）。

賦詩風雅，其中有 33 位幕賓現有詩集傳世〔註 105〕。這些幕賓在學術著書之餘，很多幕賓亦參加畢沅個人詩歌創作活動。《靈巖山人詩集》的整理和校訂並非由畢沅個人完成，更多幕賓亦參與整個校訂過程。除畢沅幕中賓客王文治曾對詩集進行全部審定外，筆者對嘉慶四年經訓堂刻本《靈巖山人詩集》每卷末標注的校訂者進行統計，共有 27 位幕賓參與詩集校訂工作。具體情況見下表：

表 7.3 《靈巖山人詩集》幕賓校訂情況統計表

幕　賓	校訂卷次	在幕時間
邵晉涵	卷一	乾隆五十一年～乾隆五十七年
洪亮吉	卷二；卷十二	乾隆四十六年～乾隆五十三年
王復	卷三；卷六；卷九；卷二十九	乾隆四十八年～乾隆五十年
錢坫	卷四；卷二十一	乾隆三十九年；乾隆五十一年～乾隆五十二年
孫星衍	卷五；卷十八；卷三十八	乾隆四十五年～乾隆五十二年
楊芳燦	卷七；卷二十七	乾隆五十一年～乾隆五十二年
楊揆	卷八；卷三十二；卷三十七；卷四十	
莊炘	卷十	乾隆四十年～乾隆四十六年
陳燮	卷十一；卷十五	畢沅巡撫陝西、河南時期幕賓
劉錫嘏	卷十三	
王寰	卷十四	乾隆五十四年；乾隆五十七年～乾隆五十九年
王嵩高	卷十六	嘉慶二年
丁楷	卷十七	
崔龍見	卷十九	
趙秉淵	卷二十	
孫雲桂	卷二十二	佐畢沅河南、湖北幕，直至嘉慶元年
毛大瀛	卷二十三；卷二十四	乾隆五十三年
莊復旦	卷二十五	乾隆五十二年左右
吳照	卷二十六	乾隆五十八年左右
徐書受	卷二十八	佐畢沅陝西幕

〔註 105〕見倪慧穎《畢沅幕府與文學》，第 162 至 163 頁表格。

桂馥	卷三十	
黃易	卷三十一	乾隆五十八年左右〔註106〕
王湘	卷三十三	
張景江	卷三十四	乾隆五十八年左右
史善長	卷三十五	乾隆五十七年～嘉慶二年
嚴觀	卷三十六	乾隆五十年～嘉慶二年
陸模孫	卷三十九	

　　綜觀上表，可得如下信息：一是幕賓校訂詩集卷次並非按幕賓入幕時間先後依次分配，很有可能是集中在乾隆五十八年及以後，畢沅將平生所有詩集統合成卷，分與幕賓校訂。而且，即便是已經離幕的幕賓仍根據需要召回幫助校訂，如孫星衍於乾隆五十二年中士離開，但於乾隆五十四年所成的第三十八卷校訂工作仍由其承擔。楊芳燦之弟楊揆於乾隆五十六年（1791）即隨嘉勇公由青海出師衛藏〔註107〕，離開幕府，但因其精於詩文，一直到乾隆五十九年成卷的四十卷皆委其校訂。再如桂馥，史書並未記載其入畢沅幕府，故推知其即便在畢沅幕，時間也不會太久，但仍受任負責《靈巖山人詩集》第30卷的校訂工作。這就形成不僅局限於幕內人士的龐大的校訂團體；另一方面，從各幕賓的校訂卷數看，除2人擔任4卷，1人擔任3卷，5人擔任2卷的校訂卷數外，其餘25位幕賓僅擔任一卷的校訂，這體現畢沅對詩集的編校極為慎重和重視，想通過每位幕賓少而精的高質量的校訂，使其詩文精益求精。但也不排除畢沅利用多數幕賓參與的校詩活動，與幕賓形成詩歌的交流、互動、切磋，從而在詩歌創作上產生共鳴。

四、《靈巖山人詩集》的史料價值

　　以往，世人因《靈巖山人詩集》中收有大量風花雪月、適時應景之作，因此貶低其文學價值。通覽詩集，無論是「憑高遠眺，望古遙集」還是「憂心旱虐，蒿目民艱」，「述事感懷，陳規僚友」〔註108〕，這些詩作記錄著畢沅的人生經歷，交遊情況，畢沅車塵所至的名勝古蹟，甚至映像乾嘉時期的社會風雲，具有一定的史料價值，現分題材加以分析。

〔註106〕尚小明《清代士人遊幕表》只記其有佐幕生涯，考阮元《山左金石志序》中
　　　　言黃易曾爲畢沅、阮元《山左金石志》搜集材料，應是畢沅晚期幕府的幕賓。
〔註107〕尚小明：《清代士人遊幕表》，第134頁。
〔註108〕畢沅：《靈巖山人文集》卷首，張鳳孫識。

（一）山水詩追憶風景名勝

清人對山水有著自覺的審美意識〔註 109〕，畢沅無論是游學還是做官，閒暇之餘就會邀友遊山玩水，憑弔古蹟，創作了大量登臨勝蹟、記遊山水的詩作。《靈巖山人詩集》40 卷中有 80%皆是山水記遊詩。華山自古以雄奇險峻著稱，《靈巖山人詩集》卷三十三所收《玉井搴蓮集》，作於乾隆四十九年，所詠皆爲華山名勝古蹟。此前，其幕中賓客洪亮吉、嚴長明皆有關於記遊華山詩作，洪亮吉曾作《自莎蘿坪至青柯坪小憩》、《經天梯昇明岩》、《松檜亭待新月》、《由車廂谷至十八盤諸險》、《坐玉女峰望東峰松檜》、《四更上落雁峰看日出》記述華山重要景觀，嚴長明遊覽華山，「展事既畢，窮極幽勝，歸後，侍讀得詩一卷，曰《玉井搴蓮集》」。嚴長明《玉井搴蓮集》共 15 首，按照遊覽路線描寫了華山風光，詩作數量比洪氏要豐。畢沅評價其詩作「假聘瓊厲、雕辨萬有，而一歸於精簡」〔註 110〕，其詩往往於一首詩中歌詠幾個景點，如《展謁胡趨寺遂步蒼龍嶺冒雨赴通天門》一詩就涵括了胡趨寺、蒼龍嶺、通天門三個古蹟，但即便如此，亦未盡攬華山全部景致。而畢沅《玉井搴蓮集》共有 96 首詩作，每首皆以景點爲題，幾乎包攬華山五峰當時全部景觀，其中很多景觀現已隱匿。乾嘉時期的山水詩「無論在題材的擴展、審美情趣的求眞傾向以及表現手法的拓寬上，都達到了空前的高度」〔註 111〕，詩歌不再擔負借景抒懷的使命，而是借詩歌表現一種天人合一、物我相融的境界。畢沅的這些山水詩歌「不僅能夠對山水做逼眞之審美刻畫，亦能將自己國人的性情和山水的精神融合爲一，從而開拓了山水詩歌從未有過的新的境界」〔註 112〕，故展讀詩作，「意氣激昂，情文俳惻」〔註 113〕或從形貌，或從歷史，或從掌故等不同方面抉摘呈露，後人讀其詩作，掩卷沉思，如見其景，如臨其境。

（二）敘事詩映像時代風雲

中國文人自古有「學而優則仕」的觀念，畢沅自幼承母教、親師授，31歲即由皇帝欽點一甲一名進士，從此，開始仕宦生涯，「迨魁天下，官侍從，

〔註 109〕見王琳《清代山水詩管窺》，內蒙古民族師院學報（哲社版），1999 年第 1 期。
〔註 110〕畢沅：《金闕攀松集序》，《金闕攀松集》卷首，嚴長明《嚴冬友詩集》，民國 8 年觀古堂彙刻本第 11 冊，第 652 頁。
〔註 111〕時志明：《清代山水的因變創新論略》，《蘇州大學學報》，1992 年第 1 期。
〔註 112〕倪慧穎：《畢沅幕府與文學》。江蘇人民出版社，第 186 頁。
〔註 113〕畢沅：《靈巖山人文集》卷首，張鳳孫識。

遍讀石渠天祿之書，又日值機地，周知各邊塞戰守屯墾諸務，才練而識遠。」
〔註 114〕畢沅一生仕途通達，有「丈夫若遂封侯願，老死沙場也無妨」〔註 115〕
的宏願。由於對政治的熱心，畢沅從乾隆二十四年開始，詩作中就有表現當
時社會風貌、國家安危、民間疾苦的詩篇，現據《靈巖山人詩集》嘉慶四年
本統計如下：

題 目	創作時間	卷 次
《聖武遠揚平定回部西陲永靖大功告成恭紀謹序》	乾隆二十四年	卷十三
《聖駕三次南巡恭紀樂府十章謹序》	乾隆二十七年	卷十五
《聖駕四次南巡恭進權歌三十六首謹序》	乾隆三十年	卷十八
《平涼行館聞承恩毅勇公明筠庭制府歿於緬甸軍營，爲位哭之，並製誄詩八章》	乾隆三十三年	卷二十二
《自蘭州至嘉峪關紀行詩一百韻》	乾隆三十五年	卷二十五
《東行經安會道中感時述事計蘭省諸公十首》	乾隆三十五年	卷二十六
《甲午監臨試院即景抒懷四首》	乾隆三十九年	卷二十九
《望雨三首》	乾隆四十年	卷二十九
《暑雨缺少大田需澤甚切作詩以寫夏懷》	乾隆四十年	卷二十九
《恭和御賜喜雨詩原韻》	乾隆四十年	卷二十九
《聞官兵攻克美諾連碉卡沙賊大勝誌喜》	乾隆四十年	卷二十九
《平定兩金川大功告成恭紀鐃歌十八章》	乾隆四十一年	卷二十九
《華嶽廟落成詩以記事》	乾隆四十六年	卷三十一
《榆林綏德沿邊郡縣秋禾被霜成災親赴勘恤觸景感懷得詩十首》	乾隆四十八年	卷三十二
《綏德道中寄絢霄》	乾隆四十八年	卷三十二
《喜雨》	乾隆五十年	卷三十四
《得淮眞源紀之以詩》	乾隆五十年	卷三十四
《捕蝗》	乾隆五十一年	卷三十五
《豫州紀恩述政詩十首》	乾隆五十一年	卷三十五
《塞黃河決口詩六章》	乾隆五十二年	卷三十六
《禱雨紀事》	乾隆五十三年	卷三十六

〔註 114〕畢沅：《靈巖山人文集》卷首，張鳳孫識。
〔註 115〕畢沅：《寄趙二損之舍人昔鎮軍營三首》，《靈巖山人詩集》卷二十八。

《戊申六月二十日荆州大水沖決城堤居民淹沒無筭致成大災沅銜命節制兩湖與相國阿公少司空德公會議工賑事宜駐節江干沙市倏忽三月感時述事成詩十首》	乾隆五十四年	卷三十七
《冬暮之東昌勘恤被溺災區途中觸景雜書十首兼示僚屬》	乾隆五十九年	卷四十

若單統計上表中這些敘事詩題目，這些詩作與畢沅四十卷詩集 2000 餘首相比，並不算多，但細分析這些題目，這些詩作多爲少則三首，多則爲三十幾首的組詩。從時間上看，畢沅創作這類敘事詩歌是從乾隆二十四年開始，此時其對國家實事的關注，很可能由於入職軍機處的工作便利和工作性質使然，也正因此，其於乾隆二十五年殿試廷對得到皇帝賞識，遂拔置一甲一名進士〔註 116〕。此後，畢沅於陝西、河南、湖廣地區任職，對於地方經濟、文化發展，對於百姓命運、民生疾苦的關注，皆流注筆端。分析這些詩歌，表現畢沅對於社會民生三個關注點：

一是地方文化事業的發展。畢沅從乾隆三十七年撫陝，既改革關中書院，鼓勵士子向學，乾隆三十九年，陝甘士子參加科考人數由以前 5000 人增至 8000 人，「天山迤北漢車師後部所屬，今科自玉門以西至鎮西由迪化州等處，應試來者甚眾，眞自古未有盛事也。」〔註 117〕畢沅做《甲午監臨試院即景抒懷四首》，其「寸心冥莫搜今古，片紙分明對聖賢」、「高文落墨出圭稜，妙想非非得未曾」、「五夜風雲驅筆陣，萬人精爽炳心鐙」、「約得終南瓊靄色，書籤來結慶霄雲」等句表現了寒窗苦讀的士人參加科舉考試的壯觀場面。句下小注敘寫此年士人參加科考的熱衷。

二是對於地方水災、旱災的治理。畢沅無論任職陝西、河南，還是湖廣、山東，皆爲整治當地的旱災、澇災整日奔波。詩集中很多敘事詩或記述赤地千里，餓殍遍地，或記述水災爲虐，人爲魚鼈，或記述淫雨爲患，顆粒不收，呈現出一幅幅慘不忍睹的荒災圖景，對於社會史研究提供了重要的史料。乾隆五十年，畢沅巡撫河南，「豫州比歲以黃河爲患，旱暵成災，民仓拮據」〔註 118〕，其所作《豫州紀恩述政詩十首》通過《截槽糧》、《祈時雨》、《濁丁絡》、《給日糧》、《借籽種》、《疏汁河》、《免地租》、《設粥廠》《種番薯》、《歸舊田》十首詩，對於如何治理水災，如何救濟百姓，皆通過詩文表現出來。以新樂府體

〔註 116〕見洪亮吉《更生齋集文甲集》卷四《書畢宮保遺事》。
〔註 117〕畢沅：《靈巖山人詩集》卷二十九。
〔註 118〕畢沅：《靈巖山人詩集》卷三十五。

裁創作的《塞黃河決口詩六章》〔註119〕，記述了治理黃河決口事件：「乾隆丁未夏，五河決於睢州孫路口，口門寬三百丈。大溜挈東南行，淹及歸德、寧陵、亳州等境，由渦入淮，沅銜命大學士阿公總河蘭公議堵塞之。相度經營，鳩工集料，百日而大工告蕆。」全詩分別用《築圈堤》、《集料》、《築挑水壩》、《疏引河》、《下埽》和《合攏》六章來記述當時險急的情形以及治水全過程。畢沅任湖廣總督期間，荊州水患，《戊申六月二十日荊州大水沖決城堤居民淹沒無算致成大災沅銜命節制兩湖與相國阿公少司空德公會議工賑事宜駐節江干沙市倏忽三月感時述事成詩十首》，乃是有感於荊州大水沖決城堤，居民淹沒無數致成大災而作的系列組詩，生動的詩句，在表現畢沅強烈的憂國憂民情懷的同時，也為研究中國古代治理荊州水患的歷史留下了一份寶貴的史料。

三是對於國家內憂外患的關注。畢沅自乾隆二十年入值軍機處，直到嘉慶二年病歿，一直作為清政府公務人員，形成其對軍事、政治的極強的敏感性，並善於以詩歌來表現戰爭。作於乾隆三十三年的《隴頭吟》一卷中有《平涼行館聞承恩毅勇公明筠庭制府歿於緬甸軍營，為位哭之，並製誄詩八章》全詩以寫實的手法向我們展示一幕戰爭場面，點出這場戰爭兵敗的原因乃是「誰叫援絕墮奸謀」、「覆轍無謀又老師」〔註120〕，即都統登額擁兵新街不進，致有兵變，以致最終「敵愾群資諸將力，捐軀仰答聖人知」，其中，提督箚拉豐阿，總督李全、觀音保亦戰歿。清政府曾兩度用兵大、小金川，畢沅於乾隆四十年寫《聞官兵攻克美諾連碉卡沙賊大勝誌喜》即是對於清兵不得已用兵美諾一戰的紀實。乾隆四十一年《平定兩金川大功告成恭紀鐃歌十八章》〔註121〕是記述乾隆四十一年（1776）春定西將軍阿桂平定大小金川的一次得意之戰，逆首索諾木兄弟，其家屬以及所有的參與者全部俘獲。十八首詩歌把平亂中所採取的行動以及可歌可泣的英雄事蹟用詩句生動地記錄下來，堪稱詩史。

（三）交遊詩刻畫人物性格

畢沅一生廣交師友，在其詩作中有很多造訪友人，與師友相聚、離別的交遊詩。現據詩集嘉慶四年經訓堂刻本統計如下：

〔註119〕畢沅：《靈巖山人詩集》卷三十六。

〔註120〕畢沅：《平涼行館聞承恩毅勇公明箈庭制府歿於緬甸軍營為位哭之並製誄詩》之三，《靈巖山人詩集》卷二十二。

〔註121〕畢沅：《靈巖山人詩集》卷二十九。

題　　目	創作時間	卷　次
《寒山倍數遇王丈日初昱賦贈》	乾隆九年	卷一
《楊編修文叔繩武先生索觀近制親爲評點獎借倍至即座賦呈》	乾隆十年	卷一
《吳企晉泰來邀李丈客山果、王鳳喈鳴盛、錢曉徵大昕、趙損之文哲、王兩泉翅、曹來殷仁虎集聽雨篷小飲即席有作》	乾隆十一年	卷一
《贈顧行人抱桐陳塝先生》	乾隆十一年	卷一
《久不晤王子存素愫春暮過訪山中以畫見貽詩以酬之》	乾隆十三年	卷三
《訪惠徵君定宇棟先生賦贈三首》	乾隆十三年	卷三
《何畹芳蘭、陸錦雯綱早春遇訪信宿山齋臨別得句贈行二首》	乾隆十四年	卷三
《秋堂對弈歌爲范處士西坪作有序》	乾隆十五年	卷四
《嚴秀才冬友長明過訪山園留宿畫船塢論詩》	乾隆十六年	卷四
《贈彭明經晉賢澤令》	乾隆十七年	卷五
《訪嚴冬友》	乾隆十七年	卷五
《邘上喜悟程漁門晉芳》	乾隆十七年	卷六
《呈杭編修董浦世駿先生》	乾隆十七年	卷六
《初抵都門家掌科咸齋誼先生館我槐蔭書堂敬呈三首》	乾隆十七年	卷六
《呈院長張鳳岡敔先生》	乾隆十七年	卷六
《春闈被放謁外大父張笠亭之頊先生於天雄書院》	乾隆十九年	卷八
《贈女校書沈浣秋》	乾隆十九年	卷九
《南廣寺訪麗天上人》	乾隆十九年	卷九
《方竹拄杖歌爲敬亭先生作》	乾隆二十年	卷十
《將抵都門寄呈歸愚先生》	乾隆二十年	卷十
《寄徐大桂門二首》	乾隆二十一年	卷十一
《暮春梁瑤峰修撰移居魏染胡同相傳爲吳梅村祭酒舊寓暇日同吳大鑑南過訪得詩四律奉贈》	乾隆二十四年	卷十三
《春和公相四十壽讌詩》	乾隆二十六年	卷十四
《春和公子行贈傅大瑤林》	乾隆二十六年	卷十四
《贈英蘿堂少司農二首》	乾隆二十八年	卷十六
《送延清弟南南歸二首》	乾隆二十八年	卷十六
《哭汪庶常葉淵爲善》	乾隆二十八年	卷十六

《送同年胡解元安公溶南歸》	乾隆二十八年	卷十六
《送姜杏村同年之官蜀中十首》	乾隆二十八年	卷十六
《望山相公壽讌詩四首》	乾隆二十九年	卷十七
《送王夢樓同年出守臨安》	乾隆二十九年	卷十七
《喜王石亭入都話舊得詩三首》	乾隆二十九年	卷十七
《六郎曲爲童梧岡作》	乾隆二十九年	卷十七
《哭董庶常東亭》	乾隆二十九	卷十七
《同年諸申之編修出守辰州作詩贈別凡以誌兩人交誼廿載遊從俯仰流連不覺詞費得一百四十韻》	乾隆三十年	卷十八
《呈商太守寶意盤先生》	乾隆三十一年	卷十九
《呈望山先生並謝以所選斯文精粹見貽二首》	乾隆三十一年	卷十九
《送楊竹堂出守平越》	乾隆三十一年	卷十九
《童梧岡長沙始至復書並寄》	乾隆三十一年	卷十九
《濟南試院謁房師大理少卿張墨莊若湘先生款留信宿敬呈二律》	乾隆三十三年	卷二十一
《淮上遇劉給事竹軒程庶常晴嵐沆兼以誌別》	乾隆三十四年	卷二十一
《呈歸愚先生二首》	乾隆三十四年	卷二十一
《西行有日太夫人以路遠不允迎養臨別敬賦寫懷》	乾隆三十四年	卷二十一
《過毗陵喜晤蔣四侍御蓉龕和寧前輩》	乾隆三十四年	卷二十一
《重過隨園訪袁簡齋前輩不值即題小倉山房壁》	乾隆三十四年	卷二十一
《山寺訪藥根上人》	乾隆三十四年	卷二十一
《喜晤蔡三西齋鴻業方伯》	乾隆三十四年	卷二十二
《寄逸園主人程自山》	乾隆三十五年	卷二十三
《哭先室汪夫人二十二首》	乾隆三十五年	卷二十三
《左副將軍協辦大學士果毅阿公挽詩三首》	乾隆三十五年	卷二十六
《曉發六盤山寄平涼太守顧晴沙光旭》	乾隆三十五年	卷二十六
《喜嚴侍讀多友至》	乾隆三十六年	卷二十七
《贈王道士青藥》	乾隆三十七年	卷二十八
《寄趙二損之舍人昔嶺軍營三首》	乾隆三十七年	卷二十八
《贈定西將軍阿雲崖閣部並序》	乾隆四十年	卷二十九
《靜寧行館接智珠見懷五律喜作七絕四首示之》	乾隆四十一年	卷二十九
《悼祝雨山》	乾隆四十二年	卷三十

《中秋後七日舅氏息圃先生入都隨侍太夫人餞送灞橋河上歸途悵然有作》	乾隆四十三年	卷三十
《劉竹軒少宰省觀回京途遇渭南匆匆話別口占奉贈》	乾隆四十四年	卷三十
《奎雲麓尙書奉使河湟道經蘭嶺剪燈話舊把追憶慰風雨之憂思快萍逢之會和即席賦贈二首》	乾隆四十四年	卷三十
《次日保惕堂侍郎抵蘭偕雲麓訪予寓館暢敘連宵亦得長律二首贈之》	乾隆四十四年	卷三十
《與汪七古亭別十年矣春暮入關訪予款留署齋把酒話舊賦詩贈之》	乾隆四十六年	卷三十一
《寄陳互橋繩吾觀察蘭州》	乾隆四十六年	卷三十一
《寄祝大司馬彭芝庭啓豐先生八十壽四首》	乾隆四十六年	卷三十一
《寄惠瑤圃齡參贊塔爾巴哈臺三首》	乾隆四十七年	卷三十一
《贈王敬之同年》	乾隆四十八年	卷三十二
《寄祝簡齋前輩七十初度四首》	乾隆五十年	卷三十四
《趙紫芸欲歸吳下詩以留之》	乾隆五十一年	卷三十五
《樨存應試春闈臨行出素冊索書詩以送之》	乾隆五十一年	卷三十五
《繼曾佺四庫全書館書成敘用州倅詩以示之》	乾隆五十一年	卷三十五
《雲崖相公文孫秋捷紀喜四首》	乾隆五十三年	卷三十七
《聞蓬心守永七年頗有惠政再用前韻。	乾隆五十四年	卷三十八

　　上表中所列詩歌，大部分爲畢沅與其師、其友、其親、其同事、同窗的交遊之作，畢沅通過詩句或懷念，或追憶，表現這些人物的性格、特徵、學識，如同人物列傳，爲我們研究清代乾嘉學者提供了豐富的史料。如《邘上喜悟程漁門晉芳》描寫程晉芳：

> 凌雲賦敵馬相如，邂逅逢君闢士廬。
>
> 林壑騁懷吟不盡，金錢隨手散無餘。
>
> 廣交座每盈談客，有福人才愛讀書。
>
> 肝膽千秋茶一琖，二分明月照窗虛。〔註122〕

程晉芳是乾隆時期著名經學家、詩人，曾入畢沅幕，畢沅對其珍愛有佳。程貧困潦倒病歿後，畢沅「經紀其喪，贍其遺孤」〔註123〕。這首詩既描寫了程晉芳超逸的詩才、好交友樂施的性格，詩句無不流露出畢沅對程氏灑脫、超逸性格的欣賞。

〔註122〕畢沅：《靈巖山人詩集》卷六。
〔註123〕李斗：《揚州畫舫錄》卷十五，《岡西錄》，中華書局，1960年版。

此外，畢沅愛好廣泛，其對字畫鑒賞亦有濃厚興趣，曾編《揚州畫舫錄》。現今，仍常見名人字畫有畢沅所提序跋。《靈巖山人詩集》中收有大量畢沅對字畫的題詩，其中亦不乏具有史料價值之作。《弇山畢公年譜》中乾隆四年條曰：「始學於詩，《自題慈闈授詩圖四首並序》中序曰：『沅甫十齡，母氏口授毛詩爲講聲韻之學。閱一二年，稍稍解悟，繼以東坡集示之，遂銳志學詩。同里張丈冰如爲繪《慈闈授詩圖》，自題四絕，用誌家學所自。』」由此，後人多認爲其處女作《自題慈闈授詩圖四首》作於乾隆四年。但翻閱詩集，此詩收在乾隆九年詩中，即畢沅 15 歲詩作。《靈巖山人詩集》在卷三十九乾隆五十八年下收有《題佩香女史秋鐙課女圖》一詩，其後序曰：「予年十五學詩於先母張太夫人，曾繪《慈闈授詩圖》，今閱此卷，益增悲感，回首已五十年。」由此推知，《自題慈闈授詩圖四首》當作於乾隆九年畢沅 15 歲時。

古人云，詩可以「興」、「觀」、「群」、「怨」，畢沅作爲清代著名史家，其詩歌不僅抒情，而且「探奇境於古人所未能到，闡密義於古人所未及見」〔註 124〕，具有強烈的史詩精神，爲後人史學研究提供了寶貴史料和新的研究視角。

五、畢沅詩歌創作對幕府詩歌的推動作用

由於畢沅對詩歌的喜愛，畢沅幕賓在畢幕活動主要包括兩方面，一是爲畢沅著書，一是著書之餘的交遊切磋，詩酒唱和。畢沅宦迹所至，賓主唱和不斷。據史善長《弇山畢公年譜》記載，乾隆三十七年畢沅做陝西布政使時，即召集幕賓於此年 12 月 29 日爲東坡先生生辰設祀，「凡知名之士皆續詠焉」。成《東坡先生設祀詩》一帙。並且，「自此，歲以爲常」。直到畢沅河南幕府時期規模更大，「即席賦詩者至數百家」。〔註 125〕詩酒唱和已成爲畢幕重要的活動方式。乾隆四十八年，此時，畢沅治理陝西已達十年，關中年豐人樂，因此，畢沅幕府又增加一種唱和形式，即「消寒之會」，規定「自壬寅十一月十七日始，每九日一集，至癸卯二月止，分題拈韻，成《官閣圍爐詩》二卷」。此外，還有幕中唱和之作《木瓜唱和詩》及《中州唱酬集》等。畢幕唱和活動，不僅限於詩酒之會，賓主交遊中也有唱和。其中影響最大的是成書於乾隆四十七年（1782）的《樂遊聯唱集》。乾隆四十七年，畢沅與幕中賓客洪亮

〔註124〕畢沅：《靈巖山人詩集》卷三十一。
〔註125〕錢泳：《履園叢話》叢話二十三，「蘇東坡生日會」。

吉、嚴長明、孫星衍、吳泰來、錢坫、張復純等遊關中，在登臨勝蹟、記遊寫景、唱和吟詠之餘，成《樂遊聯唱集》二卷。其詩句「古體今體，五言七言，標骨氣之端翔，極音情之頓挫。乃若榮河九曲，龍門竹箭之波；神嶽三峰，玉井蓮花之掌。」〔註126〕所詠多爲陝西古蹟名勝，「考遺經於太學，尚有殘碑；尋故物於昭陵，惟餘石馬。溫泉荒址，驪宮舊墟，韋曲風花，灞橋煙水，莫不陳之華簡，緯以雄辭。今風古轍，當歌對酒之餘，遠迹崇情，範山模水之外，以至舐鍾、篆鼎、斷瓦、零嫌，品題華實之毛，搜羅水陸之廣……」〔註127〕詩句中兼有考據及按語，具有極高史料價值。

　　不僅以官高學深而名世，並以禮賢下士知名當代的畢沅，對於這些幕賓，不僅慷慨解囊給以經濟上的讚助，而且大力支持幕賓的詩歌創作。畢沅所編《吳會英才集》共收清乾嘉時期16位詩人的詩作，而這16位詩人中11人皆爲畢沅幕賓，所收1600首詩歌中有1347首皆爲其幕賓的詩作。並且，畢沅爲每位入選詩人詩作前做序，序中畢沅對詩人進行藝術風貌的整體概括，如評幕賓方正澍「一聯一語唐人得之皆可名世」；評幕賓王復「蘊藉風流」；評幕賓徐書受「俳惻纏綿，意由心發」；評幕賓楊芳燦「氣清詞贍，藻密思沈」；評幕賓王嵩高「蒼涼高激，風韻邈含」；評幕賓徐嵩「逸藻古豔」，流露畢沅對幕賓詩風的欣賞，也是對幕賓詩歌創作的鼓勵和支持。黃景仁是畢幕最著名的詩人之一，被譽爲「乾隆六十年第一詩人」，其詩深得畢沅喜愛。乾隆四十八年，黃景仁病故，畢沅決定編訂刊刻其詩集以傳世〔註128〕，雖最終由於各種原因而未成，但足見畢沅對幕賓詩歌創作的讚助和支持。而嚴觀於搜考湖北金石，撰寫《三楚金石記》之餘，成《湖北金石詩》1卷，就是因畢沅「契賞其清雅，屬爲開雕，以備一方文獻」〔註129〕，使之成爲記載湖北金石的珍貴史料。

結　語

　　畢沅作爲乾嘉時期的學者型官僚，爲官期間延攬名士，廣開幕府，形成與官方史學、私家史學互動發展的格局，共同創造乾嘉史學的輝煌。在本書

〔註126〕據《樂遊聯唱集》卷首楊芳燦《序》。
〔註127〕《樂遊聯唱集》卷首楊芳燦《序》。
〔註128〕見洪亮吉《出關與畢侍郎箋》，《卷詩閣乙集》卷六。
〔註129〕孫星衍：《湖北金石詩序》，《五松園文稿》卷一。

的前幾章中，已對其幕府在史書編纂、方志、金石、地理等成就進行了系統的論述，對於畢沅的治史理念、治學方法以及幕府組織形式進行了剖析。縱觀畢沅幕府各時期的史學活動，其成敗得失，與幕主畢沅學者加官僚的雙重身份有著必然的聯繫。從這一側面觀察，或許能夠更深入地認識畢沅幕府在中國史學史上的地位和影響。

一、畢沅個人學術修養決定幕府史學活動的治學方向

在幕府學術活動中，作爲幕賓，有人說是爲幕主做嫁衣的犧牲品。段玉裁就曾後悔爲阮元主定《十三經校勘記》而耽誤了己著的撰寫，他感歎道：「惟恨前此三年，爲人作嫁衣裳而不自作，致此時拙作不能成矣。」〔註130〕而作爲幕主，則常被看做竊取幕賓學術成果的盜賊。嘉慶六年（1801），謝啓昆幕府所著《廣西通志》層次明晰，布局嚴謹，編次得法，徵引該博，備受後人稱道，梁啓超亦譽之爲「省志楷模」〔註131〕。《廣西通志》題名謝啓昆撰，其實首要撰者爲胡虔。蕭穆曾曰：「吾鄉胡徵士虔爲總纂，體例皆其手定」〔註132〕，話語中揭示《廣西通志》纂修內幕。但分析畢沅幕府每一部著作的成書過程發現，畢沅作爲其學術幕府的組織者和支持者，其幕府所成每一部著作都得到畢沅的關心支持，蘊含畢沅的觀點、見解、思想，包含畢沅著書艱辛。

畢沅平生素養高雅，「從少至老，無一日廢書」〔註133〕，公事之餘，主要精力和興趣在於學問。他博覽群書，在經學、小學、地理、史學、金石等方面都有獨特的見解。終其一生所刻《經訓堂叢書》，除收納其師惠棟的三部著作外，其餘著作，或者爲畢沅手自輯校或注釋，或者爲畢沅自撰之經學、小學、地理著作，每一部著作，都蘊含畢沅的觀點，得到畢沅的學術支持。《續資治通鑑》乃是畢沅「爲諸生時，讀涑水《資治通鑑》，輒有志續成之。凡宋元以來事蹟之散逸者，網羅搜紹，貫串叢殘」〔註134〕。從書名、編纂體例的

〔註130〕劉盼遂：《段玉裁先生年譜》，嘉慶九年條。
〔註131〕梁啓超：《中國近三百年學術史》，《清代學者整理舊學之總成績》（三），《方志學》。
〔註132〕蕭穆《記廣西通志謝中承啓昆所修本》，《敬孚類稿）卷八。合肥黃山出版社，1992年版。
〔註133〕王昶《兵部尚書都察院右都御史湖廣總督贈太子太保畢公神道碑》，《春融堂集》卷五十二。
〔註134〕史善長：《弇山畢公年譜》，嘉慶二年條。

確定到書中具體內容的考異，畢沅皆參與其中，並且完全遵照畢沅的意見。繼《續資治通鑒》後，畢沅又編纂另一部大型史學目錄著作《史籍考》。《史籍考》編纂體例的最初設計者是永清縣令周震榮，他在把編纂的具體想法向畢沅講述之前，還曾經與最早提出編纂《史籍考》的時任通州永備道的李調元陳述過，李調元並未因此而增加對此事的興趣。相反，畢沅則「大為贊許」〔註135〕，前後兩人對待《史籍考》編纂的不同態度，映襯出畢沅宏遠的學術眼光。而畢沅《關中勝蹟圖志》的編著則是其有感於關中「勝蹟名蹤，甲於他省」〔註136〕，於是「以政事之暇，詢稽經史，決摘異同」〔註137〕，成《關於勝蹟圖志》30卷。《關中金石記》、《中州金石記》的編著是由於畢沅酷愛收藏金石字畫的學術取向。即使署名嚴長明的《西安府志》，其整個編纂過程，從設想、奏請到最後的刪削、定稿，畢沅一直參與其中。

二、畢沅的官僚身份提供幕府史學活動的經濟支持和材料保障

　　如果說畢沅的禮賢下士，對幕賓的尊重和愛護是其幕府興旺發達的重要原因，那麼，畢沅為官所獲得的政治地位與經濟資源是維繫其幕府學術活動的堅強後盾。畢沅一生仕途通達，官至湖廣總督，極高的官位所帶來的充足的經濟收入，使他一生中為官的各個時期，皆能保持一定的幕府規模，開展大量的史學活動。畢沅幕府的經濟支出，一是滿足幕賓的經濟需求。大多幕賓皆因為生活無門而投奔畢沅，如章學誠入畢沅幕中編纂《史籍考》，以完成此「不朽之盛業」〔註138〕。但其入幕的動機也是把「安家累」放於首位，其次才是「獲成史籍之考」〔註139〕。畢沅善於獎掖幕賓，程晉芳、黃景仁、鄧石如、汪中等都曾受過他的接濟和優待。孫星衍於畢沅幕中長達七年，和洪亮吉合作編纂了多部方志，參與《續資治通鑒》的編纂，主持編纂《關中勝蹟圖志》、《山海經新校正》、《墨子集注》等多部典籍。面對孫星衍的學術精深但性格狂躁，畢沅就是以「館穀倍豐於前」〔註140〕來肯定他的學識，挽留他繼續從事幕府的學術活動。再者，著書的各個環節，皆需要資金支持。

〔註135〕章學誠：《上畢制府書》，《章氏遺書・補遺》。
〔註136〕畢沅進奉《關中勝蹟圖志奏文》，乾隆四十一年六月初十日。
〔註137〕畢沅：《關中金石記》卷首，錢大昕《序》。
〔註138〕周震榮：《上李觀察書》，《四寸學殘存》。
〔註139〕畢沅：《上畢制府書》，《章氏遺書・補遺》。
〔註140〕洪亮吉：《書畢宮保遺事》，《更生齋文甲集》卷四。

畢沅作爲朝中命臣，能夠首先看到朝中秘籍，並且「悉鈔得之，以爲此書參考之助」〔註 141〕，爲其幕府史學活動，提供豐富的材料。其幕府大部分學術成果的取得幾乎皆與官方《四庫全書》、《大清一統志》的編修同時或是稍後。畢幕中的大型史書《續資治通鑒》、《史籍考》的材料搜集，皆來源於抄錄官方四庫館中的典籍。作爲地方大員，畢沅利用公務之便，延訪古蹟，收集材料。乾隆四十一年（1776），畢沅編纂《關中勝蹟圖志》，其中所記「故宮舊苑，廢剎遺墟，憑弔所經」，都是「每因公務，車塵馬跡」。並且，除「《大清一統志》及《陝西通志》堪以據依」外，「每屆輶跡所經由，於郵亭侯館中，咨詢鈔撮。」〔註 142〕畢沅《關中金石記》所收金石碑刻亦是畢沅「以文學侍從之臣，應分陝之任，三輔漢中上郡，皆桉部所及。又嘗再領總督印，踰河隴，度伊涼，跋涉萬里，周爰咨詢」〔註 143〕的結果。

三、畢沅官職陞遷、存亡影響幕府史學活動的成敗得失

畢沅一生著作宏富，宦迹所至，即組織幕府著書立說，而著述活動的進度、成敗直接受畢沅官職穩定性的影響。畢沅爲官陝西的十三年間間，政興人和，其曾作詩描寫當時歌舞昇平的景象：

> 絡角星河不夜天，春鐙人自卜春田。
> 兒童編作秧歌唱，關內豐登已十年。〔註 144〕

於是，畢沅在官事之餘，廣泛延攬人才，與文人墨客遊覽山水，吟詩作賦，考經著史，學者文人雲集，幕府極一時之盛。「公之於政也，綽有餘力，故能百廢具興」〔註 145〕。此時期，是畢沅幕府史學活動的高潮期，畢沅終其一生的史學著述大多數皆於此時期開始或完成。如《關中勝蹟圖志》、《關中金石記》皆完成於此時期。

但自乾隆五十年（1785）直到畢沅歿於軍營的嘉慶二年（1797），天災人禍導致畢沅仕宦沉浮。畢沅自爲諸生時期就開始策劃的《續資治通鑒》，直到嘉慶二年，畢沅歿於軍營，僅刻 103 卷，編纂歷時幾十年。究其原因，一是畢沅有打算超過以前諸史書的想法，因而講求規模宏大，設立考訂無不精詳

〔註 141〕畢沅：《續資治通鑒》卷首《序》。
〔註 142〕畢沅：《奏進關中勝蹟圖志原疏》，《關中勝蹟圖志》卷首。
〔註 143〕畢沅：《關中勝蹟圖志》卷首錢大昕《序》。
〔註 144〕畢沅：《上元燈詞》，《靈巖山人詩集》卷三十一。
〔註 145〕畢沅：《關中金石記》卷首，盧文弨《序》。

的高標準，從而延長了編書進程。而畢沅自乾隆五十年後，沉浮於官場，奔波於仕途，無力顧及幕府史學活動亦是至其歿時仍未刊刻完畢的原因。嘉慶二年，畢沅亡，正在作校對工作的錢大昕馬上歸還史稿，嘉慶六年（1801），馮集梧購得《續資治通鑒》全稿後，遵照畢沅編纂義例進行刊刻，從而使畢沅幕府這一偉大的史學成就能夠流傳於世。而畢沅幕中另一部史著《史籍考》則完全沒有《續資治通鑒》幸運。《史籍考》存稿流離幾十年，最後書稿在火災中灰飛煙滅，永遠失去傳世機會。究其編纂的時代背景，正是自乾隆五十年畢沅離開陝西後，或奔波於治理河南連年自然災害，或征戰於湖北苗民叛亂戰場，整日無暇顧及，以至於歿時原稿才只完成「十之八九」，最後流落他人之手，終未成書。

　　總之，畢沅及其幕府對於清代乾隆時期的史學繁榮作出不可磨滅的貢獻，史學成就沾溉後學，至為深遠。深入研究這些典籍，有助於我們更全面地認識清代乾隆時期史學發展的全貌。而客觀地分析畢沅及其幕府史學的成敗得失，則有助於我們更深刻地認識清代乾嘉時期官方史學與私家史學之下的幕府史學發展的特質，進一步促進我們今後的史學研究。

畢沅及其幕府學術年表

雍正十三年乙卯　1735　6歲　畢沅從母教

○畢沅由其母授《毛詩》、《離騷》。

　　　　據史善長編《弇山畢公年譜》雍正十三年乙卯條稱：「太夫人手授
　　《毛詩》、《離騷》才一過，輒能復誦」。

乾隆四年己未　1739　10歲　畢沅初作詩

○畢沅之母張太夫人為畢沅「口授《毛詩》，為講聲韻之學。閱一二年，稍稍
　解悟，繼以《東坡集》示之，日夕復誦，遂銳志學詩」。於是，同里的張如
　為繪《慈闈授詩圖》，而畢沅自題四絕。（史善長《弇山畢公年譜》）

乾隆六年辛酉　1741　12歲　畢沅師從毛商巖

○是年，畢沅奉母命出就外傅，從毛商巖受業，初見功底。

　　　　據史善長編《弇山畢公年譜》乾隆六年辛酉12歲條稱：「太夫人
　　命公出外就傅，從嘉定毛先生商巖受業為制義。根柢經術，淵雅深醇，
　　一洗時下側媚之習。里中尊宿如沈光祿起元、顧行人陳堮，並老於文，
　　稱為後來傑起。」

乾隆九年甲子　1744　15歲　畢沅詩風漸樹

○至是年，畢沅已泛覽唐宋諸大家，窮其正變。其詩「取徑眉山，上溯韓杜，
　出入玉溪、樊川之間。」文壇中已有「獨樹一幟」的傾向，畢沅《靈巖山
　人詩集》中所收《硯山怡雲集》4卷的創作即始於此年。（史善長《弇山畢
　公年譜》）

乾隆十年乙丑　1745　16歲　畢沅作詩呈楊繩武

○楊編修繩武對畢沅器重有加，每索其近作，親爲評騭，獎借不容口。畢沅因作詩相答，以誌其知遇之感。（史善長《弇山畢公年譜》）

又畢沅《楊編修文叔繩武先生索觀近制親爲評點獎借倍至即座賦呈》曰：「綠衣隅侍最情親，光霽襟期似飲醇。門第東林鈎黨裔，文章南國總持身。汗青垂老書初就，頭白憐才意更眞。海內靈光遺一老，仁皇親策第三人。」（畢沅《靈巖山人詩集》卷一）

乾隆十二年丁卯　1747　18歲　畢沅就讀於硯山書堂

○畢沅讀書於硯山書堂。（史善長《弇山畢公年譜》）

乾隆十三年戊辰　1748　19歲　畢沅師從惠棟

○是年，畢沅從惠棟問學，由是經學日邃。

據史善長編《弇山畢公年譜》乾隆十三年戊辰19歲條稱：「於時惠徵君棟博通諸經，著書數十種，至老彌篤。公叩門請謁，問奇析疑，徵君輒娓娓不倦。由是經學日邃。」

乾隆十五年庚午　1750　21歲　畢沅師從沈德潛

○是年，畢沅從沈德潛遊。

據史善長編《弇山畢公年譜》乾隆十五年庚午21歲條稱：「長洲沈文愨公德潛以風雅總持東南，海內翕然宗之。公從之遊，每稱公詩有獨往獨來之概，南朱北王不能不讓後賢獨步。」

乾隆十六年辛未　1751　22歲　畢沅成《吳訟棹歌》

○畢沅成《吳訟棹歌》50首，乃每歲之綠葭浜展墓所作。（史善長《弇山畢公年譜》）

乾隆十七年壬申　1752　23歲　畢沅京中求學

○畢沅夏抵京師，館於族祖畢誼淮陰書堂。直隸總督方恪敏、少司空裘文達讀其所賦《病馬行》，稱其有「國士之目」。（史善長《弇山畢公年譜》）
○九月，畢沅肄業蓮池書院，從張敘受業，學益大進。

據史善長編《弇山畢公年譜》乾隆十七年壬申23歲條稱：「秋九月，訪舅氏寶田先生於保陽。時婁東張助教鳳岡先生敘以經術名於海內，主講蓮池書院，與寶田先生爲族昆弟，因是留公肄業，切劘最深。吳下經生，首推張、惠，公兼聞緒論，引伸觸類，於漢唐諸儒之說，疏證精覈，其學大成。」

乾隆十八年癸酉　1753　24 歲　畢沅中舉人

○秋八月，畢沅應順天鄉試，中式舉人。（史善長《弇山畢公年譜》）

乾隆二十年乙亥　1755　26 歲　畢沅入職軍機處

○是年，畢沅補授內閣中書，入直軍機處，由於敏於所職，甚得傅恒、汪由
敦器重。

　　　　據史善長編《弇山畢公年譜》乾隆二十年乙亥 26 歲條稱：「九月，
　　復束裝北上，歲暮抵京師，補授內閣中書，入直軍機處。」

　　　　又據史善長編《弇山畢公年譜》乾隆二十一年丙子 27 歲條稱：「公
　　僕直樞庭，目攝手披，才思敏給。大學士傅文忠公恒、汪文端公由敦
　　久筦機地，識鑒宏遠，早以公輔期之。」

乾隆二十五年庚辰　1760　31 歲　畢沅中進士

○三月，畢沅以內閣中書參加會試，中式第二名進士，五月殿試廷對，高宗
對其經學、屯田二篇嘉獎再三，遂拔置一甲一名。授翰林院修撰，充日講
官起居注。（史善長《弇山畢公年譜》）

乾隆二十六年辛巳　1761　32 歲　畢沅入直翰林院

○散館入翰林院，畢沅深受掌院劉統勳的器重，以畢沅「才望夙著，凡院中
文章制誥，悉委公手定」。（史善長《弇山畢公年譜》）

乾隆三十一年丙戌　1766　37 歲　畢沅升授翰林院侍講

○是年，畢沅升授翰林院侍講，兼一統志、方略館纂修官。

　　　　據史善長編《弇山畢公年譜》乾隆三十一年丙戌 37 歲條稱：「春
　　三月，充會試同考官。升授翰林院侍講，欽命教省庶吉士，兼一統志、
　　方略館纂修官。」

乾隆三十三年戊子　1768　39 歲　畢沅綜理新疆經費局務

○畢沅得甘肅總督吳達善賞識，奏留綜理新疆經費局務，遂駐蘭州。九月，
兼署按察使事務。（史善長《弇山畢公年譜》）

乾隆三十六年辛卯　1771　42 歲　畢沅補授陝西布政使

乾隆三十七年壬辰　1772　43 歲　畢沅護理陝西巡撫印務

○十二月十九日為蘇軾生辰，畢沅招賓客賦詩以祀之，此後遂以為常。

　　　　據史善長編《弇山畢公年譜》乾隆三十七年壬辰 43 歲條稱：「公
　　以蘇東坡先生曾任鳳翔道通判，故於十二月十九日生辰設祀，招賓客

賦詩始於是年。公先成七古一篇，和者十有四人。自此歲以爲常，凡
知名之士來幕中者，皆續詠焉。」

乾隆三十九年甲午　1774　45歲　畢沅任陝西巡撫

○錢坫中順天鄉試副榜貢生，就職州判。至關中，在畢沅幕下，與陽湖孫星
衍、洪亮吉輩，討論訓故輿地之學。畢沅以其才，奏留陝西，補授乾州州
判，署興平、韓城等縣，嗣又兼署武功。（李桓《國朝耆獻類徵初編》卷二
百五十六）

乾隆四十年乙未　1775　46歲　畢沅任陝西巡撫

○是年，嚴長明遊陝西，畢沅與之商談編纂《西安府志》。

據舒其紳、嚴長明《西安府志》卷首，畢沅《序》：「歲乙未，江
寧嚴侍讀長明以病在告，稅駕關中，因以積疑與之上下，侍讀所見多
與余相吻，丙申入覲，爰請先將關中府志重加修輯，荷蒙俞允。」

○是年，畢沅於關中扶持書院，以作育人才。

據史善長編《弇山畢公年譜》乾隆四十年乙未46歲條稱：「公器
量閎深，惟以維持風教、激揚士類爲己任，天下翕然歸之。關中舊有
書院，爲馮恭定先生講學地。公蒞任後，諮訪明師，必取博通今古、
品行方正者主之。妙選俊髦，潛心數學，共相觀摩。後與司道按月輪
課，親赴書院，詳加甲乙。並飭各府州縣書院，皆實心延訪通人，其
姓名、籍貫及更換、開館日期，具報撫藩衙門察核，兼責成本道訪查，
有不稱職者更之，以收實效、勵人才。奏入，諭各省建立書院處皆仿
之。」

乾隆四十一年丙申　1776　47歲　畢沅任陝西巡撫

○是年四月，王昶至西安，與畢沅幕中好友王文治、嚴長明置酒歡聚。（嚴榮
《述庵先生年譜》）

○是年，畢沅編《關中勝蹟圖志》刊行。該志雖志名冠以「關中」二字，但
其實際記述範圍擴及全陝，其突出特點是注重實地考察，儘管它薈萃了古
今有關記載，但其中大部分材料都是經過畢沅的實地驗證之後才決定取捨
的。（畢沅《奏進關中勝蹟圖志原疏》）

○是年，莊炘協助嚴長明纂修《西安府志》。（舒其紳、嚴長明《西安府志》
卷首，畢沅《序》）

乾隆四十二年丁酉　1777　48 歲　畢沅任陝西巡撫

○正月，畢沅奏請修華嶽廟及諸古蹟。（史善長《弇山畢公年譜》）

○是年春，張鳳孫至畢沅西安節署，爲其《靈巖山人詩集》作序，稱讚其度
隴以來吟草「意氣激昂，情文俳惻，奇則石破天驚，正則珠和玉潤，調高
響逸，神味不窮。」（張鳳孫《靈巖山人詩集序》）

○是年，畢沅爲表彰黃廷桂、尹繼善、陳宏謀、吳達善等人，奏請將其入祀
名宦祠。

> 據史善長編《弇山畢公年譜》乾隆四十二年丁酉 48 歲條稱：「公
> 雖當燕閒，而國計民生無一不熟籌胸次，尤好表章前哲。大學士黃公
> 廷桂、尹公繼善、陳公宏謀、總督吳公達善在秦時，皆有善政，奏請
> 入祀名宦祠。」

○是年，畢沅欲召戴震往陝西幕府，但戴震此年五十有五，又考慮路途太遠，
不往。（段玉裁《戴東原先生年譜》）

乾隆四十三年戊戌　1778　49 歲　畢沅任陝西巡撫

○是年，畢沅奏請添設周公後裔爲五經博士，部議允行。

> 據史善長編《弇山畢公年譜》乾隆四十三年戊戌 49 歲條稱：「嘗
> 因事經咸陽縣北畢原，展謁元聖周公墓，諮訪後裔有姬姓奉祀生一人
> 守墓。公以關閩濂洛諸儒後裔皆有世襲之職，至伯禽少子之食採於東
> 野者爲東野氏，已於康熙年閒聖祖仁皇帝加恩世襲翰林院五經博士，
> 今咸陽爲元聖祠墓所在，宗支單弱，雖有奉祀生之名，實與齊民無異，
> 請加恩添設五經博士一員，准將咸陽姬姓嫡派子孫照曲阜東野氏之
> 例，予以世襲，俾永奉元聖周公及文武成康四王陵祀。奏入，部議允
> 行。」

○是年，李帶雙、張若修《鄜縣志》成，畢沅爲之作《序》，稱該志爲靈感錄、
道統錄，爲方州小志創體。（李帶雙、張若《鄜縣志》卷首，畢沅《序》）

乾隆四十四年己亥　1779　50 歲　畢沅任陝西巡撫

○是年，嚴長明《西安府志》成書，共八十卷，搜薈羣籍，決疑糾謬，有功
學林匪淺。

> 據史善長編《弇山畢公年譜》乾隆四十四年己亥 50 歲條稱：「西
> 安古稱天府四塞，自豐鎬宅京，而後秦、漢、隋、唐咸建都於此，因
> 是掌故甲於他省。公來撫茲土七年，名山大川，以暨故墟廢井，車馬

經由過半。於山，則終南、惇物、太乙、華山、武功、太白；於水，則灞、滻、涇、渭、灃、滈、潦、潏，其閒存亡分合，雖孔傳、班書、桑經、酈注，迄無定論，錐指莫由；其它襲故沿訛，更難究詰。古之纂述，如《關中記》、《三輔決錄》、《咸鎬故事》、《兩京新記》、《兩京道里記》，皆散佚不傳；幸宋敏求《長安志》，藏書家尚有副本。因屬通人搜薈羣籍，凡與秦中文獻關涉者，計得千五百種。發凡舉例，類聚區分，文成數萬，爲門一十有五，分類五十有一，合成一百卷，親加裁削，爲《西安府志》八十卷。」

乾隆四十五年庚子　1780　51歲　畢沅任陝西巡撫

○十月，畢沅以母憂家居吳門，聞孫星衍遊吳門，遂延之里第，與錢坫同修《關中勝蹟圖志》。（張紹南、王德福《孫淵如先生年譜》）

　　　　筆者按：《關中勝蹟圖志》已於乾隆四十一年獻上朝廷，此正成書的應爲《關中金石記》。

○十月，畢沅邀蔣和寧、錢大昕、趙翼、錢坫、孫星衍同遊靈巖山館。（張紹南、王德福《孫淵如先生年譜》）

○冬，畢沅奉命復撫陝，孫星衍以遠遊必告返句容。歲除，孫星衍返畢沅幕。（張紹南、王德福《孫淵如先生年譜》）

○是年，金嘉琰、朱延模修，錢坫纂《朝邑縣志》刊行。清代學者稱其「文簡於前，事增於舊」。（高峰《陝西方志考》）

○是年，乾隆御書「經訓克家」四字以賜，畢沅奉賜擇靈巖山之陽見御書樓，旁築祠宇，秋七月，祠成，錢大昕爲之作記，梁同書書於石上。（史善長《弇山畢公年譜》）

乾隆四十六年辛丑　1781　52歲　畢沅任陝西巡撫

○春三月，華陰嶽廟工竣。（史善長《弇山畢公年譜》）

○五月，著名學者洪亮吉應孫星衍邀入陝。「畢公聞先生來，倒屣以迎，翌日遂延入節署，時幕中爲長沙吳舍人泰來、江寧嚴侍讀長明、嘉定錢州判坫及孫君（星衍——引者注）與先生凡五人。……偕畢公籌兵劃餉，暇時即分韻賦詩，常至丙夜。」（呂培《洪北先生年譜》）

○七月，畢沅《關中金石記》成書，錢大昕爲之作序，錢坫作《書後》，洪亮吉、孫星衍亦爲之作《書後》，諸人皆推揚畢沅金石之學有功於學林。（畢沅《關中金石記》卷首，錢大昕《序》）

○是年秋，黃仲則入幕。並於是年冬，離開畢沅幕入都。

> 按《黃仲則先生年譜》記載：「畢公撫陝時，愛才下士，校刊古書。時幕府之士甚眾，尤著者為長洲吳舍人泰來，江寧嚴侍讀長明，嘉定錢州判坫及稚存、淵如，先生至，極詩文、燕會之樂。」

○是年，孫星衍與嚴長明、錢坫校訂古書，校注《山海經》成。九月九日，畢沅自序《山海經新校正》，道及作此書之原委。（畢沅《山海經新校正》卷首《自序》）

○十月十五日，畢沅自序所補正《晉書地理志》，以誌其緣起。（畢沅《晉書地理志新補正卷一併序》）

○十月，畢沅著《老子道德經考異》成，其自序所著，暢發對老子及其所作《道德經》之見解。　（畢沅《老子道德經考異》卷首自《序》）

○十月末，江南道御史錢澧上疏奏畢沅作為陝甘督臣對於冒賑一案不予理睬之罪。（方樹梅《錢南園先生年譜》）

○是年，熊家振、張塤修《扶風縣志》成，畢沅為之作序。（熊家振、張塤《扶風縣志》卷首，畢沅《序》）

乾隆四十七年壬寅　1782　53歲　畢沅任陝西巡撫

○自是年十一月十七日始，至明年二月二日止，與幕中文士為「消寒之會」，詩酒唱和，成《官閣圍爐詩》二卷。

> 據史善長編《弇山畢公年譜》乾隆四十八年癸卯54歲條稱：「公以去冬關中年豐人樂，因與吳舍人泰來，及幕中文士為消寒之會。自壬寅十一月十七日始，每九日一集，至癸卯二月二日止，分題拈韻，成《官閣圍爐詩》二卷。」

○十二月，盧文弨、錢大昕敘畢沅所輯《關中金石記》，讚譽其在金石之學方面的成就。

○是年，孫星衍撰《直隸邠州志》、《醴泉縣志》成。（張紹南、王德福《孫淵如先生年譜》）

○是年，畢沅著《樂遊聯唱集》，幕府中吳泰來、嚴長明、洪亮吉、孫星衍、錢坫等和之，稱一時之盛。

> 據史善長編《弇山畢公年譜》乾隆四十七年壬寅53歲稱：「時在幕府者長洲吳舍人泰來、江寧嚴侍讀長明、陽湖洪孝廉今翰林院編修亮吉、孫文學今山東兗沂曹道星衍、嘉定錢明經今乾州州判坫，皆吳

會知名士，門人伏羌，令楊芳燦序之。」

又據《樂遊聯唱集》卷首楊芳燦《樂遊聯唱集序》記：「樂遊者，我靈嚴夫子與同幕諸公之所著也。……洵學海之洪瀾，藝林之密寶也已。」

○是年，孫星衍半夕即作詩數十首，有《東坡生日詩》在內，畢沅歎爲逸才。（張紹南、王德福《孫淵如先生年譜》）

乾隆四十八年癸卯　1783　54歲　畢沅任陝西巡撫

○二月二十六日，孫星衍爲畢沅所著《山海經新校正》作後序，推揚畢沅於《山海經》之訂訛惕弊之功。（畢沅《山海經新教正》卷末，孫星衍《後序》）

○三月，畢沅自敘所著《說文解字舊音》，闡發作此書之旨。（畢沅《說文解字舊音》卷首，自《序》）

○三月，黃仲則出都，將復至西安畢沅幕，至解州疾，四月二十五日卒於河東鹽運使沈富業署中。畢沅及王昶等厚賻之。（毛慶善、季錫疇《黃仲則先生年譜》）

○四月，畢沅自敘所著《夏小正考注》，闡發自己對《夏小正》的見解和取向。

○九月十五日，畢沅自敘所著《經典文字辯證書》，誌其作是書之緣起與用力所在。（畢沅《經典文字辯證書》卷首，自《序》）

○十二月，畢沅自敘所校《墨子》，就《墨子》一書的懸疑問題提出己見，於深化《墨子》研究甚爲有功。　（畢沅《墨子注》卷首，自《序》）

○是年，孫星衍爲畢沅校勘宋敏求《長安志》，刊刻《山海經》竣事。（張紹南、王德福《孫淵如先生年譜》）

○是年，王復至關中謁畢沅，遂留節署。（王復《嘉平七日舉第二子招同人作湯餅會用昌黎示兒韻》，《晚晴軒稿》卷六。）

○是年，幕中吳泰來爲關中書院院長，王昶與幕中嚴長明、錢坫、莊炘、徐堅、洪亮吉、孫淵如、王復等常以詩詞唱和爲樂。（嚴榮《述庵先生年譜》）

○是年，鄧夢琴《洵陽縣志》成，畢沅爲之作序，稱讚該志「編次井井，勿漏勿支，據群志以證南志沿革之僞，據宋書以糾通志避諱之非……」。（鄧夢琴《洵陽縣志》卷首，畢沅《序》）

乾隆四十九年甲辰　1784　55歲　畢沅任陝西巡撫

○二月，畢沅自敘所著《音同義異辨》，表明作此書意在與《經典文字辯證書》

相發明，闡發其中所蘊含的「通假借之道」。（畢沅《音同義異辨》卷首，
自《序》）

○六月，畢沅自序重刊《三輔黃圖》，表彰此書之重要性。 （畢沅《三輔黃
圖新教正》，卷首自《序》）

○六月，程晉芳乞假來陝抵署，即病不起，畢沅與洪亮吉等日爲營劃醫藥，
及歿，皆躬視含斂。（羅繼祖《程易疇先生年譜》）

○八月十五日，畢沅自序所掇輯《晉太康三年地志》、《晉書地道志》，表彰此
兩書有益於實事實學。（畢沅《晉太康三年地志王隱晉書地道志總序》）

○是年，孫星衍爲畢沅所校《墨子》一書作《後敘》，表彰畢沅之有功於墨學。
（畢沅《墨子注》卷末，孫星衍《後敘》）

乾隆五十年乙巳　1785　56歲 畢沅從陝西巡撫調任河南巡撫

○正月初一，洪亮吉爲畢沅所掇輯《晉太康三年地志》、《王隱晉書地道志》
作後敘。（洪亮吉《晉太康三年地志王隱晉書地道志後敘》）

○是年正月，畢沅入觀並摩唐開成石經，進呈擬薦洪亮吉、孫星衍、江聲所
書「國朝三體石經」，被當軸者所阻。（呂培《洪北江先生年譜》）

○是年二月，孫星衍由西安返句容，四月，隨至畢沅大梁節署。（《孫淵如先
生年譜》）

○五月，淮水泛濫，畢沅找到真源，通過治理淮水源頭，阻止了淮水繼續泛
濫。得到乾隆皇帝的表彰。

　　　　據史善長《弇山畢公年譜》乾隆五十年乙巳56歲載乾隆賜予《御
製淮源》曰：「今歲豫旱於春夏，荊歙旱於夏秋。因循淮水弱而清口淤，
既而豫得雨於夏末，則更黃水盛而清口有倒灌之患，期間晝夜卜度，
來往疇咨蓋不可屈指數矣。因思淮之弱必其源之微，或有沙石壅塞，
以至遏其流乎？其實撫臣畢沅以辦理賑恤事宜不能分身往，則命布政
使江蘭往致，禱淮瀆祠，且相其原之形勢。既而江蘭奏淮瀆故有祠，
更有禹廟，並得三大井於禹廟東，引歸正河，遂成巨川。因具圖貼說
呈覽。朕觀其圖，溪澗縈繆，山林深秀。所謂三泉者，未必即真源也。
其時賑恤章程已定，迺命撫臣畢沅親至胎簪山頂，遂得真淮源。具圖
以來，於是導淮自桐柏之言始信。蓋胎簪即桐柏之中峰，桑欽《水經》
非誤也，酈道元注以爲淮、澧同源，西流爲澧，東流爲淮，則今之分
水嶺，實在胎簪峰下，按圖可求。……江蘭向在部中，爲能馳馬耐辛

苦之能員，是以屢陞用至今職，而於登峰造極，跋涉以求得眞源，乃讓身軀孱弱佔畢之儒臣，斯則在立心之堅定與不堅定，及讀書與不讀書之分耳！既記其顚末並以嘉畢沅也。」

○是年，邵晉涵至畢沅河南幕府。第二年六月，至京師補官。（黃雲眉《邵二雲先生年譜》）

○是年，洪亮吉隨至畢沅河南幕。（呂培《洪北江先生年譜》）

○是年，畢沅修陝西西郊大崇仁寺，並起五百羅漢堂，屬王昶爲文，令嘉定汪照以隸書書之。（嚴榮《述庵先生年譜》）

○是年，方正澍至開封入畢沅幕府，作有《河南新樂府》六章，記畢沅在河南的政績。與幕中文人唱和頗多。（方正澍《弇山中承因河南旱災奏留漕糧並奉特恩加賑喜而有賦》，《子云詩集》卷五）

○是年，畢沅刊刻《吳會英才集》26 卷，所收入的十二個詩人中有八人都是畢沅的幕賓，他們分別是方正澍、洪亮吉、黃景仁、王復、徐書受、楊芳燦、陳燮和孫星衍。（《吳會英才集》卷首畢沅《序》）

○是年，汪中爲畢沅作《墨子後敘》。

按《容甫先生年譜》乾隆五十年乙巳條：「五十年五月十四日校《墨子》，後序略云：某既治墨子，牽於人事，且作且止。越六年有人陽湖孫季仇星衍以刊本示余，既受而卒業，意有未盡乃爲後序，以復於季仇與畢侍郎書云：予向者於周秦古籍多所校正，於墨子已有成書，謹錄序目奉上。」

○是年，盧文弨（字紹公）校注經訓堂本《山海經》。

據柳詒徵《盧抱經先生年譜》乾隆四十八年癸卯 67 歲條：「館藏經訓堂刊本《山海經》第一末葉朱書乾隆癸卯四月十七日盧抱經閱，六月六日重以藏經本校。第二末題癸卯五月二日閱。六月九日再校，癸丑十二月廿六日以傳錄宋本校，第十四末題七月八日閱，連雨七日，今禁屠。甲寅正月十三日校，第十五末題甲寅正月十四日校，第十六末題七月九日校，第十七題七月十一日校。」

○是年，汪中上書畢沅，曰射陽石門畫像，東漢時物，其石今在其家。（汪喜孫《容甫先生年譜》）

○是年，孫泰溶（字學成）至畢沅河南幕中，協助其處理政務，不久病歿。

據李桓《國朝耆獻類徵初編》卷四百三十八收畢沅作《孫泰溶傳》

云：「庚子春，予（畢沅——引者注）丁張太夫人憂，居吳下，先生（孫泰溶——引者注）適在紫庭吳中丞幕。……閱歲五年，予調撫豫省時，中州數被河患。……予日夜朝稟削牘，頭緒如絲棼，河工振務文卷積山，欲得事練而行純者，計無過孫先生，忽得手書，訂梁園之遊，以踐宿語。……爲予核倉儲、稽戶口，定煮振之規，嚴掩胳之舉。不及兩月，綱舉目張，有要政則披衣三四起。……」

乾隆五十一年丙午　1786　57歲　畢沅任山東巡撫

○二月，孫星衍由大梁節署至西安，客莊炘節署，纂修《長安志》、《咸寧縣志》。（張紹南、王德福《孫淵如先生年譜》）

○是年，袁枚致書畢沅，程晉芳卒後妻孥無以爲養，求畢沅資助，畢沅慨然籌三千金交桐城章淮澍代主，袁枚作《畢尚書撫孤行》推美於畢公。（方濬師《隨園先生年譜》）

○是年秋，錢泳爲畢沅用蠅頭小八分書書御製《淮源記》一篇，刻於端硯之腹以爲貢，迨奏進稱旨，沅喜，欲避其爲掌書記，泳以父母年高不果行。（胡源清、褚逢春《梅溪先生年譜》）

○是年，十一月，王昶出京經汴梁，至畢沅幕，與畢沅及幕中洪亮吉、徐堅置酒歡聚。（嚴榮《述庵先生年譜》）

○是年，洪亮吉修纂的《固始縣志》成，畢沅爲之作《序》，稱讚其「可與宋敏求、孟元老西京、汴京諸志錄較其優劣」。（洪亮吉《固始縣志》卷首，畢沅《序》）

乾隆五十二年丁未　1787　58歲　畢沅任河南巡撫

○是年正月，馮敏昌謁畢沅河南幕府，與幕中孫星衍、洪亮吉、王秋勝諸先生盤桓，夏初始別去。（馮士履、馮士鑣《先君子太史公年譜》）

○二月，畢沅河南幕中孫星衍、洪亮吉、唐柏田入都會試。（張紹南、王德福《孫淵如先生年譜》）

○八月初，凌廷堪入畢沅河南幕府，乾隆五十三年秋入京都，三應京兆試，中副車。（張其錦《凌次仲先生年譜》）

　　　　又按謝啓昆《樹經堂詩初集》卷四有《送凌仲子之河南》，詩末注曰：「時約從覃溪師遊廬山，仲子以往中州不果。」按該詩作於乾隆五十二年（1787），可知是年凌廷堪已在河南。

○九月，王鳴盛爲畢沅新校正《長安圖志》作序，表彰畢沅「靜察乎考古之

足以證今，披圖案牒以興革利弊」的爲學精神。

　　　據畢沅新校正《長安圖志》（《經訓堂叢書》本）卷首王鳴盛《新
　　校正長安圖志序》：「與圖每卷署河濱漁者，實出元李好問撰《古人地
　　志》，必與圖俱。司會、司書等職所謂版圖、地圖者，此物此志也。先
　　生彙訂以傳，亦猶土訓、誦訓之地道圖、道方志云爾。乾隆五十有二
　　年歲次丁未季秋之月，嘉定王鳴盛西莊氏再拜謹譔，時年六十有六。」

○是年，成《中州金石記》5卷。

　　　據史善長編《弇山畢公年譜》乾隆五十二年丁未 58 歲條稱：「自
　　關中移節，迄今三載，公暇搜羅金石文字，考其同異，聚而拓之，編
　　爲《中州金石記》五卷。」

○章學誠於是年冬因周震榮的介紹到河南去見巡撫畢沅，與洪亮吉、武億等
　爲畢沅編寫《史籍考》，章氏擬作《論修史籍考要略》，明年春成。（胡適、
　姚名達《章實齋先生年譜》）

○是年十月，錢泳受畢沅之聘到達畢沅開封幕府。

　　　據胡源、褚逢春《梅溪先生年譜》：「……九月啓航，十月到開封，
　　至巡撫節署，時同在幕中者爲吳竹嶼泰來、孫淵如星衍、洪稚存亮吉、
　　章實齋學誠、馮魚山敏昌、方子雲正澍、凌仲子廷堪、徐朗齋嵩，皆
　　一時名宿也。」

○十一月，洪亮吉從京城回開封節署，撰《乾隆府廳州縣圖志》。（呂培《洪
　北江先生年譜》）

○是年，洪亮吉主纂《登封府志》成，畢沅亦評價其志「他日傳是書者，當
　與宋敏求、孟元老同稱，非近今方志所可同日語也」。（洪亮吉《登封府志》
　卷首，畢沅《序》）

○是年，黃文蓮、吳泰來所修《唐縣志》成。（高峰《陝西方志考》）

乾隆五十三年戊申　1788　59 歲 畢沅由河南巡撫升任湖廣總督

○正月，畢沅幕中爲蘇軾作誕辰，幕中同人各賦七言長句一章，參加者除東
　翁畢沅，另有凌廷堪、吳泰來、張吾山、唐仁埴、方正澍、洪亮吉、徐朗
　齋、朱秋岩、沈春林、王石華、王藹夫。

　　　按張其錦《凌次仲先生年譜》乾隆五十三年戊申 32 歲條：「秋帆
　　先生每歲十二月十九日置酒高會爲東坡作生日，丁未冬，以病不果。
　　於戊申正月補爲之。時在座者先生及吳竹嶼舍人、張吾山廣文、唐拓

田進士、方子雲布衣、洪稚存博士、徐朗齋孝廉、朱秋巖明經、沈春林上舍、王石華、藺夫二茂才也。」

○三月初一，章學誠致書洪亮吉，詢問《史籍考》材料搜集情況。參與編纂者還有幕賓武億、淩廷堪。

　　　　據章學誠《與洪稚存博士書》：「……三月朔日爲始，排日編輯《史考》。檢閱《明史》及《四庫》子部目錄，中間頗有感會，增長新解，惜不得足下及盧谷（指武億——引者注）、仲子（指淩廷堪——引者注）諸人，相與縱橫其議論也。然蘊積久之，會當有所發泄。不知足下及仲子，此時檢閱何書？史部提要已鈔畢否？《四庫》集部目錄，便中檢出，俟此間子部閱畢送上，即可隨手取集部，發交朶力也。《四庫》之外，《玉海》最爲緊要，除藝文、史部毋庸選擇外，其餘天文、地理、禮樂、兵刑各門，皆有應采輯處，不特藝文一門已也。此二項訖工，廿三史亦且漸有條理，都門必當有所鈔寄。彼時保定將家既來，可以稍作部署。端午節後，署中聚首，正好班分部別，暨起大間架也。至檢閱諸書，采取材料，凡界疑似之間，寧可備而不用，不可遇而不采，想二公有同心也。茲乘羽便，先此布聞，其餘一切，須開學後，接見諸生與此間人士，多有往返，性情相喻，乃可因地制宜。」

○是年四月，趙懷玉至河南，與畢沅幕府中洪稚存、徐朗齋、錢泳等遊大梁。（趙懷玉《收庵居士自敘年譜》）

○是年四月，章宗源寄來《逸史》，章學誠擬附入《史籍考》。

　　　　據《章氏遺書》卷十三《與邵二雲書》中云：「逢之寄來《逸史》，甚得所用。至云摭逸之多，有百餘紙不止者，難以附入《史考》，但須載其考證。此說亦有理。然弟意以爲，搜羅《逸史》，爲功亦自不小。其書既成，當與余仲林《經解鉤沉》可以對峙，理亦別置一書，另刻以附《史考》之後。」章氏《與邵二雲書》最後落款日期爲四月廿二日，胡適、姚名達《章實齋先生年譜》認爲此書寫於乾隆五十三年，而倉修良《文史通義新編新注》則爲乾隆五十六年。章氏於《與邵二雲書》中，除表明對於章宗源《逸史》的安排處理情況，還談到搜集宋元以來「逸史」的途徑和方法：「至宋、元以來，史部著述浩繁，自諸家目錄之外，名人文集，有序文題跋，雜書說部，有評論敘述，均須摘抉搜羅。其文集之敘跋，不無仰資館閣，說部則當搜其外間所無

者，此事不知張供事能勝任否？吾兄幸熟計之。若得此二事具，則於采擇之功，庶幾十得其八九矣。」從這段引文可知，章氏寫此信時，《史籍考》仍處在搜集材料階段，因此此書當寫於乾隆五十三年四月。

○是年春，章學誠致書邵晉涵，於書信中與邵氏商量編纂《史籍考》事宜。

據章學誠《章氏遺書》卷九《與邵二雲書》：「自到河南，三度致書，想俱邀鑒矣。春氣漸舒，足下比日作何消遣？所商《史籍考》事，亦有所以教正耶？望不吝也。」

○五月二十三日，章學誠致書孫星衍，談《史籍考》編纂事，提出「凡涉著作之林，皆是史學」的主張。

據《章氏遺書》卷九《報孫淵如書》：「……承詢《史籍考》事，取多用宏，包經而兼采子集，不特如所問地理之類已也。……愚之所見，以爲盈天地間，凡涉著作之林，皆是史學，《六經》特聖人取此六種之史以垂訓者耳。」

○凌廷堪於七月辭畢沅幕，離開封，付京師趕考。（張其錦《凌次仲先生年譜》）

○是年八月，畢沅擢升湖廣總督，洪亮吉隨行至武昌節署，歲末，汪中、毛大瀛、方正澍皆至畢沅湖北節署，談燕之雅，不減關中。（呂培《洪北江先生年譜》）

○是年九月，錢泳抵吳門，爲畢沅選刻晉、唐、宋、元諸墨迹，署名曰：「經訓堂帖」。（胡源、褚逢春《梅溪先生年譜》）

○十月十三日，孫星衍校勘《晏子春秋》畢。

據《問字堂集》卷三《晏子春秋序》稱：乾隆五十三年，歲在戊申，十月晦日書。

○是年，錢泳爲畢沅在河南幕中校勘《中州金石記》。（胡源、褚逢春《梅溪先生年譜》）

○是年，洪亮吉所修《懷慶府志》成。（洪亮吉《懷慶府志》卷首，《序》）

○是年，徐朗齋所修《衛輝府志》成。（徐朗齋《衛輝府志》卷首，畢沅《序》）

乾隆五十四年己酉　1789　60歲　畢沅任湖廣總督

○正月，洪亮吉離開武昌節署北上。（呂培《洪北江先生年譜》）

○春，凌廷堪辭李汝璜幕，往湖北入畢沅幕。八月辭幕赴南京應江南鄉試。（張其錦《凌次仲先生年譜》）

○是年四月，錢泳抵達畢沅武昌幕府。（胡源、褚逢春《梅溪先生年譜》）

○孟夏，畢沅校勘《呂氏春秋》成。

> 據《呂氏春秋》畢沅校正本卷首《呂氏春秋新教正序》記：「……
> 暇日，取元人大字本以下，悉心校勘。同志如抱經前輩等，又各有所
> 訂正，遂據依付梓。鳩工於戊申之夏，逾年而告成。」

○是年八月，方正澍、洪亮吉、徐朗齋諸君棧於黃鶴樓，吹笛做賦。（胡源、
褚逢春《梅溪先生年譜》）

○是年八月，值和珅四十生辰，畢沅賦壽詩十首，序一篇，寄京師為祝壽。
錢泳繕寫小冊，笑曰：「公豈欲以是冊入冰山錄中耶？」畢沅默然，乃焚其
詩。錢泳在武昌百餘日，遂返吳門經理可貼之事。（胡源、褚逢春《梅溪先
生年譜》）

○是年冬，章學誠按部湖南，畢沅居母憂，請其為母作墓表。（《章氏遺書》
卷十六《為畢制府撰張太恭人表》）

○十二月二十九日，章學誠致書畢沅，為之祝壽，並懇請再入畢沅湖北幕府，
繼續編纂《史籍考》。

> 據《章氏遺書·補遺》中《上畢制府書》：「今逢閣下六旬初度，……
> 謹撰五言古詩，自廁伶優絲竹之末，伏惟閣下鑒其愚忱，垂之一盼。
> 倘得馳一介之使，費崇朝之享，使學誠得治行具，安家累，仍從賓從
> 之數，獲成《史籍》之考，……學誠臨書，不勝欣望依溯之至。」

○是年，汪中至畢沅幕中。（汪喜孫《先君年表》）

○是年，汪中為畢沅撰江陵萬城堤《鐵牛銘》。

> 據《容甫先生年譜》五十四年己酉條：「大江自宜都西來入荊州境，
> 其上兩山束之堤自萬城始。五十三年夏雨，漢沔、洞庭、彭蠡俱漲，
> 爭入江以截江趨海之勢江水騰溢，江陵堤決」二十二處，高宗命畢沅
> 為湖廣總督發帑五十萬修之。又命大學士阿桂督工，工既成，援作是
> 篇。

○是年，畢沅重修黃鶴樓，囑汪中作《黃鶴樓銘》，汪中撰文，程瑤田書石，
錢坫篆額，當時稱為「三絕」。（羅繼祖《程易疇先生年譜》）

○是年，江聲入畢沅幕府，當時畢沅正準備重刊《釋名》，他助畢沅加以注釋
編撰，題名《釋名疏證》。（李桓《國朝耆獻類徵初編》卷四百二十一）

○是年，《釋名疏證》成書，畢沅為之序。後又託江聲重校，江聲請刻篆書，
於是以刪改定本刻成《篆字釋名疏證》。

按畢沅《釋名疏證》卷首《序》：「凡三閱歲而成，復囑吳縣江君聲審正之。江君欲以篆書付刻，余以此二十七篇內俗字較多，故依前隸寫云，所以仍昔賢之舊觀，視來學以易曉也。」

又按《釋名疏證》又《序》：「即而覆視所刻，輒復刪改，適江君又以書請，遂以刪改定本屬之抄寫，並述前敘未盡之意，復爲敘以詒之。」

乾隆五十五年庚戌　1790　61歲　畢沅任湖廣總督

○是年二月，錢泳、王文治、潘榕皋及其弟雲浦、張復純至吳門，遊畢沅靈巖山館，集畢沅樂圃觀所藏法書名畫，彈琴賦詩，暢飲終日。（胡源、褚逢春《梅溪先生年譜》）

○是年三月，畢沅爲章學誠在武昌開局，繼續編纂《史籍考》，並協助畢沅校讎《續資治通鑒》。（胡適、姚名達《章實齋先生年譜》）。

○是年三月，洪亮吉考中進士應禮部會試，四月榜發，考二十六名，殿試擢一甲二名進士，五月入職翰林院，離開畢沅幕府。（呂培《洪北江先生年譜》）

○是年春夏之交，段玉裁泝江至畢沅湖北幕府。但不久即離開畢幕。（劉盼遂《段玉裁先生年譜》）

　　又按羅繼祖《段樊懋先生年譜》乾隆五十五年條收段玉裁《與邵二雲書》云：「……近者索居每但，乃泝江至秋帆先生所一行，月內當即歸，不能久滯也。」

○是夏，王文治來畢沅武昌節署，爲畢沅較《靈巖山人詩集》，並作序。（王文治《靈巖山人詩集序》）

○是秋，與章學誠同客畢沅幕府之款縣詩人左眉將歸里，行前薦胡虔入幕，協助章學誠。（左眉《靜庵詩集》卷四《述舊事一篇寄章實齋》；卷六《晚登黃鶴樓》）

○是年，鄧石如入畢沅幕。（胡源、褚逢春《鄧石如先生年譜》）

○是年，汪中自武昌歸里。（汪喜孫《容甫先生年譜》）

乾隆五十六年辛亥　1791　62歲　畢沅任湖廣總督

○正月，馮敏昌至畢沅湖北幕中，留數日，離去。（馮士履、馮士鑣《先君子太史公年譜》）

○是年，章學誠作《論文上弇山尙書》，與畢沅討論浦氏譜傳問題。（《章氏遺書》卷九）

○是年，章學誠作《爲畢制府撰浦贈公墓碑》。

> 按《章氏遺書》卷九《論文上弇山尚書》中曰：「浦公譜傳，荒陋
> 殊甚，法度所關，實有難措筆處。如欲爲伊贈公撰碑，而家傳並無贈
> 公名字……」所言浦公，當時爲「巡撫湖南侍郎」（見《嘉善茜涇浦氏
> 支譜序》），與畢沅爲同僚。據此可知，《墓碑》是和《論文上弇尚書》
> 同時的作品。

○是年，胡虔入畢沅幕，協助編纂《史籍考》，乾隆五十七年離開，入謝啓昆
幕。（尚小明《胡虔生平繫年》）

乾隆五十七年壬子　1792　63歲　畢沅任湖廣總督

○是年，汪中寫定《述學》內篇三卷，外篇一卷，致書畢沅，自述所爲文恒
患意不逮文，文不稱物。（汪喜孫《先君年表》）

○是年，畢沅入觀，招名公卿雅集於孫星衍處。（《張紹南、王德福《孫淵如
先生年譜》》）

○畢沅發願纂修編年體宋、元史，歷時二十年，於是年初成《續資治通鑒》，
章學誠代畢沅書錢大昕，請其爲之校正《續資治通鑒》。（章學誠《爲畢制
軍與錢辛楣宮詹論續鑒書》）

○是年，章學誠撰《公安縣志》成。（《中國地方志聯合目錄》）

○是年，章學誠主持《湖北通志》的編纂。（章學誠《爲畢制府撰〈湖北通志〉
序》）

乾隆五十八年癸丑　1793　64歲　畢沅任湖廣總督

○是年，鄧石如致書畢沅，爲其子書《說文字原》一編。有「和畢秋帆《黃
鶴樓詩》，並作《和詩》行書大幅中堂。」並於是年離幕，畢沅留之不可，
乃爲石如製精鐵硯一方，贈以千金買田購屋。臨行前，畢沅觸石如之行曰：
「山人，吾幕府一清涼散也。今行矣，甚爲減色。」四座慚沮。（穆孝天、
許佳瓊《鄧石如先生年譜》）

> 讀鄧石如《與畢沅》書可見石如學術根底：「琰謂字書如河海，不
> 得其航，終望洋而興歎也。連日爲少君述《說文字原》一編，凡一字
> 之意，俱從《說文解字》之義，參以他書，細偉旁釋名晰，意義賅備。
> 日寫十字，爲之師者教以旁訓，不兩月，可了了也，並不防誦讀。若
> 不間斷，文字之原，宜可融貫，且無翻閱之勞。如能刻之，以淑世人，
> 若赴河海，不啻濟人以舟楫也。」

○是年，章學誠撰《荊州府志》成。(《中國地方志聯合目錄》)

乾隆五十九年甲寅　1794　65歲 畢沅由湖廣總督降補山東巡撫

○是年三月，章學誠《湖北通志》脫稿。

> 按胡適姚名達《章實齋先生年譜》乾隆五十九年甲寅57歲條：「三月中，乾隆帝巡幸天津，畢沅入關。畢沅入關時，囑先生於湖北巡撫惠齡。……時有進士嘉興陳熷者，乞先生推薦爲『校刊』之事，……不意陳熷受委後，即大駁《通志》全書之不當，以爲宜重修。……先生著有《駁陳熷議》一卷。」

○是年八月，畢沅降補山東巡撫，章學誠不久亦因與《湖北通志》編修館閣中人員不合，遂離開湖北。(胡適、姚名達《章實齋先生年譜》)

○是年冬，畢沅與阮元商議修纂《山左金石志》，遂檢關中、中州金石志付元，並定其義例，因奉命補授湖廣總督，屬阮元繼成其事。

> 據史善長編《弇山畢公年譜》乾隆六十年乙卯66歲條稱：「公與學政阮公元商議修纂《山左金石志》，搜羅廣博，考證精覈。會有湖督之命，諄屬阮公繼成其事。書成凡若干卷，其義例皆公定也。」

> 又據錢大昕《山左金石志序》：「乾隆癸丑秋，今閣學儀徵阮公芸臺奉命視學山左，公務之暇，諮訪耆舊，廣爲搜索。其明年冬，畢尚書來撫齊魯，兩賢同心贊成此舉，遂商榷條例，博稽載籍……」

○是年，章學誠撰《常德府志》成。(《中國地方志聯合目錄》)

○是年，畢沅自訂《靈巖山人詩集》40卷成。〔註1〕

> 據《靈巖山人詩集》每卷末署名之校訂者，參加編校《靈巖山人詩集》的幕賓有邵晉涵、洪亮吉、王復、錢坫、孫星衍、楊芳燦、楊揆、莊炘、陳燮、劉錫嘏、王宸、王嵩高、丁墿、崔龍見、趙秉淵、孫雲桂、毛大瀛、莊復旦、吳照、徐書受、桂馥、黃易、王湘、張景江、史善長、嚴觀、陸模孫。

〔註1〕 史善長編《弇山畢公年譜》乾隆五十八年癸丑64歲條稱：「公自訂集四十卷，始於甲子，迄於癸丑，故自題集後云：新編四十九年詩也。」但考《靈巖山人詩集》第四十卷，卷首目錄所標歲陰歲陽紀年「閼逢攝提格」指干支紀念甲寅年，即乾隆五十九年，故《靈巖山人詩集》所收詩作當自甲子至甲寅共五十年。

乾隆六十年乙卯　1795　66歲　畢沅復職任湖廣總督

○歲暮，章學誠致書浙江學政阮元，論訪求遺書，以助《史籍考》編纂。

> 據《章氏遺書》卷二十九《與阮學使論求遺書》云：「鄙人楚遊五年，秋帆制府《史考》功程，僅什八九。以苗頑稽討，未得卒業。暫歸省視家室，復作京師之遊，擬明年赴楚，終其役耳。比如訪得謝書，則報緘但寄邵二雲侍讀處，鄙人必與知之，爭先爲快睹也。」

○是年，錢大昕應畢沅請，校訂《續資治通鑑》，費士璣、李銳、瞿中溶共佐校讎之事。

> 按《瞿木夫自訂年譜》乾隆六十年乙卯條：「畢弇山先生總督兩湖，以所編宋元通鑑屬外舅閱定考正，在吳門開雕。與費在軒師、李四香茂才銳，共佐校讎之事。」

○是年，章學誠參與編修《石首縣志》成。（《中國地方志聯合目錄》）

嘉慶元年丙辰　1796年，67歲　畢沅任湖廣總督

○九月十二日，章學誠致書朱珪，欲借朱覓一書館，以完成《史籍考》。

> 據《章氏遺書》卷二十八《上朱中堂世書》記：「……夫以流離奔走之身，忽得藉資館穀，則課誦之餘，得以心力補苴《史考》，以待弇山制府軍旅稍暇，可以蔚成大觀，亦不朽之盛事，前人所未有也。而閣下護持之功，當不在弇山制府下矣。」

嘉慶二年丁巳　1797　68歲　畢沅任湖廣總督

○正月十七日，章學誠致書朱珪，請代謀浙江學政阮元、布政使謝啓昆，欲借二氏力續修《史籍考》。

> 據《章氏遺書・補遺》中《又上朱大司馬書》：「阮雖素知小子，而未知目下艱難，又未悉伊等所辦之事，於《史考》有互資之益，須閣下詳論以上情形，則彼必與謝藩伯、張運臺通長計較矣。」

○是年夏，史善長於辰州行館編《弇山畢公年譜》。

> 據史善長《弇山畢公年譜》嘉慶二年丁巳68歲條稱：「右年譜一卷，善長於丁巳夏初從事辰州行館，承公命掇拾編次，甫及半而公已病矣。將病前數日，公笑與善長曰：吾屢以此事屬君，君牽於眾務，卒未就。平生本末咸在聞知，比十年尤所親見，心勞力瘁，具有萬端，庶君能條縷而宣達之，惟冀速成，幸毋嫌能事促迫也。」

○七月三日丑刻，畢沅卒於辰州行館。章學誠有詩云：「終報軍前殞大星，三

年落魄還依舊。」（趙譽船《章實齋先生年譜》）

○是年，錢大昕仍爲畢沅校訂《續資治通鑑》，未蕆事而畢公卒，以其本歸公子。（錢慶增《竹汀先生年譜續編》）

○畢沅於畢生精力所著之《續資治通鑑》220 卷，至是年畢沅故世，所刻僅103 卷。

> 據史善長編《弇山畢公年譜》嘉慶二年丁巳 68 歲條稱：「公自爲諸生時，讀涑水《資治通鑑》，輒有志續成之。凡宋元以來事蹟之散逸者，網羅搜紹，貫串叢殘，雖久典封圻，而簿領餘閒，編摩弗輟，爲《續通鑑》二百二十卷。始自建隆，訖於至正，閱四十餘年而後卒業。復爲凡例二卷、序文一首，畢生精力盡於此書。」

> 又據《續資治通鑑》卷首馮集梧《序》記：「鎮洋故尚書畢秋帆先生著《續資治通鑑》，……經營三十年，延至一時軼才達學之士，參訂成稿。復經餘姚邵二雲學士核定體例付刻，又經嘉定錢竹汀詹事逐加校閱。然刻未及半，僅百三卷止。」

○是年九月，畢沅、阮元輯《山左金石志》成。十二月，錢大昕應阮元請爲該著撰序。（錢大昕《山左金石志序》，《潛研堂文集》卷二十五。

參考文獻

一、畢沅及其幕府著作

1. 畢沅：《經訓堂叢書》，清光緒十三年經訓堂刻本。
   - （1）畢沅：《關中金石記》，8 卷。
   - （2）畢沅：《中州金石記》，5 卷。
   - （3）畢沅：《山海經新教正》，18 卷篇目考 1 卷。
   - （4）畢沅（輯）：《晉書地道志》，1 卷。
   - （5）畢沅（輯）：《晉太康三年地記》，1 卷。
   - （6）畢沅：《晉書地理志新補正》，5 卷。
   - （7）畢沅（校）：《三輔黃圖》，6 卷補遺 1 卷。
   - （8）畢沅：《長安志新教正》，20 卷。
   - （9）畢沅（校）：《長安志圖》，3 卷。
   - （10）畢沅：《夏小正考注》，1 卷。
   - （11）畢沅（輯）：《說文解字舊音》，1 卷。
   - （12）畢沅：《音同義異辨》，1 卷。
   - （13）畢沅：《經典文字辯證書》，5 卷。
   - （14）畢沅：《釋名疏證》，8 卷補遺 1 卷續釋名 1 卷。
   - （15）畢沅：《老子道德經考異》，2 卷。
   - （16）畢沅：《墨子注》，16 卷篇目考 1 卷。
   - （17）畢沅：《呂氏春秋新教正》，26 卷附考 1 卷。
   - （18）孫星衍（校）：《晏子春秋》，7 卷。
   - （19）孫星衍：《晏子春秋音義》，2 卷。

2. 畢沅：《靈巖山人詩集》，清嘉慶四年經訓堂刻本。

3. 畢沅：《樂遊聯唱集》，清嘉慶四年經訓堂刻本。

4. 畢沅（輯）：《吳會英才集》，清道光間刻本。

5. 畢沅著、張沛校點《關中勝蹟圖志》，三秦出版社，2004 年版。

6. 畢沅、阮元：《山左金石志》，《續修四庫全書》史部，第 909 冊～910 冊。

7. 畢沅：《靈巖山館文鈔》，上海圖書館古籍部抄本。

8. 畢沅：《續資治通鑒》，中華書局，1988 年版。

9. 嚴觀：《湖北金石詩》，《楚書 楚史檮杌 湖北金石詩 紫陽書院志略》，湖北教育出版社，2002 年版。

二、古代典籍

1. 清高宗：《御製文二集》，文淵閣《四庫全書》本。

2. 徐乾學：《資治通鑒後編》，文淵閣《四庫全書》本。

3. 徐乾學：《資治通鑒後編》，文淵閣《四庫全書》，《史部》，《編年類》。

4. 《御批歷代通鑒輯覽》，文淵閣《四庫全書》，史部，編年類。

5. 李調元：《童山詩文集》，《續修四庫全書》本。

6. 莫友芝：《邵亭遺文》，《續修四庫全書》本。

7. 吳蘭庭：《胥石文存》，《續修四庫全書》本。

8. 謝啓昆：《小學考》，《續修四庫全書》本。

9. 謝啓昆：《樹經堂詩文集》，《續修四庫全書》本。

10. 洪亮吉：《卷詩閣集》，《四部備要》本。

11. 孫星衍：《孫淵如詩文集》，商務印書館編，《四部叢刊》本。

12. 趙一清：《水經注釋》，乾隆五十一年刻本。

13. 方正澍：《子云詩集》，乾隆間刻本。

14. 周震榮：《四寸學殘存》，乾隆年間刻本。

15. 王復：《晚晴軒稿》，嘉慶一年刻本。

16. 邵晉涵：《南江詩文鈔》，嘉慶九年刻本。

17. 王昶：《春融堂集》，嘉慶十二年塾南書舍刊本。

18. 程晉芳：《勉行堂詩文集》，嘉慶二十五年江寧鄧氏刻本。

19. 惠棟：《九經古義》，道光九年刻本。

20. 盧見曾：《雅雨堂文集》，道光十二年德州盧氏家刊本。

21. 史善長：《秋樹讀書樓遺集》，道光十六年吳江柳氏勝溪草堂刊本。

22. 陶澍：《陶文毅公全集》，道光廿年刻本。

23. 王鳴盛：《蛾術篇》，吳江沈氏世楷堂，道光二十一年（1841）本。

24. 武億：《授堂文鈔》，道光二十三年孫未刻授堂遺書本。

25. 姚瑩、顧沅、潘錫恩輯《乾坤正氣集》，道光二十八年戊申袁江節署求是齋刊版。

26. 梁玉繩：《清白士集》，清嘉慶道光間刊本。

27. 黃以周：《晏子春秋校勘》，光緒二年刻本。

28. 洪亮吉：《更生齋文甲集》，光緒四年授經堂重刊本。

29. 李垣：《國朝耆獻類徵初編》，光緒十年至十六年本。

30. 惠棟：《易漢學》，光緒十三年經訓堂刻本。

31. 惠棟：《明堂大道錄》，光緒十三年經訓堂刻本。

32. 惠棟：《禘說》，光緒十三年經訓堂刻本。

33. 王先謙：《釋名疏證補》，光緒二十一年刻本。

34. 俞樾：《春在堂雜文續編》，光緒二十三年複印本。

35. 阮元：《小滄浪筆談》卷三。清光緒二十六年刻本。

36. 汪中：《汪容甫先生遺詩》，民國 3 年石印本。

37. 章學誠：《章氏遺書》，民國 11 年吳興劉氏嘉業堂刊本。

38. 顧千里：《思適齋集》，民國 13 年排印本。

39. 王引之：《王文簡公文集》，民國 14 年鉛印本。

40. 汪中：《述學》，民國 14 年上海中國書店影印江都汪氏叢書本。

41. 葉衍蘭、葉恭綽：《清代學者像傳》，民國 19 年上海商務印書館，影印番禺葉氏手寫本。

42. 戴震：《戴東原集》，民國 21 年至 26 年影印安徽叢書本。

43. 孫星衍：《孫淵如外集》，民國 21 年北平圖書館刊本。

44. 惲敬：《大雲山房文稿》，上海商務印書館，民國 24 年影印本。

45. 朱筠：《笥河文集》，民國 25 年上海商務印書館排印叢書集成初編本。

46. 惠棟：《易漢學》，上海商務印書館，民國 26 年刊本。

47. 江藩：《國朝漢學師承記》，民國 26 年上海商務印書館排印叢書集成初編本。

48. 洪亮吉：《洪北江詩文集》，商務印書館，1935 年版。

49. 胡應麟：《少室山房筆叢》，中華書局，1958 年版。

50. 王鳴盛：《十七史商榷》，商務印書館，1959 年版。

51. 李斗：《揚州畫舫錄》，中華書局，1960 年版。

52. 吳則虞：《晏子春秋集釋》，中華書局，1962 年版，

53. 趙爾巽等：《清史稿》，中華書局，1977 年標點排印本。

54. 錢泳（輯）：《履園叢話》，中華書局，1979 年版。

55. 康有為著，崔爾平校注：《廣藝舟雙楫注》，上海書畫出版社，1981 年版。

56. 司馬遷：《史記》，中華書局，1982 年標點本。

57. 蔡冠洛：《清代七百人名傳》，北京中國書店，1984 年據中國書局本影印。

58. 徐慶榮：《玉山閣詩選》，中華書局，1984 年版。

59. 徐珂：《清稗類鈔選》，中華書局，1984 年版。

60. 王昶：《金石萃編》，中國書店據 1921 年掃葉山房本影印，1985 年版。

61. 郝懿行：《山海經箋疏》，巴蜀書社，1985 年版。

62. 章學誠：《章學誠遺書》，文物出版社，1985 年版。

63. 孫詒讓：《墨子間詁》，中華書局，1986 年版。

64. 張之洞撰、范希曾補正：《書目答問補正》，上海古籍出版社，1986 年 4 月版。

65. 徐世昌：《清儒學案小傳》，明文書局民國 74 年本。

66. 舒位等編：《三百年來詩壇人物評點小傳彙錄》，中州古籍出版社，1986 年版。

67. 《清高宗實錄》，中華書局，1986 年影印本。

68. 蕭統編，（唐）李善等注《六臣注文選》，中華書局，1987 年版。

69. 《清代野史》（第五輯），巴蜀出版社，1987 年版。

70. 《清史列傳》，中華書局，1987 年標點排印本。

71. 王昶：《蒲褐山房詩話》，齊魯書社，1988 年版。

72. 袁枚：《小倉山房詩集》，上海古籍出版社，1988 年排印本。

73. 陳其元：《庸閒齋筆記》，中華書局，1989 年版。

74. 裘毓麐：《清代軼聞》，上海書店出版社，1989 年版。

75. 錢大昕：《潛研堂文集》，上海古籍出版社，1989 年排印本。

76. 李桓《國朝耆獻類徵初編》，江蘇廣陵古籍刻印社，1990 年版。

77. 吳忠匡：《滿漢名臣傳》，黑龍江人民出版社，1991 年版。

78. 李元度：《國朝先正事略》（上、下），嶽麓書社，1991 年版。

79. 蕭穆：《敬孚類稿》，黃山書社，1992 年版。

80. 錢儀吉：《碑傳集》，中華書局，1993 年版。

81. 阮元：《揅經室文集》，中華書局，1993 年版。

82. 翁方綱：《復初齋文集》，上海古籍出版社，1995 年版。

83. 孫星衍：《倉頡篇》，上海古籍出版社，1996 年版

84. 裘曰修：《裘文達公詩集》，上海古籍出版社，1996 年版。

85. 薛應旂：《宋元資治通鑒》，全國圖書館文獻縮微複製中心，1996 年版。

86. 支偉成：《清代樸學大師列傳》，嶽麓書社，1998 年版。

87. 凌廷堪著，王文錦點校：《校禮堂文集》，中華書局，1998 年版。

88. 葛存虛：《清代名人軼事》，山西古籍出版社，1999 年版。

89. 王宗沐：《宋元資治通鑒》，北京出版社，2000 年版。

90. 慶桂等纂：《國朝宮史續編》，海南出版社，2000 年版。

91. 沈起元：《敬亭詩草八卷文稿九卷補遺一卷》，北京出版社，2000 年版。

92. 李燾：《續資治通鑒長編》，中華書局，2004 年版。

93. 朱熹：《晦庵先生文集》，北京圖書館出版社，2004 年版。

94. 《二十五史補編》第一冊，《漢書地理志補注》，中華書局，2006 年版。

95. 袁枚：《隨園詩話》，湖北辭書出版社，2007 年版。

96. 司馬光：《資治通鑒》，中華書局，2007 年版。

97. 王士禎：《池北偶談》，齊魯書社，2007 年版。

98. 錢大昕：《廿二史考異》，鳳凰出版社，2008 年版。

99. 劉知幾：《史通》，上海古籍出版社，2008 年版。

100. 余嘉錫：《四庫提要辯證》，中華書局，2008 年版。

101. 徐世昌等編纂：《清儒學案》，中華書局，2008 年版

102. 段玉裁撰，鍾敬華校點：《經韻樓集》，上海古籍出版社，2009 年版。

103. 王昶著，周維德輯校《蒲褐山房詩話新編》，人民文學出版社，2011 年版。

104. 嚴長明：《歸求草堂詩集》，葉德輝輯觀古堂彙刻本。

三、清人年譜

1. 陳祖武主編《乾嘉名儒年譜》，北京圖書館出版社，2006 年版。

（1）沈德潛：《沈歸愚自訂年譜》，乾隆二十九年刻本。

（2）段玉裁：《戴東原先生年譜》，乾隆五十三年重刻本。

（3）嚴榮：《述庵先生年譜》，嘉慶道光間刻本。

（4）馮士履、馮士鑣：《先君子太史公年譜》，道光間刻本。

（5）沈起元、沈宗約：《敬亭公年譜》，道光二十七年刻本。

（6）張其錦：《凌次仲先生年譜》，道光中池州章氏刊本《校禮堂全集》附。

（7）趙懷玉：《收庵居士自敘年譜》，道光間刻本。

（8）毛慶善、季錫疇：《黃仲則先生年譜》，清咸豐八年武進黃氏刻本。

（9）錢大昕：《錢辛楣先生年譜》，咸豐十年刊本。

（10）錢曾慶：《竹汀居士年譜續編》，咸豐十年刊本。

（11）張鑒：《雷塘庵主弟子記》，清咸豐間刻本。

（12）方濬師：《隨園先生年譜》，同治九年刻本。

（13）佚名：《甌北先生年譜》，光緒三年重刻本。

（14）楊芳燦：《蓉裳先生自訂年譜》，光緒五年開化余氏刊本。

（15）楊芳燦、余一鼇：《楊蓉裳先生年譜》，光緒五年刻本。

（16）錢儀吉：《文端公年譜》，光緒二十年刻本。

（17）瞿中溶：《瞿木夫先生自定年譜》，吳興劉氏嘉業堂，民國 2 年刻本。

（18）汪喜孫：《容甫先生年譜》，民國 14 年上海中國書店影印本。

（19）方樹梅：《錢南園先生年譜》，民國 18 年刻本。

（20）黃雲眉：《邵二雲先生年譜》，民國 22 年鉛印本。

（21）羅繼祖：《程易疇先生年譜》，民國 23 年上虞羅氏墨緣堂石印本。

（22）羅繼祖：《段懋堂先生年譜》，上虞羅氏墨緣堂，民國 25 年石印本。

（23）劉盼遂：《段玉裁先生年譜》，民國 25 年北平來熏閣書店排印本。

（24）胡源、褚逢春：《梅溪先生年譜》，民國間抄本。

（25）閔爾昌：《王石臞先生年譜》，民國間刻本。

（26）張其錦：《淩次仲先生年譜》，民國間影印本。

（27）趙詒琛：《顧千里先生年譜》，民國間刻本。

（28）張紹南、王德福：《孫淵如先生年譜》，光宣間江陰繆氏刊《藕香零拾》本。

（29）呂培等：《洪北江先生年譜》，《萬有文庫》本《洪北江詩文集》卷首。

（30）柳詒徵：《盧抱經先生年譜》，《中央大學國學圖書館年刊》1928 年第 1 期。

（31）姚名達：《朱筠年譜》，上海商務印書館，1933 年版。

（32）袁行云：《許瀚年譜》，齊魯書社，1983 年版。

2. 史善長：《弇山畢公年譜》，嘉慶四年經訓堂刻本。

3. 楊懋修：《李雨村先生年譜》，同治四年《續修羅江縣志》。

4. 趙譽船：《章實齋先生年譜》，民國間石印本。

5. （日）內藤湖南：《章實齋先生年譜》，《〈支那學〉雜誌》，1920 年 11 月 12 日，第 1 卷，第 3、4 號。

6. 胡適、姚名達：《章實齋先生年譜》，民國 18 年上海商務印書館排印本。

7. 穆孝天、許佳瓊：《鄧石如年譜》，人民美術出版社，1988 年排印本《鄧石如研究資料》內。

8. 謝巍：《中國歷代人物年譜考錄》，中華書局，1992 年版。

9. 張鑒等撰，黃愛平點校：《阮元年譜》卷一，中華書局，1995 年。

10. 尚小明：《胡虔生平繫年》，《中國典籍與文化》，2005 年第 4 期。

四、清代方志

1. 賴于宣：《薰城縣志》，康熙三十七年刻本。

2. 舒其紳修、嚴長明纂：《西安府志》，乾隆四十四年刻本。

3. 萬廷樹、洪亮吉：《淳化縣志》，乾隆四十八年刻本。

4. 王朝爵修、孫星衍纂：《直隸邠州志》，清乾隆四十九年刻本。

5. 戴治修，洪亮吉、孫星衍纂：《澄城縣志》，清乾隆四十九年刻本。

6. 謝聘、洪亮吉：《固始縣志》，乾隆五十一年刻本。

7. 陸繼萼、洪亮吉：《登封縣志》，乾隆五十二年刻本。

8. 德昌、徐朗齋：《衛輝府志》，乾隆五十三年刻本。

9. 張維祺，李棠纂修：《大名縣志》，乾隆五十四年刊本。

10. 葛德新、朱廷模修，孫星衍纂：《三水縣志》，乾隆五十年刻本。

11. 陳元京：《江夏縣志》，乾隆五十八年刻本。

12. 王榮陛修、方履籛纂：《武陟縣志》，道光八年刻本。

13. 王維珍：《通州志》，光緒五年刻本。

14. 嚴辰等纂：《桐鄉縣志》，光緒十三年刊本。

15. 馬傳業、劉正慧：《續修羅江縣志》，清同治四年刻本。

16. 王祖畬等：《鎮洋縣志》，民國 8 年影印本。

17. 王祖畬：《太倉縣志》，民國 8 年刊本。

18. 繆荃孫：《續碑傳集》，明文書局，民國 72 年。

19.《嘉慶重修一統志》，中華書局，1986 年版。

五、現代著作

1. 王重民、楊殿珣等編《清代文集篇目分類索引》，北平圖書館，1935 年版。

2. 胡樸安：《中國訓詁學史》，商務印書館，1939 年版。

3. 金毓黻：《中國史學史》，商務印書館，1957 年版。

4. 欒調甫：《墨子研究論文集》，人民出版社，1957 年版。

5. 姚名達：《中國目錄學史》，商務印書館，1957 年。

6. 尹桐陽：《諸子論略》，民國 64 年刊本。

7. 周予同：《中國歷史文選》（上、下），上海古籍出版社，1980 年版。

8. 袁珂：《山海經校注》，上海古籍出版社，1980 年版。

9. 朱劍心：《金石學》，文物出版社，1981 年新 1 版。

10. 柴德賡：《史學叢考》，中華書局，1982 年版。

11. 杜維運：《清代史學與史家》，臺北東大圖書有限公司，1984 年出版。

12. 王重民：《中國目錄學史論叢》，中華書局，1984 年版。

13. 馬宗霍：《書林藻鑒》，北京文物出版社，1984 年版。

14. 高峰：《陝西方志考》，吉林省地方志編纂委員會，1985 年版。

15. 李萬健、賴茂生編：《目錄學論文選》，書目文獻出版社，1985 年版。

16. 尹達：《中國史學發展史》，中州古籍出版社，1985 年版。

17. 周俊富輯：《清代傳記叢刊》，臺北明文書局，1985 年版。

18. 朱士嘉：《中國地方志綜錄》，上海商務印書館，1985 年版。

19. 中國科學院北京天文臺主編：《中國地方志聯合目錄》，中華書局，1985 年版。

20. 張萬鈞：《河南地方志論叢》，吉林省地方志編委會，1985 年版。

21. 陳清泉等編《中國史學家評傳》，中州古籍出版社，1985 年版。

22. 彭斐章：《目錄學資料彙編》，武漢大學出版社，1986 年版。

23. 杜連吉，房兆楹：《三十三種清代傳記綜合引得》，中華書局，1987 年版。

24. 譚其驤主編：《清人文集地理類彙編》（第 1～7 冊），浙江人民出版社，1987 年版。

25. 穆效天、許佳瓊：《鄧石如研究資料》，人民美術出版社，1988 年版。

26. 徐孝宓、劉昌潤：《湖北省地方志考略》，吉林省地方志編委會，1988 年版。

27. 來新夏：《古典目錄學》，中華書局，1991 年版。

28. 北京師範大學歷史系：《史學論衡》，北京師範大學出版社，1992 年版。

29. 喬治忠：《清代官方史學研究》，臺灣文津出版社，1994 年版。

30. （美）艾爾曼：《從理學到樸學》，江蘇人民出版社，1995 年版。

31. 馬積高：《清代學術思想的變遷與文學》，湖南出版社，1996 年版。

32. 喬治忠、姜勝利：《中國史學史研究述要》，天津教育出版社，1996 年版。

33. 錢穆：《中國近三百年間學術史》，商務印書館，1997 年版。

34. 餘慶蓉：《中國目錄學思想史》，湖南教育出版社，1998 年版。

35. 趙榮、楊正泰：《中國地理學史》（清代），商務印書館，1998 年版。

36. 尚小明：《學人遊幕與清代學術》，社會科學文獻出版社，1999 年版。

37. 楊翼驤：《中國史學史資料編年》，南開大學出版社，1999 年版。

38. 余英時：《戴震與章學誠》，三聯書店，2000 年版。

39. 李靈年、楊忠主編，王欲祥等著：《清人別集總目》，安徽教育出版社，2000 年版。

40. 梁啓超：《中國近三百年學術史》，山西古籍出版社，2001 年版。

41. 柴德庚：《史籍舉要》，北京出版社，2002 年版。

42. 楊翼驤：《學忍堂文集》，中華書局，2002 年版。

43. 倉修良：《方志學通論》（修訂本），方志出版社，2003 年版。

44. 郭松康：《清代考據學研究》，崇文書局，2003 年版。

45. 陸和九：《中國金石學講義》，北京圖書館出版社，2003 年版。

46. 石雲濤：《唐代幕府制度研究》，中國社會科學出版社，2003 年版。

47. 陳其泰、李廷勇：《中國學術通史》，人民出版社，2004 年版。

48. 岑仲勉：《金石論叢》，中華書局，2004 年版。

49. 關長龍：《中國學術史述論》，巴蜀書社，2004 年版。

50. 梁啓超著，夏曉紅點校：《清代學術概論》，中國人民大學出版社，2004 年版。

51. 劉仲華：《清代諸子學研究》，中國人民大學出版社，2004 年版。

52. 王記錄：《錢大昕的史學思想》，社會科學文獻出版社，2004 年版。

53. 張沛點校：《關中勝蹟圖志》，三秦出版社，2004 年版。

54. 陳祖武、朱彤窗：《乾嘉學派研究》，河北人民出版社，2005 年版。

55. 瞿林東：《中國史學的理論遺產》，北京師範大學出版社，2005 年版。

56. 瞿林東：《中國史學史綱》，北京出版社，2005 年版。

57. 倉修良主編：《文史通義新編新注》，浙江古籍出版社，2005 年版。

58. 尚小明：《清代士人遊幕表》，中華書局，2005 年版。

59. 陳其泰：《中國史學史》（近代時期卷），上海人民出版社，2006 年。

60. 陳國慶、劉瑩：《中國學術思想編年》，陝西師範大學出版社，2006 年版。

61. 何清谷：《三輔黃圖校注》，三秦出版社，2006 年版。

62. 李海生：《中國學術思潮史》卷七（樸學思潮），上海社會科學院出版社，2006 年版。

63. 劉墨：《乾嘉學術十論》，生活 讀書 新知三聯書店 2006 年版。

64. 林頛：《中國歷史地理學研究》，福建人民出版社，2006 年版。

65. 瞿林東：《中國史學史研究》，湖北教育出版社，2006 年版。

66. 謝保成：《中國史學史》，商務印書館，2006 年版。

67. 張國剛、喬治忠：《中國學術史》，東方出版中心，2006 年版。

68. 楊翼驤：《中國史學史講義》，天津古籍出版社，2006 年版。

69. 羅炳良：《清代乾嘉歷史考證學研究》，北京圖書館出版社，2007 年版。

70. 王章濤：《淩廷堪傳》，廣陵書社　，2007 年版。

71. 程千帆：《史通箋記》，武漢大學出版社，2008 年版。

72. 喬治忠：《中國官方史學與私家史學》，北京圖書館出版社，2008 年版。

73. 漆永祥箋釋：《漢學師承記箋釋》，上海古籍出版社，2006 年版。

74. 《馬克思恩格斯全集》，人民出版社，2008 年版。

75. 賴安海：《李調元文化研究述論》，中國出版集團現代教育出版社，2009 年版。

76. 馬衡：《中國金石學概論》，《老北大講義》，時代文藝出版社，2009 年版。

六、期刊、雜誌、博碩論文

1. 鄧之誠：《省志今例發凡》，《地學雜誌》，1917 年第 6 期。

2. （日）小川琢治：《山海經篇目考》，《中央研究院語言歷史研究所周刊》，1929 年第 9 期。

3. 全增祐：《清代幕僚制度論》，《思想與時代》，1944 年第 31、32 期。

4. 紀果庵：《談清人竊書》，《古今》，1944 年第 49 期。

5. 鄭天挺：《清代幕府制的變遷》，《中國社會科學》，1980 年第 6 期。

6. 王繼光：《〈續資治通鑒〉刊刻本辨正》，《蘭州大學學報》，1981 年第 2 期。

7. 陳蔚松：《章學誠與〈湖北通志〉》，《江漢論壇》，1981 年第 4 期。

8. 王繼：《〈續資治通鑒〉撰修刊刻考略》，《史學史研究》，1982 年第 2 期。

9. 王繼光：《畢秋帆述評》，《蘭州大學學報》，1983 年第 2 期。

10. 喬治忠：《章學誠方志學理論的形成與發展》，《史學史研究》，1986 年第 3 期。

11. 王繼光：《〈續鑒〉三劄》，《西北民族學院學報》，1986 年第 4 期。

12. 李晚成：《中國幕僚制度考論》，《上海師範大學學報》，1988 年第 1 期。

13. 曹鳳權：《畢沅及其對陝西文物的保護》，《文博》，1989 年第 1 期。

14. 倪所安：《融各家之長立一家之說——錢大昕方志學說初探》，《古籍整理》，1989 年第 3、4 期合刊，中國歷史文獻研究會主編。

15. 王瑞來：《〈續資治通鑒〉正誤》，《安徽史學》，1990 年 3 月。

16. 何清谷：《〈三輔黃圖〉的成書及其版本》，《文博》，1990 年第 2 期。

17. 黃燕生：《清代方志的編修、類型和特點》，《史學史研究》，1990 年第 4 期。

18. 趙振鐸：《〈晏子春秋音義〉的音讀訂誤》，《古漢語研究》，1990 年第 3 期。

19. 黃燕生：《清代的方志學》，《史學史研究》，1991 年第 3 期。

20. 高景明、袁玉生：《畢沅與陝西文物》，《文博》，1992 年第 1 期。

21. 吳傑：《論清代目錄學》，《清史研究》，1992 年第 3 期。

22. 呂志毅：《章學誠方志屬史論研究》，《河北大學學報（哲學社會科學版）》，1993 年第 1 期。

23. 旭光：《〈經訓堂叢書〉刻主畢沅》，《新聞出版交流》，1994 年第 3 期。

24. 周祚紹：《論乾嘉之際的社會問題和洪亮吉的實學思想》，《山東大學學報（社會科學版）》，1995 年第 4 期。

25. 何兆龍：《章學誠師執考》，《浙江社會科學》，1995 第 5 期。

26. 郭潤濤：《清代幕府的類型與特點》，《中國史研究》，1997 年第 1 期。

27. 舒志武：《〈說文解字舊音〉的性質》，《語言研究》，1997 年第 2 期。

28. 李傳書：《清人對〈釋名〉的整理與研究》，《長沙電力學院學報》，1998 年第 2 期。

29. 趙德明：《〈釋名疏證〉正誤一則》，《文獻》，1998 年第 1 期。

30. 凱歌：《試論史部在分類目錄中的形成和發展》，《湖南社會科學》，1998 年第 5 期。

31. 王貴忱：《錢大昕致畢沅書箚》，《廣州師範學報》，1999 年第 2 期。

32. 尚小明：《論清代遊幕學人的撰著活動及其影響》，《北京大學學報（哲學社會科學版）》，1999 年第 5 期。

33. 郝潤華：《〈續鑒〉訛誤考校舉例》，《古籍整理研究學刊》，2001 年第 4 期。

34. 張劍平：《〈墨子〉注疏及其意義概說》，《固原師專學報（社會科學版）》，2002 年第 4 期。

35. 劉正平：《〈續鑒〉西夏史事點校疑誤舉隅》，《寧夏社會科學》，2002 年第 5 期。

36. 孫運君：《評畢沅的史學貢獻》，《遼寧大學學報》，2002 年第 5 期。

37. 沈瑞英：《清代幕府學術文化的社會意義》，《秘書》，2002 年第 11 期。

38. 陳亞敏：《清代目錄學領域的卓越代表人物——章學誠》，《圖書館論壇》，2003 年第 3 期。

39. 黃忠懷：《畢沅研究整理史地典籍的成果與方法》，《中國史地論叢》，2003 年第 3 期。

40. 付金柱：《章學誠與〈史籍考〉》，《圖書館雜誌》，2003 年第 11 期。

41. 顧奎相：《章學誠與清代史學新風》，《中華文化論壇》，2004 年第 2 期。

42. 田清娥：《方志學家——章學誠》，《滄桑》，2004 年第 3 期。

43. 郭文娟：《畢沅及其幕僚對陝西的文化貢獻》，《西安文理學院學報》，2005 年第 2 期。

44. 郭琳：《略論清代的幕友》，《淮南師範學院學報》，2005 年第 5 期

45. 張永紅：《邵晉涵所撰〈四庫史部提要〉的目錄學價值》，《山東圖書館季刊》2006 年第 1 期。

46. 林存陽：《〈史籍考〉編纂始末辨析》，《故宮博物院院刊》，2006 年第 1 期。

47. 龐慧：《〈呂氏春秋〉的傳習與研究概覽》，《廊坊師範學院學報》，2006 年第 1 期。

48. 林存陽：《畢沅對經史諸學的扶持與倡導》，《清史論叢》，2006 年號（中國廣播電視出版社 2006 年 1 月）。

49. 袁紅軍：《章學誠創新譜牒學理論之功》，《敦煌學輯刊》，2006 第 3 期。

50. 袁紅軍：《章學誠在目錄學領域的卓越貢獻》，《山西檔案》，2006 年第 6 期。

51. 袁紅軍：《章學誠方志學理論創新述略》，《新世紀圖書館》，2006 第 6 期。

52. 張立新：《簡論章學誠方志編纂理論》，《滄桑》，2006 年第 6 期。

53. 段巧玲：《〈晏子春秋〉的史學價值》，山東師範大學歷史學院碩士論文，2006 年 5 月。

54. 高宏：《章學誠創新方志學理論之功》，《蘭臺世界》，2006 年第 18 期。

55. 魏宇文：《讀畢沅〈釋名疏證〉中的今本俗字》，《中國語文》，2007 年第 1 期。

56. 王記錄：《論清代史館修史、幕府修史及私家修史的互動》，《史學史研究》，2007 年第 2 期。

57. 韓先豔：《生前幕府三千士，死後名山萬卷書》，蘭州大學歷史學院碩士論文，2007 年 5 月。

58. 苗英楠：《幕府制度的歷史演變》，《科技促進發展》，2007 年 5 月。

59. 喬治忠、楊永康：《清代乾嘉時期的官方史學與私家史學》，《史學月刊》，2007 年 8 月。

60. 郭友亮：《畢沅史學成就述略》，《商丘師範學院學報》，2008 年第 5 期。

61. 王新環：《洪亮吉與章學誠的修志之爭》，《中國地方志》，2008 年第 9 期。

62. 祥斌、宏偉：《不可忘卻的鐵硯山房》，載《安慶晚報》，2008 年 12 月 3 日。

63. 李瑞豪：《畢沅在河南》，《古典文學知識》，2009 年第 2 期。

64. 喬治忠：《〈史籍考〉編纂問題的幾點考析》，《史學史研究》，2009 年第 2 期。

65. 林存陽：《畢沅〈續資治通鑒〉考辨》，《北京聯合大學學報》，2009 年 8 月第 3 期。

66. 倪惠穎：《從〈吳會英才集〉的選編看乾隆中後期的詩史景觀》，《蘇州學學報（哲學社會科學版）》，2009 年第 4 期。

67. 孟凡港：《〈山左金石志〉纂修者述論——兼對「畢沅、阮元同撰」的辨正》，《古籍整理研究學刊》，2012 年第 4 期。

後　記

　　本書是在我的博士論文基礎上修訂而成。2007 年，我考上南開大學歷史學院史學理論及史學史專業，跟隨喬治忠先生攻讀博士學位。在博士學習之前，我主要從事文學方向教科研工作。雖說文史一家，但學科之間從研究方法到內容還是有很大的差別。喬先生在史學界聲望頗高，雖教學研究工作繁忙，但對我的博士論文寫作，費心頗多。從怎樣使用資料、發現問題，到如何創新論點、立論充分，皆得到先生悉心指導。書稿完成後，先生欣然賜序，並為我聯繫出版事宜。在我的博士論文寫作期間，南開大學史學史教研室姜勝利先生，孫衛國先生，朱洪斌先生亦時刻關注論文的進展，在我論文寫作處於瓶頸時給予熱情的幫助。北京師範大學陳其泰先生，天津社會科學院羅澍偉先生，上海師範大學湯勤福先生，山東大學張富祥先生，南開大學趙伯雄先生於百忙之中評閱了我的論文，或參加了我的論文答辯會，提出很多寶貴的意見和建議，得到深有見地的點撥，使我深受啓益。在此，謹向各位師長表示衷心的感謝。

　　幕府制度在中國源遠流長，其主要功能是為官員幕主處理政務。但至清代乾嘉時期，以從事學術活動的文化幕府勃興。此時期，一批官僚學者一身二任，不僅以著作宏富流傳後世，而且往往以禮賢下士知名當代，許多督撫大員都廣招賢才，藉開幕府，形成在官方和私家之外以「人才幕府」為特徵的又一種學術結構，在乾嘉史學上具有極重要地位。畢沅幕府無論從規模至影響在清代皆是首屈一指。畢沅的治學廣泛，其幕府在經學、小學、地理學、金石學、史學等各方面都有很大的成就，深入探討畢沅的學術思想及其幕府的各種著述，對筆者來說，確實是很大的挑戰。在本書寫作過程中，雖然有

前賢的學術成果供我吸收，給我啓發，但由於本人的學養、學識、學力所限，書中仍存在許多缺憾和不通之處，懇望學界同仁不吝指正。

最後，謹以此書獻給深愛我的親人，以及在精神上默默支持我的師友。我的成長，來自於眾多的關愛，祝願他們身體健康，心情愉快！

李金華

2014 年元月